Liaison

Ralph Hester
Stanford University

Gail Wade
University of California, Santa Cruz

Gérard Jian
University of California, Berkeley

Houghton Mifflin Company ● *Boston* ● *Toronto*
Dallas ● *Geneva, Illinois* ● *Palo Alto* ● *Princeton, New Jersey*

Components of **Liaison:**

Student Text
Instructor's Annotated Edition
Cahier d'exercices
Audiocassettes
Instructor's Manual with Tapescript and Answer Key
Videocassette

Senior Sponsoring Editor: Isabel Campoy
Senior Development Editor: Karen Hohner
Project Editor: Amy Lawler
Assistant Design Manager: Pat Mahtani
Text Designer: Carol H. Rose
Cover Designer: Mark Caleb
Senior Production Coordinator: Renée LeVerrier
Senior Manufacturing Coordinator: Marie Barnes
Senior Marketing Manager: George Kane

Cover illustration by Alan Peckolick.

(For remaining art and text credits, see the Permissions and Credits section at the end of the book.)

Printed in the U.S.A.
Library of Congress Catalog Card Number: 91-71988
Student Text ISBN: 0-395-47284-9
Instructor's Annotated Edition ISBN: 0-395-59187-2
ABCDEFGHIJ-D-9987654321

iaison is an all-in-French program designed for the intermediate level French course. It brings together under one cover a French immersion presentation, a systematic review of forms through functions, and a collection of integral authentic reading texts.

In its first edition, this program was called *Traits d'union;* this revised edition of the text has been reorganized, simplified, and reduced in scope. The new designation LIAISON maintains the spirit of *Traits d'union* and expands on it with its many rich and pertinent connotations meaning "connection," "link," "union," and "relation."

The student using *Liaison* should have completed a course in basic French. The program reviews essential structures and presents them in further detail for more sophisticated use.

Philosophy and Goals of the Program

Our goal in this program is to help the student more efficiently process basic concepts and move toward more fluency, independence, and subtlety in listening comprehension, oral and written expression, and reading. To this end we have chosen a functional approach—one organized around communicative goals such as asking questions, generalizing, describing, etc. We believe that while a linear, grammatically oriented approach may be appropriate for beginning students, intermediate students will find more meaningful a program designed to enhance accomplishment of the communication objective.

We believe students should be as relaxed as possible if they are to become more confident. To facilitate an informal atmosphere conducive to interactive learning, therefore, we have used two specific techniques.

First, we encourage students to express themselves not only about the culture of French-speaking lands, but also about familiar subjects from their own sociocultural backgrounds. They will thus be able to discuss themselves and their own culture with native speakers, as well as compare easily recognizable items from American culture to related aspects of French-speaking cultures.

Second, the illustrations and their captions have been carefully chosen not only to relate to the function of the lesson but also to make the book particularly approachable. Many of our illustrations are magazine advertisements that serve multiple purposes: they illustrate dialogues, grammar, important cultural information, or readings. Details of many illustrations that first appear in the functional *Structures* portion of the lesson reappear in a new context in the reader, thus providing a pictorial link between the two main divisions of each lesson. There is also use of French cartoons, photographs of French scenes, varied realia, and original drawings.

In addition to offering an interesting program, the material in *Liaison*—while intended to challenge them to progress—has been judiciously maintained at a manageable level for intermediate students. At the end of the program, they will be able to proceed to advanced-intermediate or advanced courses. They should sense their progress and feel confident that their newly sharpened competencies will enable them to get along independently in a French-speaking country.

Because each course and each student have specific individual goals and needs, we have kept *Liaison* flexible. Although we recommend treating each lesson in the order it occurs, you may choose to follow a different sequence. This is made possible by the numerous cross-references providing information on material covered elsewhere in the Student Text. In addition, it is not essential that all readings in a lesson be treated by every class. You may choose one or both of the selections or even supplement with some of your own choice or from the *Supplément littéraire* section. The annotations explain what to do if an exercise assumes knowledge of a selection students have not read.

Features of the Program

This edition of *Liaison* has taken into account many valuable comments and suggestions from users of *Traits d'union*. Among the primary changes are the following:

1. Shorter, more manageable text. The number of lessons has been reduced from twelve to ten. The lessons on *Exagérer et insister* and

Exprimer la cause et l'effet have been eliminated; the most important topics from those lessons have been redistributed among other lessons.

2. Improved organization and design.   The two sections of the lesson are clearly distinguishable from each other, with a green band in the outer margin setting off the *Structures* section from the *Lectures*. Within the *Structures* section, a clear outline format makes key grammar points easy to find. Major verb tenses are presented in green screens for easy reference, as are the grammatical "formulae" that serve to summarize certain constructions. The *Exercices* are clearly labeled and are grouped at the end of each grammar topic rather than interspersed with the explanations.

3. Reorganized grammar sequence.   Some topics have been consolidated and minor points have been eliminated. A comprehensive review of pronouns now appears in *Leçon 1*. The presentation of the subjunctive has been consolidated into three major sections, in *Leçons 4, 8,* and *9,* with frequent cross-references throughout. Verb tenses usually appear as the first topic in each lesson, followed by other related items. In general, grammar explanations have been shortened and simplified. While retaining the functional framework as an organizing principle, individual topics have been given more explicitly "grammatical" titles to make them more recognizable and easier for students to find.

4. New *Allons plus loin* section.   Each *Structures* section concludes with *Allons plus loin,* a new section that pulls together vocabulary topics and other points of grammar related to the function of the lesson.

5. Revised *Lectures* section.   The number of readings in each chapter has been reduced from three to two, allowing for more in-depth coverage of the individual readings. Expanded pre-reading activities pay greater attention to vocabulary development and allow students to approach the readings with greater confidence. Four of the twenty readings in the *Lectures* are new.

6. New *Bilan: Révision préliminaire*.   At the beginning of the text is a new preliminary set of review activities that will allow students to check their discrete-point competence at the beginning of the year and help them focus their attention on the material to come.

7. New *Supplément littéraire*.   A *Supplément littéraire* at the end of the text contains three additional readings that may be used at various times during the course: *Dans le train* by Colette, *L'Enfant* by Jacques Ferron, and *La Mère* by Ousmane Sembène. Suggestions for activities to accompany the readings in the *Supplément littéraire* appear in the Instructor's Manual.

Components of the Program

Student Text

The textbook contains ten lessons, each of which focuses on one of ten major language functions, and each of which is composed of two main parts. The first half of the lesson, *Structures*, presents vocabulary and structures needed to accomplish the language function and provides oral and written practice in using the language in context. The second half, *Lectures*, provides reading instruction and practice based on the same functions at a level appropriate to student ability. See pages viii–x of the Student Text for an in-depth description of the goals and organization of the Text.

Instructor's Annotated Edition

The Instructor's Annotated Edition contains the Student Text plus this introduction and numerous marginal annotations. Various types of annotations show the following: how to introduce the overall concept of each lesson (activities called "triggers"), how to teach particular points, how to direct and vary functional activities, how and when to elaborate on particularly challenging material for more advanced students, when to point out interesting aspects of reading selections, and when to point out relevant cultural information.

Workbook/Lab Manual

The Workbook and the Lab Manual are bound together as one component, the *Cahier d'exercices*. For a description of the goals and organization of the Workbook/Lab Manual, see page xi of the Student Text.

Audiocassettes

The Audio Recordings are to be used in conjunction with the Lab Manual for the complete Laboratory Program. One set of Audiocassettes is available free upon adoption. As a convenience, the Audiocassettes are also available to students for purchase. For a description of the goals and organization of the Laboratory Program, see page xi.

Instructor's Manual with Tapescript and Answer Key

The Instructor's Manual contains a thorough articulation of the approach and philosophy of *Liaison;* sample syllabi; detailed notes on how to use the program; ways to vary the material to correspond to different course needs and goals; and suggestions for using the Videocassette, Audio Recordings, and Workbook/Lab Manual. This component also contains the printed Tapescript for the recordings, an Answer Key for the *Pratique* section of the Workbook, and Sample Tests.

Videocassette

The optional Videocassette contains French television commercials and public service announcements. The video spots are intended to be used as lesson triggers and as a basis for cultural discussions. Detailed instructions and suggestions for their use are given in the Instructor's Manual and annotated notes about them appear throughout the Instructor's Annotated Edition.

This component is available free upon adoption of the program, but is not essential for successfully teaching *Liaison.* It is available in 1/2 inch VHS format.

In Conclusion

The integrated program of *Liaison* provides the instructor with great flexibility while bringing students into contact with a wide range of French discourse, from everyday spoken conversation through the style of popular magazines to the works of both well-known and lesser-known Francophone writers. The combination of a varied reading experience with a thorough review of structures leaves students with a solid grounding in French language and culture, and allows them to continue their studies in a number of different directions.

R.M.H.
G.G.W.
G.J.

Liaison

Ralph Hester
Stanford University

Gail Wade
University of California, Santa Cruz

Gérard Jian
University of California, Berkeley

Houghton Mifflin Company ● *Boston* ● *Toronto*
Dallas ● *Geneva, Illinois* ● *Palo Alto* ● *Princeton, New Jersey*

Senior Sponsoring Editor: Isabel Campoy
Senior Development Editor: Karen Hohner
Project Editor: Amy Lawler
Assistant Design Manager: Pat Mahtani
Text Designer: Carol H. Rose
Cover Designer: Mark Caleb
Senior Production Coordinator: Renée LeVerrier
Senior Manufacturing Coordinator: Marie Barnes
Senior Marketing Manager: George Kane

Cover image by Alan Peckolick.

(For remaining art and text credits, see the Permissions and Credits section at
the end of the book.)

Printed in the U.S.A.
Library of Congress Catalog Card Number: 91-71988
Student Text ISBN: 0-395-47284-9
Instructor's Annotated Edition ISBN: 0-395-59187-2
ABCDEFGHIJK-D-9987654321

Liaison is an all-in-French intermediate program designed for students who have already studied basic French. The student components include a student text, a workbook/lab manual, and a set of student audiocassettes. The student text opens with a new *Bilan: révision préliminaire*, a series of culturally based activities allowing students to do their own discrete point self-evaluation with the correct answers immediately supplied in the book, and ends with a new *Supplément littéraire*, a selection of three literary texts that can be used to supplement or replace any reading selection of the ten lessons of *Liaison*. The Appendices include a *Glossary of French Grammatical Terms* (to assist students who are not familiar with some of the terms used in the explanations), an outline of the literary tenses, verb lists and charts, and a French-English *Lexique*.

The course aims to challenge students to improve their ability in speaking, listening, reading, and writing the French language as it is actually used in the French-speaking world today. By the end of the program, they should be able to go on to advanced-intermediate or advanced courses and feel confident in being able to get along independently in a French-speaking country.

Lesson Organization

The Student Text is divided into ten lessons, each of which practices a particular function of language, such as questioning, generalizing, or describing. In the first part of each lesson (*Structures*), students will learn how to carry out the language function of the lesson through the use of grammar, structural features, and vocabulary. In the second part of each lesson (*Lectures*), they will explore two readings from authentic French sources that illustrate the function of the lesson.

Introductory material.   Each lesson begins with introductory remarks briefly describing the function students are about to explore and highlighting situations in which this function is useful. An outline of topics provides an overview of the structures that will be used to express the function.

The first activity is a "trigger," in which students may view and discuss a French TV commercial or magazine advertisement, participate in a dialogue, or play a game. These triggers are designed to rouse students' curiosity about the function of the lesson and to bring to their attention the language strategies they already have at their disposal to accomplish the communicative goal of the lesson.

Structures.   The first half of the lesson explains and practices structures and vocabulary related to the function. Since the organization of the lessons is *functional* rather than *grammatical*, students study only *what* they need *when* they need it to express themselves in a particular, meaningful way. This sometimes involves spreading certain grammatical points over two or three lessons (the subjunctive, for example, is used to fulfill at least three different functions). Forms are taught fully and thorough cross-references are provided.

The following elements appear in the *Structures* section:

1. *Explanations* of each essential point help students learn how to perform the function of the lesson. Reviews of formation of various tenses are set off in green screens for easy reference, as are grammatical "formulae" used to illustrate basic constructions. A new *Allons plus loin* segment completes each structure section with important supplementary vocabulary and grammatical items that relate to the function.

2. *Exercises* give meaningful practice using the structures in realistic situations. They appear at the end of each topic in the lesson.

3. *A vous de jouer* contains open-ended oral and written situational activities that challenge students to integrate into a coherent whole what they have just learned. It is the last and most important part of the *Structures* section.

Lectures.   The second half of each lesson contains two reading selections chosen with several goals in mind: illustrating authentic use of the function taught in the lesson; exposing students to French culture and many different styles of French writing; offering authentic reading comprehension practice; providing good models for students' own writing; encouraging students to think about new ideas; and, of course, enjoyment.

All of the selections are integral, authentic texts—there are no excerpts. They span the modern period of French and Francophone literature (with concentration on the twentieth century) and represent many different French-speaking cultures: French, Canadian, West African and North African. In addition, they encompass many types of writing: literary prose (both dialogue and narration), journalistic writing, and verse and prose poetry.

The *Lectures* section begins with a general overview of the reading selections that explains briefly how they relate to the function of the lesson and to each other.

Each reading selection is presented in the following format:

1. The *Introduction* to each reading contains basic information about the author and other sociocultural background information essential to comprehension of the text.

2. *Avant de lire* contains activities designed to prepare students to appreciate the reading fully. These activities may prepare vocabulary, increase student awareness of cultural and historical factors important for comprehension of the text, anticipate the text's style or its literary value, and/or highlight important language structures found in the text. Immediately preceding each text are purpose-setting and reading strategy activities designed to help guide students' thinking as they read.

   The strategies presented and practiced in all these pre-reading activities are intended to be general strategies that students can use in approaching many texts. By the end of the program, students will have mastered many of the techniques necessary to read authentic French texts and to feel comfortable approaching unknown material.

3. The readings (*lectures*) may be read together in class or may be prepared in class and read independently at home.

4. *A propos du texte* contains exercises that check comprehension, often giving students practice performing the communicative function at the same time. It also includes activities designed to enhance students' literary and stylistic appreciation; to stimulate students' cultural awareness; and finally, to help students express their reactions to the reading selection, make cross-cultural comparisons, or create pieces of their own, based on the style or the view of the author.

Each lesson ends with *Mise en perspective,* an opportunity (by means of essays or creative writing assignments) to compare and contrast readings in the lesson or to react to ideas found in several texts.

Workbook/Lab Manual

Each lesson in the Text has a corresponding Workbook/Lab Manual lesson. The Lab Manual pages for each lesson directly follow the corresponding Workbook pages.

The *Workbook* pages contain mostly open-ended writing activities designed to give the student practice using pertinent structures to perform the function of the lesson in realistic written situations, such as letters, articles, messages, etc. In this edition, several more structured writing assignments have been added as well.

The *Lab Manual* pages contain space to do the exercises and dictations of the Laboratory Program (for more detailed information on the Laboratory Program, see "Audiocassettes," below).

Several *Special Skills* activity sections are interspersed throughout the Workbook/Lab Manual. They are intended to help students acquire important skills, such as letter writing, dictionary use, and outline writing, that are essential to the mastery of written French.

For those who desire written exercises on discrete grammar points, there is, at the end of the Workbook/Lab Manual, a *Pratique* section devoted entirely to practicing specifics, such as verb formation and pronoun use. These exercises can be done at any point in the program. They may be assigned to the class as they reach a section that the instructor wishes to stress or they may simply be assigned for individual practice as needed.

Audiocassettes

The goal of the Laboratory Program is to improve listening comprehension skills. A preliminary lesson helps students begin to learn how to listen for maximum understanding. Then throughout the program, practice in listening to French that is not entirely familiar will help students learn both to listen for what they actually *can* understand and to listen for overall meaning and main ideas. In other words, they will learn to concentrate on what is already accessible in order to infer meaning from what is not.

Each of the ten lessons begins with a recording of the trigger dialogue from the Text and a simple comprehension activity. This is followed by two short, original listening comprehension texts based on one or more of the reading selection themes, situations, or formats, and each containing numerous examples of the vocabulary and functional structures that have been studied in the lesson. For each comprehension text, students are given a listening goal before they begin and, after listening, they answer short comprehension questions. Next is a short original dictation activity to sharpen students' listening and writing skills as they complement each other in a comprehension context. The lesson ends with a recorded version of one of the reading selections from the Text.

The Audiocassettes are available for purchase by students who wish to expand their listening time beyond available lab hours.

Instructor's Components

A description of other components available for instructors is given in the Instructor's Annotated Edition.

ince communicating involves using language functions (asking questions, describing, expressing feelings, etc.), *Liaison* helps you improve your French not by focusing on grammatical categories like verbs or the subjunctive, but rather by having you use those structural tools to do the things you need to do to communicate: generalize, tell stories, explain a sequence of events, compare, deny, give orders, speculate, etc. Of course, you will review grammar and vocabulary, but rather than reviewing for the sake of grammar alone, you will do so precisely when items are needed for performing a specific function.

You probably have various questions and expectations about this course. In the next few pages, we will try to respond to some of them.

Why is the program all in French?

Being immersed in an all-in-French text has multiple benefits. First, because classroom discussions about language problems concern questions related to the course of study, they are real occasions for actual communication—just as real as talking about the weather or the stock market. Thus you get authentic practice using French in a context that matters to you. Second, talking about language is a splendid opportunity to put French to work because most language-related vocabulary consists of cognates—words identical in French and English. You have the advantage of not needing to learn large amounts of new vocabulary before you can participate. Third, the French in the text prepares you for classroom practice. This is true not only for talking about how language functions but also for interacting on all the other topics suggested by the practice activities and the readings.

What is your ability in French?

Intermediate French courses typically have a variety of students, diverse both in training and in natural ability. It is reasonably certain, then, that your own personal competence in French is quite distinct from that of the student next to you.

Assessing one's ability depends, of course, on how it is measured. Most students are better at some aspects of language learning than others. You probably have your own idea of what your abilities are (*"We used to read a lot but we never spoke"; "I have a good accent, but I don't have any vocabulary"; "I got good grades in my last class, but I can't speak nearly as well as Jennifer"*). Self-assessment is inevitable but it often leads to erroneous conclusions because it tends to focus on one or two generalities, neither of which may be fundamentally relevant to your progress in learning French. So don't measure yourself against your impression of Jennifer's ability: her apparent fluency and good accent may be marred by inaccuracy. If you understand spoken French fairly well and manage to make yourself understood when speaking, you shouldn't be discouraged by feeling "inadequate in grammar." A fixation on grammar can, in fact, make you so self-conscious that you stop trying to communicate. Remember that making mistakes is natural and certainly preferable to silence! Trial and error still remains the most reliable path to perfection.

What do you already know?

At some time during the course, you may find yourself saying, *"I've studied most of this before."* If you get the impression that you are encountering material you have already studied—whether you remember it well or not—you will be right. Practicing or repeatedly using what you already know is in the very nature of language learning and of language use. At the outset of the book, you will find the *Bilan: révision préliminaire* to help you make an assessment for yourself of what your discrete-point competence is. But beyond what you have studied previously, of course, you will learn new uses for familiar structures as well as entirely new structures and strategies for communicating in French.

What are your goals?

In addition to having differing abilities and levels of achievement in language, it is likely that you and your classmates also have different goals (*"If I can just get this requirement out of the way!"; "I just want to be able to communicate when I'm in France next summer—I'm not interested in culture and that stuff"; "I'm studying international business and I need to know French"*). *Liaison* integrates listening, speaking, reading, and writing. Its scope will enable you to find the right combination of segments so that you can focus on your main interest.

Nevertheless, as an intermediate language learner you should become aware of how much foreign language proficiency is an overall ability that can only superficially be broken down into categories such as "reading" or "speaking." If you want to speak, you must concentrate on listening; reading well can help in developing good listening; being aware of good style when reading helps you become a better writer; writing involves processes similar to those in speaking and reading.

In addition, no one can use a foreign language fluently in a cultural void. Two people in conversation or a writer and his or her audience must have a common cultural understanding before their ideas or even their method of communicating can be truly understood by the other. Thus, unless you understand the cultural assumptions of the person on the other end of the message (from the meaning of body language to knowledge of historical facts), you cannot really read, write, or communicate orally in French.

What should you do in this course?

Think functionally.   Every lesson in this course is about one of the *functions* of language. As you begin each new lesson, try to keep in mind the usefulness of that function in your daily life. Then, progressing through the lesson, be aware of how you integrate the many facets of language (listening, speaking, reading, writing, grammar, structure, vocabulary, style, etc.) as you practice that function orally and as you read. Therefore, rather than thinking *"How do I conjugate the verb ac-quérir?"* think *"How do I **tell** about the events that happened?," "How do I **ask questions** to get the information I need?," "How do I **state the generalization** basic to my subject?," "How do I **speculate** about what may or may not happen?," "How do I **compare** this thing with that?"*

Participate orally. In all discussions, be prepared to help get the conversation going (*"Eh bien, qui a une idée à ce sujet?"*), change its direction if it gets off track (*"Moi, je crois que ça n'a rien à voir. Si on essayait de définir l'attitude de Mme..."*), interject important aspects perhaps neglected (*"Vous oubliez ce qu'il dit après le passage du train. Regardez un peu, à la page..."*), and encourage participation by deferring to others (*"Je ne suis pas sûr. Qu'est-ce que tu en penses, toi?"*). None of these devices would probably be difficult for you in English, but in French they may present an interesting challenge and a technique to practice and master. Your instructor will give you advice on how to put to work the functions you are studying.

Read with a global approach. Remember that the reading selections were written for Francophone readers, not for English-speaking readers. There is more to reading comprehension, then, than just "recognizing the words." Follow the hints given by your instructor and the pre-reading steps that prepare you for the setting, the cultural framework, and certain vocabulary and structural aspects of the style. Apply what you learn about how to infer meaning without knowing every word, including considering the cultural context that is indispensable to the inference process. Above all, remember not to concentrate on details until you know how to understand the overall meaning of a text. Don't miss the forest for the trees.

Keep a personal language diary. Learning is, ultimately, a personal experience; that is, you learn best what is personally meaningful to you. *Liaison* provides an array of material, some of which will strike you as particularly interesting for your own personal reasons. You should strive to *make personal* any area of learning French that you consider important.

You will, for example, deal with vocabulary that is quite beyond the level of elementary French. To help you learn those words and expressions that seem particularly useful to *you*, keep a "language diary" that is your own: *you* select the entries, *you* consult it when you want to study or use the items you have chosen to list. But that is not enough. If you decide to note down a word—or for that matter any language point you wish to retain—remember to write with it some notation regarding why it is personally significant. Long lists of words or language facts may be efficient in short-term memory for tests, but they are not likely to remain with you long enough for continuing future use.

Practice what you want to remember.   Even the personal language diary is not by itself going to help you really "learn" French. To make the structures and vocabulary that you want to remember yours permanently, you must practice them in actual conversation, reading, and writing.

Take seriously the levels of usage.   In studying *Liaison*, pay close attention to the indications of the *level* of usage. This program offers an exceptionally broad sampling of French, spoken and written, containing examples at nearly all levels: slang (*argot*), colloquial expressions (*familier*), informal, everyday speech (*langue parlée*), and formal language (*langue soignée, style élégant*) and polished literary style (*style littéraire*).

As a rule, the spoken language tends toward an informal level and the written language toward formal; yet this distinction is not always entirely valid. Beyond what the text points out, experience, attention, and usage will make you increasingly aware of the social and cultural environments in which formal or informal levels of speech are appropriate. Like many learners of French, you may like to use everyday, even slang terms that somehow seem more authentic than other terms you have learned in class. It is more prudent to learn these terms for passive recognition than for active use, because the wrong use of colloquial expressions (wrong place, wrong time) may well produce a negative impression in the native speaker and actually hinder you in your attempt to communicate.

Be aware of cultural differences.   The contents of this program not only include but go far beyond the average range of French language usage at all levels required for appropriate communication. Every situation presents its particular characteristics. Classroom interaction, for instance, is necessarily quite different from table talk with a family at home in Lausanne, conversation with a barber or hairdresser in Montreal, or dealing with a ticket agent at a train station in Bordeaux. Being as culturally at ease as possible will facilitate your relaxed participation in exchanges with your instructor and other students. That is why the practice activities of *Liaison* incorporate subjects that are familiar to you, as well as those drawn from less familiar French-speaking culture. This combination of the familiar and the unfamiliar is intended to encourage your constant participation.

Making the transition from classroom discourse to on-the-spot speech will be part of your own particular experience. Glimpses of the cultural reality of society where French is spoken are afforded not only by going there but also by observing evidence in literature, magazines, movies, and television. *Liaison* offers intriguing clues through examples taken from all of these media.

For instance, look at the magazine advertisements used as illustrations. Even though you know that, as advertisements, they may not reflect the reality of everyday France, ask yourself what the use of certain themes and presentations reveals about the French reader. Ask yourself also if the approach is the same as that of advertisers in the U.S. Isn't the French advertiser aiming at an audience whose cultural assumptions and expectations are different from those with which you are most familiar? What are these differences? How do you picture the typical French magazine reader? Always be alert to the infinite number of cross-cultural comparisons you can make that will help you better understand French-speaking cultures.

Communication, interaction, and meaning

The ends and the means of language learning are almost indistinguishable, since you truly learn by doing. That is, you learn to communicate by communicating. Communication, as a practice strategy or as an ultimate goal, usually requires two or more participants, but may actually involve only you and the paper you are composing on or the text you are reading. Where interaction exists, the meaning evolves with the give-and-take characteristic of any exchange or interpretation of ideas. This is called the "negotiation of meaning."

Communication is thus a process in which the participants—speakers, readers, or writers—produce meaning as they go along, interacting, interpreting, and negotiating points of view. This holds true for all the language activities in which you are about to engage: understanding, speaking, reading, and writing. By constantly trying yourself out in French in its every aspect, you will *communicate* and thus advance toward a higher level of competence.

ACKNOWLEDGMENTS

The inception of this work arose from our many discussions with Jerry Wagnild. Other instructors who helped to develop the first materials and who tried them out in their classes include Eilene Hoft March, Marie-Claude LeGall, Christian Marouby, Carol Reitan, Carol Simpson, Scott Bryson, Gracie Teperman, Martine Debaisieux, Philip Wander, and Michelle Hale. Our thanks go also to their students and ours in experimental sections of intermediate French at the University of California, Berkeley and at Stanford University.

In addition to the competence and efficiency of Karen Hohner at Houghton Mifflin, we have particularly benefitted from the experience, involvement, and invaluable suggestions of Nicole DuFresne at the University of California at Los Angeles; the exceptional support of John Barson and Patricia de Castries at Stanford University; the suggestions, insights and support of Angela Elsey at the University of California at Santa Cruz; and the effective comments of Nicole Frontcau at Harvard University's Sackler Museum. We are also grateful to Colette Harel of HAPI in Paris for assisting us with the video spots.

Finally, we express our appreciation to the following colleagues who responded to our surveys on *Traits d'union* or offered their insights in indepth reviews of portions of the manuscript for *Liaison*, and thus contributed significantly to this latest enhanced version of the text.

Georges Aubin, Assumption College, Worcester, MA
Carrie Blair, Lambuth College, Jackson, TN
Ruth Burke, California State University, San Bernadino, CA
Catherine Coats, Rutgers College, New Brunswick, NJ
Habiba Deming, Emory University, Atlanta, GA

Maurice Elton, Southern Methodist University, Dallas, TX
Vincent Errante, Columbia University, New York, NY
Marie-José Fassiotto, University of Hawaii, Honolulu, HI
Alain Ford, California State University, Northridge, CA
Sara Hart, Shoreline Community College, Seattle, WA
Benjamin Hicks, University of Pittsburgh, Pittsburgh, PA
Marie-France Hilgar, University of Nevada, Las Vegas, NV
Hannelore Jarausch, University of North Carolina, Chapel Hill, NC
Helen Johnson, University of Wisconsin, Steven's Point, WI
James Kaplan, Moorhead State University, Moorhead, MN
Diana Mériz, University of Pittsburgh, Pittsburgh, PA
Nancy Rubino, Columbia University, New York, NY
Michael Schwartz, University of Pittsburgh, Pittsburgh, PA
Virginia Scott, Vanderbilt University, Nashville, TN
Carlo Testa, California State Polytechnic University, Pomona, CA
Annie Wiart, Brown University, Providence, RI
Vera Wenzel, Albion College, Albion, MI

Révision
Préliminaire

> **liaison.** *n.f.*   Action de lier... assemblage, jonction, union... ce qui relie logiquement les éléments du discours: parties d'un texte, éléments d'un raisonnement... **association... cohérence, continuité... communication, contact...**[1]

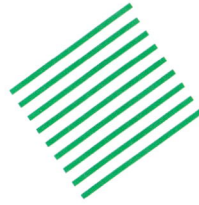

Ce livre est destiné à faciliter la **liaison** entre votre préparation en français et de nouvelles aventures linguistiques, littéraires et culturelles. Vous êtes de plus en plus capable de faire le bilan[2] de vos connaissances pour vous lancer vers de nouvelles perspectives. Vous inaugurerez en même temps un réseau de communication entre vous et vos camarades de classes, entre vous et votre professeur, entre votre culture et celle de la Francophonie.

Ces exercices de révision ont pour but de vous refamiliariser avec les formes que vous avez déjà apprises (et peut-être oubliées!). Tous les aspects de cette révision seront ensuite expliqués et mis en pratique dans le contexte fonctionnel de *Liaison*.

Les réponses sont indiquées à la fin des exercices. Ainsi pouvez-vous vérifier immédiatement ce que vous savez bien et ce que vous savez moins bien... ou pas du tout.

---

1. *Le Petit Robert*, 1990, page 1089.
2. *Faire le bilan* = "to take stock."

A. Le présent

Remplacez les tirets par la forme correcte du verbe entre parenthèses.

Les Français _____ (habiter) souvent dans des villes. Une minorité (25%) _____ (vivre) à la campagne. Ils _____ (aller) au travail le matin et _____ (rentrer) le soir mais, généralement, on _____ (fermer) les bureaux et les petits magasins à midi et on _____ (recommencer) à travailler à deux heures de l'après-midi. Les Français _____ (prendre) souvent leur déjeuner à la maison; c' _____ (être) le repas le plus important. Le soir on _____ (dîner) plus tard et plus simplement qu'aux Etats-Unis. Cependant, les enfants _____ (prendre) souvent un goûter[3] abondant. Ils _____ (avoir) des cours cinq jours par semaine. Le mercredi ils _____ (ne pas être) en classe parce que c'est un jour de congé. Mais le samedi ils _____ (devoir) aller à l'école le matin. Au lycée on _____ (aller) quelquefois à des cours le mercredi aussi. Les activités de la vie urbaine en France _____ (être) concentrées dans le «centre ville», secteur relativement dense même dans les villes de province, qui _____ (contenir) le noyau[4] économique et social de l'agglomération. (Un Américain _____ (voir) que c'est le contraire de la vie de banlieue américaine.) Dans le centre on _____ (faire) des courses, on _____ (aller) au cinéma, on _____ (voir) ses amis dans des cafés, ou on _____ (regarder) simplement ce qu'il y _____ (avoir) dans les vitrines des magasins ou on _____ (observer) les gens qui _____ (passer). Les distances entre les villes en France _____ (être) plus petites qu'en Amérique mais les gens _____ (percevoir) les distances d'une façon différente. On hésite à faire un voyage de vingt kilomètres parce qu'on _____ (trouver) que c'est loin. Comme la France _____ (avoir) une histoire qui _____ (remonter) à plus de deux mille ans, on _____ (pouvoir) trouver des choses intéressantes à voir partout.

You may want to point out that personal pronoun objects would probably not occur as frequently in informal discourse as they do in these less colloquial review exercises where the emphasis is on *form*.

B. Verbes pronominaux

Mettez les verbes entre parenthèses à la forme correcte du présent. Je _____ (s'appeler) Sophie. Quand je vois ma mère nous _____ (s'embrasser); autrement dit, nous _____ (se faire) la bise sur les deux joues. Dans la région où nous habitons on _____ (s'embrasser) trois fois, mais ça dépend de la région où on _____

---

3. *Goûter* (m.) = un snack.
4. *Noyau* (m.) = "nucleus."

(se trouver). Quand je rencontre mes amies nous _____ (se saluer) en nous faisant la bise aussi. Quand mes grands-parents et moi _____ (se voir), bien entendu, nous _____ (s'embrasser) aussi. Quelquefois dans la rue je rencontre un de nos voisins. Alors quand nous _____ (se rencontrer) nous _____ (se serrer la main). En parlant avec mes amis je leur dis «tu», c'est-à-dire que nous _____ (se tutoyer), mais avec les commerçants de la ville on _____ (s'adresser) à eux en leur disant «vous»; on les vouvoie. Pour être poli et aussi pour être bien compris, il est important de _____ (s'adresser) correctement à une autre personne. Et vous? quand vous et vos amis _____ (se voir), est-ce que vous _____ (s'embrasser) ou est-ce que vous _____ (se saluer) d'une autre manière?

C. Adjectifs

Placez l'adjectif correctement dans les phrases à la forme voulue.

1. (vert) On voit une croix devant toutes les pharmacies.
2. (bleu, blanc et rouge) Le drapeau est l'emblème de la République française.
3. (jaune) En France il y a des boîtes aux lettres partout.
4. (bleu[5]) On peut souvent payer avec sa carte.
5. (blanc) Quand on ne dort pas on dit qu'on passe une nuit.
6. (petit) Comme il y a beaucoup de rues à sens unique, on a quelquefois des difficultés à circuler en auto.
7. (rapide) Les trains racourcissent les voyages.
8. (politique) Il y a plusieurs partis.
9. (bon) On apprécie la cuisine.
10. (vieux) Un vin peut être superbe.
11. (vieux) Les monuments sont souvent protégés par le Ministère de la Culture.
12. (vieux) On voit beaucoup d'églises de style roman[6].

D. La négation

Répondez négativement aux questions suivantes.

1. La France a-t-elle une reine?
2. Utilise-t-on des pesos en France?
3. Pablo Picasso était-il français?
4. Napoléon est-il né à Paris?

---

5. Bleu est la couleur "classique" de la carte bancaire et est donc devenu pratiquement un synonyme de toutes les cartes de crédit.
6. *Roman* = "romanesque."

5. Est-ce qu'on vend de l'aspirine dans les supermarchés en France?
6. Refuse-t-on la carte VISA en France?
7. Boit-on du vin au petit déjeuner?
8. Peut-on marcher sur l'herbe des pelouses dans les parcs à Paris?
9. Fume-t-on dans les salles de cinéma?
10. Les grands magasins sont-ils ouverts le dimanche?

E. Le partitif

Mettez dans les tirets *de, du, de la, de l'* ou *des*.

Les repas en France suivent souvent un ordre plus rigide qu'en Amérique. Le petit déjeuner n'est pas très copieux. On prend souvent _____ pain ou _____ tartines: un morceau _____ pain avec _____ confiture ou _____ beurre. On boit _____ café au lait, _____ thé ou _____ chocolat qu'on boit dans un bol.

A midi c'est le déjeuner, le repas principal. Toute la famille est réunie. On commence avec une entrée (un hors d'oeuvre) qui peut être _____ crudités (_____ légumes crus) servis sans ou avec _____ sauce, _____ pâté ou quelquefois _____ salade. Ensuite on sert _____ viande (_____ poulet, _____ rosbif, _____ lapin, _____ veau, _____ steak) ou _____ poisson, souvent avec _____ légumes. Après la salade, on propose _____ fromage et à la fin on apporte le dessert (_____ gâteau, _____ pâtisseries ou _____ glace). On boit _____ eau et _____ vin.

Le soir le dîner est plus simple. On mange quelquefois _____ soupe comme entrée et puis _____ jambon, _____ tranches de rôti froid ou _____ oeufs. Comme dessert on mange simplement _____ yaourt, _____ compote de fruit ou _____ fruits frais.

F. Le comparatif

Comparez les endroits suivants où on parle français.

Modèle: Les chocolats de Suisse / les chocolats de Belgique / délicieux
Les chocolats de Suisse sont aussi délicieux que les chocolats de Belgique.

1. Le Québec / la France / grand
2. il fait très chaud à la Martinique / il ne fait pas trop chaud à Lyon
3. la Côte d'Ivoire / la Guadeloupe / petit
4. l'accent du midi / l'accent de Paris / pittoresque
5. la cuisine du midi / la cuisine du nord / épicée
6. le climat de Tahiti / le climat de Saint-Pierre-et-Miquelon[7] / tropical
7. le Sénégal / la Suisse / près de l'équateur

---

7. *Saint-Pierre-et-Miquelon*, archipel français près de Terre-Neuve.

8. Montréal / Paris / vieille ville
9. il fait froid / à Genève / à Dakar
10. la musique de la Nouvelle Orléans / la musique de Bruxelles / connue

G. L'impératif

Mettez à l'impératif le verbe entre parenthèses.

1. (ne pas oublier) qu'on roule à droite en France!
2. (prendre) vite l'habitude de la priorité à droite.
3. (ralentir) au feu jaune.
4. (ne pas doubler[8]) l'auto devant vous en passant par le centre des petites villes.
5. (ne pas rouler) à plus de 130 kilomètres à l'heure sur l'autoroute.
6. (stationner) là où c'est permis.
7. (préparer) votre monnaie avant d'arriver au péage.[9]
8. (mettre) vos pièces dans l'automatique.
9. (vérifier) la pression de vos pneus.[10]
10. (boucler) votre ceinture de sécurité.

H. Pronoms

Les Français sont très amateurs de sport. Répondez aux questions suivantes en remplaçant les mots en italique par le pronom correct.

Modèle: Les Français aiment-ils faire *de la planche à voile*?[11] Oui, ...
Oui, ils aiment en faire.

1. Les Français aiment-ils *le foot*?[12] Oui, ...
2. Comprennent-ils *le football américain*? Non, généralement...
3. Adorent-ils *le basket*? Oui, ...
4. Font-ils souvent *du ski*? Oui, ...
5. Jouent-ils *au ping-pong*? Oui, ...
6. Essaient-ils d'apprendre à jouer *aux échecs*?[13] Oui, ...
7. Font-ils beaucoup *de baseball*? Non, ...
8. Aiment-ils jouer *au tennis*? Oui, ...
9. Aiment-ils regarder *des matchs de tennis*? Oui, ...
10. Admirent-ils *les meilleurs joueurs de tennis*? Oui, ...
11. Sont-ils fiers de *leurs meilleurs skieurs et de leurs meilleures skieuses*? Oui, ...
12. Y a-t-il *des Français* qui ont *un bateau à voiles*? Oui, ...

---

8. *Doubler* = "to pass."
9. *Péage* (m.) = "toll gate."
10. *Pneu* (m.) = "tire."
11. *Planche à voile* (f.) = "windsurfing."
12. *Foot* (< le football) = "soccer."
13. *Echecs* (m.) = "chess."

I. Le passé

Mettez cette histoire au passé en employant les verbes en italique au passé composé ou à l'imparfait.

La vie d'Emma *est* monotone. Elle *s'ennuie* dans son petit village où rien ne *se passe*. Un jour son père *se casse* la jambe. Le médecin *arrive* et elle *est* heureuse de cette distraction. Elle *charme* le docteur, qui *s'appelle* Charles Bovary, et peu après ils *se marient*. Emma *croit* que sa vie *va* changer, mais malheureusement, elle *continue* à s'ennuyer. Elle *achète* des robes très chères. Elle *prend* des amants. Son mari ne *comprend* pas ce qui *se passe*. Un jour il *découvre* les dettes de sa femme. Ils *sont* ruinés. Emma *se suicide* en avalant de l'arsenic. Peu après Charles *meurt*, lui aussi, de tristesse et de misère.

J. Expressions négatives

Répondez avec le terme négatif approprié. (*Jamais, personne, rien, nulle part, pas encore, plus...*)

1. Y a-t-il encore un roi de France?
2. Qui habite le château de Chambord?
3. Voltaire est l'auteur des «Atomes et le Vide». Qu'est-ce qu'il y a dans le vide?[14]
4. Est-ce que la France a déjà envoyé des astronautes sur la lune?
5. Combien de fois êtes-vous monté au sommet du Mont Blanc?
6. Où en France se trouvent les mines de diamants?

K. Questions

Vous avez fait l'interview de Cyrano de Bergerac. Voici ses réponses. Qu'est-ce que vous lui avez demandé? Formez la question correcte en choisissant le terme proposé qui convient.

1. Q: (Qu'est-ce qui; Quand)
   R: Mon nez est très grand.
2. Q: (Avec quoi; De qui)
   R: Je suis tombé amoureux de Roxanne.
3. Q: (Qui; Est-ce que)
   R: Oui, Roxanne est ma cousine.
4. Q: (Qui est-ce que; Qu'est-ce qui)
   R: Elle aime mon ami Christian.
5. Q: (Qu'est-ce que; Qu'est-ce qui)
   R: J'écris des vers.
6. Q: (Qui; Qu'est-ce que)
   R: J'ai écrit des lettres d'amour à Roxanne.

---

14. *Vide* (m.) = "vacuum."

7. Q: (Quel; Lequel)
   R: J'ai signé le nom de Christian.
8. Q: (Où; Pourquoi)
   R: Je n'ai pas dit la vérité à Roxanne parce que j'avais peur qu'elle ne m'aime pas.

L. Pronoms relatifs

Combinez les deux phrases données en une seule phrase pour décrire ces régions ou ces villes de France.

Modèle: Beaucoup d'Américains ont entendu parler de la vallée de la Loire. / Il y a beaucoup de châteaux dans cette vallée.
Beaucoup d'Américains ont entendu parler de la vallée de la Loire où il y a beaucoup de châteaux.

1. Avignon est une ville. / Il y a le palais des Papes et un pont célèbre à Avignon.
2. Carcassonne est une ville. / Elle a des remparts.
3. Nîmes a des arènes. / Les gladiateurs se battaient dans les arènes.
4. Nice a des plages. / Tout le monde connaît ces plages.
5. Cannes a un festival de films. / Ce festival est connu dans le monde entier.
6. Albertville est une ville. / Elle accueille les Jeux olympiques de sports d'hiver en 1992.
7. Marseille est un port de marchandises et de pêche. / On connaît sa bouillabaisse.
8. Bordeaux est une ville de la côte atlantique. / Près de Bordeaux on trouve des vignobles[15] célèbres.
9. Lyon est une grande ville de France. / Lyon a beaucoup de spécialités culinaires.
10. Paris est la ville. / On parle le plus de Paris.

M. Le conditionnel

Si vous habitiez en France, feriez-vous les choses suivantes?

Modèle: manger du pain
Si j'habitais en France je mangerais probablement du pain.

1. boire du vin
2. aimer le fromage
3. avoir besoin d'un dictionnaire
4. prendre le métro
5. lire *Le Monde*
6. voir beaucoup de films français

---

15. *Vignoble* (m.) = "vineyard."

7. passer du temps dans un café
8. payer beaucoup d'impôts
9. vous servir du minitel[16]
10. acheter vos provisions dans un supermarché

N. Le subjonctif

Combinez les deux phrases données en une seule phrase en utilisant le subjonctif.

Modèle: Je suis content... Vous savez bien l'histoire de France.
Je suis content que vous sachiez bien l'histoire de France.

1. L'homme préhistorique est heureux... Les grottes de Lascaux sont parfaites pour ses dessins primitifs.
2. Vercingétorix, chef des Gaulois, n'est pas content... César envahit la Gaule (la France préromaine).
3. L'empereur Charlemagne est fier... Roland est un chevalier courageux.
4. D'abord le roi Charles VII doute fort... Jeanne d'Arc peut sauver la France.
5. Mais les Français se félicitent... Jeanne combat vaillamment les Anglais.
6. Les Anglais souhaitent... Elle meurt.
7. On est triste... Elle est condamnée à être brûlée vive.
8. Après les guerres du 15ᵉ et du 16ᵉ siècle, il est préférable... Les Français ont un grand royaume uni sous un monarque puissant et bienfaisant.
9. On se réjouit.... Henri IV devient roi en 1589.
10. Il est remarquable... Le règne de Louis XIV, le «Roi Soleil», va de 1643 jusqu'en 1715.
11. Il semble... Un seul roi pendant trois quarts de siècle est un phénomène exceptionnel.
12. Il est possible... Il y a d'autres cas de règnes aussi longs.
13. Le peuple veut... La Révolution française de 1789 réussit à établir la liberté l'égalité, et la fraternité.
14. Il peut paraître étrange... Après Napoléon la France a encore un Second Empire et quatre républiques.

These sentences have been intentionally left in the present tense to preclude students' having to deal with sequence of tenses, a notion dealt with in *Liaison*.

---

16. *Minitel* (m.) = petit terminal (clavier + écran) attaché au téléphone qui permet l'accès aux banques de données ("data banks") comme l'annuaire téléphonique, les horaires de trains, de vols d'avions, les programmes de spectacle, etc.

Réponses

A. Le présent

Les Français <u>habitent</u> souvent dans des villes. Une minorité (25%) <u>vit</u> à la campagne. Ils <u>vont</u> au travail le matin et rentrent le soir mais, généralement, on <u>ferme</u> les bureaux et les petits magasins à midi et on <u>recommence</u> à travailler à deux heures de l'après-midi. Les Français <u>prennent</u> souvent leur déjeuner à la maison; c'<u>est</u> le repas le plus important. Le soir on <u>dîne</u> plus tard et plus simplement qu'aux Etats-Unis. Cependant, les enfants <u>prennent</u> souvent un goûter abondant. Ils <u>ont</u> des cours cinq jours par semaine. Le mercredi ils <u>ne sont pas</u> en classe parce que c'est un jour de congé. Mais le samedi ils <u>doivent</u> aller à l'école le matin. Au lycée on <u>va</u> quelquefois à des cours le mercredi aussi. Les activités de la vie urbaine en France <u>sont</u> concentrées dans le «centre ville», secteur relativement dense même dans les villes de province, qui <u>contient</u> le noyau économique et social de l'agglomération. (Un Américain <u>voit</u> que c'est le contraire de la vie de banlieue américaine.) Dans le centre on <u>fait</u> des courses, on <u>va</u> au cinéma, on <u>voit</u> ses amis dans des cafés, ou on <u>regarde</u> simplement ce qu'il y <u>a</u> dans les vitrines des magasins ou on <u>observe</u> les gens qui <u>passent</u>. Les distances entre les villes en France <u>sont</u> plus petites qu'en Amérique mais les gens <u>perçoivent</u> les distances d'une façon différente. On <u>hésite</u> à faire un voyage de vingt kilomètres parce qu'on <u>trouve</u> que c'est loin. Comme la France a une histoire qui <u>remonte</u> à plus de deux mille ans, on <u>peut</u> trouver des choses intéressantes à voir partout.

B. Verbes pronominaux

Je <u>m'appelle</u> Sophie. Quand je vois ma mère nous nous <u>embrassons</u>; autrement dit, nous <u>nous faisons</u> la bise sur les deux joues. Dans la région où nous habitons on <u>s'embrasse</u> trois fois, mais ça dépend de la région où on <u>se trouve</u>. Quand je rencontre mes amies nous <u>nous saluons</u> en nous faisant la bise aussi. Quand mes grands-parents et moi <u>nous voyons</u>, bien entendu, nous nous embrassons aussi. Quelquefois dans la rue je rencontre un de nos voisins. Alors quand nous <u>nous rencontrons</u> nous <u>nous serrons</u> la main. En parlant avec mes amis je leur dis «tu», c'est-à-dire que nous <u>nous tutoyons</u>, mais avec les commerçants de la ville on <u>s'adresse</u> à eux en leur disant «vous»; on les vouvoie. Pour être poli et aussi pour être bien compris, il est important de <u>s'adresser</u> correctement à une autre personne. Et vous? quand vous et vos amis <u>vous voyez</u>, est-ce que vous <u>vous embrassez</u> ou est-ce que vous <u>vous saluez</u> d'une autre manière?

C. Adjectifs

1. On voit une croix <u>verte</u> devant toutes les pharmacies.
2. Le drapeau <u>bleu, blanc et rouge</u> est l'emblème de la République française.
3. En France il y a des boîtes aux lettres <u>jaunes</u> partout.
4. On peut souvent payer avec sa carte <u>bleue</u>.
5. Quand on ne dort pas on dit qu'on passe une nuit <u>blanche</u>.
6. Comme il y a beaucoup de <u>petites</u> rues à sens unique, on a quelquefois des difficultés à circuler en auto.
7. Les trains <u>rapides</u> raccourcissent les voyages.

8. Il y a plusieurs partis <u>politiques</u>.
9. On apprécie la <u>bonne</u> cuisine.
10. Un <u>vieux</u> vin peut être superbe.
11. Les <u>vieux</u> monuments sont souvent protégés par le Ministère de la Culture.
12. On <u>voit</u> beaucoup de <u>vieilles</u> églises de style roman.

D. La négation

1. Non, la France n'a pas de reine.
2. Non, on n'utilise pas de pesos en France.
3. Non, il n'était pas français.
4. Non, il n'est pas né à Paris.
5. Non, on ne vend pas d'aspirine dans les supermarchés en France.
6. Non, on ne refuse pas la carte VISA en France.
7. Non, on ne boit pas de vin au petit déjeuner.
8. Non, on ne peut pas marcher sur l'herbe des pelouses dans les parcs à Paris.
9. Non, on ne fume pas dans les salles de cinéma.
10. Non, ils ne sont pas ouverts le dimanche.

E. Le partitif

Les repas en France suivent souvent un ordre plus rigide qu'en Amérique. Le petit déjeuner n'est pas très copieux. On prend souvent <u>du</u> pain ou <u>des</u> tartines: un morceau de pain avec <u>de la</u> confiture ou <u>du</u> beurre. On boit <u>du</u> café au lait, <u>du</u> thé ou <u>du</u> chocolat qu'on boit dans un bol.

A midi c'est le déjeuner, le repas principal. Toute la famille est réunie. On commence avec une entrée (un hors d'oeuvre) qui peut être <u>des</u> crudités (des légumes crus) servis sans ou avec <u>de la</u> sauce, <u>du</u> pâté ou quelquefois <u>de la</u> salade. Ensuite on sert <u>de la</u> viande (<u>du</u> poulet, <u>du</u> rosbif, <u>du</u> lapin, <u>du</u> veau, <u>du</u> steak) ou <u>du</u> poisson, souvent avec <u>des</u> légumes. Après la salade, on propose <u>du</u> fromage et à la fin on apporte le dessert (<u>du</u> gâteau, <u>des</u> pâtisseries ou <u>de la</u> glace). On boit de l'eau et <u>du</u> vin.

Le soir le dîner est plus simple. On mange quelquefois <u>de la</u> soupe comme entrée et puis <u>du</u> jambon, des tranches de rôti froid ou <u>des</u> oeufs. Comme dessert on mange simplement <u>du</u> yaourt, <u>de la</u> compote de fruit ou <u>des</u> fruits frais.

F. Le comparatif

1. Le Québec est moins grand que la France.
2. Il fait plus chaud à la Martinique qu'à Lyon.
3. La Côte d'Ivoire est moins petite que la Guadeloupe.
4. L'accent du midi est plus pittoresque que l'accent de Paris.
5. La cuisine du midi est plus épicée que la cuisine du nord.
6. Le climat de Tahiti est plus tropical que le climat de Saint-Pierre-et-Miquelon.
7. Le Sénégal est plus près de l'équateur que la Suisse.
8. Montréal est une moins vieille ville que Paris.
9. Il fait plus froid à Genève qu'à Dakar.
10. La musique de la Nouvelle Orléans est plus connue que la musique de Bruxelles.

G. L'impératif

1. N'oubliez pas qu'on roule à droite en France! / N'oublie pas qu'on roule à droite en France!
2. Prenez vite l'habitude de la priorité à droite. / Prends vite l'habitude de la priorité à droite.
3. Ralentissez au feu jaune. / Ralentis au feu jaune.
4. Ne doublez pas l'auto devant vous en passant par le centre des petites villes.
5. Ne roulez pas à plus de 130 kilomètres à l'heure sur l'autoroute. / Ne roule pas à plus de 130 kilomètres à l'heure sur l'autoroute.
6. Stationnez là où c'est permis. / Stationne là où c'est permis.
7. Préparez votre monnaie avant d'arriver au péage.
8. Mettez vos pièces dans l'automatique.
9. Vérifiez la pression de vos pneus.
10. Bouclez votre ceinture de sécurité.

Notez: Les réponses à la forme **tu** ne sont pas possibles quand il y a un possessif ou un autre pronom à la forme **vous** (numéros 4, 7, 8, 9 et 10).

H. Pronoms

1. Oui, ils l'aiment.
2. Non, généralement ils ne le comprennent pas.
3. Oui, ils l'adorent.
4. Oui, ils en font souvent.
5. Oui, ils y jouent.
6. Oui, ils essaient d'apprendre à y jouer.
7. Non, ils n'en font pas beaucoup.
8. Oui, ils aiment y jouer.
9. Oui, ils aiment en regarder.
10. Oui, ils les admirent.
11. Oui, ils sont fiers d'eux.
12. Oui, il y en a qui en ont un.

I. Le passé

La vie d'Emma était monotone. Elle s'ennuyait dans son petit village où rien ne se passait. Un jour son père s'est cassé la jambe. Le médecin est arrivé et elle était heureuse de cette distraction. Elle a charmé le docteur, qui s'appelait Charles Bovary, et peu après ils se sont mariés. Emma croyait que sa vie allait changer, mais malheureusement, elle a continué (continuait) à s'ennuyer. Elle a acheté (achetait) des robes très chères. Elle a pris des amants. Son mari ne comprenait pas ce qui se passait. Un jour il a découvert les dettes de sa femme. Ils étaient ruinés. Emma s'est suicidée en avalant de l'arsenic. Peu après Charles est mort, lui aussi, de tristesse et de misère.

J. Expressions négatives

1. Non, il n'y a plus de roi de France.
2. Personne n'habite le château de Chambord.
3. Il n'y a rien dans le vide.

4. Non, la France n'a pas encore envoyé d'astronautes sur la lune.
5. Je ne suis jamais monté au sommet du Mont Blanc.
6. Les mines de diamants ne se trouvent nulle part en France.

K. Questions

1. Qu'est-ce qui est très grand?
2. De qui êtes-vous tombé amoureux?
3. Est-ce que Roxanne est votre cousine?
4. Qui est-ce que Roxanne aime?
5. Qu'est-ce que vous écrivez?
6. Qu'est-ce que vous avez écrit à Roxanne? / Qu'est-ce que vous avez fait?
7. Quel nom avez-vous signé?
8. Pourquoi n'avez-vous pas dit la vérité à Roxanne?

L. Pronoms relatifs

1. Avignon est une ville où il y a le palais des Papes et un pont célèbre.
2. Carcassonne est une ville qui a des remparts.
3. Nîmes a des arènes dans lesquelles les gladiateurs se battaient.
4. Nice a des plages que tout le monde connaît.
5. Cannes a un festival de films qui est connu dans le monde entier.
6. Albertville est une ville qui accueille les Jeux olympiques de sports d'hiver en 1992.
7. Marseille est un port de marchandises et de pêche dont on connaît sa bouilla-baisse.
8. Bordeaux est une ville de la côte atlantique près de laquelle on trouve des vignobles célèbres.
9. Lyon est une grande ville de France qui a beaucoup de spécialités culinaires.
10. Paris est la ville dont on parle le plus.

M. Le conditionnel

1. Si j'habitais en France je boirais probablement du vin. / ... je ne boirais proba-blement pas de vin.
2. Si j'habitais en France j'aimerais probablement le fromage. / ... je n'aimerais probablement pas le fromage.
3. Si j'habitais en France je n'aurais probablement pas besoin d'un dictionnaire.
4. Si j'habitais en France je prendrais probablement le métro.
5. Si j'habitais en France je lirais probablement *Le Monde*.
6. Si j'habitais en France je verrais probablement beaucoup de films français.
7. Si j'habitais en France je passerais probablement du temps dans un café.
8. Si j'habitais en France je paierais probablement beaucoup d'impôts.
9. Si j'habitais en France je me servirais probablement du minitel.
10. Si j'habitais en France j'achèterais probablement mes provisions dans un super-marché. / ... je n'achèterais probablement pas mes provisions dans un super-marché.

N. Le subjonctif

1. L'homme préhistorique est heureux que les grottes de Lascaux soient parfaites pour ses dessins primitifs.
2. Vercingétorix, chef des Gaulois, n'est pas content que César envahisse la Gaule (la France préromaine).
3. L'empereur Charlemagne est fier que Roland soit un chevalier courageux.
4. D'abord le roi Charles VII doute fort que Jeanne d'Arc puisse sauver la France.
5. Mais les Français se félicitent que Jeanne combatte vaillamment les Anglais.
6. Les Anglais souhaitent qu'elle meure.
7. On est triste qu'elle soit condamnée à être brûlée vive.
8. Après les guerres du 15ᵉ et du 16ᵉ siècle, il est préférable que les Français aient un grand royaume uni sous un monarque puissant et bienfaisant.
9. On se réjouit qu'Henri IV devienne roi en 1589.
10. Il est remarquable que le règne de Louis XIV, le «Roi Soleil», aille de 1643 jusqu'en 1715.
11. Il semble qu'un seul roi pendant trois quarts de siècle soit un phénomène exceptionnel.
12. Il est possible qu'il y ait d'autres cas de règnes aussi longs.
13. Le peuple veut que la Révolution française de 1789 réussisse à établir la liberté, l'égalité et la fraternité.
14. Il peut paraître étrange qu'après Napoléon la France ait encore un Second Empire et quatre républiques.

L E Ç O N

1 Interroger

P oser une question est un aspect fondamental de la communication. Rien de plus essentiel dans la société que demander un renseignement («*Où est la gare?*»), une opinion («*Que pensez-vous de ce projet?*»), une identification («*Vous êtes Madame Lauprête?*») ou simplement un détail pour stimuler la conversation («*Vous comptez rester longtemps?*»). Il faut savoir s'informer et il faut savoir provoquer une réaction avec une question. Un vrai dialogue est impossible sans échange de questions («*Mais pourquoi est-ce que tu fais ça? Est-ce que tu comprends bien que je ne suis pas d'accord?*»). Avec une personne que vous venez de rencontrer, vous montrez votre intérêt par des questions («*Alors, c'est votre première visite à Baton Rouge?*» «*Qu'est-ce que vous avez vu?*»). Pourriez-vous donner des exemples des circonstances récentes où vous avez posé des questions utiles?

BALMAIN
PARIS

In-Text Trigger: Have students ask each other questions about the photo on this page. For example: **Demandez à un(e) camarade: Qu'est-ce qu'il y a dans le paquet? Pourquoi la dame est-elle allongée? Qui lui a envoyé le cadeau? Posez d'autres questions sur la photo.** Present the opening dialogue and then have students play the roles.

—Oh! C'est gentil! Mais qu'est-ce que c'est?

—Tu veux vraiment le savoir?... Alors devine.

—Est-ce que ça se porte?

—Non.

—Est-ce un objet d'art? Dans quelle pièce est-ce qu'on le met? De quelle couleur est-ce? Est-ce que ça sert à quelque chose?

—Ce n'est pas un objet d'art et ce n'est pas un objet utile non plus.

—Qu'est-ce que ça peut bien être?

—Pourquoi est-ce que tu ne l'ouvres pas?

1 Questions dont la réponse est *oui* ou *non*

Il y a quatre manières principales de poser une question.

A. Phrase déclarative *(sujet + verbe + suite de la phrase)* sur un ton interrogatif.
C'est le ton qui indique une question dans la conversation familière.

> Tu veux vraiment savoir?
> Vous vous amusez?
> Tu promets? (Wiesel)
> Tu diras tout cela? (Wiesel)

Students should understand that although this type of interrogation is characteristic of informal speech, it can of course be used in dialogue in literature.

B. *Est-ce que + phrase déclarative*
Cette forme est la plus fréquente dans la langue parlée.

> **Est-ce que** ça se porte?
> **Est-ce que** ça sert à quelque chose?
> **Est-ce que** je peux m'asseoir ici?

C. *Phrase déclarative + n'est-ce pas?*
Cette forme—plus fréquente dans la langue parlée que dans la langue écrite—demande une confirmation; c'est-à-dire, on attend une réponse affirmative. Pourtant, une réponse négative est possible.

> —Vous m'avez compris, **n'est-ce pas**? —Oh, oui, je vous ai tout à fait compris.
> —Elles se sont réveillées, **n'est-ce pas**? —Oui, à sept heures.
> —C'est ici, **n'est-ce pas**? —Mais non, pas du tout!

To prepare for the reading selection «Dialogues», page 43, tell students that **dis** is also a tag phrase like **n'est-ce pas,** but rather familiar. An example from «Dialogues» is «Tu te souviendras de moi, **dis?**»

D. Inversion (du sujet et du verbe)
Cette forme, caractéristique d'un niveau de langage plus élevé, est la plus employée dans la langue écrite, mais est aussi utile dans la langue parlée. Il faut presque toujours un pronom sujet dans une question construite avec l'inversion.

1. Inversion du pronom sujet

> *Verbe-pronom sujet + suite de la phrase*

a. Quand le sujet est un pronom, on forme une question en renversant l'ordre du sujet et du verbe (avec un trait d'union).

> **Est-ce** un objet d'art?
> **Parlez-vous** français?
> **Y avait-il** beaucoup de monde dans l'autobus... ? (Queneau)

b. Quand le verbe se termine par une voyelle, on met **-t-** avant les pronoms sujets **il, elle** et **on**.

> *Marche*-t-il beaucoup?
> *Aimera*-t-elle ce tableau?

Mais: *Sait*-il le latin?

*Only the most frequent verbs are indicated. Other verbs, especially in other tenses, e.g., **oser** (**oserais-je?**) are, of course, correct inversions.*

c. Quand le sujet est **je,** on évite généralement l'inversion. Pourtant avec certains verbes très courants (**avoir, être, pouvoir, devoir, savoir** et **dire**) l'inversion avec **je** est possible et souhaitable dans le style élégant et les expressions toutes faites.

> **Est-ce que je** danse avec toi ou avec lui?
> **Est-ce que je** parle trop vite?
> **Est-ce que je** vous dérange?

Mais: Qui **suis-je**?
> **Puis-je** vous déranger une seconde?
> Que **sais-je**? (Montaigne)

2. Inversion avec un nom sujet

> *Nom(s) sujet + verbe - pronom sujet + suite de la phrase*

Quand le sujet est un nom, on forme une question avec inversion en mettant le pronom correspondant au sujet après le verbe (avec un trait d'union).

> **Charles** sait-**il** jouer au poker?
> **Paulette et Anne** s'ennuient-**elles**?
> **Ce reproche** était-**il** fondé? (Queneau)

3. Temps composés
Aux temps composés, on forme l'inversion avec l'auxiliaire. C'est simplement la forme interrogative de l'auxiliaire.

> **Avez-vous** rencontré cet homme devant la gare?
> N'**êtes-vous** pas tombé?
> Claire n'**a-t-elle** pas reçu votre lettre?

4. Place des pronoms

Quand il y a un pronom objet direct ou indirect, le pronom objet vient avant le verbe conjugué et le pronom sujet vient après. C'est le cas même avec les verbes pronominaux.

> Martin **nous** croira-t-**il?**
> Solange **vous** a-t-**elle** téléphoné?
> Normand **se** couche-t-**il** de bonne heure?

Exercices

Most of these exercises are conceived as oral, but some may be assigned as written. Further written exercises are found in the workbook.

1a. C'est le premier jour du semestre ou du trimestre et vous vous intéressez aux réactions de vos amis. Posez des questions en variant l'intonation, ou en ajoutant... *Est-ce que... ?* ou *n'est-ce pas?*

Modèle: Ça va bien.
Ça va bien? ou
Est-ce que ça va bien? ou
Ça va bien, n'est-ce pas?

1. Le premier jour du semestre est difficile.
2. Tu as les profs que tu voulais.
3. Tu as pu trouver la salle B23.
4. Il y a des fiches à remplir.
5. Le prof de chimie te semble intéressant.
6. Nous avons déjà des devoirs.
7. Les camarades de classe sont sympa.
8. Il faut faire la queue[1] à la librairie.
9. Tu vas suivre un cours de danse.
10. On va bien s'amuser.

Remind students that **la librairie (où on vend des livres)** is different from **la bibliothèque.**

This exercise can be done in pairs.

1b. La qualité de la vie. A partir des données suivantes, formez des questions en employant l'inversion, et posez-les à un(e) camarade.

Modèle: La technologie change la qualité de la vie.
La technologie change-t-elle la qualité de la vie?

An alternative exercise can be a mixer. Materials necessary are 3x5 cards and tape or pins. Have each student write on a 3x5 card the name of a famous person, living or dead. Pass out the cards and have students attach them to their backs so that everyone except the student wearing the card sees the name. Tell students that they have a new identity and must ask other students yes/no questions in order to determine who they are.

1. La télévision influence notre perception du monde.
2. L'avion rend les distances moins importantes.
3. Le terrorisme fait peur aux voyageurs.
4. L'ordinateur a créé des possibilités illimitées.
5. En médecine la technologie prolonge la vie.
6. Les armes nucléaires menacent la sécurité du monde entier.
7. Beaucoup de jeunes gens deviennent cyniques ou ambitieux.
8. Nous nous préoccupons trop de notre santé.
9. On se rend compte de la détérioration des ressources naturelles.
10. Nous vivrons plus longtemps que nos ancêtres.

Votre camarade semble-t-il pessimiste?

This exercise can be assigned as written homework, or students can write answers on the chalkboard.

---

1. *Faire la queue* = attendre son tour, une personne derrière l'autre.

2 Pronoms interrogatifs

	SUJET	OBJET DIRECT	OBJET D'UNE PRÉPOSITION
PERSONNES	qui? qui est-ce qui?	qui? qui est-ce que?	... qui?
CHOSES	—————— qu'est-ce qui?	que? qu'est-ce que?	... quoi?

A. Quand la question porte sur *une personne*:

1. Pour demander le sujet de la phrase, on emploie:

> **qui**
> **qui est-ce qui**

Qui a dit cela? = **Qui est-ce qui** a dit cela? (le prof? tes copains? Charles?)

a. Le verbe est au singulier, excepté avec **être** + **nous, vous** *ou nom pluriel.*

Qui est allé avec toi? (Anne? Gérard et Paulette? tes sœurs?)
Qui parlera pour moi? (toi? mon fils? le gouvernement?)
Mais: **Qui sont** ces jeunes gens? (des Français? des étrangers? des étudiants?)
Qui êtes-vous? (un ami? un ennemi? un frère?)

b. On emploie **qui est-ce qui** pour insister davantage sur le sujet.

Qui est-ce qui a fait cette chose horrible? (Frankenstein? le marquis de Sade? les Nazis?)

2. Pour demander l'objet direct de la phrase, on emploie:

> **qui+** *inversion*
> **qui est-ce que**

Qui avez-vous invité? = **Qui est-ce que** vous avez invité? (le médecin? des amis? vos parents?)

a. L'emploi de l'inversion = langue plus soignée.

> **Qui** a-t-il vu dans l'autobus? (un homme bizarre? Madame Martin? un de ses copains?)

b. L'emploi de **est-ce que** = style parlé.

> **Qui est-ce que** tu as vu dans le train? (un autre passager? un acteur célèbre? des femmes qui se parlaient?)

3. Pour demander l'objet d'une préposition, on emploie:

> *préposition* **+ qui**

> **Avec qui** as-tu rendez-vous? = **Avec qui** est-ce que tu as rendez-vous? (avec ta sœur? avec Paul? avec un journaliste?)
> **Pour qui** est-ce que Pierre travaille en été? (pour la Banque Nationale de Paris? pour le garagiste du coin? pour son père?)
> **Avec qui** étiez-vous samedi? (avec votre petit ami? avec Mimi? avec les camarades de classe?)

B. Quand la question porte sur *une chose* ou *une idée*:

1. Pour demander le sujet de la phrase la seule forme possible est:

> **qu'est-ce qui**

> **Qu'est-ce qui** se passe dans la salle à côté? (un autre prof fait son cours? les étudiants passent un examen? quelqu'un écoute de la musique?)
> **Qu'est-ce qui** est arrivé dans l'autobus? (une dispute? un passager a fait une remarque désagréable? quelqu'un vous a frappé?)

a. Le verbe est au singulier.

> **Qu'est-ce qui** intéresse les étudiants? (l'amour? l'argent? les autos?)

b. Avec le verbe **être** + *nom* on n'emploie pas **qu'est-ce qui**, on utilise plutôt **quel + être** (voir page 13).

> **Qu'est-ce qui** est derrière vous? (**être** + *préposition*)
> **Mais:** **Quelle est** votre adresse? (**être** + *nom*)

2. Pour demander l'objet direct de la phrase, on emploie:

> **que + *inversion*
> qu'est-ce que**

Que veux-tu? = **Qu'est-ce que** tu veux? (une pomme? des réponses? mon amour?)

a. L'emploi de **que + *inversion*** = langue plus soignée.

Mais alors, **que** veux-tu, **que** cherches-tu? (Wiesel)
Que demandons-nous aujourd'hui à une automobile? Confort et performance?
Que dira-t-on? (Que vous êtes fou? Que nous sommes perdus? Que tu as raison?)
Qu'avez-vous fait samedi? (du ski? des courses? une promenade?)

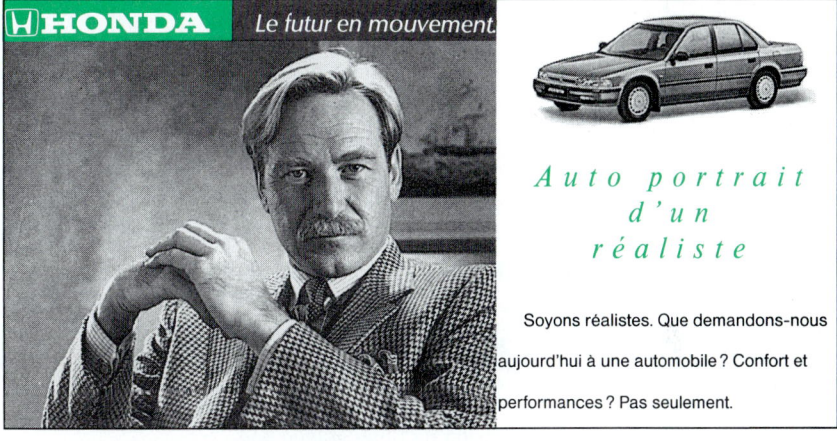

Auto portrait d'un réaliste

Soyons réalistes. Que demandons-nous aujourd'hui à une automobile? Confort et performances? Pas seulement.

b. La forme avec **est-ce que** = style parlé.

Qu'est-ce qu'Einstein a découvert? (les montagnes de l'Himalaya? les jeans? la relativité?)

3. Pour demander l'objet d'une préposition, on emploie:

> ***préposition* + quoi**

Avec quoi va-t-elle sortir? = **Avec quoi** est-ce qu'elle va sortir? (avec des gants? avec un parasol? avec un livre?)
De quoi est-ce que les copains discutent au café? (des boutons? des vêtements? d'une coïncidence?)
Sur quoi cet auteur base-t-il son œuvre? (sur une scène banale? sur sa vie? sur une expérience?)

Exercices

More than one response
is possible in some cases.

2a. Vous attendez à côté d'une cabine téléphonique où quelqu'un parle au téléphone. D'après les réponses que vous entendez, imaginez les questions qu'on lui a posées. Employez *qui, qui est-ce qui, qui est-ce que, qu'est-ce qui, que* ou *qu'est-ce que.*

Modèle: Je vais aller au cinéma ce soir.
Qu'est-ce que tu vas faire ce soir?

Woody Allen is among
many American artists
who are very popular with
young people in France.

1. Je vais voir le nouveau film de Woody Allen.
2. C'est Marie-Paule qui m'a dit de le voir.
3. Oh, c'est un camion qui a fait ce bruit, je crois.
4. Oh, on fera une grande fête.
5. Les hors-d'œuvre vont prendre le plus de temps à préparer.
6. Tu pourrais nous apporter des fleurs.
7. On a invité des gens que tu ne connais pas.
8. Philippe ou Lionel te raccompagneront chez toi après, si tu veux.

2b. Un de vos copains a déjà suivi un cours que vous suivez maintenant. Voici ce que vous savez déjà. Demandez des précisions sur les mots en italique en commençant par une préposition + *qui* ou *quoi.*

Modèle: Le prof va parler *de certains sujets actuels...*
De quoi est-ce que le prof va parler?

1. Votre copain a écrit un mémoire *sur un thème donné par le professeur...*
2. Il y a des tests *à propos de sujets divers...*
3. Vous ferez quatre longs devoirs *pour le prof...* ou *pour son assistant...*
4. Votre copain a étudié *avec un autre ami* pendant le cours...

5. On a besoin *de matériel très coûteux* pour faire le premier devoir...
6. Vous passez l'examen final oral *devant un groupe de profs...*

2c. Posez des questions à partir des données suivantes à un(e) partenaire pour mieux connaître vos camarades de classe.

Modèle: Il (elle) aime quelque chose.
               Qu'est-ce que vous aimez?

1. Il (elle) aime quelqu'un.
2. Il (elle) a peur de quelque chose.
3. Il (elle) a peur de quelqu'un.
4. Quelque chose le (la) fascine.
5. Quelqu'un l'admire.
6. Il (elle) pense souvent à quelque chose.
7. Il (elle) veut quelque chose.
8. Quelque chose le (la) choque.
9. Il (elle) sort avec quelqu'un.
10. Il (elle) sait beaucoup de choses sur un sujet.

Students can prepare written questions in advance.

Variation: Use a *Dating Game* setup, with one student asking the same question of three people who want to be selected for the "dream date."

2d. Quelqu'un vous téléphone pour répondre à votre annonce personnelle dans le journal. Préparez les questions suivantes pour décider si vous voulez sortir avec cette personne. Un camarade jouera le rôle de votre partenaire éventuel et répondra à vos questions.

Modèles: Qu'est-ce que... (détester / aimer)
                —*Qu'est-ce que tu aimes faire le samedi soir?*
                —*J'aime aller au cinéma.* ou

                —*Qu'est-ce que tu détestes faire le week-end?*
                —*Je déteste rester à la maison.*

1. Qui est-ce que tu... (admirer / mépriser[2])
2. Qu'est-ce que tu... (vouloir être / ne pas aimer chez les gens)
3. Qu'est-ce qui... (t'inspirer / te déprimer[3])
4. Qui... (être tes héros fictifs / être tes héroïnes dans la vie réelle)
5. Pour qui... (avoir le plus de patience / avoir le moins de patience)
6. De quoi... (avoir envie / avoir peur)
7. A qui voudrais-tu... (ressembler / plaire)
8. En quoi... (avoir confiance / exceller)

For a pair activity, other students could role-play the celebrities. This exercise could also be assigned as written homework.

2e. Inventez cinq questions que vous aimeriez poser à une personne célèbre. Indiquez le nom de cette personne, puis finissez ces questions.

1. Qu'est-ce que...
2. Qu'est-ce qui...
3. Qui...
4. Que...
5. ... (à vous de décider!)

---

2. *Mépriser* ≠ admirer; respecter.
3. *Déprimer* = rendre triste.

3 L'adjectif interrogatif *quel*

Pour demander des précisions sur l'identité d'une personne ou d'une chose (quand il y a plusieurs possibilités), on utilise l'adjectif interrogatif **quel** (**quelle, quels, quelles**) + *nom* (que le nom soit sujet, objet direct ou objet d'une préposition). **Quel** s'accorde toujours avec le nom qu'il modifie.

> **Quel** candidat gagnera?
> **Quels** animaux vous font peur?
> **Quelles** voitures aimez-vous?
> **A quelle** heure l'autobus est-il passé?

Exercices

This exercise might be most useful written on the chalkboard or done as a written homework exercise.

3a. Votre cousine va avoir un bébé. En employant la forme correcte de *quel* (*quelle, quels, quelles*), inventez des questions que vous lui posez pour savoir:

Modèle: les noms qu'elle a choisis pour un garçon.
Quels noms as-tu choisis pour un garçon?

1. le nom qu'elle préfère pour une fille.
2. l'hôpital où elle va avoir le bébé. («Dans... ?»)
3. le docteur qu'elle voit.
4. les vêtements qu'il faut acheter.
5. la chambre où le bébé dormira. («Dans... ?»)
6. l'université où ira un jour son enfant. («A... ?»)

3b. Vous êtes inspecteur (inspectrice) dans un grand magasin. Vous venez de trouver quelqu'un qui vous semble suspect. Confrontez cette personne et posez-lui des questions sur les explications qu'elle donne. Employez la forme appropriée de *quel* dans chaque question.

Modèle: *Vous:* Où avez-vous acheté ce disque?
Lui: Je l'ai acheté dans *un autre magasin*.
Vous: *Dans quel magasin l'avez-vous acheté?*

Lui: Un magasin dans *une autre ville*.
Vous: _____ ?
Lui: Oh... une ville que j'ai visitée pendant *les vacances*.
Vous: _____ ?
Lui: Les vacances d'été... De toute façon, j'ai besoin de partir maintenant... je ne veux pas manquer *mon autobus*.
Vous: _____ ?
Lui: Euh... le S. C'est presque *l'heure*.
Vous: _____ ?
Lui: Euh... je ne suis pas sûr...
Vous: Montrez-moi votre carte d'identité.

4 Le pronom interrogatif *lequel*

Le pronom interrogatif **lequel** (**laquelle, lesquels, lesquelles**) implique un choix parmi des personnes ou des objets *déjà désignés*.

A. **Lequel** peut fonctionner comme sujet, objet direct ou indirect ou objet d'une préposition.

> Voilà cinq voitures. **Laquelle** est la plus chère? **Lesquelles** préférez-vous?
> Nous écoutons trois candidats à la députation.[4] Pour **lequel** voterez-vous? **Lesquels** est-ce que vous n'aimez pas?

Dans la jungle des camescopes lequel choisir ?
La réponse est dans le dossier 1991 de la Fnac.

---

4. *Députation* (f.) = fonction de député (membre d'une assemblée législative).

B. Les prépositions **à** et **de** forment des contractions avec **lequel, lesquels** et **lesquelles**. Il n'y a pas de contraction avec **laquelle**.

$$à + lequel > auquel$$
$$à + laquelle = à laquelle$$
$$à + lesquels > auxquels$$
$$à + lesquelles > auxquelles$$
$$de + lequel > duquel$$
$$de + laquelle = de laquelle$$
$$de + lesquels > desquels$$
$$de + lesquelles > desquelles$$

Point out usage with expressions like **avoir besoin de,** in which **de** forms a contraction with the pronoun and the rest of the expression stands separately.

Voilà une liste de dix concerts. **Auxquels** voulez-vous aller?
Vous devez répondre **à** trois questions sur cinq. **Auxquelles** répondrez-vous?
Je vois beaucoup de soldats là-bas! **Desquels** parlez-vous?
Vous avez besoin d'un de mes stylos? **Duquel** avez-vous besoin?

Exercices

4a. Dialogues dans un magasin. Pour encourager les clients, les vendeuses proposent leurs marchandises. Employez la forme correcte du pronom interrogatif *lequel*.

Modèle: *Client:*   J'aime vos cravates.
                   Vendeuse: _____ voudriez-vous, monsieur?
                   Vendeuse: *Laquelle voudriez-vous, monsieur?*

1. *Cliente:*   Quelles jolies bottes!
   Vendeuse: _____ puis-je vous montrer, mademoiselle?
2. *Client:*   J'ai besoin d'une paire de chaussettes comme celles-ci.
   Vendeuse: _____ voudriez-vous, monsieur?
3. *Cliente:*   Ces lunettes sont belles.
   Vendeuse: _____ voudriez-vous essayer, madame?
4. *Cliente:*   J'aime tous ces parfums!
   Vendeuse: _____ voulez-vous essayer, mademoiselle?
5. *Client:*   Vos gants me semblent très pratiques.
   Vendeuse: _____ avez-vous besoin, monsieur?

4b. Vous êtes assis(e) dans un café avec une amie et vous observez les gens et les choses. Formez des questions en employant une forme appropriée de *lequel* avec un des verbes proposés.

Modèle: Regarde ces trois hommes-là! (être / vouloir)
                   Lequel est le plus beau? ou
                   Avec lesquels ne voudrais-tu pas sortir?

1. Il y a tant de bonnes pâtisseries ici. (choisir / manger)
2. Ces trois bonshommes-là[5] parlent tous en même temps. (parler / entendre)
3. Voilà l'homme qui vend des journaux. (vendre / avoir)
4. Ce type-là flirte avec quatre jeunes filles. (aimer / flirter)
5. As-tu vu l'homme qui m'a bousculé[6] quand je te cherchais? (bousculer / être)

5 *Qu'est-ce que c'est que... ? et Quel est... ?*

This question is most often a stressed form connoting surprise, impatience, frustration, amusement, etc.

A. Qu'est-ce que c'est que... ?

1. Dans la langue parlée, la question pour demander une définition, une explication ou une identification, est **Qu'est-ce que c'est que** + *nom* ou *pronom*.

>—**Qu'est-ce que c'est qu**'un pardessus? —C'est un manteau pour hommes.
>—**Qu'est-ce que c'est que** cette monstruosité? —Mais c'est une statue moderne: «Trois Gorilles et une Banane dans une Cabine Téléphonique».
>—**Qu'est-ce que c'est que ça?** —C'est mon parapluie.

2. Dans la langue soignée, l'expression **Qu'est-ce que...** peut remplacer **Qu'est-ce que c'est que...** C'est donc la forme la plus utilisée pour des notions abstraites.

>—**Qu'est-ce que** la liberté? —C'est la possibilité de faire ce qu'on veut.
>—**Qu'est-ce que** l'amour? —C'est une affection forte pour quelqu'un ou pour quelque chose.

B. Quel est... ?

Quand il y a plusieurs possibilités, la question commence avec l'adjectif interrogatif **quel** + **être** + *nom*. Notez que **quel** s'accorde avec le nom qu'il représente.

>—**Quel est** votre signe du zodiaque? —C'est le Verseau.
>—**Quels sont** les cinquante états américains? —L'Alabama, l'Alaska, etc.
>—**Quelle est** la date? —C'est le 7 décembre.
>—**Quelles sont** vos qualités? —La bonté, l'honnêteté, la générosité et la modestie!

Point out to students that the French word **qualités** is a false cognate meaning "virtues" or "good points."

---

5. *Bonhomme* (m.) (fam.) = homme, individu (sympathique ou antipathique).
6. *Bousculer* = pousser brutalement.

Exercices

This item is from the Queneau reading, page 35.

5a. Demandez à un(e) partenaire ou à un(e) camarade de classe les définitions suivantes:

Modèle: un cyclothymique paranoïaque hypotendu
Qu'est-ce que c'est qu'un cyclothymique paranoïaque hypotendu?

1. l'appellation d'un vin
2. un laboratoire de langues
3. une bise
4. un magnétoscope
5. un apéritif
6. la vie

5b. Demandez à un(e) partenaire ou à un(e) camarade les renseignements suivants:

Modèle: sa couleur favorite
Quelle est ta couleur favorite?

1. la couleur de sa brosse à dents
2. son repas préféré
3. sa spécialité
4. sa nationalité
5. sa glace favorite
6. ses sports favoris
7. les meilleurs restaurants de la ville
8. son adresse (f.)

You may also ask students to read the definitions of the single-word nouns (items 2, 4, 7, 8) in a French-French dictionary and rephrase them in their own words.

5c. Posez des questions sur les mots indiqués. Utilisez *Qu'est-ce que c'est que*, *Qu'est-ce que* ou *Quel + être*.

Modèle: la démocratie *Qu'est-ce que la démocratie?*

1. les noms de vos compositeurs préférés
2. un orphelin
3. vos conseils pour un nouvel étudiant ici
4. la psychanalyse
5. votre roman préféré
6. vos opinions sur la politique actuelle
7. la douceur
8. la philosophie
9. la philosophie de Sartre
10. le nom de la rue où vous habitez

More than one response is possible in many cases.

The vocabulary in this exercise is intentionally beyond the range of most students, in order to elicit: **Qu'est-ce que c'est que... ?**

5d. Vous avez obtenu un travail d'été en France. On vous donne des ordres mais la culture et la langue françaises sont encore très nouvelles pour vous. Posez une question pour mieux comprendre chaque ordre donné. Employez *Qu'est-ce que c'est que* ou *Quel + être*.

Modèles: Vérifiez bien toutes les serrures avant de partir.
Qu'est-ce que c'est qu'une serrure?

N'oubliez pas les portes les plus importantes.
Quelles sont les portes les plus importantes?

1. Expédiez ce paquet.
2. Attachez ces papiers avec l'agrafeuse.
3. Mettez les dossiers les plus récents dans ce classeur.
4. Soyez de retour immédiatement après les heures du déjeuner.
5. Rédigez vos lettres sur l'ordinateur.
6. Si vous avez besoin d'un congé, demandez-le aussi à l'avance que possible.
7. Enlevez toutes les paperasses de votre bureau à la fin de la journée.
8. Gardez toujours en tête la devise de notre firme.

6 Adverbes interrogatifs

A. Il y a cinq adverbes interrogatifs.

> **Quand** demande le moment.
> **Où** demande le lieu.
> **Comment** demande la manière.
> **Combien (de)** demande la quantité.
> **Pourquoi** demande la cause.

Explain the difference between **à Québec** (for the city) and **au Québec** (for the province).

Point out that **combien de** is used both with plural nouns ("how many") and with singular nouns ("how much").

Quand fait-il ses devoirs? (à six heures? demain?)
Où est-ce que Paul va? (en France? à Québec?)
Comment a-t-elle organisé son travail? (avec un calendrier? avec un ordinateur?)
Combien de pommes as-tu achetées? (cinq? une douzaine?)
Combien de beurre as-tu acheté? (un demi-kilo? 250 grammes?)
Pourquoi est-ce que tu ne l'ouvres pas? (tu n'es pas assez forte? tu n'as pas la clé?)

B. Quand le sujet est un nom, il y a deux manières de former la question:

1. *Adverbe interrogatif + **est-ce que** + ordre déclaratif*

Quand est-ce que l'autobus arrive?
Où est-ce que Paul va demain?
Comment est-ce que Françoise a organisé son travail?
Combien de tableaux par an **est-ce que** Van Gogh peignait?
Pourquoi est-ce que Raymond vit à Paris?

2. *Adverbe interrogatif + **nom sujet + inversion**[7]*

Quand l'autobus arrive-t-il?
Où Paul va-t-il demain?
Comment Françoise a-t-elle organisé son travail?
Combien de tableaux par an **Van Gogh peignait-il?**
Pourquoi Raymond vit-il à Paris?

---

7. La simple inversion du nom sujet et du verbe (sans répéter le sujet pronom) est possible uniquement dans les situations suivantes: (1) avec **combien de** (Combien de tableaux par an **peignait Van Gogh?**); (2) avec **quand, où** et **comment** seulement quand le verbe n'a pas d'objet direct (Où **va Paul** demain? Où **est allé Paul** hier? **Mais:** Quand **Jacques lave-t-il** *son linge*? Comment **Françoise a-t-elle organisé** *son travail*?). **Remarquez:** La simple inversion n'est jamais possible avec **pourquoi.** La répétition du nom sujet est obligatoire: Pourquoi **Raymond vit-il** à Paris?

Exercices

Have this exercise written on the chalkboard or written as homework to emphasize the use of inversion as a written form. If you wish, have students try to answer these questions.

6a. On vous donne un test de connaissances générales. Refaites chaque question, en employant l'inversion.

Modèle: Pourquoi est-ce que Marie-Antoinette a été guillotinée?
Pourquoi Marie-Antoinette a-t-elle été guillotinée?

1. Combien d'argent est-ce que le Président gagne par an?
2. Où est-ce que la révolution industrielle a commencé?
3. Comment est-ce que le Québec a été colonisé?
4. Quand est-ce que la lune influence le climat?
5. Où est-ce que les gens chantent «la Marseillaise»?
6. Combien de fois est-ce que le président soviétique a visité les Etats-Unis?
7. Pourquoi est-ce qu'Henri Matisse est célèbre?
8. Quand est-ce que la guerre au Viêt-nam a commencé?
9. Comment est-ce que les chercheurs ont retrouvé *le Titanic* au fond de l'Atlantique?

6b. Vous rencontrez une amie dans un autobus. Vous avez toutes sortes de questions à propos de ce qu'elle vous dit. Inventez une question à partir de chaque phrase, en commençant par le mot donné.

Modèle: *Votre amie:* Je suis sûre que tu te rappelles Jules et Sylvie. (comment)
Vous: *Oui, comment vont-ils?*

1. J'espère que tu te rappelles Paul. (comment)
2. Nous allons nous marier. (quand)
3. Nous allons faire un voyage de noces[8] super. (où)
4. Ses parents nous ont trouvé un joli petit appartement. (où)
5. Mon travail prend énormément de temps en ce moment. (pourquoi)
6. Marie-Claire a eu des enfants. (combien de)
7. Martin va se remarier encore une fois. (combien de)
8. Elyse a trouvé un poste aux Nations Unies. (comment)

Variation: Have students assume the identity of a fictitious person and respond in character.

6c. Essayez de connaître vos camarades. Finissez les questions suivantes et posez-les à un(e) camarade que vous ne connaissez pas encore très bien.

Modèle: Pourquoi... ?
Pourquoi as-tu choisi cette université?

1. Pourquoi... ?
2. Combien... ?
3. Quand... ?

4. Comment... ?
5. Où... ?

---

8. *Voyage de noces* (m.) = "honeymoon."

7 Allons plus loin

A. Pronoms sujets

B. Pronoms objets directs et indirects

C. Le pronom **y**

D. Le pronom **en**

E. La place des pronoms personnels compléments d'objet

F. Pronoms disjoints

G. Pronoms possessifs

H. Pronoms démonstratifs

Les structures suivantes peuvent aider à donner des réponses naturelles aux questions. Les pronoms servent à remplacer un nom déjà mentionné ou quelquefois même mentionné après ou sous-entendu dans le contexte. Pour bien comprendre, il faut donc savoir *qui* ou *ce que* le pronom représente. Voici les pronoms les plus utiles.

A. Pronoms sujets

Pour remplacer *le sujet* de la phrase, on emploie un pronom sujet. Le pronom sujet peut représenter une personne ou une chose.

The traditional distinction between the use of **tu** and **vous** is not necessarily always applicable, i.e., **tu** is used more extensively after less time (if any) between an initial **vous** and an eventual **tu,** especially between young adults, colleagues, coworkers, students, etc.

PRONOMS SUJETS

je	**nous**
tu	**vous**
il/elle/on	**ils/elles**

—Comment est *la cousine de Marie-Laure*? —**Elle** est très jolie.
—Où sont *les documents*? —**Ils** ne sont pas sur mon bureau.

B. Pronoms objets directs et indirects

PRONOMS OBJETS DIRECTS		PRONOMS OBJETS INDIRECTS	
me	**nous**	**me**	**nous**
te	**vous**	**te**	**vous**
le/la	**les**	**lui**	**leur**

1. Pour remplacer *l'objet direct* de la phrase, on emploie un pronom objet direct. L'objet direct peut être une personne ou une chose (une idée générale, une phrase). Il n'est pas précédé d'une préposition.

> —Voyez-vous *les deux filles de Madame Poujol*? —Oui, je **les** rencontre souvent au marché.
> —Est-ce que je peux voir *ta voiture neuve*? —Oui, tu peux **la** voir devant la maison.
> —Mon cher Robert, *vous êtes trop impatient*! *Vous ne sauriez jamais être professeur.* —Je **le** sais bien.

Remarquez: Le pronom objet **le** (le masculin est considéré comme neutre dans ce cas) peut remplacer un adjectif.

> —Je crois bien que vous êtes *fâché*. —En effet, je **le** suis!
> —Vous ne trouvez pas Sylvie *un peu pâle*? —Mais si, elle **l'**est.

2. Pour remplacer la préposition à + *une personne*, on emploie un pronom objet indirect. Le pronom objet indirect représente une personne en français.

> —Répond-il *à sa mère*? —Oui, il **lui** répond.
> —Téléphonez-vous *à vos sœurs*? —Oui, je **leur** téléphone.

C. Le pronom **y**

1. Pour remplacer à + *une chose*, on emploie le pronom adverbial **y**.

> —Répond-il *à la question du professeur*? —Oui, il **y** répond.
> —Obéit-il toujours *à la loi*? —Oui, il **y** obéit.
> —Allez-vous *au cinéma* jeudi? —Non, nous **y** allons vendredi.

2. Pour remplacer *une préposition de lieu* (**à, dans, devant,** etc.) + *un nom indiquant le lieu*, on emploie **y**.

> —La Tour Eiffel se trouve-t-elle *à Calcutta*? —Non, elle ne s'**y** trouve pas.
> —Sophie travaille-t-elle *dans le jardin*? —Oui, elle **y** travaille.
> —Est-elle *devant l'église*? —Oui, elle s'**y** trouve.

D. Le pronom **en**

1. Pour remplacer la préposition **de** + *une chose*, on emploie le pronom adverbial **en.**

—As-tu besoin *de l'ordinateur* maintenant? —Non, mais j'**en** aurai besoin dans quelques minutes.

Caroline parle tout le temps *de son cours de philosophie.* Mais dans quelques jours elle n'**en** parlera plus.

—Max a envie *d'un éclair au chocolat.* —Moi, je n'**en** ai pas du tout envie.

2. Pour remplacer un nom précédé par un chiffre, on emploie le pronom adverbial **en** + *le chiffre.*

—Avez-vous des sœurs? —Oui, j'**en** ai deux. (= J'ai deux sœurs.)

—Voyez-vous une étoile? —Oui, j'**en** vois une. (= Je vois une étoile.)

—Combien de croissants voulez-vous? —J'**en** voudrais six, s'il vous plaît. (= Je voudrais six croissants.)

E. La place des pronoms personnels compléments d'objet

(ne)	me te nous vous se	le la l' les	lui leur	y en	*verbe conjugué* *auxiliaire* *participe présent*	(**pas**, etc.)	*infinitif* *participe passé* *infinitif passé*

Agreement with past participle is covered in Lesson 6.

Vous **les leur** rendez.
Il **la lui** a expliquée.
Ils ne **l'en** ont pas informé.
On ne **les y** verra pas.
On **vous** a vus chez Flo.
Avant de **vous** l'avoir donné, il est parti.
Ne **les** connaissant pas, il ne veut pas **leur** demander ça.
Il est préférable de ne plus **m'en** parler.

1. Le pronom objet indirect précède le pronom objet direct, excepté quand les deux pronoms sont à la troisième personne.

> —Et combien je vous dois pour ce livre? —Rien du tout! Je **vous le** donne.
> —Est-ce que Marcel a déjà envoyé sa lettre à Lucie? —Il **la lui** enverra demain.

2. L'ensemble des pronoms objets précède:

a. un verbe conjugué.

> —Est-ce que vous savez que vous dansez bien? —Oh, on **me le** *dit* souvent, mais je ne *le crois* pas.
> —Comment reçois-tu de l'argent de poche? —Mes parents **m'en** *donnent.*

b. l'auxiliaire dans le cas des temps composés ou de l'infinitif passé.

> Le Vice-Président **le leur** *a confirmé* hier.
> Je suis content de **vous l'***avoir* déjà *expliqué.*

c. un participe présent.

> En **vous le** *disant* ainsi, j'exprime mon amitié.
> Ne **la** *connaissant* pas, je n'ai pas d'opinion.

d. un infinitif.

> —Direz-vous à Cyrano que son nez est trop long? —J'essaierai de **le lui** *dire* avec délicatesse.
> —Odile a des difficultés, n'est-ce pas? —Oui, mais elle ne veut pas **m'en** *parler.*

3. Le premier élément de la négation, **ne,** précède les pronoms objets. Le deuxième élément (**pas, jamais, guère, rien,** etc.) suit le verbe ou l'auxiliaire conjugués mais, dans le cas de l'infinitif, il vient entre **ne** et les autres pronoms objets devant le verbe. Le deuxième élément peut se placer après l'infinitif pour des raisons stylistiques.

> Il *ne* **leur** parle *guère.*
> Je *ne* **vous** l'ai *jamais* raconté.
> Le guide *ne* **nous** a *rien* montré d'intéressant.
> Je voudrais *ne jamais* **le** revoir.

Rien, comme **personne,** peut être aussi le sujet, cas dans lequel il se met à la place normale du sujet. Quand **personne** est objet, il se met après le verbe, participe présent ou passé.

> **Rien** ne lui fait peur.
> **Personne** n'est venu.
> Nous n'avons vu **personne** dans ce château.

There is inevitably an artificial aspect in the accumulation of objet pronouns in sentences illustrating their use. Other than a few combinations, e.g., **elle me l'a dit**, contiguous object pronouns are infrequent in spoken French. **Jacques les leur a offert** is most often rendered by **Jacques a offert ses excuses à ses parents** or **Il leur a offert ses excuses.**

F. Pronoms disjoints

moi	**nous**
toi	**vous**
lui/elle/soi	**eux/elles**

1. Pour remplacer une personne après toutes les prépositions excepté **à,** on emploie *la préposition + un pronom disjoint.*

> —Ecrivez-vous à vos sœurs? —Non, je ne leur écris presque plus. En fait je ne corresponds plus jamais **avec elles.**
> —Mon frère est-il derrière Françoise? —Oui, il est **derrière elle.**

2. Avec une quinzaine de verbes et d'expressions verbales, on n'emploie pas de pronom objet indirect: à + *personne* est remplacé par à + *pronom disjoint* après le verbe. Parmi ces verbes:

aller à	**faire attention à**	**renoncer à**
arriver à	**penser à**	**songer à**
avoir affaire à	**prendre garde à**	**tenir à**
courir à	**recourir à**	**venir à**
être à		

> *Sa mère* est à Chicago; il ne pense jamais **à elle.**
> Voilà *des gendarmes.* Faites attention **à eux.**
> Elle est venue **à moi.**

3. Quand un verbe prend **me, te, nous, vous** ou **se** comme objet *direct,* l'objet *indirect* est indiqué par la préposition à + *le pronom disjoint* équivalent placés après le verbe.

> Jean va *me* présenter **à eux.**   Je *m'*intéresse beaucoup **à elle.**
>
> Il *nous* a présentés **à elles** hier.   Carole ne peut pas *s'*habituer **à lui.**
>
> Elle *s'*est présentée **à moi.**   Le jeune homme *s'*est adressé **à moi.**

4. Pour remplacer la préposition **de** + *une personne,* on emploie **de** + *pronom disjoint.*

> —Vous parlez *de Marie-Thérèse*? —En effet, je parle **d'elle.**
> —Te souviens-tu *de la petite Elisabeth et de son frère René*?
> — Mais oui! Je me souviens bien **d'eux!**

G. Pronoms possessifs

Les pronoms possessifs remplacent un nom modifié par un adjectif possessif (**mon, votre,** etc.).

PRONOMS POSSESSIFS

masculin singulier	féminin singulier	masculin pluriel	féminin pluriel
le mien	la mienne	les miens	les miennes
le tien	la tienne	les tiens	les tiennes
le sien	la sienne	les siens	les siennes
le nôtre	la nôtre	les nôtres	les nôtres
le vôtre	la vôtre	les vôtres	les vôtres
le leur	la leur	les leurs	les leurs

—Est-ce que vos parents sont plus jeunes que mes parents?
—Vos parents sont jeunes mais *mes parents* sont vieux. **Les miens** sont vieux.
—Avez-vous une grande famille? —J'ai une grande famille. Et *votre famille,* comment est-elle? Et **la vôtre,** comment est-elle?

H. Pronoms démonstratifs

Les pronoms démonstratifs s'emploient pour ne pas répéter le nom devant une préposition ou devant un pronom relatif.

PRONOMS DÉMONSTRATIFS

	singulier	pluriel
MASCULIN	celui	ceux
FÉMININ	celle	celles

1. Le pronom démonstratif prend le genre et le nombre du nom qu'il représente.

—Pour combien de temps le Président est-il élu? —Le Président des Etats-Unis est élu pour quatre ans et *le Président de* la République française est élu pour sept ans: **celui** *de* la France est élu pour sept ans.[9]

---

9. On appelle donc la durée de la présidence *le septennat.*

—Connaissez-vous des Françaises célèbres? —Il y a beaucoup de Françaises célèbres, mais *la Française que* tout le monde connaît s'appelle Jeanne d'Arc: **celle** *que* tout le monde connaît s'appelle Jeanne d'Arc.

2. Pour différencier deux objets ou deux personnes déjà mentionnés, on peut ajouter **-ci** ou **-là** au pronom démonstratif.

Voici deux livres; voulez-vous **celui-ci** ou **celui-là**?

Exercices

7a. Demandez à un(e) camarade qui répondra avec le pronom approprié:

Modèle: s'il connaît le président de l'université.
Question: *Connais-tu le président de l'université?*
Réponse: *Non, je ne le connais pas.*

1. s'il (si elle) aime la musique.
2. s'il (si elle) déteste le jazz.
3. s'il (si elle) écoute souvent la radio.
4. s'il (si elle) vous entend clairement.
5. si vous pouvez lui téléphoner.
6. s'il (si elle) parle à son voisin pendant les examens.
7. s'il (si elle) regarde la télé.
8. s'il (si elle) aime votre accent.
9. s'il (si elle) aide ses amis.

7b. Décrivez vos rêves. Répondez en employant *y, en* ou le pronom objet direct ou indirect.

Dans vos rêves:
1. y a-t-il des animaux?
2. y a-t-il une suite logique?
3. allez-vous dans la mer?
4. parlez-vous beaucoup de langues différentes?
5. êtes-vous dans votre lit?
6. essayez-vous de danser la lambada?
7. voyez-vous des monstres?
8. avez-vous peur des chiens?
9. y a-t-il des conflits?
10. cherchez-vous la réponse à une question importante?

7c. Répondez en employant un pronom disjoint, objet direct ou indirect, *y* ou *en.*

1. Avez-vous entendu parler de Marie-Antoinette?
2. Les Français ont-ils voté pour François Mitterrand? (oui…)
3. Les Français avaient-ils peur de Robespierre? (oui…)
4. Vous souvenez-vous de Maurice Chevalier?
5. Admirez-vous Claude Monet?

6. Pensez-vous à Jacques Cousteau quand vous allez à la mer?
7. Etes-vous allé au musée du Louvre?
8. Avez-vous lu des poèmes de Baudelaire?
9. Vous intéressez-vous à Marcel Proust?
10. Napoléon s'est-il marié avec Joséphine? (oui…)

7d. Répondez en employant deux pronoms dans chaque réponse.

1. Quand offrez-vous *des cadeaux à votre mère*? *à votre père*? *à vos parents*?
2. Dites-vous toujours *la vérité à tous vos amis*?
3. Dites-vous toujours *la vérité à votre meilleur(e) ami(e)*?
4. Est-ce qu'on peut *vous voir avec vos amis à la cafétéria*?
5. Qui *vous donne de l'argent*?
6. Avez-vous donné *votre numéro de téléphone à votre professeur*?
7. Avez-vous écrit *des lettres au père Noël*?
8. Est-ce que vous donnez *des leçons particulières à d'autres étudiants*?

Have students use the noun for the first element in the question and the possessive pronoun for the second.

7e. Employez un pronom possessif dans la question et demandez à un(e) camarade:

Modèle: si *son livre* est plus grand que *votre livre*.
Est-ce que ton livre est plus grand que le mien?

1. s'il (si elle) connaît mieux *votre père* ou *son père*.
2. s'il (si elle) utilise la voiture de *ses parents* ou *sa voiture*.
3. si *ses pieds* sont plus grands que *vos pieds*.
4. s'il (si elle) utilise *le stylo du professeur* ou *son stylo*.
5. s'il (si elle) aime mieux dépenser *l'argent de ses parents* ou *son argent*.
6. laquelle est la plus grande, *la chambre de ses parents* ou *sa chambre*.
7. quelles idées sont plus obscures, *les idées de Nietzsche* ou *ses idées*.
8. quel accent est plus facile à comprendre, *l'accent du professeur* ou *votre accent*.

7f. Demandez à un(e) camarade qui répondra en employant un pronom démonstratif:

Modèle: s'il (si elle) connaît mieux *la musique* de Mozart ou *la musique* de Michael Jackson.
Question: *Connais-tu mieux la musique de Mozart ou celle de Michael Jackson?*
Réponse: *Je connais mieux celle de Mozart.*

1. s'il (si elle) préfère *les livres* de Hemingway ou *les livres* de Jackie Collins.
2. si, au restaurant, il (elle) choisit *les plats* qui ont beaucoup de calories ou *les plats* qui sont bons pour la santé.
3. si, aux dernières élections il (elle) a voté pour *le candidat* que presque tout le monde a préféré ou pour *le candidat* que la majorité n'aimait pas.
4. s'il (si elle) aime mieux *les fleurs* dont les couleurs sont brillantes ou *les fleurs* dont l'odeur est forte.
5. s'il (si elle) s'intéresse plus *aux artistes* qui font de la peinture classique ou *aux artistes* qui font de la peinture surréaliste.

7g. Demandez à un(e) camarade ce qu'il (elle) préfère. Il (elle) devra répondre avec un pronom démonstratif.

Modèles: quelle sorte de musique
Question: *Quelle sorte de musique préfères-tu?*
Réponse: *Je préfère celle qui a une mélodie et un rhythme très forts.*

(dans la classe) quel pull-over
Question: *Quel pull-over aimes-tu?*
Réponse: *J'aime celui de Jim.*

1. quelles sortes de films il (elle) préfère.
2. quelles sortes de vacances il (elle) préfère.
3. quelles sortes de livres il (elle) préfère.
4. quelles sortes de personnes il (elle) préfère.
5. quelles sortes de voitures il (elle) préfère.

Dans la classe:
6. quel sac il (elle) aime
7. quelles chaussures il (elle) aime
8. quelle chemise il (elle) aime
9. quelle montre il (elle) aime
10. quelle coiffure il (elle) aime

7h. Répondez aux questions suivantes en remplaçant les mots en italique par les pronoms qui conviennent.

Vous êtes Peter Pan.
1. Vous souvenez-vous *du jour où vous avez rencontré Wendy?*
2. Vous êtes-vous souvent disputé avec *Wendy?*
3. Est-ce qu'elle vous a raconté *des histoires?*
4. Est-ce que vous avez présenté *votre amie Tinkerbelle* à *Wendy?*
5. Avez-vous expliqué *votre philosophie sur la jeunesse* à *Wendy et à ses frères?*

Maintenant vous êtes Jeanne d'Arc.
6. Mademoiselle, venez-vous *de France?*
7. Avez-vous entendu *des voix célestes?*
8. Etes-vous allée voir *le dauphin?*
9. Avez-vous commandé *l'armée française?*
10. Avez-vous gagné beaucoup *de batailles?*
11. Les soldats *vous* suivaient-ils?
12. Avez-vous inspiré *le respect* à *vos soldats?*
13. Les Anglais *vous* ont-ils capturée?
14. Etes-vous morte *au bûcher?*[10]

---

10. *Bûcher* (m.) = lieu où on brûlait les condamnés au feu.

A VOUS DE JOUER

1. *Interview.* En groupes de deux ou trois personnes, préparez une liste de questions que vous aimeriez poser à votre professeur. Ensuite, un délégué de chaque groupe lui posera les questions. Employez quelques-unes des structures suivantes.

Modèle: où
où êtes-vous né(e)?

qui	pourquoi	qu'est-ce qui
où	quand	quel(le)(s)
de quoi	est-ce que	avec qui
qu'est-ce que	combien de	comment

2. *Interview.* Posez des questions pour vous aider à connaître un(e) camarade—ses études, ses passe-temps (sports, musique, cinéma, etc.) et son avenir. Ensuite, présentez votre camarade à la classe.

3. *Rôles à jouer—trois personnes.* Vous avez des invités pour le week-end. C'est dimanche matin et vous voulez vérifier que tout va bien. Vous leur posez des questions pour savoir s'ils ont bien dormi, s'ils ont besoin de quelque chose, ce que vous pouvez leur préparer pour le petit déjeuner, s'ils prennent du lait ou du sucre avec leur café, ce qu'ils voudraient faire ou voir aujourd'hui, etc.

4. *Rôles à jouer—deux ou trois personnes.* Vous avez lu une annonce sur la page des «Annonces classées» et vous voulez acheter l'objet en question. Vous êtes maintenant avec la personne qui a mis l'annonce dans le journal, et vous lui posez des questions avant de décider si vous voulez vraiment acheter sa marchandise.

pl., possibilité de subdivision, blanc antique avec panneaux en retrait. Mobilier de chambre provincial français, blanc antique, commode triple, 116 po. Frigo exclusif G.E., 17 pi cu., presque neuf. 2 tapis rouge 16x9 et 9x6. 489-1379.

A VENDRE: piano droit noir, en bon état, 647-4248

AB DICK offset 320 plate copieur, couteau, 334-9880

ACCORDEON Horner a boutons, clavier PCR 500 Yamaha, 581-3202.

ACHETE projecteur 16 mm, sonore, complet, imcomplet. 334-9880

ACHETERAIStrains électriques Lionel usagés, 321-0040, 492-0317

ACHETERAIS Legos, Tintins usagés, Nat. Geographic. 465-3164.

AI POUSSETTE double utilisée 2 mois, $100. Balançoire et articles bebe. 256-8717

DACTYLO électrique Smith Corona $250. Etagere et chaise en rotin $200. 477-5507.

DEMENAGEONS :doit vendre sofa 3 places, 2 sofas 2 places, style contemporain, traites anti-taches, état neuf, $600, mobilier chambre style provincial-français, 6 morc. état neuf, $950. Autres aubaines. 672-0620

DEPART pour autre pays, tout doit etre vendu, ustensiles cuisine, bibelots etc. apres 14h 733-7668

DISQUES rares et affiches de concerts 1960-1970, listes disponible. (1-819)752-9823.

DISQUES 33 tours, a partir de $1. 259-3677 entre 10h et 21h

DIVAN-lit et fauteuil, rose antique, $650. 876-7266, 522-6418.

DIVAN-LIT rond et 2 chaises brun fonce, $250, 327-4815

LIT base et matelas n'ayant presque pas servi, tapis 2v.1.4x1v.½, 2 lampes, set de cuisine sieges en cuirette blanche, table a cate, table d'appoint, cause demenagement, 323-1159.

LIT d'eau queen anti-vagues, 2 sets de draps, $300 ferme. 845-8191.

LIT king size presque neuf avec douillette et draps. 728-0673.

LIT pliant presque neuf $75, 337-2480.

LIT simple, blanc, en fer avec matelas, tout neuf, $200. 670-3604.

LIT D'EAU semi vague un an d'usure, tete bibliotheque 656-5055

LIT 54 po. en fer, antique, tres propre, blanc et laiton, 375$. Entre 9h et 17h, 281-1232 poste 2255.

LUSTRE bronze 5 bougies, pendeloques, 17" diametre. 253-9008.

Vary the activity by using current popular books as a topic instead of films, or discuss concerts that are scheduled to come to your area.

This game can be varied by changing the category headings at the top of each column or by changing the answers.

5. *Discussion.* Quel film avez-vous envie de voir? Trouvez un(e) camarade de classe qui a déjà vu ce film, et demandez-lui ses impressions. Décidez après si vous désirez encore voir ce film.

6. *Jeu: «Jeopardy».* La classe est divisée en deux équipes. Un(e) étudiant(e) d'une équipe doit poser une question qui sera correcte pour la réponse donnée. S'il (elle) réussit, son équipe reçoit les points indiqués. Sinon, c'est l'autre équipe qui reçoit les points.

Modèle: Un(e) étudiant(e) de la première équipe choisit *que?* (Catégorie «vie quotidienne») pour 10 points. Il demande: *Que buvez-vous le matin?* Comme c'est une question correcte dont la réponse effectivement peut être *un café noir*, son équipe reçoit les 10 points.

POINTS	STRUCTURES À EMPLOYER DANS LA QUESTION ET LA RÉPONSE À LA QUESTION		
	histoire	vie quotidienne	science
5	*Qui... ?* Napoléon	*Est-ce que... ?* Oui	*n'est-ce pas... ?* Non
10	*Où... ?* à Paris	*Que... ?* un café noir	*Qu'est-ce que... ?* une étoile
15	*inversion* oui	*Qu'est-ce que c'est que... ?* C'est une émotion ressentie quand on est très heureux	*Combien de... ?* neuf
20	*Quel(le)(s)... ?* le tóléphone	*préposition + quoi... ?* de ma voiture	*Qu'est-ce qui... ?* le cœur
25	*Comment... ?* en avion	*Lequel... ?* le plus grand	*Pourquoi... ?* parce qu'il n'y a pas d'oxygène

Compositions écrites

1. *Formulaire.* Inventez un formulaire pour nommer un candidat à une distinction (par exemple, le prix Nobel, une bourse académique, un prix littéraire, un prix de mérite). Remplissez le formulaire si vous voulez.

Modèle: Pour nommer un candidat à une bourse Fulbright
Comment s'appelle le candidat? _____
Où le candidat est-il né? _____
etc.

If your school has a junior year abroad program, don't forget to mention it to your students. Also, if they are interested in study in Québec, they can write to one of the U.S. offices of the Québec government, to l'Université de Montréal, or to one of the other French-language universities in the province of Québec.

Please see the section in the *Cahier d'exercices* «Comment écrire une lettre» for models for business letters.

2. *Lettre.* Ecrivez une lettre à l'ambassade de France à Washington, DC (ou à Ottawa, Ontario, Canada), au consul général de France[11] à l'attention des Services Culturels[12] ou directement à une université française[13] pour demander des renseignements au sujet d'une année d'études en France. Posez des questions sur les documents que vous devrez fournir pour être admis(e) à l'université, ce que vous devrez faire avant d'arriver, ce que vous devrez emporter, comment est la vie d'un étudiant là-bas, etc.

---

11. Aux Etats-Unis, il y a un consulat de France à Boston, à Chicago, à Detroit, à Houston, à Los Angeles, à la Nouvelle-Orléans, à New York, à San Francisco et à Porto Rico. Au Canada, les consulats sont à Edmonton, à Halifax, à Moncton, à Montréal, à Québec, à Toronto, à Vancouver et à Winnipeg.
12. Un attaché culturel qui dépend des différents consulats a généralement des renseignements sous forme de brochures, prospectus, dépliants, etc.
13. Parmi les nombreuses universités qui accueillent des étrangers: Caen, Dijon, Grenoble, Montpellier, Pau, Paris, etc.

Voici deux textes qui posent des questions. Dans les trois sélections de Raymond Queneau, il s'agit d'*Exercices de style*. Chaque «exercice» varie en fonction et en ton. Cependant les questions posées dans «Interrogatoire» et «Inattendu» représentent les mêmes faits que dans «Notations». La deuxième lecture, «Dialogues» d'Elie Wiesel, met en scène deux personnes qui s'interrogent dans deux situations différentes reliées par le même thème dans des circonstances comparables.

Pour entrer dans l'univers de chaque auteur, le lecteur doit faire un effort pour situer le texte dans le temps et l'espace de son contexte culturel. Il faut essayer de comprendre les indices[14] essentiels, reconnaître les mots-clé sans être trop déconcerté par un nouveau vocabulaire et deviner les grandes lignes sans se perdre dans les détails.

Comment saisir le mot ou le détail importants? Comment se former une idée juste des circonstances? Pour développer vos techniques, vous allez faire quelques exercices avant la lecture du texte. Ces stratégies sont destinées à vous faire anticiper et éviter des difficultés et, finalement, à vous faire bénéficier du plaisir de comprendre la pensée et l'expression de l'auteur.

---

14. *Indice* (m.) = un signe qui indique la direction probable.

Exercices de style

RAYMOND QUENEAU

Comment peut-on raconter 99 fois, de façon différente, le même événement? La réponse se trouve dans *Exercices de style* de Raymond Queneau où l'auteur explore toutes les possibilités du langage, du style noble au style argotique. On lit tour à tour de simples notations elliptiques, un récit d'historien, une pièce de théâtre, une comédie, une tragédie, une conversation entre amis, un monologue, etc. Dans cette leçon vous lirez trois de ces passages écrits dans des styles différents: «Notations», «Interrogatoire» et «Inattendu».

Avant de lire «Exercices de style»

Préparation du vocabulaire

A. Les mots suivants vous aideront à comprendre les textes que vous allez lire.

1. **bousculer** = pousser brutalement ou en toutes directions
   Demandez à un(e) camarade de classe si on le (la) *bouscule* dans le restaurant universitaire; dans l'autobus / le métro.

2. **les heures d'affluence** = les heures où les gens vont au travail ou rentrent à la maison
   Demandez à un(e) camarade quelles sont *les heures d'affluence* dans sa région; s'il (si elle) préfère voyager pendant *les heures d'affluence* ou à minuit; si les gens bousculent pendant *les heures d'affluence*.

3. **inattendu** = non anticipé (adjectif qui décrit une surprise)
   Demandez à un(e) camarade si les événements suivants étaient *inattendus*: l'attaque sur Pearl Harbor, la chute du Mur de Berlin, le bombardement atomique de Nagasaki et de Hiroshima, le dernier tremblement de terre, l'élection du Président.

You might tell your students that rush hours in France are different from those in the U.S. From 12:00–2:00, many people go home for lunch. In the U.S. evening rush hours are roughly from 5:00–6:00; in France from 7:00–8:00.

4. **un interrogatoire** = une interrogation de caractère officiel qui a un côté punitif

A votre avis, lesquels des personnages suivants participeraient à *un interrogatoire*? Précisez pourquoi ou comment.

- un juge
- un criminel
- un agent de police
- un témoin[15]
- un petit garçon
- un expert en psychologie
- un espion

5. **mou / molle** = le contraire de **dur**

Demandez à un(e) camarade s'il (si elle) préfère les lits *mous* ou *durs*; si son ventre est *mou* ou dur; si sa chaise en classe est *molle* ou dure.

6. **un pardessus** = un manteau pour hommes

Dans quelle ville faut-il porter *un pardessus* en janvier? en mars? en juillet? Est-ce que quelqu'un dans votre classe porte u*n pardessus* aujourd'hui?

7. **un type** = un homme, "a guy"

Préparation des structures

Le passé simple Comme dans beaucoup de langues où une différence existe entre ce qu'on dit et ce qu'on écrit, le français possède des structures réservées presque uniquement à la langue écrite, à la littérature ou à un cadre particulièrement sérieux (discours d'usage à une cérémonie, des remarques solennelles à une occasion officielle, une conférence, etc.).

See Lesson 6, *Raconter*, for the passé antérieur; Lesson 4, *Exprimer ses sentiments*, page 176, for the imparfait du subjonctif; and the Appendix, for the plus-que-parfait du subjonctif.

Parmi ces structures d'un usage restreint se trouvent quatre temps: deux temps de l'indicatif (le passé simple et le passé antérieur) et deux temps du subjonctif (l'imparfait du subjonctif et le plus-que-parfait du subjonctif). Ces quatre temps ont tous un équivalent dans le français quotidien.[16] Il suffit alors de les *reconnaître* et de savoir quels sont leurs équivalents dans la langue parlée.

Pour lire «Interrogatoire» et «Inattendu» il faut reconnaître le **passé simple.** Il correspond au **passé composé,** qui est employé dans la langue de tous les jours.

---

15. *Témoin* (m.) = "witness."
16. *Quotidien(ne)* = de tous les jours.

LA FORMATION DU PASSE SIMPLE

1. Pour les verbes réguliers en **-er**, **-ir** ou **-re**, le radical est le même que le radical de l'infinitif (**port/er, fin/ir, rend/re**). Il y a deux sortes de terminaisons.

VERBES RÉGULIERS EN **-er**

je	**-ai**
tu	**-as**
il/elle/on	**-a**
nous	**-âmes**
vous	**-âtes**
ils/elles	**-èrent**

VERBES RÉGULIERS EN **-ir** ET **-re**

je	**-is**
tu	**-is**
il/elle/on	**-it**
nous	**-îmes**
vous	**-îtes**
ils/elles	**-irent**

	porter		finir		rendre
je	**portai**	je	**finis**	je	**rendis**
tu	**portas**	tu	**finis**	tu	**rendis**
il/elle/on	**porta**	il	**finit**	il/elle/on	**rendit**
nous	**portâmes**	nous	**finîmes**	nous	**rendîmes**
vous	**portâtes**	vous	**finîtes**	vous	**rendîtes**
ils/elles	**portèrent**	ils	**finirent**	ils/elles	**rendirent**

Conjugations of other verbs of this type are found in the Appendix.

2. Le radical du passé simple des verbes irréguliers est généralement dérivé du participe passé.

	prendre: pris		mettre: mis
je	**pris**	je	**mis**
tu	**pris**	tu	**mis**
il/elle/on	**prit**	il/elle/on	**mit**
nous	**prîmes**	nous	**mîmes**
vous	**prîtes**	vous	**mîtes**
ils/elles	**prirent**	ils/elles	**mirent**

3. Pour certains verbes irréguliers, il y a une troisième terminaison.

je	**-us**	nous	**-ûmes**
tu	**-us**	vous	**-ûtes**
il/elle/on	**-ut**	ils/elles	**-urent**

avoir: eu		vouloir: voulu		croire: cru	
j'	eus	je	voulus	je	crus
tu	eus	tu	voulus	tu	crus
il/elle/on	eut	il/elle/on	voulut	il/elle/on	crut
nous	eûmes	nous	voulûmes	nous	crûmes
vous	eûtes	vous	voulûtes	vous	crûtes
ils/elles	eurent	ils/elles	voulurent	ils/elles	crurent

4. Quelques verbes ont un radical irrégulier au passé simple.

	être: été	faire: fait	venir: venu	voir: vu
je	fus	fis	vins	vis
tu	fus	fis	vins	vis
il/elle/on	fut	fit	vint	vit
nous	fûmes	fîmes	vînmes	vîmes
vous	fûtes	fîtes	vîntes	vîtes
ils/elles	furent	firent	vinrent	virent

Gutenberg **inventa** la typographie en 1440. = Gutenberg a inventé la typographie en 1440.

Constantinople **tomba** aux mains des Turcs en 1453. = Constantinople est tombé aux mains des Turcs en 1453.

Christophe Colomb **partit** en août 1492 et **découvrit** les Antilles le 12 octobre. Il cherchait les Indes orientales. = Christophe Colomb est parti en août 1492 et a découvert les Antilles le 12 octobre. Il cherchait les Indes orientales.

Les forces alliées **débarquèrent** en Normandie en 1944. = Les forces alliées ont débarqué en Normandie en 1944.

B. Les verbes suivants sont au passé simple. Indiquez l'infinitif.

1. il passa
2. vous remarquâtes
3. il finit
4. il se traduisit
5. il interpella
6. il se termina
7. il alla
8. il eut
9. il consista
10. vous revîtes
11. Albert les rejoignit
12. Robert demanda
13. Albert se tourna
14. il dit
15. Albert répondit

Pour mieux lire

Brainstorm item #1 with the class, giving a time limit of 3–5 minutes. Write all answers on the chalkboard. Then ask the class to use these words to tell the story. Be sure students mention the appearance and behavior of the **type** and why the narrator notices him.

C. Vous allez lire une série de textes qui sont construits selon le modèle: variations sur un même thème. Pour comprendre ce genre de textes, il faut bien saisir le thème dont toutes ces variations sont tirées. Dans *Exercices de style* on peut dire que le premier texte, «Notations», fonctionne comme thème. Lisez «Notations».

1. Quels sont les mots essentiels, à votre avis?
2. Racontez l'histoire en employant ces mots.
3. Trouvez des phrases qui ne sont pas vraiment des phrases mais des fragments de phrases. Refaites-les pour en faire des phrases complètes.
4. Quelle est la signification du titre de ce premier texte? Quand fait-on des notations? Qu'est-ce qu'on fait de ces notations après?
5. En lisant les deux autres textes, remarquez ce qui ressemble au premier texte et ce qui est différent.

D. Commencez un cahier que vous réserverez au vocabulaire que vous jugez utile. En lisant les *Exercices de style* notez les nouveaux mots que vous voulez vous rappeler. Essayez de les employer dans vos compositions.

Exercices de style

«Notations»

Dans l'S, à une heure d'affluence. Un type dans les vingt-six ans, chapeau mou avec cordon[17] remplaçant le ruban, cou trop long comme si on lui avait tiré dessus. Les gens descendent. Le type en question s'irrite contre un voisin. Il lui reproche de le bousculer chaque fois
5   qu'il passe quelqu'un.[18] Ton pleurnichard qui se veut méchant. Comme il voit une place libre, se précipite dessus.

Deux heures plus tard, je le rencontre cour de Rome, devant la gare Saint-Lazare. Il est avec un camarade qui lui dit: Tu devrais faire mettre un bouton supplémentaire à ton pardessus. Il lui montre où
10   (à l'échancrure[19]) et pourquoi.

---

17. *Cordon* (m.) = corde.
18. *Il passe quelqu'un* = quelqu'un passe.
19. *Echancrure* (f.) = ouverture pour le cou.

Since students already know what the text is going to say, this is a perfect time to practice figuring out word meaning from context.

Ask students to decide from the context whether **des flopées** means yes or no, **beaucoup** or **peu**.

Explain the two meanings of **particulier** and the resulting pun.

Ask students what **sa mise** could mean.

Ask students to guess the meaning of **rebondissement.**

«Interrogatoire»

—A quelle heure ce jour-là passa l'autobus de la ligne S de midi 23, direction porte de Champerret?

—A midi 38.

—Y avait-il beaucoup de monde dans l'autobus de la ligne S sus-désigné?

5 —Des flopées.

—Qu'y remarquâtes-vous de particulier?

—Un particulier qui avait un très long cou et une tresse autour de son chapeau.

10 —Son comportement était-il aussi singulier que sa mise et son anatomie?

—Tout d'abord non; il était normal, mais il finit par s'avérer être celui d'un cyclothymique paranoïaque hypotendu dans un état hypergastrique.

15 —Comment cela se traduisit-il?

—Le particulier en question interpella son voisin sur un ton pleurnichard en lui demandant s'il ne faisait pas exprès de lui marcher sur les pieds chaque fois qu'il montait ou descendait des voyageurs.[20]

—Ce reproche était-il fondé?

20 —Je l'ignore.[21]

—Comment se termina cet incident?

—Par la fuite précipitée du jeune homme qui alla occuper une place libre.

—Cet incident eut-il un rebondissement?

25 —Moins de deux heures plus tard.

—En quoi consista ce rebondissement?

—En la réapparition de cet individu sur mon chemin.

—Où et comment le revîtes-vous?

—En passant en autobus devant la cour de Rome.

30 —Qu'y faisait-il?

—Il prenait une consultation d'élégance.

«Inattendu»

Les copains étaient assis autour d'une table de café lorsque Albert les rejoignit. Il y avait là René, Robert, Adolphe, Georges, Théodore.

—Alors, ça va? demanda cordialement Robert.

—Ça va, dit Albert.

5 Il appela le garçon.

—Pour moi, ce sera un picon,[22] dit-il.

---

20. *Il montait ou descendait des voyageurs* = des voyageurs montaient ou descendaient.
21. *Ignorer* = ne pas savoir.
22. *Un picon* (m.) = le nom d'une boisson.

Adolphe se tourna vers lui:

—Alors, Albert, quoi de neuf?

—Pas grand-chose.

10 —Il fait beau, dit Robert.

—Un peu froid, dit Adolphe.

—Tiens, j'ai vu quelque chose de drôle aujourd'hui, dit Albert.

—Il fait chaud tout de même, dit Robert.

—Quoi? demanda René.

15 —Dans l'autobus, en allant déjeuner, répondit Albert.

—Quel autobus?

—L'S.

—Qu'est-ce que tu as vu?

—J'en ai attendu trois au moins avant de pouvoir monter.

20 —A cette heure-là ça n'a rien d'étonnant, dit Adolphe.

—Alors, qu'est-ce que tu as vu? demanda René.

—On était serrés, dit Albert.

—Belle occasion pour le pince-fesse.[23]

—Peuh! dit Albert. Il ne s'agit pas de ça.

25 —Raconte alors.

—A côté de moi il y avait un drôle de type.

—Comment? demanda René.

—Grand, maigre, avec un drôle de cou.

---

23. *Le pince-fesse* (m.): Quand on est dans un endroit où tout le monde est serré les uns contre les autres, certains individus profitent de la situation pour pincer les fesses d'une personne qui les intéresse. Comme il y a une foule, on ne peut pas savoir qui est coupable...

—Comment? demanda René.

30 —Comme si on lui avait tiré dessus.

—Une élongation, dit Georges.

—Et son chapeau, j'y pense: un drôle de chapeau.

—Comment? demanda René.

—Pas de ruban, mais un galon tressé autour.

35 —Curieux, dit Robert.

—D'autre part, continua Albert, c'était un râleur ce type.

—Pourquoi ça? demanda René.

—Il s'est mis à engueuler[24] son voisin.

—Pourquoi ça? demanda René.

40 —Il prétendait[25] qu'il lui marchait sur les pieds.

—Exprès? demanda Robert.

—Exprès, dit Albert.

—Et après?

—Après? Il est allé s'asseoir, tout simplement.

45 —C'est tout? demanda René.

—Non. Le plus curieux c'est que je l'ai revu deux heures plus tard.

—Où ça? demanda René.

—Devant la gare Saint-Lazare.

—Qu'est-ce qu'il fichait[26] là?

50 —Je ne sais pas, dit Albert. Il se promenait de long en large avec un copain qui lui faisait remarquer que le bouton de son pardessus était placé un peu trop bas.

—C'est en effet le conseil que je lui donnais, dit Théodore.

A propos du texte

A. Résumez l'histoire de base dans «Notations» en finissant les phrases suivantes.

1. L'histoire est à propos d'un incident qui se passe dans...
2. A part le narrateur, le personnage principal est...
3. Physiquement, ce personnage est remarquable parce qu'il a...
4. Du point de vue des vêtements, le narrateur note son...
5. Dans l'autobus, l'homme s'irrite contre un voisin qui...
6. Plus tard, le narrateur revoit l'homme...
7. L'homme est avec un camarade qui lui fait une remarque sur...

---

24. *Engueuler* = abuser oralement, crier des insultes à quelqu'un.
25. *Prétendre que* = affirmer que.
26. *Qu'est-ce qu'il fichait?* (argot) = Qu'est-ce qu'il faisait?

Analyse et interprétation du texte «Interrogatoire»

B. Répondez aux questions suivantes.

1. Où cet interrogatoire a-t-il lieu? Indiquez des phrases qui renforcent votre impression.
2. Combien de personnes parlent ici? Qui pose les questions? Qui répond? Examinez les réponses de la personne qui a été le témoin de cet incident. Qu'est-ce que son vocabulaire et sa manière de s'exprimer indiquent sur sa fonction dans la scène? Trouvez des mots et des phrases qui justifient votre impression.
3. Quels nouveaux détails de l'incident avez-vous trouvés dans cette version?
4. Ce texte s'appelle «Interrogatoire». Quelle est la différence entre les mots *interrogation* et *interrogatoire*?

C. Refaites ces phrases en français de tous les jours, puis posez les questions à un(e) camarade de classe, qui répondra comme s'il (si elle) avait été là.

Modèle: A quelle heure passa l'autobus?
—*A quelle heure est-ce que l'autobus est passé?*
—*A midi 38.*

1. Que remarquâtes-vous de particulier?
2. Comment sa condition psychologique se traduisit-elle?
3. Comment se termina cet incident?
4. Cet incident eut-il un rebondissement?
5. En quoi consista ce rebondissement?
6. Où et comment le revîtes-vous?

Analyse et interprétation du texte «Inattendu»

D. Refaites ces questions pour en faire des phrases interrogatives plus élaborées.

Modèle: Quoi? (demande René)
Qu'est-ce que tu as vu?

1. Quel autobus?
2. Comment? (demande René; 3 fois)
3. Pourquoi ça? (demande René; 2 fois)
4. Exprès?
5. Et après?
6. Où ça?

E. Dramatisez la scène.

Brainstorm this question in the same manner as the question for «Notations», time limit, 3–5 minutes. Then ask: **Indiquez des phrases qui renforcent votre opinion.**

In Activity E, distributing roles, positioning students around a table in an imaginary café, and having them act out the scene will sharpen comprehension and produce some creative interpretation.

F. Répondez.

1. Quels nouveaux détails avez-vous trouvés dans cette version?
2. Quel est l'aspect «inattendu» de ce texte?

Appréciation littéraire

G. Trouvez des questions équivalentes dans «Interrogatoire» et «Inattendu».

H. Quelles autres tournures équivalentes trouvez-vous dans les trois versions de cet incident? Remplissez le tableau suivant.

In Activity H, ask students to generalize about the type of vocabulary and expression used in each text. Ask how each choice is appropriate to the «exercice de style» in which it is used (e.g., slangy French is used in «Inattendu», because this is a conversation between friends; technical vocabulary is used in «Interrogatoire», possibly because we are dealing with an authority or expert witness, etc.).

«NOTATIONS»	«INTERROGATOIRE»	«INATTENDU»
1. à une heure d'affluence	à midi 38	en allant déjeuner
2.		un drôle de chapeau... pas de ruban, mais un galon tressé autour
3.	un particulier	
4.		il s'est mis à engueuler son voisin
5.	la fuite précipitée du jeune homme qui alla occuper une place libre	
6. deux heures plus tard je le rencontre		
7. un camarade	(pas d'équivalent)	

I. Est-ce que cet incident était un événement extraordinaire? banal? assez intéressant? de peu d'intérêt?

J. Racontez par écrit ou oralement un événement semblable de trois points de vue et en trois styles aussi différents que possible. Employez d'abord la forme «Notations», ensuite deux autres.

Dialogues

ELIE WIESEL

Elie Wiesel, né en 1928 à Sighet en Transylvanie (Roumanie) et élevé dans la foi juive, a été interné dans les camps de concentration, à Auschwitz et à Buchenwald, pendant la Seconde Guerre mondiale. Là il a vu périr sa mère, son père, ses sœurs et tout le reste de sa famille, tandis que lui-même a survécu à cette détention.

Citoyen américain, il écrit en français (comme d'autres écrivains célèbres dont la langue maternelle n'est pas le français: Samuel Beckett ou Eugène Ionesco, par exemple), depuis son premier livre, *La Nuit*, œuvre autobiographique, où il fait sentir l'angoisse des opprimés. Il a reçu le prix Nobel de la Paix en 1986.

Dans ce texte, paru en 1977 dans *Un Juif aujourd'hui*, il emploie la forme du dialogue.

Avant de lire «Dialogues»

Préparation du vocabulaire

A. Vous pouvez souvent deviner le sens d'un mot si vous remarquez le rapport entre ce mot et un autre mot apparenté que vous connaissez déjà. Pour les *noms* suivants, indiquez le *verbe* apparenté.

Modèle: l'évocation
évoquer

une connaissance   une pensée
la destruction   la survie
une offrande   un survivant

Finissez les phrases avec le nom voulu tiré de la liste ci-dessus:

1. Après la percée de Sherman à travers la Georgie on était stupéfait par l'horrible...
2. Tous ses sujets venaient rendre hommage au roi en lui présentant toutes sortes de...
3. Après avoir étudié toute la nuit, dormir était ma seule...
4. Seulement une personne est morte dans cet accident; il y a eu 168...
5. Tout le monde admire le professeur Arnaud. Cet érudit a beaucoup de...
6. Quand il fait trop froid, il faut faire attention à certaines plantes pour assurer leur...

B. Les mots et les expressions suivants pourraient faciliter votre compréhension de l'histoire.

1. Quand on parle très fort, on **crie.** Et quand on crie encore plus fort, on **hurle.**
   Quand est-ce qu'on *crie*: «Aïe!»?
   Quand est-ce qu'on *hurle*: «Au secours!»?
   Demandez à un(e) camarade dans quelles circonstances il (elle) *crie*; ce que Paul Revere *a crié*; s'il (si elle) *hurle* quand il (elle) va chez le dentiste.
2. **L'aube** et **l'aurore** indiquent le moment où le soleil se lève.
   Demandez à un(e) camarade à quelle heure apparaît *l'aube* pendant la saison où nous sommes maintenant; s'il(si elle) se lève à *l'aube* quand il(elle) part à la pêche; ce qui se fait traditionnellement à *l'aube*; de quelle couleur est le ciel à *l'aurore*.
3. **S'accrocher** à quelque chose signifie s'attacher à quelque chose. Dans la mer, par exemple, les moules[27] s'accrochent aux rochers.
   Demandez à un(e) camarade ce qui *s'accroche à* ses vêtements pendant une promenade dans la forêt; à quoi *s'accrochent* les gens qui font de l'alpinisme.[28]

---

27. *Moule* (f.) = mussel.
28. *Faire de l'alpinisme* = grimper de hautes montagnes.

4. Quand on essaie de faire quelque chose, on **tâche de** faire cette chose. **Tâcher de** implique plus de difficulté que simplement essayer. Si on réussit à faire quelque chose, on **parvient à** le faire. Demandez à un(e) camarade: s'il(si elle) *tâche* toujours *de* satisfaire ses parents; ce qu'il(elle) *tâche de* faire dans la vie; s'il(si elle) *parvient* normalement *à* faire ce qu'il(elle) *tâche de* faire; si Hitler est *parvenu à* conquérir le monde.

5. Quand on **souhaite** quelque chose, on le désire; **souhaitable** veut donc dire désirable.
Demandez à un(e) camarade ce qu'il(elle) *souhaite* faire dans la vie; où il(elle) *souhaite* habiter l'année prochaine; si un examen serait *souhaitable* maintenant.

6. Quand on entre dans un bâtiment ou dans une salle, on **franchit le seuil**[29] (de la porte) du bâtiment ou de la salle. **Le seuil** indique le commencement de l'entrée.
Montrez *le seuil* de la salle où vous êtes.
Qui était le dernier à *franchir le seuil* de la salle de classe?

7. Un **témoin** est quelqu'un qui observe une action ou une situation. Très souvent les avocats demandent à des témoins ce qu'ils ont vu.
Avez-vous été *témoin* d'un crime? d'un accident?
Qui ont été *les témoins* de l'assassinat de John F. Kennedy?

Préparation historique

C. Pendant la Seconde Guerre mondiale des millions de gens sont morts dans les camps de concentration. Que savez-vous des camps de concentration?

Pour mieux lire

D. Dans ces dialogues, seules les paroles sont reproduites sans autres indications sur le nom des interlocuteurs ou de leurs circonstances. En lisant, précisez quel personnage dit quels mots. Remarquez que les changements de typographie indiquent un changement de personnage. Essayez aussi d'imaginer où se trouvent les personnages qui parlent dans chaque dialogue, et dans quelles circonstances ils se trouvent.

---

29. *Seuil* (m.) = "threshold."

Dialogues

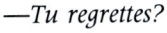

Un père et son fils

Have students read
these dialogues aloud
in pairs.

—*Tu regrettes?*

—Pas du tout.

—*Et si c'était à refaire?*

—Je le referais.

5 —*Pourtant tu le sais déjà: les hommes ne changent pas; ils détestent se sou-*
venir.

—Cela les regarde. Moi je n'oublierai pas.

—*Ils se vengeront.*

—Ce qu'ils peuvent me faire, d'autres me l'ont fait déjà. Je n'ai pas

10 peur.

—*Moi oui, j'ai peur pour toi. Tu as mon âge et tu vieilliras; mais je resterai*
plus vieux que toi. Les gens, je les connais. Je sais de quoi ils sont capables.
Ils n'aiment pas être dérangés; ils n'aiment pas les témoins.

—Là encore, cela les regarde. Je continuerai. Je n'ai pas le choix. Tu ne

15 m'as pas donné le choix.

—*Je sais fils. Je sais. C'est pourquoi j'ai peur.*

—*Comment fais-tu pour résister au désespoir? Ou pour résister tout court?*

—C'est bien simple. Lorsqu'une chose agréable m'arrive, je ferme les
yeux et je me revois trente ans plus tôt; et ce qui semble bon ne l'est

20 pas tellement. Et lorsqu'une mauvaise nouvelle me tombe dessus, je
ferme les yeux aussi et je me revois trente ans plus tôt; et ce qui
paraît atroce ne l'est pas tellement.

—*Tu n'es jamais tout à fait heureux ni tout à fait malheureux? Est-ce*
possible?

25 —C'est possible.

—*Mais est-ce souhaitable?*

—C'est souhaitable. Il faut bien s'accrocher à quelque chose.

—*Ce n'est pas ainsi que j'ai vu, ce n'est pas ainsi que j'ai imaginé ton avenir.*

—Tu manquais d'imagination. Admets-le, père. Les tueurs avaient plus

30 d'imagination que nous.

—*Je l'admets. Et j'en suis fier.*

—Je ne comprends pas.

—*Nous étions naïfs. Innocents. Au point de refuser de croire au mal. Nous*
étions incapables de concevoir que l'être humain puisse tomber si bas.

35 —Tu es fier de notre faiblesse?

—*Tu appelles cela faiblesse; moi je l'appelle innocence; je suis fier de notre*
innocence.

—Drôle d'innocence... elle t'a mené où, cette innocence?

—Drôle de question, fils... Aurais-tu honte de ce qui nous est arrivé?

40 —Non, je n'ai pas honte. Mais je ne suis pas fier non plus.

—Tu éprouves quoi exactement?

—De la tristesse, père. Seulement de la tristesse.

—Mais alors, que veux-tu, que cherches-tu?

—Peu de chose. Toutes simples.

45 *—Le bonheur?*

—Il serait trop simple; je ne le cherche plus.

—L'amour?

—L'amour est une offrande; tu la reçois ou tu ne la reçois pas; tu ne la cherches pas.

50 *—Alors quoi? Que désires-tu? Le pouvoir? La connaissance?*

—Ni l'un ni l'autre. Je ne cherche pas le pouvoir, et la connaissance me fait peur. En vérité, je ne veux qu'une chose: comprendre, c'est tout.

—Moi je suis mort sans comprendre.

55 —Je sais.

—C'était le matin, avant l'aube. Je sentais que le moment était venu. Je me demandais si, avant de franchir le seuil, il me serait donné de comprendre.

—Oui?

—J'ai appelé Dieu, je l'ai appelé de toutes mes forces. Je le voulais présent, je
60 *le voulais témoin de ma mort, témoin de ma vérité ou, du moins, de ma soif de vérité...*

—Est-il venu? A-t-il répondu à ton appel, dis?

—... Je l'ai appelé et puis je t'ai appelé, toi. Pour te dire que je ne comprenais pas. Et pour te confier les vestiges de ma mémoire. Pour t'inclure dans ma
65 *mémoire. Tu étais tout près. Tu me regardais. Tu me tenais la main, tu la caressais. Nous n'avons jamais été si proches. As-tu senti à quel point nous étions proches?*

—Je l'ai senti; je le sens encore. Je n'ai jamais été aussi proche de personne, depuis.

70 *—En franchissant le seuil, j'ai compté te faire cadeau de ma vérité, mais elle m'échappait. Soudain je ne parvenais pas à comprendre: toutes ces années, toutes ces peines, toutes ces pensées, toutes ces paroles, à quoi rimaient-elles? Je voyais ma vie s'achever dans la brume et sous la cendre, et je ne comprenais pas.*

75 —Je t'ai regardé; tu ne me voyais plus. Je te regarde encore. Je vois tes yeux éteints et je ferme les miens.

—Je t'ai souri auparavant... tu t'en souviens?

—Une heure ou deux auparavant. Je t'avais offert un peu de soupe chaude et tu m'as souri.

—*Pas à cause de la soupe. Je t'avais demandé si tu allais te rappeler et tu as répondu: oui, je me rappellerai. Je t'ai demandé: tout? Et tu as répondu: oui, tout. Alors je t'ai demandé: sauras-tu raconter? Et tu as répondu: oui, je saurai. J'ai demandé: tout? Et tu as répondu: oui, tout. Et tu t'es corrigé: j'essaierai, je ferai de mon mieux. C'est à ce moment-là que je t'ai souri.*

—Parce que tu ne m'as pas cru?

—*Au contraire. Je t'ai cru. Je t'ai souri parce que je t'ai cru.*

—Et maintenant?

—*Maintenant quoi?*

—Tu me crois toujours?

—*En un sens, oui.*

—En un sens seulement? N'ai-je pas tenu ma promesse?

—*En un sens, oui. En un sens seulement. Tu as cru raconter, tu as essayé. Tu as remué les lèvres. Le vent de la nuit a emporté tes paroles, leur histoire et ses héros. Il a tout emporté, le vent de la nuit.*

—Mais pourtant... j'ai crié!

—*Tu as cru crier.*

—J'ai hurlé!

—*Tu as cru hurler.*

—C'était donc pour rien?

—*Pas entièrement pour rien. Je t'ai entendu. Nous t'avons entendu.*

—Est-ce suffisant?

—*Non. Rien ne sera jamais suffisant.*

—Dois-je y voir une consolation?

—*Qui a parlé de consolation? Au contraire, je suis triste pour toi. Peut-être avions-nous eu tort de voir en la survie la bénédiction suprême. Si nous n'avons pas réussi à changer les hommes, qui pourra jamais réussir? Dis-moi, fils: qui changera l'homme? qui le sauvera de lui-même? Dis-moi, fils: qui parlera pour l'homme? Qui parlera pour moi?*

—Nous essayons. Il faut me croire. Nous essayons. Nous sommes fatigués. Les survivants sont fatigués, père. Fatigués d'essayer, de lutter, de parler.

—*Pauvre génération. Pauvre humanité. Pauvres enfants. Nous vous avons laissés en arrière et nous sommes tristes pour vous.*

Un homme et sa petite sœur

—*Tu te souviendras de moi, dis? de moi aussi?*

—Certainement.

—*C'est que je te laisse si peu de souvenirs. Ce n'est pas ma faute, tu sais. J'étais petite et toi tu n'avais pas le temps. Moi j'aimais jouer et toi pas. Tu étais toujours fourré dans tes livres et moi je voulais rire, courir, chanter avec mes amies; nous étions trop petites pour toi. C'est pourquoi j'ai peur que tu ne m'oublies.*

—N'aie pas peur, petite sœur. Jamais je ne t'oublierai.

—*Tu promets?*

10 —Je promets.

—*Tu sauras te rappeler comment j'avais l'air?*

—Certainement. Jamais je ne saurai voir un enfant sans te voir, toi. Les rayons d'or dans tes cheveux bien coiffés, bien peignés. Tes yeux bleus et sages, si sages. Ton front haut, ta bouche entrouverte.

15 J'entends ta voix craintive et pure. Je te vois, petite sœur, et j'ai mal. Je t'entends, petite sœur, et j'ai mal. Je te vois dans la nuit, je te vois dans la foule, perdue et prisonnière, je te vois t'éloigner, et mon cœur se serre, se serre. Tout me tombe des mains, je ne sais quoi faire, je ne sais quoi dire. Quelle vie, quelle vie.

20 —*Et moi qui avais peur que… Oh, que je suis sotte.*

—Je n'ai rien oublié, petite sœur.

—*Et tu diras que j'avais huit ans?*

—Je dirai.

—*Et que j'aimais jouer avec des petites filles plus grandes que moi?*

25 —Je dirai.

—*Et tu diras aussi que je n'ai jamais vu la mer?*

—Je dirai.

—*Et que je n'ai jamais assisté à un vrai mariage?*

—Je dirai.

30 —*Et que je n'ai fait de mal à personne?*

—Tu n'as jamais fait de mal. A personne.

—*Tu diras tout cela? Promis?*

—Promis.

—*Jure-le.*

35 —Je te le jure.

—*Alors je suis heureuse.*

—Cela aussi, je le dirai; je te le jure.

—*Tu sais quoi? Je vais te dire quelque chose et tu seras surpris. Tu veux?*

40 —Oui. Je veux.

—*Tu me fais de la peine.*

—Pourquoi cela?

—*Tu es dehors. Et seul. Moi je suis dedans. Et pas seule. Oui, j'ai beaucoup de peine pour toi. Que vas-tu faire, comment pourras-tu vivre sans nous? Moi je vais retrouver grand-père; il me prendra sur les genoux et me*

45 *chantera ses airs hassidiques. Et je vais retrouver grand-mère qui me bénira, comme elle me bénissait le vendredi après-midi avant l'arrivée du Shabbat. Je serai avec tous ceux que nous aimons, que nous avons aimés. Toi tu resteras loin… oh, mon pauvre, que je suis triste pour toi.*

—Tu es gentille, petite sœur.

50 —*Tu sais quoi? J'ai une idée. Je ne te quitterai pas. Tu aimerais?*

—J'aimerais.

—*Alors, regarde-moi encore.*

—Je te regarde.

—*J'ai froid. Je porte mon manteau d'hiver et pourtant j'ai froid.*

55 —Moi aussi, petite sœur. J'ai froid.

—*J'ai mis mon manteau d'hiver parce qu'il est joli. Je l'ai reçu—tu te souviens quand je l'ai reçu?*

—Pour Rosh-hashana.[30]

—*J'étais si fière. C'était le plus beau cadeau de ma vie. Et puis, il me tenait*
60 *chaud. Je courais dans la neige, je tombais sur la glace, mais j'avais chaud.*
Maintenant je frissonne de froid.

—Moi aussi, petite sœur. Je te vois et je frissonne de froid.

—*Que faut-il faire? Que peut-on faire?*

—Rien, petite sœur. On ne peut plus rien faire.

65 —*Mais tu parleras même quand tu ne me verras pas?*

—Je tâcherai.

—*Tu diras que j'aimais chanter? Que j'aimais aussi t'écouter chanter?*

—Je le dirai.

—*Et que j'aimais les fêtes?*

—Tu rayonnais.

—*Et le Shabbat? Tu n'oublieras pas de souligner combien je l'aimais?*

-Il rayonnait en toi.

—*Et les chants de Shabbat?*

—Tu les chantais à table.

75 —*Et tu diras mon amour de Dieu?*

—Je le rappellerai, petite sœur.

—*Et ma douleur de te perdre, de vous perdre tous, tu la diras?*

—Je la porterai en moi.

—*Une chose encore.*

80 —Oui?

—*Tu diras que ta petite sœur t'a quitté comme ça, sans t'embrasser, sans te*
dire au revoir, sans te souhaiter bon voyage? et que ce n'était pas de sa
faute?

—Ce n'était pas de ta faute.

85 —*Mais la faute de qui?*

—Je le découvrirai. Et je le dirai. Je te le jure, petite sœur. Je le dirai.

---

30. *Rosh-hashana* = le nouvel an juif.

A propos du texte

A. «Un père et son fils»

1. Qui pose les questions? Qui répond?
2. Donnez deux exemples de questions posées. Quelles sont les réponses?
3. Quelles sont les circonstances de cette conversation?
4. Qu'est-ce que le père veut que le fils fasse?

B. «Un homme et sa petite sœur»

1. Qui pose les questions? Qui répond?
2. Qu'est-ce que la sœur veut que l'homme fasse?
3. Quand l'homme se souvient de sa petite sœur, qu'est-ce qu'il se rappelle?
4. Pourquoi est-ce que c'est un dialogue entre une personne plus âgée et une enfant?

Appréciation littéraire

C. Remarquez que le style des phrases varie selon le personnage qui les prononce.

1. Caractérisez le style de la petite sœur:
   Quelles sortes de questions pose-t-elle?
   Emploie-t-elle beaucoup de pronoms? beaucoup d'inversions?
   Son vocabulaire est-il sophistiqué ou simple?
2. Contrastez ce style avec celui des autres personnages (le père et le narrateur).

Réactions personnelles

D. Elie Wiesel évoque dans ces dialogues son père et sa petite sœur, tous les deux morts dans les camps de concentration. Quels buts a-t-il en écrivant ces dialogues? Parvient-il à les atteindre? Quel aspect vous touche le plus?

E. Ecrivez un dialogue dans lequel vous imaginez une conversation entre vous et une personne qui vous est chère mais que vous avez perdue de vue.

Mise en perspective

1. **Interview.** Vous devez faire l'interview d'un auteur pour le journal de votre université. Vous préparez des questions pour votre interviewé: Raymond Queneau ou Elie Wiesel.

2. **Exercices de style.** Suivez l'approche de Queneau pour faire ce que fait Elie Wiesel dans les «Dialogues». Malgré le fait que le sujet de Wiesel n'est pas du tout ordinaire, tâchez d'évoquer une des situations représentées dans les dialogues dans deux autres formes ou styles, par exemple dans une lettre, dans un poème, dans une scène dramatique, dans une page d'un journal intime, etc. Employez des questions dans au moins un de vos exercices de style.

2 Généraliser

Quand on rencontre des gens pour la première fois on a tendance à parler des choses qu'on aime et qu'on connaît le mieux: sa ville, ses coutumes régionales («*Alors, il paraît que la campagne est très belle chez vous.*»). On est vite prêt à affirmer la vérité sur la politique, l'économie, la religion, l'éducation et la morale («*Les gens ne vont plus à l'église.*») On veut bien afficher les habitudes de sa vie personnelle actuelle («*Je n'achète jamais de billet de loterie!*») ou passée («*Nous prenions toujours le saumon le plus frais.*»). Bref, rien de plus caractéristique de la communication que de vouloir généraliser.

Le langage nous offre une abondance de moyens de généraliser («*tout le monde*» «*on*» «*toujours*» «*habituellement*») et nous en profitons bien, souvent pour tomber dans le chauvinisme («*Il n'y a que la Suisse où l'ordre public soit impeccable.*») ou la xénophobie («*Les touristes étrangers ont l'air ridicule avec leurs appareil-photo et leurs vidéoscopes.*»). Heureusement, nous avons une grande capacité de synthèse, par exemple, quand

SI LA SOIF VOUS MÈNE NATURELLEMENT À PERRIER, PERRIER VOUS MÈNERA DIRECTEMENT À SA SOURCE. POUR Y ALLER, IL VOUS SUFFIT SIMPLEMENT DE VOUS RENDRE DANS LE GARD ENTRE NÎMES ET MONTPELLIER. LÀ, VOUS TROUVEREZ VERGÈZE. VOUS RESSENTIREZ TOUTE LA FRAÎCHEUR DE CETTE SOURCE NATURELLE INSTALLÉE ICI DEPUIS DES MILLIONS D'AN- NÉES. ET COMME LES ROMAINS ET BIEN D'AUTRES ENCORE, VOUS POURREZ UNE FOIS DE PLUS VOUS DÉSALTÉRER AVEC UN PERRIER.

L'eau, l'air, la vie.

Live Trigger: As an initial trigger activity, use Activity 2 from **A vous de jouer,** Lesson 1. Ask the class: **Quelles généralisations peut-on faire à propos de nous et de notre classe?** Accept all gener- alizations. Ask students to write on the board those generalizations that might illustrate points to be stud- ied in this lesson. When discussion begins to wane, use the material on the board to explain struc- tures that will be practiced here. Have students do as much of the explanation as possible.

VCR Trigger: Show video spots. Ask which general- izations about a given group are evident here. Then ask which general- izations students can make about French com- mercials. Follow the same procedure recommended for the live trigger.

In-Text Trigger: Present the dialogue, first pointing out the accompanying ad. Follow a format similar to that described for the Live Trigger, to encourage stu- dents to find the construc- tions that are generaliza- tions of the types taught in the lesson.

on parle d'un fait positif en science («*Il est donc possible de mettre en orbite une satellite autour de la planète Jupiter.*») ou d'une conclusion négative sur notre nature («*Tous les hommes sont des égoïstes.*»). Il est impossible de ne pas généraliser.

—Tu bois ça, toi?
—Quoi? du Perrier?... toujours!
—Moi, je préfère le Vittel.
—En Amérique tout le monde boit du Perrier.
—Ça m'est égal ce que font les Américains. C'est du snobisme.
—Et en France, alors? Tu crois que le chic parisien ne fait pas la mode? Si ça se porte à Paris, ça se porte en province—dans le monde en- tier... le crocodile Lacoste, par exemple. On le voit partout.
—Et les grands couturiers aussi, hein! Tu parles—il n'y a que la jeunesse dorée[1] qui peut se permettre de suivre la mode... ou les pauvres snobs...

_____

1. *La jeunesse dorée* = "jet set".

51

1 Le présent

Other uses of the present will be covered in Lessons 3, *Décrire,* and 6, *Raconter.*

A. Le présent peut indiquer une habitude, des faits et des actions générales.

> Les Américains **reçoivent** souvent leurs amis chez eux.
> Les Français **adorent** leurs chiens et les **traitent** bien.

B. Le présent sert aussi à exprimer des vérités générales, l'état des choses.

> Si nous **résistons** à nos passions, c'**est** plus par leur faiblesse que par notre force. (La Rochefoucauld)
> On n'**est** jamais si heureux ni si malheureux qu'on s'**imagine.** (La Rochefoucauld)

LA FORMATION DU PRÉSENT

1. Verbes réguliers

    a. La plupart des verbes français se terminent en **-er,** mais il y a trois groupes principaux de verbes réguliers au temps présent. Pour conjuguer un verbe régulier, on élimine la terminaison de l'infinitif et on la remplace par la terminaison qui correspond au sujet. Voici quelques exemples.

PERSONNE	VERBES EN **-er**	VERBES EN **-ir**	VERBES EN **-re**
	aimer	**finir**	**répondre**
je/j'	aim**e**	fin**is**	répond**s**
tu	aim**es**	fin**is**	répond**s**
il/elle/on	aim**e**	fin**it**	répond
nous	aim**ons**	fin**issons**	répond**ons**
vous	aim**ez**	fin**issez**	répond**ez**
ils/elles	aim**ent**	fin**issent**	répond**ent**

b. Un petit groupe d'une demi-douzaine de verbes en **-ir** (sans **-iss-**) ont un quatrième système de conjugaison régulier (**partir, sortir, dormir, servir, mentir, sentir**).

	partir		dormir		servir
je	par**s**	je	dor**s**	je	ser**s**
tu	par**s**	tu	dor**s**	tu	ser**s**
il/elle/on	par**t**	il	dor**t**	il	ser**t**
nous	part**ons**	nous	dorm**ons**	nous	serv**ons**
vous	part**ez**	vous	dorm**ez**	vous	serv**ez**
ils/elles	part**ent**	ils	dorm**ent**	ils	serv**ent**

c. Certains verbes réguliers ont un changement orthographique.

	manger	avancer	employer	céder	appeler	peser
je	mange	avance	**emploie**	**cède**	**appelle**	**pèse**
tu	manges	avances	**emploies**	**cèdes**	**appelles**	**pèses**
il/elle/on	mange	avance	**emploie**	**cède**	**appelle**	**pèse**
nous	**mangeons**	**avançons**	employons	cédons	appelons	pesons
vous	mangez	avancez	employez	cédez	appelez	pesez
ils/elles	mangent	avancent	**emploient**	**cèdent**	**appellent**	**pèsent**

Explain that the **e** is to keep the "soft" g pronunciation.

- Les verbes terminés par **-ger** sont conjugués comme **manger**, avec un **e** supplémentaire à la forme **nous**.

arranger	**charger**	**encourager**	**nager**
changer	**échanger**	**interroger**	**voyager**

- Les verbes terminés par **-cer** sont conjugués comme **avancer**, avec une cédille à la forme **nous**.

agacer	**commencer**	**pincer**	**remplacer**
balancer	**menacer**	**placer**	

- Les verbes terminés par **-yer** sont conjugués comme **employer**, avec un **i** qui remplace **y** à la forme **je, tu, il** et **ils**.

appuyer	**ennuyer**	**essayer**	**payer**
bégayer	**envoyer**	**essuyer**	**tutoyer**

- Les verbes terminés par é + [*consonne*] + **er** sont conjugués comme **céder**, avec un **è** qui remplace **é** à la forme **je, tu, il** et **ils**.

abréger	**espérer**	**préférer**
digérer	**posséder**	**révéler**

- Les verbes dérivés d'**appeler** ou de **jeter** sont conjugués comme **appeler**, avec **-ll-** ou **-tt-** à la forme **je, tu, il** et **ils**.

rappeler	**rejeter**

See Appendix D for other irregular verbs.

- Les autres verbes terminés par **e** + [*consonne*] + **er** sont conjugués comme **peser**, avec un **è** qui remplace **e** à la forme **je, tu, il** et **ils**.

acheter	emmener	mener
amener	lever	

Students who have also studied Spanish may need to be reminded that subject pronouns are not dropped in French.

2. Verbes irréguliers

Tous les autres verbes sont irréguliers. La plupart des verbes les plus employés sont irréguliers (**aller, avoir, être, faire, mettre, pouvoir, prendre, savoir,** etc.).

	aller	avoir	boire	conduire	connaître	courir
je	vais	ai	bois	conduis	connais	cours
tu	vas	as	bois	conduis	connais	cours
il/elle/on	va	a	boit	conduit	connaît	court
nous	allons	avons	buvons	conduisons	connaissons	courons
vous	allez	avez	buvez	conduisez	connaissez	courez
ils/elles	vont	ont	boivent	conduisent	connaissent	courent

	craindre	croire	devoir	dire	écrire	être
je	crains	crois	dois	dis	écris	suis
tu	crains	crois	dois	dis	écris	es
il/elle/on	craint	croit	doit	dit	écrit	est
nous	craignons	croyons	devons	disons	écrivons	sommes
vous	craignez	croyez	devez	dites	écrivez	êtes
ils/elles	craignent	croient	doivent	disent	écrivent	sont

	faire	lire	mettre	pouvoir	prendre	recevoir
je	fais	lis	mets	peux	prends	roçois
tu	fais	lis	mets	peux	prends	reçois
il/elle/on	fait	lit	met	peut	prend	reçoit
nous	faisons	lisons	mettons	pouvons	prenons	recevons
vous	faites	lisez	mettez	pouvez	prenez	recevez
ils/elles	font	lisent	mettent	peuvent	prennent	reçoivent

	rire	savoir	suivre	venir	voir	vouloir
je	ris	sais	suis	viens	vois	veux
tu	ris	sais	suis	viens	vois	veux
il/elle/on	rit	sait	suit	vient	voit	veut
nous	rions	savons	suivons	venons	voyons	voulons
vous	riez	savez	suivez	venez	voyez	voulez
ils/elles	rient	savent	suivent	viennent	voient	veulent

3. Verbes pronominaux

La forme des verbes pronominaux suit le même système que les autres verbes. Si le verbe est régulier ou irrégulier, son équivalent pronominal le sera également. Naturellement, les verbes pronominaux ont toujours un *pronom objet* qui correspond au sujet.

Je réveille mon petit frère, mais je **me** réveille.

Voici quelques verbes pronominaux.

se réveiller	ne pas se détendre	se mettre en colère?
je **me** réveille	je ne **me** détend**s** pas	est-ce que je **me** mets en colère?
tu **te** réveill**es**	tu ne **te** détend**s** pas	**te** met**s**-tu en colère?
il/elle/on **se** réveille	il/elle/on ne **se** détend pas	**se** met-il(elle, on) en colère?
nous **nous** réveill**ons**	nous ne **nous** détend**ons** pas	**nous** mett**ons**-nous en colère?
vous **vous** réveill**ez**	vous ne **vous** détend**ez** pas	**vous** mett**ez**-vous en colère?
ils/elles **se** réveill**ent**	ils/elles ne **se** détend**ent** pas	**se** mett**ent**-ils(elles) en colère?

Exercices

1a. Demandez à un(e) camarade s'il (si elle) fait les choses suivantes quand il (elle) est irrité(e).

1. crier
2. pleurer
3. rougir
4. dire des choses méchantes
5. faire des grimaces
6. jouer de la musique
7. prendre de l'aspirine
8. écrire des lettres
9. s'endormir
10. boire

1b. Demandez à un(e) camarade si on fait les choses suivantes dans sa famille. Employez la forme *vous* dans la question et *nous* dans la réponse.

Modèle: aller ensemble au cinéma le vendredi soir
—*Allez-vous ensemble au cinéma le vendredi soir?*
—*Oui, nous allons ensemble au cinéma le vendredi soir.* ou
—*Non, nous n'allons pas ensemble au cinéma le vendredi soir.*

1. prendre le petit déjeuner ensemble
2. choisir ensemble l'endroit des vacances
3. s'embrasser quand on se voit
4. échanger des cadeaux de Noël
5. lire le journal du dimanche au lit
6. acheter des cadeaux pour les anniversaires
7. écrire des poèmes pour fêter certaines occasions
8. regarder la télé ensemble le soir
9. faire du camping pendant les vacances
10. discuter de politique

1c. Que faites-vous dans les circonstances suivantes? Répondez en employant un des verbes proposés.

Modèle: quand vous êtes en retard (se presser, s'endormir)
Quand je suis en retard je me presse.

1. quand vous êtes fatigué(e) (dormir, prendre un bain)
2. quand vous êtes content(e) (sourire, écrire)
3. quand vous avez faim (boire, manger)
4. quand vous avez soif (boire, dormir)
5. quand vous avez un examen très important (jouer, étudier)
6. quand on vous invite à dîner (apporter, dire)
7. quand vous êtes au cinéma (manger, regarder)
8. quand il fait chaud (nager, rire)
9. quand il est minuit (s'endormir, se réveiller)
10. quand vous êtes à une soirée (s'amuser, s'ennuyer)

2 L'imparfait

Other uses of the **imparfait** will be covered in Lessons 3, *Décrire,* and 6, *Raconter.* The use of the **imparfait** vs. the **passé composé** will be discussed in Lesson 6, *Raconter.*

L'imparfait a de nombreux emplois. Il sert à généraliser quand on indique une habitude, une situation ou une condition passées.

> En 1500 on **n'avait pas** d'électricité, alors on **faisait** à la main beaucoup de choses qui se font à la machine aujourd'hui. Les femmes **faisaient** la cuisine, le ménage et les vêtements, et les hommes **chassaient** ou **cultivaient** les champs.
> D'habitude les paysans **se réveillaient** quand le soleil **se levait.**

LA FORMATION DE L'IMPARFAIT

1. On forme le radical à partir de la forme **nous** du présent en éliminant la terminaison **-ons.**

   nous acceptons $\longrightarrow$ **accept-**
   nous partons $\longrightarrow$ **part-**
   nous croyons $\longrightarrow$ **croy-**

2. On ajoute au radical les terminaisons suivantes.

je **-ais**	nous **-ions**
tu **-ais**	vous **-iez**
il/elle/on **-ait**	ils/elles **-aient**

accepter	partir	croire
je/j' accept**ais**	part**ais**	croy**ais**
tu accept**ais**	part**ais**	croy**ais**
il/elle/on accept**ait**	part**ait**	croy**ait**
nous accept**ions**	part**ions**	croy**ions**
vous accept**iez**	part**iez**	croy**iez**
ils/elles accept**aient**	part**aient**	croy**aient**

Remarquez: Le seul radical irrégulier est le radical du verbe **être: ét-**.

être	
j' **étais**	nous **étions**
tu **étais**	vous **étiez**
il/elle/on **était**	ils/elles **étaient**

Explain that the **i** of the imperfect ending "softens" the **g** or **c** sound, making the **e** or the cédille redundant in the **nous** and **vous** forms.

3. Les verbes qui se terminent en -**ger** ou en -**cer** ont un radical basé sur la forme **nous** du présent, mais leur orthographe change à la forme **nous** et **vous** de l'imparfait.

nous voyageons   ⟶   **voyage-**
nous commençons   ⟶   **commenç-**

voyager	commencer
je voyageais	je commençais
tu voyageais	tu commençais
il/elle/on voyageait	il/elle/on commençait
nous **voyagions**	nous **commencions**
vous **voyagiez**	vous **commenciez**
ils/elles voyageaient	ils/elles commençaient

Exercices

2a. Les phrases suivantes sont vraies aujourd'hui. Etaient-elles vraies il y a cent ans? Pourquoi (pas)?

Modèle: —Aujourd'hui on fait attention à son cholestérol. Et il y a cent ans?
—*On ne faisait pas attention à son cholestérol il y a cent ans. (Parce qu'on ignorait l'existence du cholestérol.)*

2. If you feel specialized vocabulary is needed, you can suggest such answers as «**On se servait de bougies, de lampes à pétrole et d'éclairage au gaz.**»

1. On achète ses provisions au supermarché. Et il y a cent ans?
2. On lit à la lumière électrique. Et il y a cent ans?
3. Les gens voyagent en avion. Et il y a cent ans?
4. On transmet des messages par téléphone. Et il y a cent ans?

5. La plupart des gens lisent le journal. Et il y a cent ans?
6. On écoute de la musique à la radio. Et il y a cent ans?
7. Les enfants vont à l'école à partir de l'âge de cinq ans. Et il y a cent ans?
8. On se marie sans ou avec le consentement de ses parents quand on est majeur. Et il y a cent ans?
9. On admet des femmes à Princeton et à Yale. Et il y a cent ans?
10. Nous payons des impôts sur notre revenu chaque année. Et il y a cent ans?

2b. Demandez à un(e) camarade si, quand il (elle) était au lycée, il (elle) faisait les choses suivantes.

1. arriver toujours à l'heure
2. recevoir de bonnes notes
3. aimer les sciences
4. faire du sport
5. causer des difficultés
6. parler souvent au téléphone
7. s'entendre bien avec ses professeurs
8. participer à la direction du lycée
9. sortir tous les week-ends
10. étudier tous les soirs
11. prendre l'autobus pour aller à l'école
12. voir son (sa) meilleur(e) ami(e) tous les jours
13. conduire la voiture de ses parents
14. finir ses devoirs avant de se coucher

3 L'article défini et l'article partitif

En français l'article signale l'emploi général ou spécifique, une quantité indéterminée, partielle ou totale. En français il est normal d'employer un article; l'absence de l'article est exceptionnelle.

A. L'article défini **le, la, les**

1. L'article défini peut aider à généraliser. Cet article indique une notion générale ou une quantité totale. Il faut employer l'article défini devant un nom dans les cas suivants:

a. *article défini + sujet «général» de la proposition*

> Tu crois que **le chic parisien** ne fait pas la mode?
> **La femme française** est experte en l'art de la conversation.
> **Les Français** savent bien choisir les vins et les fromages.
> **L'essence** devient de plus en plus chère.

b. *article défini + nom «général»*—objet direct d'un verbe de préférence: **aimer, détester, adorer, préférer**

> *J'aime* **les fruits** et surtout **les pommes.**
> *Nous détestons* **les hypocrites.**
> Mon mari *n'aime pas* **les sports.**

2. L'article défini sert également à indiquer une désignation spécifique. C'est le contexte qui détermine s'il s'agit d'une généralisation ou d'une désignation spécifique.

> J'ai des pommes et des oranges. **Les pommes** (*que j'ai*) sont délicieuses mais **les oranges** (*que j'ai*) sont acides.
> **Le type** *en question* s'irrite contre un voisin. (Queneau)
> **Le champagne** *que j'ai servi* était du Dom Pérignon.
> **Les légumes** *crus* ont plus de vitamines que **les légumes** *bien cuits.*

B. L'article partitif **du, de la, de l', des**

1. On emploie l'article partitif au lieu de l'article défini pour indiquer une quantité partielle ou indéterminée (= une quantité qui ne se compte pas ou qui n'est pas précisée).

> Je voudrais **du beurre**, s'il vous plaît.
> Je mange souvent **de la glace italienne**.
> Elle a **de la curiosité**, cette petite!
> Je vois **des enfants** dans le jardin.
> Moi, mes gencives c'est du béton.

For further discussion of negation, see Lesson 8, *Contredire*.

2. La négation du partitif objet direct est **pas de**.

> Ma mère mange *de la* glace mais mon père ne mange **pas de** glace.
> Sophie a *des* amis sympathiques mais Chantal n'a **pas d'**amis.
> Alain étudie plusieurs langues mais il ne sait **pas de** langue orientale.

Remarquez: Après le verbe **être** au négatif la négation ne change pas.

> Ce n'est pas **du** talent, c'est de la chance!
> Caroline et Serge sont des soldats. Ce ne sont **pas des** étudiants.

Exercices

This exercise helps prepare students for the «Maximes» of La Rochefoucauld on page 79.

3a. Faites une observation générale à propos de chaque sujet donné.

Modèle:　la curiosité
La curiosité peut être dangereuse. ou
Les gens qui ont de la curiosité font quelquefois de grandes découvertes.

1. les flatteurs
2. la faiblesse
3. l'égoïsme

4. la passion
5. l'honnêteté
6. le snobisme

3b. Faites des généralisations sur un groupe de personnes que vous voulez caractériser (par exemple, les étudiants de cette université, les enfants, les parents, les dentistes, les politiciens, les acteurs, etc.). Finissez les phrases suivantes en employant le partitif + un nom approprié.

1. Ils mangent…
2. Ils boivent…
3. Ils achètent…
4. Ils emploient…
5. Du point de vue de leur personnalité ils ont… et ils n'ont pas…
6. Ils veulent…

3c. Que faire en cas d'urgence? Répondez aux questions suivantes en employant un des noms proposés avec l'article défini ou partitif selon le cas.

Modèle:　Que doit-on faire en cas d'incendie?[3] (eau / hystérie / fenêtres)
On doit jeter de l'eau sur le feu. ou
On doit éviter l'hystérie à tout prix. ou
On doit casser des fenêtres pour sortir du bâtiment si c'est nécessaire.

1. Que doit-on faire s'il y a un tremblement de terre? (électricité / protection / gaz)
2. Que doit-on faire si on est attaqué dans la rue par un inconnu?
   (bruit / résistance / argent)

---

3. *Incendie* (m.) = un feu.

3. Que peut-on faire si une femme enceinte perd conscience dans une salle sur-chauffée et pleine de gens? (eau / aspirine / air frais)
4. Comment doit-on réagir si on est dans un accident de bateau? (natation / aide / patience)
5. Que doit-on faire si on est arrêté injustement? (insultes / menaces / politesse)

3d. Répondez au négatif.

1. Prenez-vous du cognac dans votre café?
2. Aimez-vous le cognac?
3. Est-ce du cognac qu'on voit dans votre sac?
4. La bière est-elle indispensable à la bonne santé?
5. Buvez-vous de la bière avec votre petit déjeuner?
6. Connaissez-vous la bière noire de Slobavie?
7. Connaissez-vous l'eau de Vichy?
8. Est-ce que votre professeur de français sert de l'eau pendant son cours?
9. Est-ce que le professeur sert des vins?
10. Est-ce que ce sont des bouteilles de vin qu'on voit sous votre chaise?

4 Expressions de quantité

A. La plupart des expressions de quantité prennent la préposition **de** + *nom* (sans article).

> **beaucoup de** = une grande quantité
> **un peu de** = une petite quantité
> **peu de** ≠ beaucoup de
> **assez de** = une quantité suffisante
> **trop de** = une quantité excessive

Il y a des gens qui pensent que les Américains dépensent **trop d'**argent.
Il y a **peu de** gens qui ont grimpé l'Everest.

B. Trois autres expressions de quantité

Point out that **bien des** is not used with possessive or demonstrative adjectives, but that **la plupart de** can be.

1. Bien des + *nom pluriel* = beaucoup de

Bien des gens sont naïfs.
Le conférencier a dit **bien des** choses utiles pour ce projet.

2. **La plupart de** + *article* + *nom pluriel* = la majorité

> **La plupart des** étudiants ont compris vos explications.
> **La plupart de mes** amis ne mangent pas trop de viande.
> J'ai fait **la plupart de mes** devoirs.

Remarquez: L'expression **la plupart du temps** est une expression toute faite.

> **La plupart du temps** je comprends parfaitement mon professeur.

3. **La plus grande partie de** + *article* + *nom singulier* = la majorité

> **La plus grande partie de** ma famille est irlandaise.
> **La plus grande partie du** film «Wizard of Oz» est en couleurs.
> Les Sioux peuplaient **la plus grande partie du** Middle West.

C. Adjectifs de quantité

1. Les adjectifs suivants indiquent des quantités limitées mais non spécifiques. Ils s'emploient sans article.

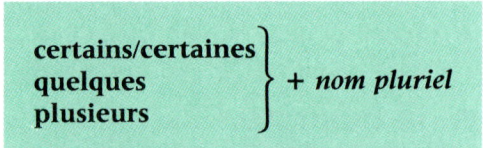

> **certains/certaines**
> **quelques** } + *nom pluriel*
> **plusieurs**

> **Certaines** recettes supposent que l'on a un four à micro-ondes.
> Nous achetons **quelques** produits français.
> J'ai **plusieurs** choses à dire.

2. Tout = la totalité de

a. **tout** + *article défini* + *nom*

> **Toute** la famille sera chez moi samedi prochain.
> L'amour-propre est le plus grand de **tous** les flatteurs.
>   (La Rochefoucauld)
> Casanova aimait **toutes** les femmes.
> Babibou par Bouchara. **Tous** les tissus de la mode enfant.

Remarquez: La formation du masculin pluriel de **tout** est irrégulière: **tous.** Le féminin est formée de façon régulière: **toute, toutes.**

> **Tous** les Français ont le goût de l'histoire.
> Basil a mangé **toutes** les pâtisseries sur le plateau!

b. **tout** + *nom singulier sans article* = chaque.

> **Tout** abonné paiera avant la fin du mois. = Chaque abonné paiera avant la fin du mois.
> Toute personne intéressée est priée de se présenter au guichet numéro 4.

Babibou
par Bouchara.
Tous
les tissus
de la
mode enfant.

Babibou, c'est
la première collection de
tissus exclusifs créée
par Bouchara pour les
enfants de 0 à 6 ans.
Vous trouverez les tissus
Babibou dans tous
les magasins Bouchara où
un espace est tout
spécialement réservé
aux enfants.

BABIBOU

Exercices

4a. Répondez aux questions suivantes en employant la forme correcte de l'adjectif *certains, quelques, plusieurs* ou *tout.*

Modèles: —Est-ce que les animaux savent nager?
—Certains animaux savent nager. ou
—Quelques animaux savent nager.

—Est-ce que les poissons savent nager?
—Tous les poissons savent nager.

1. Est-ce que les cigarettes sont mauvaises pour la santé?
2. Est-ce que les oignons font pleurer?
3. Est-ce que les Mercédès coûtent cher?
4. Est-ce que les centrales nucléaires ont eu des accidents?
5. Est-ce que les étudiants de cette classe auront de bonnes notes?

All names of cars are feminine: **une Mercédès, une Renault, une Peugeot, une Ford,** etc.

4b. Vous entendez la conversation de deux touristes français sur les Américains. Exprimez votre réaction en employant un des termes entre parenthèses dans une phrase complète.

Modèle: Les Américains ne font généralement pas d'exercice. (quelques / tout)
Quelques Américains ne font pas d'exercice, mais beaucoup d'autres en font régulièrement.

1. Les Américains ne lisent pas souvent. (la plupart / certains)
2. Les enfants américains sont généralement gros. (quelques / tous / peu)
3. Les adolescents américains commencent toujours à boire de l'alcool quand ils ont treize ou quatorze ans. (peu / tous)
4. Les hommes américains sont gauches et sans charme. (bien des / certains / quelques)
5. Tous les Américains votent régulièrement. (assez / plusieurs / beaucoup)
6. Les Américains sont superficiels. (tous / certains / peu)

4c. Faites des remarques sur les personnes et les choses suivantes en employant le terme proposé.

Modèle: Boris Becker / la plupart de
Boris Becker gagne la plupart de ses matchs de tennis.

1. le Docteur Ruth Westheimer / beaucoup de
2. le coca-cola / tout
3. Ted Koppel / bien des
4. Bill Cosby / peu de
5. Disneyland / certains
6. la Bible / quelques
7. le Vice-Président / trop de
8. le magazine *People* / la plupart de
9. Rambo / la plus grande partie de
10. la princesse Diana / assez de

5 | Pronoms indéfinis

A. Pronoms indéfinis au singulier

1. Le pronom **tout** s'applique aux *choses* en général. Comme sujet **tout** prend un verbe au singulier.

> **Tout** *est* possible.
> **Tout** *va* bien.

2. Les pronoms suivants représentent une *personne* ou des *personnes* dans un sens général.

on	**celui qui** (sujet de la proposition)
l'on[4]	**celui que** (objet direct)
chacun	**qui** (style proverbial)
quelqu'un	**tout le monde**

a. Comme ces pronoms sont au singulier, les pronoms objets (directs, indirects, réfléchis), les adjectifs possessifs, les pronoms possessifs, etc. correspondants sont au masculin singulier.

> Comme **on** fait **son** lit, **on se** couche. (proverbe)
> **Chacun son** goût. (formule familière)
> En général **tout le monde** aime **ses** parents.

b. **On** est toujours sujet.

> Lorsqu'**on** étudie l'implantation de Perceval **on** se demande ce que les annonceurs vont chercher à Neuilly ou à Boulogne.
> **On** ne donne rien si librement que ses conseils. (La Rochefoucauld)

LORSQUE L'ON ÉTUDIE L'IMPLANTATION DE PERCEVAL,
ON SE DEMANDE CE QUE LES ANNONCEURS VONT CHERCHER
À NEUILLY OU À BOULOGNE.

PERCEVAL

AGENCE DE PUBLICITÉ

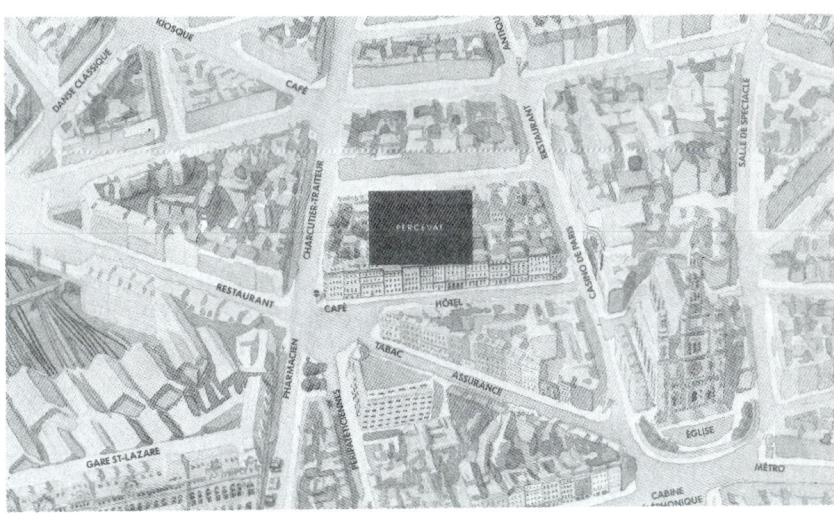

---

4. *L'on* s'emploie souvent pour des raisons d'euphonie. «**On** ne mourrait pas si **l'on** connaissait le secret de la vie éternelle.» ou «Si **l'on** y pense, c'est étonnant!» *L'on* ne peut pas s'employer s'il y a un autre «*l*» trop près. «On **le** dit» est correct, mais «**L'**on **le** dit» est IMPOSSIBLE.

Dans la langue parlée, **on** peut signifier **nous**, ou même **tu** ou **vous**. L'adjectif et le participe passé s'accordent avec la personne représentée par **on**.

> **On était serrés**, dit Albert. (Queneau) = Nous étions serrés.
> Alors, ma petite, **on est sortie**? = Tu es sortie?

c. Pour l'objet de la préposition, il existe un pronom disjoint spécial: **soi**.

> Si **on** parle toujours de **soi**, on a l'air égoïste.
> **Chacun** pour **soi**.

d. **Qui** (style proverbial) = **celui qui**. Les deux expressions **qui** et **celui qui** indiquent une personne en général, c'est-à-dire *toute personne qui.* Comme sujet, ils prennent un verbe au singulier.

> **Qui** vivra, verra. (proverbe)
> Rira bien **qui** rira le dernier. (proverbe)
> **Qui** vit sans folie n'est pas si sage qu'il croit. (La Rochefoucauld)

B. Pronoms indéfinis au pluriel = les gens en général

> **ceux qui** (sujet de la proposition)
> **ceux que** (objet de la proposition)
> **certains**

> **Certains** pensent que le parfum inspire la passion.

Comme ces pronoms sont pluriels, les pronoms objets (directs, indirects, réfléchis), les adjectifs et les pronoms possessifs correspondants sont aussi pluriels.

> **Ceux qui** ne regardent pas la télévision sont perdus lorsqu'on **les** interroge sur leur émission préférée.
> **Ceux** qui n'aiment pas **leurs** voisins ne les invitent pas beaucoup chez **eux**.
> Pour **ceux qui** ignorent notre lecteur de CD à façade amovible, il reste la force de dissuasion.

Pour ceux qui ignorent notre lecteur de CD à façade amovible,
il reste la force de dissuasion.

Exercices

5a. Dans quel endroit est-ce une situation générale? Indiquez où et employez *on* dans le reste de la phrase.

Modèle: Je mets mes chaussures devant ma porte quand j'entre chez moi.
Au Japon, on met ses chaussures devant sa porte quand on entre chez soi.

1. J'aime ma reine, mon prince, mon pays.
2. Je vais au café pour parler avec mes amis.
3. Je travaille dans un restaurant et je me demande si un metteur en scène découvrira mes talents.
4. Je joue de la guitare l'après-midi et je porte mon sombrero.
5. Je choisis mes cours, je travaille dur et je m'endors à la bibliothèque.

5b. Contrastez la vie des riches avec la vôtre. Remplacez le sujet par les mots proposés. Faites tous les autres changements nécessaires pour généraliser à propos de leur vie.

Modèle: Moi, je voyage partout à vélo ou à pied. (Quand on est riche, on...)
Quand on est riche, on voyage partout en limousine.

1. Moi, je fais mon lit. (Ceux qui sont riches...)
2. Moi, je mange des œufs au petit déjeuner. (Quelqu'un qui est riche...)
3. Moi, je travaille dur pour payer mon loyer. (Celui qui a beaucoup d'argent...)
4. Moi, j'ai des amis qui m'apprécient pour mon sens de l'humour. (Quand on est riche, on...)
5. Moi, j'ai des difficultés financières. (Ceux qui ont de l'argent...)

5c. Expliquez les règles du jeu «Monopoly»®. Employez les termes donnés et les verbes indiqués.

Modèle: il faut / accumuler / tout ce que / on / pouvoir
Il faut accumuler tout ce qu'on peut.

1. ceux qui / arriver / la case départ / recevoir de l'argent
2. chacun / essayer / acheter / hôtels
3. tout le monde / pouvoir / bâtir / maisons
4. certains / acheter / hôtels
5. si quelqu'un / aller en prison / on / pouvoir / payer
6. on / payer / celui qui / avoir / terrain / si / on / y / arriver
7. il faut / compter / tout ce qui / appartenir à chaque joueur
8. celui qui / avoir / le plus d'argent / gagner

Some of these items prepare students for reading «Maximes» on pp. 79.

5d. Quelle est votre philosophie? Finissez les phrases suivantes en employant les débuts de phrases et l'infinitif proposé à la forme correcte.

Modèle: chacun (devoir)…
Chacun doit aimer son prochain.

1. Chacun (avoir)…
2. On (ne pas savoir)…
3. Celui qui (rire)…
4. Si quelqu'un (ne pas vouloir)…
5. Tout le monde (se plaindre)…
6. Ceux qui (essayer)…
7. Nous aimons toujours ceux qui (admirer)…
8. Nous n'aimons pas toujours ceux que (admirer)…
9. On (donner)…
10. On (pouvoir être)…

 **Le passif**

Dans le cas du passif (ou la voix passive) le sujet de la phrase est l'objet (direct) de l'action. L'action est accomplie par un agent (indiqué ou non indiqué). Il y a trois façons d'exprimer le sens passif.

You may specify: «relativement peu employée par rapport à l'emploi de son équivalent en anglais et surtout par rapport aux structures alternatives (sections B et C).» The least used form is presented first because it facilitates grasping the grammatical notion of the passive, and because it is most analagous to the passive in English.

A. La vraie voix passive est relativement peu employée. Sa formation est la suivante:

1. *Sujet + être + participe passé*

> Le roi **est respecté**.
> André Sakharov **était** universellement **admiré**.
> **Serai**-je **observé**?
> Albert Camus **a été tué** dans un accident d'auto.

2. Le participe passé s'accorde avec le sujet.

> Les *dictateurs* sont détesté**s**.
> L'*attitude* de Jeanne d'Arc n'était pas toujours comprise**.
> *Marie-Antoinette* a été guillotiné**e**.

3. La préposition **par** + *nom* exprime l'agent.[5]

> Les dictateurs sont détestés **par** *le peuple*.
> Serai-je surveillé **par** *le KGB*?
> Laura Palmer a été tuée **par...**

---

5. **De** peut aussi introduire l'agent avec certains verbes ou dans un certain style plutôt littéraire: Cette conférence sera suivie **d'**une discussion. Le président est entouré **de** ses gardes du corps. Maximilien était détesté **des** Mexicains.

B. On exprime le plus souvent le sens passif.

> **On** déteste les dictateurs.
> **On** admirait universellement André Sakharov.
> **On** a bâti la tour Eiffel en 1889.
> Parle-t-**on** français ici?
> **On** ne dit pas ça!
> Est-ce qu'**on** faisait cela au dix-neuvième siècle?
> **On** ne reverra pas la comète de Halley avant l'an 2062.

C. Un verbe pronominal peut aussi exprimer le sens passif, particulièrement avec certains verbes fréquemment employés dans des formules fixes ou dans la généralisation.

> Ça ne **se dit** pas!
> Le français **se parle** ici.
> Est-ce que cela **se faisait** au dix-neuvième siècle?
> Si les robes longues **se portent** à Paris, elles **se portent** en province.
> Etre Palmolive, ça se voit.

Etre Palmolive, ça se voit.

Exercices

6a. Formez l'équivalent à la voix passive. Employez **par** si l'agent est mentionné.

Modèle: Les citoyens paient des impôts.
Des impôts sont payés par les citoyens.

1. Le gouvernement finance l'université d'état.
2. On choisit le Président pour sept ans.
3. Les Français admirent Woody Allen et Jerry Lewis.
4. On a construit un tunnel pour relier l'Angleterre et la France.
5. Le gouvernement encourage l'industrie et la technologie.
6. On a supprimé la peine de mort en France.
7. La France a mis en orbite le premier lanceur spatial européen en 1979.
8. Une société française fabrique le train le plus rapide du monde.[6]

---

6. GEC-Alsthom, constructeur du TGV.

6b. Refaites les généralisations suivantes à la forme pronominale.

Modèle: On boit du vin rouge avec de la viande rouge.
Le vin rouge se boit avec la viande rouge.

1. On écrit «huître» avec un accent circonflexe.
2. On prononce hamburger «am-bur-guère».
3. On achète les baguettes dans une boulangerie.
4. On prépare la vinaigrette avec de l'huile d'olive et du vinaigre.
5. En France on mange la salade après la viande.

6c. Exprimez les aspects suivants de la vie française en employant **on**.

Modèle: On ne fume pas de cigarettes dans le métro.
Les cigarettes ne se fument pas dans le métro.
L'apéritif se boit avant les repas.
On boit l'apéritif avant le repas.

1. Les magasins sont fermés de midi à deux heures.
2. Les trottoirs devant les magasins sont lavés chaque jour.
3. Les MacDonald sont installés dans beaucoup de villes françaises.
4. Le jean est porté partout.
5. Les grosses voitures américaines se remarquent à Paris.

7 Allons plus loin

A. Adjectifs qui expriment la fréquence

B. Adverbes et expressions adverbiales de temps

Le vocabulaire dans cette section, adjectifs et adverbes de temps, facilite l'expression des généralisations.

A. Adjectifs qui expriment la fréquence

> **quotidien(ne)** (= chaque jour)
> **hebdomadaire** (= chaque semaine)
> **mensuel(le)** (= chaque mois)
> **annuel(le)** (= chaque année)

Le *New York Times* et *Le Monde* sont des journaux **quotidiens**.
Je lis quelques magazines **hebdomadaires**: *Newsweek*,
    L'Express et *Marie Claire*.
Si on reçoit un chèque **mensuel** de douze mille francs, son traite-
    ment (= salaire) **annuel** est de 144.000 francs.

B. Adverbes et expressions adverbiales de temps

1. Voici des adverbes et des expressions adverbiales qui expriment la fréquence. En allant de la plus grande fréquence à la moins grande fréquence:

plus fréquent	**invariablement**
	toujours
	tout le temps
	tous les jours (toutes les semaines, etc.**)**
	régulièrement
	d'habitude
	normalement
	généralement = en général
	la plupart du temps
	fréquemment
	souvent
	beaucoup
	quelquefois
	de temps en temps
	parfois
moins fréquent	**rarement**

Ne... jamais will be treated in Lesson 8, *Contredire*.

Il est **toujours** passionnant de montrer aux étrangers les choses uniques de son pays.

Aux Etats-Unis les élections présidentielles ont lieu **tous les quatre ans**; en France **tous les sept ans**. (= une fois en quatre ans, une fois en sept ans)

2. L'emploi de l'article défini devant un nom qui indique un intervalle régulier de temps signifie «chaque», habituellement.

le matin (le soir, l'après-midi, le jour, la nuit, le week-end, etc.**)**
le dimanche (le lundi, le mardi, etc.**)**

Le matin j'ai de la peine à me réveiller, mais **la nuit** je n'ai aucune difficulté à m'endormir. (= chaque matin, chaque nuit)
Le dimanche on se repose, et **le lundi** on retourne au travail. (= chaque dimanche, chaque lundi)
Le restaurant est fermé **le lundi**.

La Roche Taillée

RESTAURANT

PIZZERIA

Ouvert Midi et Soir. Fermé le lundi

2, rue du 4 Septembre
83340 Le LUC en PROVENCE

Réservation au
Tél. 94 60 95 00

Exercices

7a. Finissez les phrases suivantes en employant l'adjectif approprié: *quotidien, hebdomadaire, mensuel* ou *annuel.*

Modèle: Déjeuner est un acte…
Déjeuner est un acte quotidien.

1. La messe de dimanche est une cérémonie…
2. Mon anniversaire est une fête…
3. Payer le loyer[7] est une obligation…
4. Pour moi, lire le journal est une habitude…
5. *Le Monde* et le *Washington Post* sont des journaux…
6. *Time* et *L'Express* sont des revues…
7. Pour moi, faire de l'exercice physique est une habitude…
8. Pour certaines personnes, acheter un billet de loterie est un acte…

7b. Les chercheurs affirment que l'humanité se divise en deux clans: les sujets de type A, tendus, angoissés, inquiets, vigilants; et les sujets de type B, plus sereins, plus détendus, qui savent prendre la vie du bon côté. Répondez aux questions suivantes pour vous aider à déterminer de quel type vous êtes. Faites une phrase complète en choisissant la réponse la plus vraie pour vous.[8]

Modèle: Etes-vous ambitieux? (a) d'habitude (b) quelquefois (c) rarement
D'habitude je suis ambitieux (ambitieuse). ou
Je suis quelquefois ambitieux (ambitieuse). ou
Je suis rarement ambitieux (ambitieuse).

1. Faites-vous de l'exercice physique? (a) tous les cinq mois (b) le dimanche (c) régulièrement
2. Si un serveur dans un restaurant est trop lent, vous énervez-vous? (a) toujours (b) la plupart du temps (c) rarement

---

7. *Loyer* (m.) = l'argent qu'on paie au propriétaire pour son logement.
8. D'après l'article «Etes-vous de type A ou de type B?» paru dans la revue canadiénne *Santé,* mars 1987 n° 26 pp. 8–12. En France, on dirait «Etes-vous **du** type A ou **du** type B?»

3. Quand vous attendez l'ascenseur, appuyez-vous[9] sur le bouton plus d'une fois? (a) normalement (b) quelquefois (c) rarement
4. Si vous partez pour le week-end, emportez-vous du travail? (a) toujours (b) fréquemment (c) parfois
5. Si vous jouez aux échecs[10] avec un petit garçon de six ans, essayez-vous à tout prix de gagner? (a) toujours (b) quelquefois (c) de temps en temps
6. Prenez-vous le temps de manger (sans travailler pendant votre repas)? (a) quelquefois (b) généralement (c) tous les jours
7. Riez-vous? (a) rarement (b) le week-end (c) souvent
8. Suivez-vous un horaire rigide? (a) tout le temps (b) en général (c) non

Clé des réponses: Beaucoup de réponses (a) = Vous êtes nettement du type A. Détendez-vous! Beaucoup de réponses (c) = Vous êtes du type B et vous vivrez sans doute longtemps. Beaucoup de réponses (b) ou un mélange de réponses = Vous êtes entre les deux types.

A VOUS DE JOUER

1. *Rôles à jouer—trois personnes.* Vous visitez des universités avec votre frère (sœur) cadet(te) pour l'aider à choisir son université pour l'année prochaine. Parlez à un(e) étudiant(e) de la vie quotidienne dans cette université. Demandez-lui: à quelle heure les cours commencent; si la plupart des étudiants habitent sur le campus (sinon, où?); où on déjeune; où on rencontre ses amis; ce que les étudiants font l'après-midi; si on peut avoir deux spécialités; où on fait de l'exercice; si les étudiants et les professeurs aiment les repas au restaurant universitaire; si on peut connaître facilement les professeurs; etc.

2. *Discussion / Rôles à jouer.* Vous discutez avec d'autres personnes qui travaillent pour votre candidat dans une campagne électorale. Décidez ce que votre candidat devra faire, où il (elle) devra aller, à qui il (elle) devra plaire, etc. en tenant compte du caractère démographique de l'électorat. Par exemple, les électeurs sont-ils vieux? jeunes? Y a-t-il plus de femmes que d'hommes? Y a-t-il plus de gens mariés que de célibataires? Faites des généralisations à propos des électeurs.

3. *Exposé.* Remarquez-vous les gestes que font les gens? dans votre classe? sur votre campus? dans des situations précises? Montrez

---

9. *Appuyer* = exercer une pression.
10. *Jouer aux échecs* = "to play chess."

des exemples de certains gestes et expliquez ce qu'ils signifient et pourquoi les gens les font. A votre avis y a-t-il un rapport entre les gestes et la nationalité, l'âge, l'ethnicité ou autre chose?

4. *Exposé / Monologue.* Expliquez à un(e) étranger (étrangère) comment jouer au base-ball ou au football américain. Précisez le rôle des différentes positions.

5. *Rôles à jouer—deux personnes.* Vous êtes dans une voiture au début d'un long voyage. L'autre personne dans la voiture veut écouter la radio, mais elle n'aime pas la même sorte de musique que vous (le rock? le jazz? la musique classique? la musique country western? blues? soul?). Vous vous disputez à propos de vos goûts en musique. Précisez les raisons de vos préférences et dites pourquoi vous n'aimez pas ce que l'autre personne préfère.

Some variations that will change the style of the argument: the other person in the car is your father; is a driver who picked you up hitchhiking; is a hitchhiker you picked up; is someone you find very attractive and would like to impress; is someone who answered your ad for a rider and whom you don't particularly like and will not likely see again.

Compositions écrites

1. *Description.* Décrivez la vie quotidienne d'une ville ou d'un village que vous connaissez. Faites beaucoup de généralisations sur les activités des habitants, leurs goûts, etc.

2. *Courrier des lecteurs.* Vous venez de lire un article dans le journal qui dit que les chiens sont supérieurs aux chats. Ecrivez une lettre au rédacteur[11] pour exprimer votre désaccord complet ou votre approbation chaleureuse de son point de vue.

3. *Essai.* Les gens ont normalement tendance à s'identifier avec un ou plusieurs groupes ethniques, sociaux, socio-économiques, etc. De quel(s) groupe(s) faites-vous partie? Précisez les caractéristiques du groupe qui vous attire et pourquoi vous vous identifiez avec ces personnes.

Suggest a variety of specific situations, e.g., how to act at a roller-skating rink, at a football game, at a boxing match, at a tennis match, at a dinner party, at a rock concert, etc.

4. *Guide.* Quel est votre code d'étiquette? A votre avis, qu'est-ce qui se fait? Qu'est-ce qui ne se fait pas? Ecrivez un petit guide pour quelqu'un qui n'est pas aussi cultivé que vous, en parlant de ce qu'on fait dans des situations spécifiques.

Any possibility of religious, racial, or ethnic slurs has been avoided here. If you would like to open up the choice of subject to your class, you might achieve interesting and creative results. Proceed with caution!

5. *Caricature.* On se moque quelquefois de certains groupes en généralisant et en exagérant les traits et les actions typiques de leurs membres. C'est une technique de la caricature. Si on fait en même temps une critique plutôt hostile ou amère, on entre dans le domaine de la satire. Faites la caricature d'un des groupes suivants: les gens de gauche, les conservateurs, les diplomates, les parents, les enfants.

---

11. Rédacteur (n.) = personne qui dirige un journal.

LECTURES

Trois siècles séparent les deux techniques de généralisation présentées dans les lectures qui suivent, l'une venant de La Rochefoucauld, auteur moraliste, l'autre venue d'un magazine à grand tirage. La première, classique, tend à généraliser sur l'Homme sous forme de maximes; l'autre, moderne, tend à présenter sous forme de rubriques, accompagnés d'images, des aspects de la culture et de la civilisation françaises. Les conclusions de La Rochefoucauld, plutôt négatives sur le genre humain, s'expriment dans des formules morales compactes et légères dont le trait principal est l'ironie. Le journal *Marie Claire,* au contraire, propose dans un inventaire rapide une vision humoristique et optimiste de la France profonde.

«Maximes»

FRANÇOIS DE LA ROCHEFOUCAULD

François de La Rochefoucauld (1613–1680) est le maître incontesté de l'art de la maxime, forme littéraire très pratiquée au dix-septième siècle. Grâce à ses dons de psychologue et à sa maîtrise stylistique—ses phrases équilibrées, son choix du mot exact, son emploi ingénieux de contraires, de contrastes et de paradoxes, La Rochefoucauld réussit admirablement dans ce genre.

Une maxime exprime une vérité profonde dans une formule brève et saisissante. Elle vaut autant par son économie de langage que par sa capacité de peindre la nature humaine. On y trouve donc une grande quantité de noms abstraits et de généralisations. Comme La Rochefoucauld cherche essentiellement à nous montrer nos faiblesses, son portrait de l'homme peut sembler assez pessimiste.

Avant de lire les «Maximes»

Préparation du vocabulaire

A. Voici quelques termes communs aux moralistes, surtout à La Rochefoucauld. Choisissez la définition qui vous semble appropriée.

1. **amour-propre:** Quand elle l'a insulté, elle l'a blessé dans son *amour-propre.*
   a. désir de ne pas être sale   b. attitude de fierté et d'égoïsme
2. **galanterie:** La notion de sexe a éliminé la notion de *galanterie.*
   a. liaison amoureuse   b. magasin où on achète des rubans
3. **fin:** *Fin* comme un renard, l'avocat a réussi à tromper tous ses collègues.
   a. rusé, malin, adroit   b. bien habillé

Préparation des structures

B. Le français a évolué depuis le dix-septième siècle. Certains mots ont changé de sens et d'autres ont changé de place. Ainsi pour La Rochefoucauld *galanterie* signifie *liaison amoureuse, ni* équivaut à *ni... ni...,* en n'est pas placé dans la phrase comme aujourd'hui et *se* est séparé du verbe réfléchi par un autre verbe. Vous remarquerez aussi l'emploi de *en* pour représenter *de* + une personne (ou une chose) ou au lieu d'utiliser le pronom disjoint.

Changez les phrases suivantes en phrases contemporaines. (Les mots en italique sont ceux qui méritent votre attention.)

1. On ne *se* peut consoler d'être trompé par ses ennemis et trahi par ses amis, et l'on est souvent satisfait de l'être par soi-même.
2. Ce n'est pas assez d'avoir de grandes qualités; il *en* faut avoir l'économie.
3. On aime mieux dire du mal de soi-même que de n'*en* point parler.
4. Le soleil *ni* la mort ne *se* peuvent regarder fixement.

Préparation du style

C. Pour déterminer si une affirmation particulière appartient au domaine des maximes, il faut tenir compte de la définition d'une maxime: une espèce de proverbe moral, compact et léger, dont le trait principal est l'ironie. Parmi les quatre phrases suivantes, décidez laquelle n'est pas une maxime. Indiquez ce qui vous a aidé à faire votre choix (style? thème? autre chose?).

1. Ceux qui s'appliquent trop aux petites choses deviennent ordinairement incapables de grandes.
2. On ne donne rien si librement que ses conseils.
3. J'ai plus de souvenirs que si j'avais mille ans.
4. L'amour-propre est le plus grand de tous les flatteurs.

Item 3 is the first line of a Spleen *poem by Baudelaire.*

Pour mieux lire

D. Dans les maximes suivantes, proposez un mot approprié pour finir les phrases.

1. Tout le monde se plaint de sa mémoire, et personne ne se plaint de...
2. Qui vit sans folie n'est pas si...
3. La faiblesse est la seule faute que...
4. On peut être plus fin qu'un autre, mais non pas plus fin que...

This exercise should be based on students' personal experience; there are no right or wrong answers. The purpose is to prepare students for the «Maximes» they are about to read and perhaps help them to appreciate the uniqueness of these statements.

E. Quand on rencontre une phrase complexe il est plus facile de la comprendre si on peut reconnaître les différentes propositions (*sujet + verbe*) qui composent la phrase. Analysez les phrases suivantes en indiquant quel est le sujet de chacun des verbes.

Modèle: Ceux qui s'appliquent trop aux petites choses deviennent ordinairement incapables de grandes.
s'appliquer: ceux qui
devenir: ceux qui s'appliquent trop aux petites choses

1. On peut trouver des femmes qui n'ont jamais eu de galanterie, mais il est rare d'en trouver qui n'en aient jamais eu qu'une.
   pouvoir:
   avoir (*première mention*):
   être:
   avoir (*deuxième mention*):
2. Qui vit sans folie n'est pas si sage qu'il croit.
   vivre:
   être:
   croire:

Quelques maximes

See other Maximes on p. 78, Activity B.

1. L'amour-propre est le plus grand de tous les flatteurs.
2. Ceux qui s'appliquent trop aux petites choses deviennent ordinairement incapables de grandes.
3. On peut trouver des femmes qui n'ont jamais eu de galanterie, mais il est rare d'en trouver qui n'en aient jamais eu qu'une.
4. Tout le monde se plaint de sa mémoire, et personne ne se plaint de son jugement.
5. On ne donne rien si librement que ses conseils.
6. La faiblesse est la seule faute que l'on ne saurait corriger.
7. On aime mieux dire du mal de soi-même que de n'en point parler.
8. Qui vit sans folie n'est pas si sage qu'il croit.
9. Nous aimons toujours ceux qui nous admirent, et nous n'aimons pas toujours ceux que nous admirons.
10. On peut être plus fin qu'un autre, mais non pas plus fin que tous les autres.

A propos du texte

A. Répondez aux questions suivantes.

1. Quels sont nos défauts principaux, selon les maximes citées?
2. Quelles qualités La Rochefoucauld apprécie-t-il? Choisissez parmi les suivantes ou ajoutez-en d'autres: force, vertu, lucidité, modération, intelligence, générosité, honnêteté, compassion, passion...

B. Répondez.

1. Qui l'amour-propre flatte-t-il? Pourquoi est-il plus grand que les autres flatteurs?
2. Qu'est-ce qui peut nous rendre incapable de grandes choses? Donnez-en des exemples.
3. Pourquoi ne trouve-t-on pas facilement de femmes qui aient eu une seule liaison amoureuse?
4. Quelle est la différence entre la mémoire et le jugement? Pourquoi n'hésite-t-on pas à se plaindre de sa mémoire? Pourquoi évite-t-on de se plaindre de son jugement?
5. Pourquoi est-il si facile de donner des conseils? Qu'est-ce que La Rochefoucauld critique dans cette maxime? Quelle est sa conception de la générosité?
6. Pourquoi ne saurait-on pas corriger sa faiblesse? (savoir = être capable de)
7. Etes-vous d'accord qu'on aime mieux dire du mal de soi-même que de ne pas parler de soi? Dites la même chose d'une autre manière.
8. Que veut dire **qui** ici? Est-ce que la folie est une qualité désirable selon La Rochefoucauld? Précisez la pensée de cette maxime.
9. Qui est-ce que nous admirons? Quelle est la différence entre **aimer** et **admirer**? Pourquoi n'aimons-nous pas ceux que nous admirons?
10. Que signifie la dernière maxime?

Appréciation littéraire

C. Est-ce que certaines de ces maximes ont un équivalent en anglais? Lesquelles? Comparez-les avec celles de La Rochefoucauld. Quelles versions préférez-vous?

La faiblesse est la seule faute qu'on ne saurait corriger.

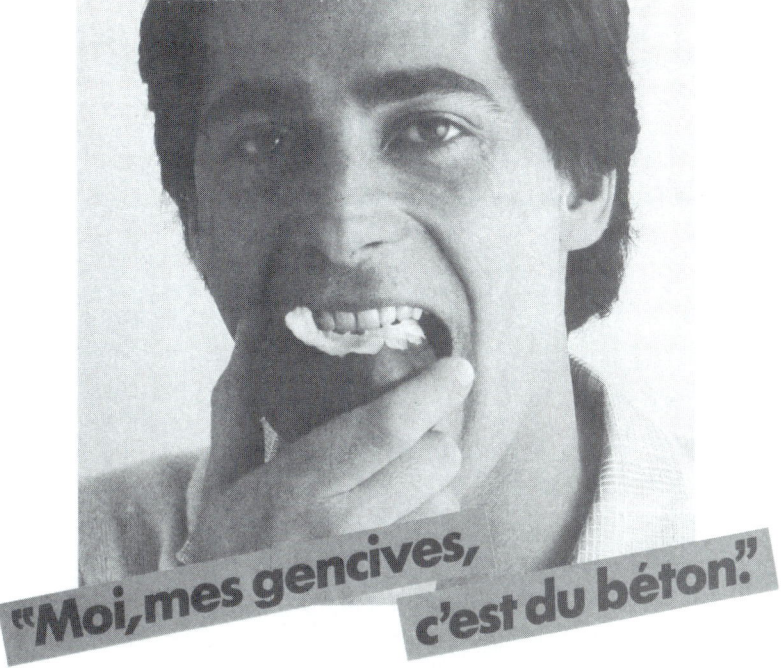

«Moi, mes gencives, c'est du béton.»

Assign small groups to study one or two of these aspects of the style or structure of the «Maximes» for 10–15 minutes. Each group should then report its findings to the class.

D. Cherchez des maximes où on emploie...

1. une personnification.
2. une comparaison (emploi du comparatif).
3. un contraste (mots opposés, négations).
4. la symétrie dans la structure des phrases (équilibre des éléments, valeur des mots, emploi des conjonctions).

Ces procédés nous aident-ils à retenir les maximes? Sans regarder le texte, essayez de redire quelques-unes de ces maximes. Quel aspect ou quel détail de la maxime vous ont aidé à vous en souvenir?

Réactions personnelles

These maxims can be written on the board and analyzed according to the structures studied in Activity D.

E. Ecrivez une ou plusieurs maximes en utilisant les techniques de généralisation et des traits de style de La Rochefoucauld. Incorporez votre philosophie personnelle dans vos maximes.

F. Composition: Choisissez une des maximes. Expliquez-la, discutez-la, commentez et formulez une conclusion.

Vive la France: 99 raisons de se réjouir d'être français

Cet article parut dans le magazine féminin *Marie Claire* au commencement des années 80 au moment de la crise économique mondiale du début de la dernière décennie. Il s'agissait de montrer aux lectrices (et aux lecteurs) qu'ils pouvaient encore se féliciter de vivre en France. C'est une réaction optimiste devant un malaise politique aussi: fatigués de presque un quart de siècle de gouvernements de droite, les Français essaient un gouvernement de gauche. Mais les choses ne vont pas mieux et on se décourage. Comment alors se remonter le moral? Tâchez de vous mettre à la place des Français pour apprécier ces images destinées à vous faire retrouver—d'une manière légère et ironique—l'espoir et la confiance dans votre pays.

Avant de lire «Vive la France»

A. Les Français utilisent beaucoup de sigles (initiales qui représentent les mots), par exemple, PDG — Président Directeur Général d'une société.

Lesquelles des initiales suivantes pouvez-vous identifier?

R5
2CV
TGV
BHV
Le Système D

Voici ce que les sigles représentent:

1. **R5** = Renault 5, petite voiture très répandue en France.
2. **2CV** = Deux chevaux, autre petite voiture très répandue en France fabriquée par Citroën mais qui ne se fait plus. La R5 et la 2CV sont toutes les deux sans luxe et à prix très raisonnable, et durent très longtemps.

3. **TGV** = Train à Grande Vitesse, le train le plus rapide du monde. C'est un train électrique qui peut faire jusqu'à 515,3 kilomètres à l'heure.
4. **BHV** = Bazar de l'Hôtel de Ville, grand magasin parisien.
5. **Le Système D** = Le système-débrouille. Le Système D représente les efforts que les gens font pour éviter les contraintes de la bureaucratie et les petits ennuis de la vie quotidienne. («Je connais quelqu'un qui...»)

Pour mieux lire

The class could brainstorm ideas. For each item, accept all answers and write them on the board. As you read throught the collage, check off items that have been proposed by the class. If you assign the collage as homework, ask students to check items off on a list copied from the board.

B. Quand vous pensez à la France, qu'est-ce qui vous vient à l'esprit?

1. personnes:
2. objets:
3. endroits:
4. idées:
5. autres choses:

Vive la France: 99 raisons de se réjouir d'être français

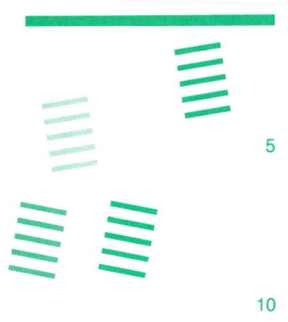

La France est notre mère... C'est elle qui nous nourrit... (Vieil air populaire) Et même si la soupe est en ce moment un peu amère, ce n'est pas une raison pour pleurer dedans. Voilà pourquoi en ce début d'année, nous avons voulu dépasser la morosité ambiante et dresser
5 l'inventaire de ce que nous aimons chez nous. Toute notre rédaction s'en est mêlée et il en est sorti ce bric-à-brac, forcément limité et n'ayant pas la prétension d'être exhaustif, mais qui nous a semblé mieux exprimer qu'une recherche systématique le bonheur de vivre en France... Voici dans les pages qui suivent, quatre-vingt-dix-neuf raisons
10 d'être bien dans notre pays. A vous d'en trouver une centième... ou plusieurs!

(Marie Claire)

1. Le Petit Beurre que croquaient déjà nos arrière-grands-mères en commençant, bien sûr, par les coins.

2. L'accent du Midi et son parfum de soleil, d'ail et de bonne humeur.

3. Le coq gaulois, ce braillard de clocher qui, lorsqu'il devient sportif, casse un peu les oreilles avec son cocorico.

4. Le Métro, champion toutes catégories de la circulation en ville avec animation culturelle.

5. Mai-68, un pavé[12] arraché, sous lequel on devait trouver la plage et l'interdiction d'interdire.

6. La cuisse de grenouille. Notre cuisine peut sublimer les moins appétissantes des créatures.

7. La vache normande, actrice réputée du terroir français, qui beurre fidèlement nos tartines[13] du matin.

8. Le Système D qui arrange tout, puisque impossible n'est pas français.

9. Le cricket, symbole de la société de consommation, premier briquet[14] non rechargeable et à jeter.

10. Saint Laurent, fleuve d'élégance: sa source est à Paris et ses deltas dans le monde entier.

11. Le facteur.[15] Parce que sa distribution à domicile est un modèle qu'on nous envie.

12. Le climat de la France, avec ses sourires, ses éclats, ses larmes et ses quatre saisons qui vraiment ne se ressemblent pas.

13. La concierge, de Mme Michu à Conchita. Même râleuse, on la préfère aux parlophones.

14. Le bifteck frites qui reste notre plat national, malgré les frites surgelées et la concurrence des Belges.

15. Le guide Michelin. Petit livre rouge des voyageurs et des gastronomes.

16. La petite gare chère à notre enfance qui souvent regarde passer des trains qui ne s'arrêtent plus.

17. La rosette.[16] Quand elle vient de Lyon, on ne vous conseille pas vraiment de la porter à la boutonnière.

18. La carte Michelin, petite merveille pour repérer l'église du XIIᵉ et les routes enchantées.

19. Le croissant. Ordinaire ou au beurre, il est la joie des grasses matinées.

20. Le champagne. Provenance exclusive: France; destination: l'univers.

21. Parfum français, indémodable!

22. Le camembert. Tout l'art est de le choisir.

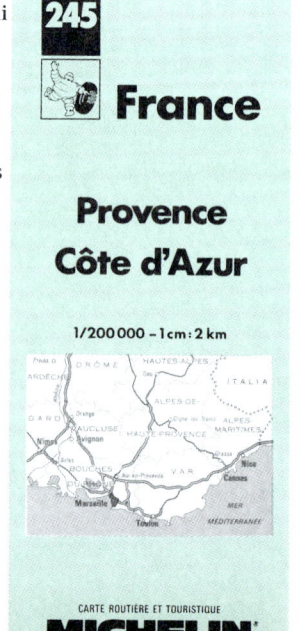

245

France

Provence
Côte d'Azur

1/200 000 – 1 cm: 2 km

CARTE ROUTIÈRE ET TOURISTIQUE
MICHELIN

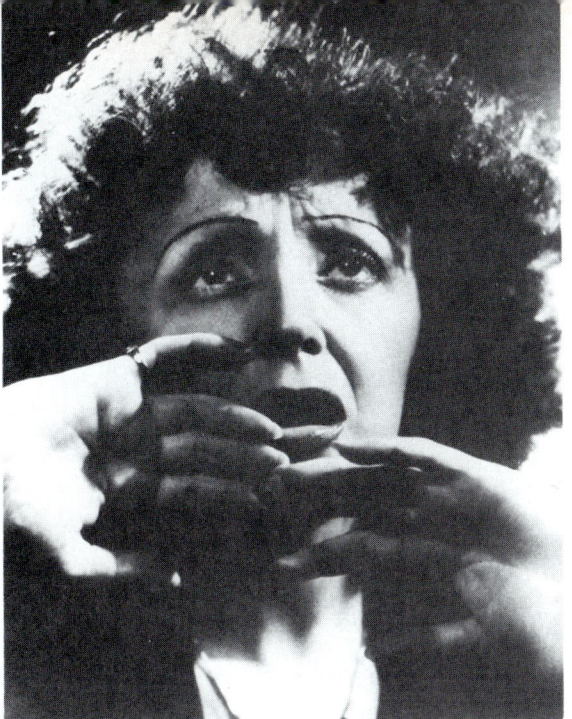

23. Edith Piaf, l'enfant des rues qui ne finira jamais de nous chanter l'amour toujours.

24. Brigitte Bardot, moderne Marianne de nos mairies, la seule Française vivante qui ait fait fantasmer le monde entier.

25. Truffaut. Son double, Antoine Doisnel-Léaud, a si bien raconté les émois d'un petit Français.

12. *Pavé* (m.) = petites pierres dont sont faites beaucoup de vieilles rues en France.
13. *Tartine* (f.) = tranche de pain sur laquelle on met généralement du beurre ou de la confiture (ou les deux!).
14. *Briquet* (m.) = petit instrument pour allumer les cigarettes.
15. *Facteur* (m.) = l'employé des Postes qui distribue le courrier à domicile.
16. *Rosette* (f.) = 1) un saucisson sec de Lyon, 2) une décoration.

35. La coiffe bretonne. Fabriquée par les doigts de fée, le «top» du folklore.

36. Le Club Méditerranée. Il a inventé les gentilles vacances organisées toute l'année et partout.

37. Le cadre noir. Depuis Louis XIII, franchit au trot monarchies et républiques.

38. Le tiercé.[21] Des petits trous qui peuvent vous faire perdre votre chemise dans un fauteuil.

39. La 2CV. Elle nous fait rouler depuis 35 ans. On n'achève pas les 2CV.

Club Med

26. La terrasse de café. Dès le premier soleil, on s'y bouscule pour prendre sur le trottoir un grand bol d'air pollué.

27. Bernard Pivot.[17] Notre bouillon de culture de l'après-diner du vendredi.

28. La pastille Vichy,[18] suave comme la France frileuse des stations thermales où l'on expie les excès.

29. Le 14 juillet où danses et flonflons nous rappellent nos premiers pas vers la democratie.

30. Le fil à couper le beurre. Une manière bien française de couper les calories.

31. L'huître. Grande consolatrice des mois en R.[19]

32. Le bas de laine. Glissé entre les draps, c'est la réserve d'or de la France.

33. Charles Trenet. Notre fou chantant.

34. Les marronniers.[20] Dans les villes, ils annoncent le printemps.

49. La cathédrale de Chartres, merveille du moyen âge.

50. La Marseillaise (Rouget de Lisle). Exaltante même si le jour de gloire n'est pas au rendez-vous.

51. Le TGV. La dernière grande victoire française de la bataille du rail.

40. Les mers. Elles sont quatre à nous baigner et on le leur rend bien.

41. Les truffes. Chiens ou cochons les cherchent, mais ce n'est pas eux qui les mangeront.

42. Le concours Lépine.[22] Le génie inventif y trouve sa ré-compense.

43. Notre-Dame de Lourdes. Qu'a-t-elle dit à Bernadette?

44. La gratuité scolaire. Tous en chœur, chantons sous le préau: «Merci M. Ferry».

45. Le béret de marin. Toucher son pompon rouge porte bonheur.

46. Le clocher du village. Il manque tant quand on est loin.

47. Le beaujolais nouveau. Pour entrer dans l'hiver d'un bon pied.

48. Centre Pompidou, le plus souvent appelé Beaubourg.

17. *Bernard Pivot* a animé de 1975 à 1990 une émission de télévision très appréciée, «Apostrophes», où il invitait des auteurs et des spécialistes à parler autour d'un thème. En 1991 il a lancé une nouvelle émission justement intitulée «Bouillon de culture».

18. *La pastille Vichy,* c'est bon pour l'estomac! C'est l'équivalent des "Tums".

19. De septembre à avril (tous les mois qui ont un R dans leur nom) les huîtres sont les meilleures.

20. *Marronnier* (m.) = arbre très répandu en France. On voit souvent des marronniers sur les places des villes et dans les cours d'école.

21. *Tiercé* (m.) = un jeu où l'on parie de l'argent sur les trois premiers gagnants de courses de chevaux.

22. *Le concours Lépine* = un concours qui permet à des inventeurs d'exposer au Salon International de l'Invention, dans le cadre de la Foire de Paris.

61. La pétanque qui réunit les copains à l'heure du pastis sous les platanes du Midi.

RENAULT

62. La R5. Une petite française sympathique.

52. Les paysages. Une diversité qui ne dépasse jamais la mesure.

53. Le sous-sol du BHV. Un des temples du bricolage.

54. Tabarly.[23] Le loup de mer breton qui connaît toutes les vagues de l'Atlantique.

55. Le Solex.[24] Une petite merveille âgée de 33 ans et enfourchable à partir de 14.

56. Le foie gras. Tout le monde veut s'en gaver.

57. La Brasserie Lipp, à Saint-Germain-des-Prés, parce que devant sa choucroute les républiques se réconcilient.

58. Le percheron, champion du labourage.

59. Le bidet, une accessoire de toilette spécifique.

60. Raymond Devos, philosophe du non-sens: «L'homme existe, je l'ai rencontré.»

63. La tour Eiffel. Trois millions de visiteurs par an.

64. Sartre. La pensée habillée par ce goût si français des mots.
65. L'escargot. Fleuron de notre gastronomie.

---

23. *Eric Tabarly* est un navigateur solitaire qui a gagné plusieurs courses transatlantiques.
24. *Le Solex* (de vélosolex) est une bicyclette motorisée.

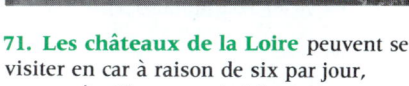

71. Les châteaux de la Loire peuvent se visiter en car à raison de six par jour, avec arrêt rillettes et vin blanc.

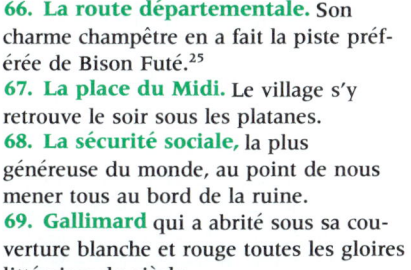

66. La route départementale. Son charme champêtre en a fait la piste préférée de Bison Futé.[25]

67. La place du Midi. Le village s'y retrouve le soir sous les platanes.

68. La sécurité sociale, la plus généreuse du monde, au point de nous mener tous au bord de la ruine.

69. Gallimard qui a abrité sous sa couverture blanche et rouge toutes les gloires littéraires du siècle.

70. L'Académie Française, car on se bat encore pour y entrer. Allez les Verts!...

25. *Bison Futé* = un personnage genre dessin animé qui donne des conseils et des informations sur la circulation sur les routes en France au moment des vacances.

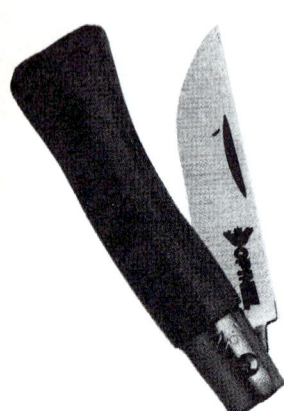

72. L'Opinel. De toutes les tailles et pour tous les usages, il se met dans la poche.

79. L'Impressionnisme, qui permet à la France de faire bonne impression dans tous les musées du monde.
80. Le pavillon de banlieue. «Ça m'suffit» «Mon rêve».
81. Nos lieux magiques: Saint-Tropez, les Champs-Elysées, la place Vendôme...
82. L'armoire normande, si grande qu'elle peut accueillir le trousseau, la dot, et avec un peu de chance, l'amant.
83. Le café du commerce. Bastion de la France profonde. On y gagne les guerres et les matchs de foot. On y reconstruit le monde.

84. Benson. Société française championne du monde des tables à dessiner électroniques.
85. Le lit conjugal, pièce centrale de la comédie de boulevard, mais parfois aussi symbole de fidélité.
86. La carte de priorité.[27] Invention française. En remplace une qui se perd: la galanterie.
87. Les horaires de nos trains. Ils sont champions du monde de l'arrivée à l'heure.

73. Le Mont-Saint-Michel, mille ans d'architecture, une mer qui parcourt dix-neuf km en trois heures.
74. La tomette[26] **provençale,** plus belle dans sa province que dans les fermettes aménagées.
75. France culture, un nom, un savoir impressionnants pour, hélas, 3% de la population.
76. La pince à linge. Attache bien française qui évoque les draps séchant au fond du jardin.
77. La vinaigrette. Simple, mais personne ne la fait comme nous.
78. Le crocodile Lacoste. Reptile né sur les courts, et devenu symbole mondial de qualité.

LACOSTE

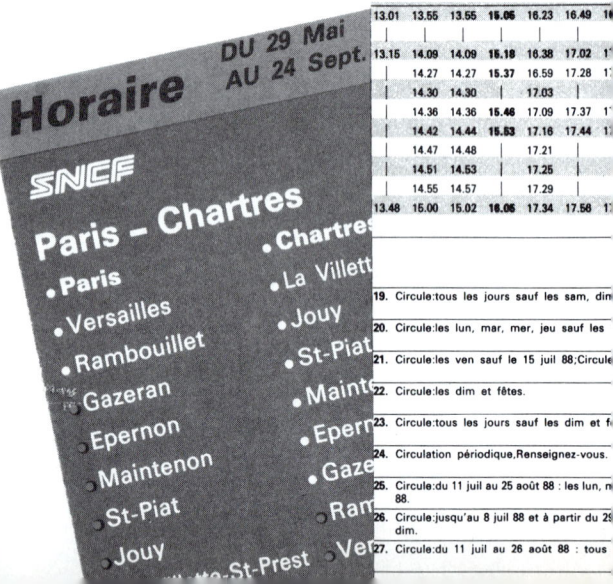

	3637	85715	85715	85725		85735	85739	85
	16	17	18			19	20	
	13.01	13.55	13.55	15.05		16.23	16.49	16
	13.15	14.09	14.09	15.19		16.38	17.02	17
		14.27	14.27	15.37		16.59	17.28	17
		14.30	14.30			17.03		
		14.36	14.36	15.46		17.09	17.37	17
		14.42	14.44	15.53		17.16	17.44	17
		14.47	14.48			17.21		
		14.51	14.53			17.25		
		14.55	14.57			17.29		
	13.48	15.00	15.02	16.05		17.34	17.56	17

Horaire DU 29 Mai AU 24 Sept.

SNCF

Paris – Chartres

• Paris
• Versailles
• Rambouillet
• Gazeran
○ Epernon
○ Maintenon
○ St-Piat
○ Jouy

• Chartres
• La Villett
• Jouy
• St-Piat
• Maint
• Epern
• Gaze
○ Ram

19. Circule:tous les jours sauf les sam, dim
20. Circule:les lun, mar, mer, jeu sauf les
21. Circule:les ven sauf le 15 juil 88;Circul
88.
22. Circule:les dim et fêtes.
23. Circule:tous les jours sauf les dim et f
24. Circulation périodique,Renseignez-vous.
25. Circule:du 11 juil au 25 août 88 : les lun, m
88.
26. Circule:jusqu'au 8 juil 88 et à partir du 25
dim.
27. Circule:du 11 juil au 26 août 88 : tous

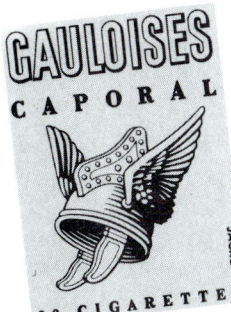

88. **M. Hulot,** l'adorable hurluberlu qui a secoué les poux du Français moyen.

89. **Mansart** ou l'architecture française à son apogée.

90. **Les toits de zinc** qui font le gris de Paris, couleur discrète que les tours indiscrètes nous rendent plus chère.

91. **Les Gauloises bleues,** reines des brunes qui font naturellement tousser ceux qui préfèrent les blondes.

92. **Le Tour de France** qui réussit à clouer les Français devant leur téléviseur quand il y a du soleil sur les plages.

93. **La boulangerie.** Parfois encore une si bonne odeur de fournil.

94. **Le chic parisien.** Il est unique.

95. **Le melon.** Une cucurbitacée[28] qui adoucit la vie.

96. **Le kir.** Invention d'un chanoine bourguignon pour que ses paroissiens voient la vie en rose.

97. **L'eau de Perrier.** Faire un succès, jusqu'aux U.S.A. avec de l'eau et des bulles, c'est fou, non?

98. **Les herbes de Provence.** Encore plus précieuses depuis l'invasion de barbecue.

99. **«Marie Claire».** Pourquoi pas?

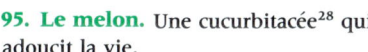

26. *Tomette* (f.) = une petite brique utilisée en Provence pour recouvrir le sol des pièces.

27. *Carte* (f.) *de priorité* = une carte qui donne des avantages aux personnes âgées et aux invalides.

28. *Cucurbitacée* (f.) = une famille de plantes. Le concombre est une cucurbitacée.

Dame de cœur

A propos du texte

A. A quel domaine appartiennent les photos et les dessins que vous voyez? Choisissez les réponses qui vous semblent justes.

journalisme	histoire	politique
littérature	science	religion
militaire	politique internationale	astrologie
médecine	vie quotidienne	zoologie
architecture	morale	sport
tourisme	cuisine	botanique
informatique	philosophie	industrie
art	hygiène	théâtre

B. Montrez quels éléments relèvent de

1. l'attention que les Français prêtent aux vêtements.
2. l'attention que les Français prêtent à l'art culinaire.
3. l'intellectualisme français.
4. la nostalgie ou le respect du passé.
5. les inventions / les gadgets français.

Réactions personnelles

C. Dans quelle mesure trouvez-vous que ce collage représente l'idée que vous aviez des Français? De quelles façons a-t-il changé vos idées?

D. Donnez des raisons de se réjouir d'être américain. Généralisez à propos d'un des sujets suivants.

1. la littérature américaine
2. les plats américains
3. les vêtements américains
4. la langue anglaise comme on la parle dans votre pays
5. les films américains
6. les Américains / les Américaines
7. la musique américaine
8. un autre sujet de votre choix

E. Faites un collage comme celui de l'article en y mettant des photos, des articles, des dessins d'objets américains et en écrivant de brefs commentaires sur chaque élément fourni.

Mise en perspective

1. **Débat ou essai.** Dans les deux textes que vous avez lus on fait certaines observations sur une société. Est-ce la même société? L'approche des deux textes est-elle la même? Précisez comment chacune de ces deux approches est appropriée à la société en question.

2. **Essai.** Quel vous semble être le but de La Rochefoucauld et des rédacteurs de *Marie Claire* en faisant ces observations sur la société française? Précisez en expliquant dans quelle mesure ils vous semblent avoir réussi.

3 Décrire

Ask students to indicate what descriptions they have used in their own conversations today, or suggest they tell of a recent experience in which describing an event, an object, or a person helped them make a point (e.g., persuading someone of the importance of the event, etc.).

Comme chacun a sa manière de penser, chacun a sa manière de s'exprimer. Beaucoup de gens n'insistent que sur l'essentiel («*C'est un homme que je connais bien. Je l'admire.*»), alors que d'autres aiment ajouter des détails («*Ce petit homme, d'origine italienne, bien connu et tout à fait admirable, est d'une intelligence vraiment impressionnante.*»). Le premier style, sans doute trop sec, gagnerait à imiter un peu le deuxième. Ne pas décrire risque d'ennuyer... décrire trop risque aussi d'ennuyer.

Il faut donc chercher le compromis, avoir à sa disposition autant de moyens de description que possible, non pas forcement pour les employer tous en même temps mais pour choisir *le* ou *les* détails qui rendent l'essentiel différent, distinctif, intéressant, saisissant, frappant...

Chaussures. Maroquinerie. Liste des points de vente au 05 22 05 22 numéro vert. Appel gratuit.

CAREL

Point out the colloquial level of this dialogue (intended to supplement the readings with a light, humorous note), specifically the omission of **ne** (e.g., **J'aime pas...**), which occurs several times in "Chaïba", spoken elisions indicated in writing (e.g., **T'es pas**), and other spellings transcribing speech (e.g., **ben** = **bien**).

Live Trigger: Show a picture to the class, for example, the ad on page 150. Give students 5–10 seconds to look at the picture. Then take away the picture and have them describe it from memory. Any sentences that contain structures from the lesson can be written on the board by the students who said them.

VCR Trigger. Show video spots. After each, ask students to describe the characters in the ads. You can also ask them to describe various scenes, and even the ads themselves.

In-Text Trigger: Present the opening dialogue and have students play the roles. Then have them find examples of description in the dialogue. Write the various forms treated in the lesson on the board.

Chaussure gauche: Moi, j'aime pas cet endroit. Il est trop sale. T'es pas d'accord?

Chaussure droite: Ben... non. Je trouve ça plutôt sympa, la campagne. Les champs verts... les beaux arbres... les odeurs de la nature... Ça change des trottoirs.

Chaussure gauche: Quoi! mais ça sent mauvais ici! et puis c'est de la boue... y a[1] même pas de verdure. Qu'est-ce qu'on va être crasseuses[2] toutes les deux! D'ailleurs, je ne sais pas trop ce qu'on fait là.

Chaussure droite: On apprécie justement les beautés bucoliques. Calme-toi. Notre nana[3] elle va prendre sa belle photo et puis on va repartir.

Chaussure gauche: Pas par la même route, j'espère! Moi qui suis si délicate! C'était pas très drôle de traverser ces champs pleins de cailloux[4]... j'aimerais mieux rester que de bouger.

Chaussure droite: Qu'est-ce que tu veux que je te dise? T'es pas contente d'être ici et tu ne veux pas partir... quelle vieille godasse[5] rouspéteuse![6]

---

1.   *Y a* = il n'y a...
2.   *Crasseux* (argot) = très sale.
3.   *Nana* (f.)(argot) = femme.

4.   *Caillou* (m.) = petite pierre.
5.   *Godasse* (f.)(argot) = chaussure.
6.   *Rouspéteur* = qui aime protester.

95

1 Le présent pour décrire

Other uses of the present tense are taught in Lessons 2, *Généraliser,* and 6, *Raconter.*

This is a paraphrase of Baudelaire's La Belle Dorothée, pages 141–142.

Students should understand that this expression, in stressing the **aspect duratif,** merely brings out more strongly a connotation inherent in the tense. It is not really the equivalent of a progressive form (as in English) and should not be overused.

A. Le présent sert à décrire une scène, une chose, une personne, une situation du point de vue de *maintenant.* (Voir Formation du présent: Leçon 2, *Généraliser,* pgs. 52–55.)

> Dorothée **s'avance** dans la rue. Elle **porte** une robe de soie collante. Ses cheveux **tirent** en arrière sa tête délicate et lui **donnent** un air triomphant et paresseux. De temps en temps la brise de la mer **soulève** par le coin sa jupe.

B. L'expression **être en train de** + *infinitif* insiste sur le fait que l'action continue.

> Ne me dérange pas, je **suis en train d'étudier**! (= Ne me dérange pas, j'étudie.)

Exercices

1a. Décrivez le tableau (p. 97) en employant beaucoup de verbes au présent, et l'expression **être en train de.** Voici quelques verbes possibles:

s'amuser	prendre
attendre	regarder
boire	rire
danser	sourire
faire	valser
parler	

1b. Vous allez décrire la scène où vous êtes. Regardez autour de vous et indiquez si quelqu'un fait les actions suivantes. Si oui, dites qui:

applaudir	manger
boire	parler
chanter	pleurer
dormir	regarder par la fenêtre
écouter	respirer
écrire	sourire

Pierre-Auguste Renoir
(1841-1919), *Bal du
moulin de la Galette,*
1876, Musée d'Orsay

2 | L'imparfait pour décrire

A. L'imparfait peut décrire les événements qui constituent un décor ou une scène au passé. (Voir Formation de l'imparfait: Leçon 2, *Généraliser,* pgs. 56–57.)

> Je **rentrais** avec lui et un autre docker... Arrivés à la hauteur de la poste Colbert, une section d'agents de police à bicyclette nous arrêta. (Sembène)

B. L'imparfait sert également à décrire une condition, une situation ou un état d'esprit au passé. Certains verbes se prêtent à ce genre de description au passé, par exemple: **aimer, avoir, croire, désirer, détester, être, haïr, penser, pouvoir, préférer, savoir, vouloir,** les expressions **il y a** et **il faut** et les expressions idiomatiques avec **avoir.**

> Naturellement tu as les cheveux blonds: ta grand-mère **avait** les cheveux blonds, ton grand-père **était** blond aussi, **il** n'**y avait** que des blonds dans ta famille!

This use of the **imparfait** is first discussed in Lesson 2, *Généraliser.*

See Lesson 6, *Raconter,* on uses of the **imparfait** versus the **passé composé**.

C. **Rappel:** L'habitude au passé est exprimée par l'imparfait.

> Il **parlait** trop de cinéma. Et le dimanche, au complet, il y **menait** sa famille. Il **allait** toujours au même cinéma, à la rue des Dominicaines. Là, dans ce seul cinéma, on **projetait** des films... Arabes... (Sembène)

Exercices

2a. Vous allez décrire des personnages historiques. Décrivez les personnes suivantes en employant les verbes donnés à l'imparfait.

Modèle:
John Kennedy / être / parler / avoir
John Kennedy était jeune et beau. Il parlait avec éloquence. Il avait des admirateurs et des critiques.

1. Le roi Arthur / se promener / aimer / vouloir
2. La reine Guenièvre / adorer / vouloir / essayer
3. Les gladiateurs / se battre / tuer / mourir
4. Benjamin Franklin / être / essayer / travailler
5. Mozart / jouer / composer / avoir
6. La Rochefoucauld / écrire / généraliser / critiquer

2b. Demandez à un(e) camarade de se décrire quand il (elle) était à l'école primaire. Demandez:

1. s'il (si elle) était sage ou méchant(e).
2. s'il (si elle) avait les cheveux longs.
3. s'il (si elle) portait des lunettes.
4. s'il (si elle) préférait jouer avec les filles ou avec les garçons.
5. quelles sortes de livres il (elle) aimait.
6. s'il (si elle) savait parler français.
7. s'il (si elle) suivait les conseils de ses parents.
8. s'il (si elle) faisait beaucoup de devoirs.
9. s'il (si elle) regardait souvent la télévision.

3 L'adjectif

Naturellement les adjectifs sont essentiels pour décrire en modifiant les noms et les pronoms.

Interrogative adjectives (**quel, quelle, quels, quelles**) are treated in Lesson 1, *Interroger*. Indefinite adjectives (**certain, chaque, quelques,** etc.) are treated in Lesson 2, *Généraliser*.

Exercise 3a, page 109, deals with adjective formation.

A. Accord de l'adjectif

1. Un adjectif s'accorde en genre et en nombre avec le nom ou pronom qu'il modifie.

la République françai**se**
les Jeux olympique**s**

a. Si un seul adjectif modifie deux noms du même genre, l'adjectif est au pluriel de ce genre.

la femme et la langue françai**ses**

b. Si un seul adjectif modifie un nom masculin et un nom féminin, l'adjectif est au masculin pluriel.

une fille et un garçon méchant**s**

2. La formation du féminin

a. Le féminin se forme le plus souvent en ajoutant **-e** au masculin de l'adjectif.

masculin	*féminin*
clair	clair**e**
bleu	bleu**e**
fatigué	fatigué**e**

Remarquez: Quand le masculin se termine par une consonne, on ne prononce pas la consonne; mais au féminin la dernière consonne est bien prononcée à cause de la voyelle qui suit.

The final nasal vowel of a masculine adjective becomes an oral vowel in the shift to feminine (e.g., **italien—italienne, américain—américaine,** etc.).

masculin	*féminin*
libertin	libertin**e**
exquis	exquis**e**
vert	vert**e**
allemand	allemand**e**

b. Quand le masculin se termine en **-e** (sans accent), le féminin est identique au masculin en orthographe et en prononciation.

masculin	*féminin*
irrésistibl**e**	irrésistibl**e**
immens**e**	immens**e**

Louison
ou l'heure exquise

Coquine, mutine,
libertine, exquise,
marquise, insoumise...

Louison, une héroïne
au charme irrésistible

c. Pour un grand nombre d'adjectifs le principe de la formation du féminin est simple: doubler la consonne finale avant le dernier **-e.**

Quand le masculin se termine en...	le féminin se termine en...	
-el, -il	-elle, -ille	tel / tel**le**
		gent**il** / gent**ille**
-en, -on	-enne, -onne	indi**en** / indi**enne**
		mign**on** / mign**onne**
-ot, -et	-otte, -ette	s**ot** / s**otte**
		coqu**et** / coqu**ette**
	Mais:	idi**ot** / idi**ote**

Remarquez: Certains adjectifs en **-et** ont leur féminin avec un accent grave sur la dernière voyelle et une seule consonne: secr**et**→secr**ète**, concr**et**→ concr**ète**.

d. D'autres terminaisons féminines sont les suivantes.

Quand le masculin se termine en...	le féminin se termine en...	
-er	-ère	ch**er** / ch**ère**
		am**er** / am**ère**
-eur	-euse ou -eure	moqu**eur** / moqu**euse**
		maj**eur** / maj**eure**
-teur	-trice	conserva**teur** / conserva**trice**
	Mais:	ment**eur** / ment**euse**
		flatt**eur** / flatt**euse**
-f	-ve	naï**f** / naï**ve**
		neu**f** / neu**ve**
-x	-se ou -sse	fameu**x** / fameu**se**
		fau**x** / fau**sse**
-c	-che ou -que	blan**c** / blan**che**
		publi**c** / publi**que**

e. Beaucoup d'adjectifs en **-s** forment leur féminin de façon normale, mais certains adjectifs prennent **-sse** au féminin.

	masculin	*féminin*
	français	française
	chinois	chinoise
Mais:	gro**s**	gro**sse**
	ba**s**	ba**sse**

f. Remarquez la formation irrégulière du féminin de **doux, favori, frais, grec, long** et **sec.**

masculin	féminin
doux	dou**ce**
favori	favori**te**
frais	fra**îche**
grec	gre**cque**
long	long**ue**
sec	s**èche**

3. La formation du pluriel

a. On forme le plus souvent le pluriel en ajoutant **-s** au singulier (masculin ou féminin) de l'adjectif.

singulier	pluriel
rond	rond**s**
fou	fou**s**
osseuse	osseus**es**[7]
furieuse	furieus**es**

b. Quand le masculin singulier se termine en **-s** ou **-x,** le masculin pluriel est identique.

masculin singulier	masculin pluriel
chinoi**s**	chinoi**s**
savoureu**x**	savoureu**x**

c. Les adjectifs qui se terminent en **-eu** et **-al** forment leur masculin pluriel avec **-x.** Il y a pourtant quelques exceptions.

singulier	pluriel		singulier	pluriel
hébr**eu**	hébr**eux**	**Mais:**	bleu	bleu**s**
origin**al**	origin**aux**	**Mais:**	ban**al**	ban**als**
			fat**al**	fat**als**
			fin**al**	fin**als**

Remarquez: Le féminin pluriel de ces adjectifs est formé de façon normale.

Ce sont des actrices très **originales.**
Il y a des différences **régionales** dans la cuisine.

---

7. *Osseux* = qui a des os (éléments durs de la structure de l'homme et des vertébrés).

This point has already been treated in Lesson 2, *Généraliser,* p. 62.

d. Le masculin pluriel de **tout** est **tous.** Les formes du féminin sont régulières.

> **Tous** ses dessins sont surréalistes.

Mais: **Toute** rencontre avec un ou plusieurs Buffalo est à vos risques et périls.

Toute rencontre avec un ou plusieurs Buffalo est à vos risques et périls.

4. Quelques adjectifs irréguliers ont une forme spéciale pour le masculin singulier quand il est placé devant un nom qui commence par une voyelle ou un **h** muet.[8] Au pluriel, il y a une seule forme masculine.

MASCULIN SINGULIER	MASCULIN SINGULIER IRRÉGULIER	MASCULIN PLURIEL	FÉMININ SINGULIER	FÉMININ PLURIEL
beau	**bel**	**beaux**	**belle**	belles
fou	**fol**	**fous**	**folle**	folles
mou	**mol**	**mous**	**molle**	molles
nouveau	**nouvel**	**nouveaux**	**nouvelle**	nouvelles
vieux	**vieil**	**vieux**	**vieille**	vieilles

---

8. *H muet = h* qui permet l'élision et la liaison.

Le **Vieil** Homme et la Mer est le titre d'une œuvre d'Ernest Hemingway.
Un **bel** enfant jouait dans le jardin.

Mais: Charlotte a deux **beaux** enfants.

5. Certains adjectifs sont *invariables,* c'est-à-dire qu'ils ne s'accordent pas avec le nom qu'ils modifient.

    a. Certains de ces adjectifs sont des mots étrangers ou des mots qui peuvent être employés aussi comme noms: **marron, chic, snob, orange, standard, super, extra,** etc.

        Tes belles chaussures **marron** paraissaient grises sous la poussière.
        Cette chanson est **super!**

    b. Les adjectifs composés (de deux éléments) sont également invariables. C'est le cas des couleurs: **bleu ciel, bleu marine, rouge foncé, jaune clair, bleu vert,** etc.

        Ces fleurs **jaune clair** sont ravissantes.
Mais: Elle m'a donné de jolies fleurs **jaunes.**

Remarquez: Les noms de couleur sont masculins.

        Stendhal écrivit **Le Rouge et le Noir** en 1830.
        Le violet est ma couleur préférée.

    c. Les adjectifs «réduits» (abrégés) de la langue familière parlée sont généralement invariables: **sensas** (sensationnel), **sympa** (sympathique), **fana** (fanatique), **pop** (populaire), etc.

        Je trouve Claire et Hélène vraiment **sympa** toutes les deux.

B. Place de l'adjectif

Exercises 3b and 3c, page 110, deal with adjective place as well as with agreement.

1. Les adjectifs sont généralement placés après le nom qu'ils modifient.

        Dorothée porte une ombrelle **rouge.**
        Nous regardons son visage **sombre.**
        Ce jour **agréable** nous a beaucoup plu.

2. Certains adjectifs courts et d'emploi très fréquent précèdent généralement le nom.

autre	**grand**	**joli**	**nouveau**
beau	**gros**	**long**	**petit**
bon	**jeune**	**mauvais**	**vieux**

Les **bonnes** liaisons font les **bonnes** affaires
Elle loue une **petite** chambre dans une **grande** maison.
Le jeune homme portait un **vieux** pardessus.

**Les bonnes liaisons
font les bonnes affaires.**   ⊘ **Lufthansa**

The use of **des** before a
plural adjective preceding
a noun is becoming ac-
cepted in spoken French.

Remarquez: Quand l'adjectif précède un nom au pluriel, l'article indéfini
des devient **de**.[9]

des programmes récents
Mais: **de** nouveaux programmes

---

9. **Des** ne devient pas **de** quand l'adjectif fait partie d'un nom composé, comme **des**
petits pois, **des** grands-parents, **des** jeunes filles.

3. Quelques adjectifs changent de sens selon leur place avant ou après le nom: **ancien, certain, dernier, même, pauvre, prochain, propre, sale, seul, simple, triste,** etc.

notre **ancienne** maison	= la maison où nous habitions avant
notre maison **ancienne**	= notre très vieille maison
un **certain** charme	= un charme indéfinissable
un charme **certain**	= un charme incontestable
une **chère** petite maison	= une petite maison qu'on aime
une maison **chère**	= une maison qui coûte beaucoup d'argent (≠ bon marché)
le **dernier** mois de l'année	= décembre
le mois **dernier**	= le mois avant ce mois-ci
un **grand** homme	= un homme illustre, éminent
un homme **grand**	= un homme de haute taille
la **même** question	= la question identique
la question **même**	= l'essentiel de la question
un **pauvre** enfant	= un enfant qui inspire de la pitié
un enfant **pauvre**	= un enfant sans argent
le **prochain** mois	= le mois suivant
le mois **prochain**	= le mois après ce mois-ci
mes **propres** enfants	= mes enfants à moi
des enfants **propres**	= des enfants bien lavés
un **sale** endroit	= un très mauvais endroit
un endroit **sale**	= un endroit qui n'est pas propre

Explain to students that **grand** *changes meaning as illustrated only when applied to a person. When* **grand** *is used for things, it means* **de dimensions importantes** *and usually appears before the noun:* **une grande maison.**

4. Pour insister sur la valeur de l'adjectif qui se place normalement après le nom, on le place avant le nom. C'est une technique stylistique de la langue écrite pour varier le style.

> Le sénateur n'écoutait plus les **interminables** débats sur les poids et les mesures.
> Cette maladie a atteint d'**effrayantes** proportions.

5. Quand il y a plusieurs adjectifs, on les place à leur position normale avant ou après le nom. Si deux adjectifs suivent le nom, on met **et** entre les deux.

> une **jolie jeune** femme
> Cependant Dorothée, **forte et fière** comme le soleil, s'avance dans la rue déserte... une tache **éclatante et noire.** (Baudelaire)

An occasional stressed, colloquial variant, especially when other modifiers are involved, is not treated here, e.g., **Tu l'as rendu complètement fou, ton patron!** Neither does this section present the use of **laisser,** analogous to that of *leave* in English. You could point out that **faire** is used with an invariable adjective: **Il fait vieux. = Il a l'air vieux. Elle fait vieux. = Elle a l'air vieux.**

Exercice 3d, page 110, practices **rendre + adjectif.**

Exercice 3e, page 111, practices demonstrative adjectives.

6. **Rendre +** *objet direct (nom)* **+** *adjectif*

a. Tous les adjectifs suivent normalement le(s) nom(s) objet direct du verbe **rendre.** Cet emploi idiomatique indique un changement d'état.

> La Fontaine de Jouvence *rend* les gens **jeunes.**
> La chirurgie esthétique *a rendu* Adélaïde **belle.**
> Madame Delfray va *rendre* son mari **heureux** en lui offrant une Rolls.

b. Avec un pronom objet direct l'adjectif vient aussi après le verbe.

> Vous *l'*avez rendu **extatique.**
> Le contrôleur *les* a rendus **furieux.**
> La magie d'un rêve, c'est de *le* rendre **possible.**

C. **L'adjectif démonstratif**

1. L'adjectif démonstratif «montre» une personne, une chose, un événement, etc. dans l'espace ou dans le temps par rapport à la personne qui parle. Remarquez que le pluriel est le même pour le masculin et le féminin.

	SINGULIER	PLURIEL
MASCULIN	**ce**	**ces**
MASCULIN DEVANT UNE VOYELLE OU **h** MUET	**cet**	**ces**
FÉMININ	**cette**	**ces**

> Je ne sais pas si vous avez exercé **ce** métier de calier...[10] (Sembène)
> A **cet** âge, on ne pense pas à l'avenir.
> Combien coûte **cette** cravate?
> ...toutes **ces** années, toutes **ces** peines, toutes **ces** pensées, toutes **ces** paroles, à quoi rimaient-elles? (Wiesel)

---

10. *Calier* (m.) = qui travaille dans la partie interne d'un bateau (la cale) où on met la marchandise.

2. Pour préciser entre deux références, on ajoute **-ci** (près) ou **-là** (loin), surtout dans la langue écrite.

> Il hésite. Doit-il passer par **cette** porte-**ci** ou **cette** porte-**là?**

Other structures that express possession are taught in this lesson on page 112.

Exercise 3f, page 111, practices possessive adjectives.

D. L'adjectif possessif

L'adjectif possessif décrit un nom en identifiant le possesseur. Il s'accorde en genre et en nombre avec l'objet possédé.

	POSSESSION		
possesseur	**masculin singulier**	**féminin singulier**	**masculin et féminin pluriel**
je	**mon**	**ma**	**mes**
tu	**ton**	**ta**	**tes**
il/elle/on	**son**	**sa**	**ses**
nous	**notre**	**notre**	**nos**
vous	**votre**	**votre**	**vos**
ils/elles	**leur**	**leur**	**leurs**

> ...le bouton de **son** pardessus était placé un peu trop bas.
> (Queneau)
> Ces spectateurs ne savent pas où sont **leurs** places.
> Rendez-nous **nos** copies, Monsieur, s'il vous plaît.
> Il a la langueur de ces rivages et la sensualité de **leurs** filles ... il
> est **sa** musique.

1. Quand le nom ou l'adjectif qui suit l'adjectif possessif commence par une voyelle ou un **h** muet, on utilise le masculin de l'adjectif possessif.

> **ma** chère amie Cécile
> > **Mais: mon** amie Cécile
> **ta** jeune sœur
> > **Mais: ton** autre sœur
> **sa** grande habileté
> > **Mais: son** habileté intellectuelle

2. On répète l'adjectif possessif devant chaque nom.

> Il a mis **son** manteau, **son** chapeau, **ses** chaussures et **ses** gants.

3. On utilise le plus souvent l'article défini avec une partie du corps qui appartient au sujet du verbe.

> Elle se lave **les** cheveux.
> J'ai **les** mains froides.

Cap Colombie.
Il a la langueur de ces rivages
et la sensualité de leurs filles.
Il a le parfum de cette terre
et il est sa musique.

Exercices

In order to avoid having students mark up their books, suggest that they work from a copy of the chart on a separate piece of paper. Or you could have Exercise 3a done at the board: five students each write adjectives for a candidate as the class suggests what to write. At the end of the exercise, the class can vote on the most qualified person.

3a. Vous faites partie du comité qui doit choisir un conférencier pour votre université. Proposez plusieurs noms et remplissez ce tableau pour pouvoir inviter la personne la plus qualifiée à faire ce discours. Mettez l'adjectif à la forme correcte dans la case appropriée ou mettez **pas** + l'adjectif à la forme correcte. D'après leurs caractéristiques, qui choisissez-vous?

	UN HOMME	UNE FEMME	DES HOMMES	DES FEMMES	UN GROUPE OU UN COUPLE MIXTE
gentil					
grand					
intelligent					
original					
bon					
actif					
conservateur					
charismatique					
banal					
vieux					
intéressant					
éloquent					
beau					
fou					
honteux					
provocateur					
doué					
mignon					

Modèle: vieux

Arsenio Hall	**Madonna**	**les Lakers de L.A.**	**les sœurs Pointer**	**le Président et sa femme**
pas vieux	*pas vieille*	*pas vieux*	*pas vieilles*	*vieux*

3b. Vous venez de vous installer dans une nouvelle ville. Vous aurez besoin de nombreux services, artisans et objets. Demandez à votre voisin(e) de vous faire des recommandations dans les catégories indiquées. Votre voisin(e) répondra. Utilisez à la forme et à la place correctes *un* ou *plusieurs* adjectifs de la liste suivante:

Suggest that students add adjectives of their own.

amusant	excellent	propre
bon	gentil	raisonnable
bon marché	grand	simple
compétent	petit	

Modèle: un restaurant
Pouvez-vous recommander un bon petit restaurant? ou
Connaissez-vous un restaurant amusant? ou
Quels très bons restaurants pouvez-vous me recommander?

1. un coiffeur
2. un plombier
3. un garage
4. une piscine
5. un jardinier

6. un bar
7. une boulangerie
8. un journal
9. un dentiste
10. un médecin

3c. Décrivez votre chambre. Pour chaque article que vous y trouvez, ajoutez deux adjectifs de votre choix. (Variez les adjectifs.)

Modèle: une radio
J'ai une petite radio moderne.

1. un lit
2. un téléphone
3. une chaise
4. un bureau
5. une commode
6. un lavabo
7. un miroir

8. des livres
9. des affiches
10. un placard
11. une lampe
12. des vêtements
13. des rideaux
14. une chaîne stéréo

3d. Pourriez-vous être astronaute? Pour voir comment vous vous habitueriez à l'espace, on vous demande vos réactions à l'environnement. Répondez en phrases complètes avec le verbe **rendre** + adjectif, et les mots proposés comme sujet de la phrase. (Réponse alternative: **Cela ne m'affecte pas.**)

Modèle: Quand vous êtes isolé(e)? (L'isolement)…
L'isolement me rend très calme. ou
Cela ne m'affecte pas.

1. Quand il fait très chaud? (La chaleur…)
2. Quand il n'y a aucun bruit? (Le silence…)
3. Quand l'espace est limité? (Les limitations de l'espace…)
4. Quand il faut aller très vite? (La vitesse…)
5. Quand les mouvements tournoyants créent un certain vertige? (Le vertige…)

6. Quand vous devez prendre des décisions cruciales rapidement? (Les décisions rapides…)
7. Quand vous prenez des risques? (Les risques…)
8. Quand vous devez suivre des directives? (Suivre des directives…)

3e. Vous faites des achats dans un grand magasin. Demandez le prix de chaque objet en ajoutant un adjectif descriptif.

Modèle: une chaîne stéréo
Combien coûte cette chaîne japonaise?

1. une cravate
2. du parfum
3. des chaussures
4. un blouson
5. une ceinture
6. un vase
7. des lampes
8. une montre
9. des serviettes
10. un parapluie

"?" indicates that students can supply a noun of their own choice.

3f. Pour chacune des personnes suivantes, choisissez une chose que vous asso·· ciez à cette personne et qualifiez-la. Utilisez des adjectifs possessifs.

Modèle: Cléopâtre (beauté / bain / ?)
Sa beauté était célèbre. ou
Elle était connue pour ses bains de lait.

1. Blanche Neige (beauté / belle-mère / ?)
2. Pandore (curiosité / boîte / ?)
3. Vos parents (enfant / amour / ?)
4. Albert Einstein (intelligence / coiffure / ?)
5. Vous (personnalité / intelligence / ?)
6. Les Egyptiens (pyramides / civilisation / ?)
7. Cyrano de Bergerac (nez / poésie / ?)
8. Claude Monet (tableaux / style / ?)
9. La Rochefoucauld (maximes / pessimisme / ?)
10. Coco Chanel (parfums / créations de haute couture / ?)

4 Structures qui fonctionnent comme adjectif

This book does not attempt to codify how the noun–noun is generated with increasing frequency in contemporary French, e.g., garde-pêche, **homme-grenouille, wagon-restaurant,** etc.

A. Un nom ne modifie pas normalement un autre nom sans l'intermédiaire d'une préposition. Pour préciser la catégorie spécifique d'un nom ou son ingrédient essentiel on ajoute au nom:

> **de** + *nom sans article*

—Il prenait une *consultation* **d'élégance.** (Queneau)
J'ai trouvé cette recette dans mon *livre* **de cuisine.**
Puis il rentrait chez lui... une *chambre* **d'hôtel.** (Sembène)
La Tante Mathilde nous a servi une *soupe* **de légumes.**

B. Deux structures aident à indiquer la possession.

1. Pour l'indication normale de la possession on ajoute au nom:

> **de** + *nom*

Connaissez-vous la fille **de Monsieur LeGrange?**
Donnez-moi l'adresse **d'un médecin.**
La voiture **des Duval**[11] est toujours en panne.

2. Pour préciser le possesseur ou pour insister sur le possesseur on ajoute au nom:

> **à** + *nom*
> *pronom disjoint*

A qui est cette caisse? Oh, je crois qu'elle est **à M. Delon.**
Pierre et Nicole vont passer leurs vacances chez *ses* parents **à elle.**
Je vais porter *ma* ceinture **à moi,** pas la tienne.

---

11. Le pluriel d'un nom propre s'écrit sans **-s.**

C. Pour modifier les pronoms indéfinis **quelque chose, rien, quelqu'un** ou **personne,** on ajoute **de** + adjectif au masculin singulier.

> | quelque chose | |
> |---|---|
> | **rien** | |
> | **quelqu'un** | + **de** + *adjectif au masculin singulier* |
> | **personne** | |

—Tiens, j'ai vu **quelque chose de drôle** aujourd'hui, dit Albert. (Queneau)
—A cette heure-là ça n'a **rien d'étonnant,** dit Adolphe. (Queneau)
Ma tante est **quelqu'un d'intéressant.**
Personne d'intéressant ne m'a téléphoné hier.

Remarquez: On emploie **ne** devant le verbe avec **personne** et **rien.** (Voir Leçon 8, *Contredire.*)

On **ne** fait **rien** de spécial.
Personne d'intéressant **n'**est venu.

D. L'infinitif peut fonctionner comme adjectif.

> | *nom* | |
> |---|---|
> | *pronom* | + **à** + *infinitif* |
> | *adjectif* | |

Dans ce cas, le nom ou le pronom modifié fonctionne aussi comme l'objet direct de cet infinitif.

Nous avons des *courses* **à faire.** (= Nous ferons ces courses.)
C'est une *idée* **à considérer.** (= On considérera cette idée.)
Je prévois un *problème* **à résoudre.** (= ... un problème qu'il faut résoudre.)
Il n'y a *rien* **à faire.** (= On ne fait rien.)

Remarquez: La présence d'un autre adjectif ne change pas cette structure.

Cette leçon est *difficile* **à comprendre.** (= On comprendra difficilement cette leçon.)
Ce projet *est impossible* **à concevoir.** (= On ne concevra pas ce projet.)

Exercices

For item 2, you can suggest **science fiction, épouvante, art et essai, amour, aventures, action,** etc.

4a. Demandez à un(e) camarade…

1. quelles sortes de cours il (elle) suit ce semestre (trimestre).
2. quel genre de films il (elle) préfère.
3. quelles sortes de matchs il (elle) aime regarder.
4. quelles sortes de collections les gens peuvent créer.
5. quelles sortes de cartes il (elle) reçoit.

4b. Identifiez-vous en finissant les phrases suivantes avec **de** + nom, **de** + adjectif ou simplement un adjectif.

Modèle: Je suis la sœur/le frère…
Je suis la sœur de George Smith. ou
Je suis le frère cadet de la famille.

1. Je suis la fille/le fils…
2. Je suis quelqu'un…
3. Je suis un(e) ami(e)…
4. Je suis le voisin/la voisine…
5. Je suis le/la camarade de classe…
6. Je suis une personne…

4c. Vous travaillez pour un journal. Décrivez le travail. Formez une phrase complète en employant **à** + infinitif, **de** + adjectif ou un simple adjectif.

Modèle: sensationnel / Ce travail est quelque chose…
Ce travail est quelque chose de sensationnel.

1. remarquable / La salle de rédaction[12] est vraiment un endroit…
2. regarder / Il y a tant de journalistes…
3. important / Le rédacteur en chef est quelqu'un…
4. corriger / Il me donne des articles…
5. difficile / Corriger les articles est vraiment quelque chose…
6. blâmer / Si je fais une faute, il n'y a personne…
7. ultra-moderne / Je fais des rédactions sur un ordinateur…
8. faire / Si les ordinateurs sont en panne[13] il n'y a rien…

4d. Votre ami(e) est malade et vous vous occupez de lui (d'elle). Posez-lui des questions en ajoutant **à** + infinitif, **de** + adjectif ou un simple adjectif aux phrases suivantes.

1. Veux-tu quelque chose… ?
2. As-tu quelque chose… ?
3. N'as-tu rien… ?
4. Veux-tu des livres… ?

---

12. *Salle de rédaction* (f.) = la salle où les journalistes rédigent (écrivent) leurs articles.
13. *Etre en panne* = ne pas fonctionner.

5. As-tu besoin d'une soupe… ?
6. Est-ce que je peux téléphoner à un médecin… ?
7. Ne veux-tu parler avec personne… ?
8. Est-ce que je peux mettre un disque… ?

5 Le pronom relatif[14]

L'emploi d'un pronom relatif permet de décrire en ajoutant des précisions. Contrastez ces deux phrases:

> J'aime les gens.
> J'aime les gens **qui sont sympathiques, que je peux comprendre et sur lesquels je peux compter.**

Un pronom relatif *représente* un antécédent (nom, pronom, toute la proposition principale) dans la première phrase et unit l'antécédent à une proposition subordonnée. Le plus souvent, le pronom relatif suit immédiatement l'antécédent.

> C'est *Gilles* **qui** fait la vaisselle chez nous. (**qui** représente *Gilles*)
> Le *film* **que** vous avez vu ne m'intéresse pas. (**que** représente le *film*)

A. **Qui** représente une personne ou une chose comme *sujet* de la proposition subordonnée.

> La *maison* **qui** vous intéresse n'est pas à vendre.
> C'est *lui* **qui** veut sortir avec toi?
> Mon livre de chimie, c'est *celui* **qui** coûte si cher.

Remarquez: Le verbe après le pronom sujet **qui** s'accorde toujours avec l'antécédent.

> C'est *moi* qui **suis** toujours la dernière.
> Il marchait, penché sur *ses reins,*[15] qui **semblaient** lui faire mal…
> (Sembène)
> Pour *les hommes* qui **aiment** *les femmes* qui **aiment** les hommes.

Pour les hommes qui aiment

les femmes qui aiment les hommes.

PARFUMS
LORIS AZZARO
PARIS

---

14. *Relatif* = qui établit une relation.
15. *Reins* (m. pl.) = la partie inférieure du dos.

B. **Que** représente une personne ou une chose comme *complément d'objet direct* de la proposition subordonnée.[16]

> Parlons un peu avec le *monsieur* **que** vous craignez tellement.
> Le cœur a ses *raisons* **que** la raison ne connaît point. (Pascal)
> Invite *ceux* **que** tu veux à ta soirée.
> C'est *moi* **que** vous avez demandé?

C. *Préposition* + **lequel** ou **qui**

Après une préposition, la forme appropriée de **lequel** représente une personne ou une chose; **qui** représente uniquement une personne.

Explain that **lequel** is sometimes used for purposes of style or clarification: **A Ravenne j'ai aperçu une dame devant un restaurant, près du pont, laquelle me semblait étrange.**

1. **Lequel (laquelle, lesquels, lesquelles)** après une préposition varie en forme (masculin ou féminin, singulier ou pluriel) selon l'antécédent.

> *L'accent* **avec lequel** elle parle me fait penser à ma grand-mère.
> *L'idée* **pour laquelle** il a combattu toute sa vie a fini par triompher.

Remarquez: Après **à** et **de,** les formes de **lequel** contractent sauf au féminin singulier:

auquel	duquel
auxquels	desquels
auxquelles	desquelles
Mais: à laquelle	de laquelle

> *L'incident* **auquel** il pensait était sans intérêt.
> Jacques Leclerc était parmi *ceux* **auxquels** elle s'opposait.
> On va fermer *le parking* à côté **duquel** je travaille.

2. Après une préposition, **qui** représente une personne ou des personnes.

> Mais, je suis sûr que c'est *Gérard* **à qui** j'ai donné l'information!
> *Les gens* **avec qui** elle travaille veulent former une équipe de volley-ball.

---

16. Après **que,** l'ordre du sujet et du verbe peut être inversé pour des raisons stylistiques ou rythmiques: Ils ont senti l'arôme du café au lait **que** préparait soigneusement la serveuse. = ...que la serveuse préparait soigneusement.

Point out that **dont** always immediately follows its antecedent.

D. **Dont** remplace **de** + *pronom relatif* (**de qui** et les formes de **duquel**).

> Malheureusement, ils ont perdu *le dossier* **dont** (*duquel*) vous avez besoin.
> J'ai vu *Jean-Pierre* **dont** (*de qui*) le fils est malade.

1. **Dont** remplace **de** + *nom* dans les circonstances suivantes:

These lists are far from exhaustive; they merely contain the most common expressions that students might encounter.

a. *verbes intransitifs* + *adjectif* + **de** + *nom*

être *devenir* *paraître* *sembler*	**+**	*content* *furieux* *heureux* *mécontent* etc.	**+ de**

> *Vos conseils* **dont** je suis reconnaissant sont excellents. (Je **suis reconnaissant de** vos conseils.)
> Il a écrit *une thèse* **dont** les professeurs semblaient satisfaits. (Les professeurs **semblaient satisfaits de** sa thèse.)

b. *verbes et locutions verbales* + **de** + *nom*

abuser de **avoir besoin de** **avoir envie de** **avoir honte de** **avoir peur de**	**discuter de** **s'occuper de** **parler de** **se plaindre de** **se rendre compte de**	**se servir de** **se soucier de** **se souvenir de** **tenir compte de**

> *Les assiettes* **dont** vous vous êtes servi sont toutes sales. (Vous vous **êtes servi de** ces assiettes.)
> *Le cas* **dont** parle Annette est exceptionnel. (Annette **parle de** ce cas.)
> Connaissez-vous cette *dame* **dont** vos enfants ont tellement peur? (Vos enfants **ont peur de** cette dame.)

2. **Dont** remplace **de** + *nom* dans l'expression du possessif.

> Il a choisi *les suggestions* **dont** (*desquelles*) le mérite était incontestable. (Le mérite de ces suggestions était incontestable.)
> Je vous présente *le docteur Schmookpug* **dont** les expériences sont célèbres. (Les expériences du docteur sont célèbres.)
> Paul a accusé *Nicolas* **dont** la réputation était déjà mauvaise. (La réputation de Nicolas était déjà mauvaise.)

3. Dont n'est pas employé:

a. après les prépositions composées avec **de,** comme **à côté de, au bord de, au milieu de, près de,** etc.

> La police a encerclé la boutique **près de laquelle** on avait vu le cambrioleur.
> Jérôme m'a vite présenté le monsieur **à côté de qui** je m'étais assise.
> J'ai rêvé d'un champ **au milieu duquel** se trouvait une fontaine.

b. après un nom objet d'une préposition.

> C'est le bureau dans le tiroir **duquel** j'ai trouvé ma clé.
> Connais-tu la fille sur la chaise **de qui** il y avait un scorpion?

E. **Où,** le plus souvent, remplace une préposition de *lieu* ou de *temps* (**dans, sur, à**) + **lequel.**

> Il avait du mal à penser dans cette salle **où** (*dans laquelle*) il y avait tant de bruit.
> Parmi toutes les régions, madame Bélais aimait mieux celle **où** (*dans laquelle*) il y avait du soleil.
> A l'heure **où** (*à laquelle*) il fait chaud, on fait la sieste.
> Le jour **où** (*auquel*) il est arrivé, j'étais malade.

F. S'il n'y a pas d'antécédent ou si l'antécédent est une chose indéfinie (sans genre ou nombre), il faut employer **ce qui** (sujet), **ce que** (objet), **ce** + préposition + **quoi** ou **ce dont. Ce** est l'équivalent de **la (les) chose(s).**

> J'ignore **ce qui** (*la chose qui*) est dans le sac.
> Elle sait très bien **ce que** (*les choses que*) nous préparons.
> Je ne vois pas **ce à quoi** (*la chose à laquelle*) vous pensez.
> Je me demande **ce dont** (*la chose dont*) il a vraiment besoin.

1. Employez **ce qui, ce que,** etc., pour résumer l'ensemble d'une idée ou d'une proposition (qui n'a pas de genre ou de nombre).

> *Le train va être en retard,* **ce qui** ne m'arrange pas du tout!
> *Le contrôleur continue à annoncer le retard,* **ce que** tout le monde a déjà compris.
> *Il n'y aura personne à la gare,* **ce à quoi** je n'avais pas pensé.
> *Il y a peut-être eu un accident,* **ce dont** les passagers parlent sans arrêt.

2. L'adjectif **tout** devant un pronom relatif est toujours suivi directement de **ce: tout ce qui, tout ce que, tout ce dont, tout ce à quoi,** etc.

> **Tout ce qui** se conçoit bien s'énonce clairement.
> Tu peux avoir **tout ce que** tu veux.
> **Tout ce dont** vous avez envie, vous l'aurez au paradis.
> **Tout ce à quoi** vous pensez sera analysé par le psychiatre.

TABLEAU RECAPITULATIF DES PRONOMS RELATIFS

	SUJET	OBJET DIRECT	OBJET DE LA PRÉPOSITION **DE**	OBJET D'UNE AUTRE PRÉPOSITION
personne	qui	que	dont	préposition + **qui** ou **lequel**
chose	qui	que	dont	préposition + **lequel**[17]
indéfini	ce qui	ce que	ce dont	**ce** + préposition + **quoi**

Exercices

"Chaïba" begins on page 134. You may wish to use Exercise 5a as a prereading activity.

5a. Voici un résumé de l'histoire de «Chaïba» d'Ousmane Sembène. Identifiez l'antécédent du pronom relatif dans chaque phrase.

1. Chaïba était un docker que je respectais.
2. Marseille, le port où il travaillait, ne lui était pas hospitalier.
3. Il était fier—de cette fierté absurde qui pousse les hommes humiliés à vouloir se montrer capables.
4. Ce travail de docker est un travail dont on peut être fier.
5. Chaïba était un homme pour lequel j'avais de l'amitié.
6. C'était aussi quelqu'un avec qui j'aimais travailler.
7. J'admirais la manière dont il travaillait pour aider sa famille.
8. Tout a changé le soir où on l'a arrêté.

---

17. Préposition de temps ou de lieu + **lequel** → où.

5b. Pourquoi accepteriez-vous une offre d'emploi? Combinez les deux phrases en employant **qui, que** ou **où**.

Modèle: Il y a des gens intéressants. J'aimerais les connaître.
Il y a des gens intéressants que j'aimerais connaître.

1. C'est un travail difficile. Il me semble intéressant.
2. Le patron a beaucoup d'idées. Je trouve ses idées remarquables.
3. C'est une société réputée. Elle offre des bénéfices exceptionnels.
4. On me propose un bon salaire. Ce salaire me permettra de bien vivre.
5. C'est dans une belle région. Je veux y habiter. (= Je veux habiter dans cette région.)
6. C'est une bonne société. Les employés y semblent heureux. (= Les employés semblent heureux dans cette société.)

5c. Pour quelles raisons choisiriez-vous un médecin? Combinez les deux phrases en employant **dont**, une préposition + **lequel (laquelle, lesquels, lesquelles)** ou une préposition + **qui.**

Modèle: Le docteur est associé avec un groupe de médecins. (Tous les membres *de ce groupe* sont des spécialistes.)
Le docteur est associé avec un groupe de médecins dont tous les membres sont des spécialistes.

1. C'est un médecin sympathique. (Je suis très à l'aise *avec lui.*)
2. Il a un cabinet. (Il y a une grande pharmacie *à côté du cabinet.*)
3. Il exerce dans une clinique. (La renommée *de cette clinique* est incontestable.)
4. Il a une infirmière sympathique. (Je m'entends bien *avec cette infirmière.*)
5. Il a une salle d'attente confortable. (Les murs *de cette salle d'attente* sont couverts de tableaux intéressants.)

Attention: *Pour les exemples suivants la proposition subordonnée se trouvera à l'intérieur de la phrase:*

6. La clinique est près de chez moi. (Il exerce *dans cette clinique.*)
7. Quand je vais le voir, le temps est court. (J'attends *pendant ce temps.*)
8. Il veut bien admettre qu'une question est difficile. (Il n'a pas de réponse immédiate *à cette question.*)

5d. Quelles sont vos valeurs? Faites une seule phrase en combinant la première phrase avec une des deux autres proposées.

Modèle: J'ai une chaîne stéréo. (Je ne pourrais pas vivre sans ma chaîne stéréo. / Je suis satisfait(e) de ma chaîne stéréo.)
J'ai une chaîne-stéréo sans laquelle je ne pourrais pas vivre. ou
J'ai une chaîne stéréo dont je suis satisfait(e).

1. J'ai des amis. (Je suis à l'aise avec eux. / Je pourrais vivre sans eux.)
2. J'ai des disques. (Je pense toujours à mes disques. / Je pourrais vivre sans mes disques.)

3. J'ai une voiture. (Dans ma voiture je pourrais contrôler le monde. / Elle rend ma vie plus facile.)
4. J'ai une famille. (Je passe tout mon temps avec ma famille. / Je suis fier (fière) de ma famille.)
5. J'ai des idées. (Je suis prêt(e) à mourir pour ces idées. / Le sens de mes idées n'est pas toujours clair pour les autres.)
6. J'ai de l'argent. (Je vis pour mon argent. / Je vis avec cet argent.)
7. J'ai des projets d'avenir. (J'y pense souvent. / J'y pense de temps en temps.)

5e. Finissez les questions suivantes à propos de son choix d'activités et posez-les à un(e) camarade de classe.

Modèle: Quel est l'endroit où… ?
Quel est l'endroit où tu aimes aller pendant le week-end?
—*J'aime aller au cinéma.*

1. Quel est le sport que… ?
2. Quel est le restaurant où… ?
3. Quelle est l'activité pour laquelle… ?
4. Quel est le cinéma qui… ?
5. Quel est le jour où… ?
6. Quels sont les programmes de télé sans lesquels… ?
7. Quelle est une activité dont… ?
8. Quelle est l'heure après laquelle… ?

L'adverbe

Interrogative adverbs are treated in Lesson 1, *Interroger*. Adverbs of time, place, frequency, and quantity are treated in Lesson 2, *Généraliser*.

Les adverbes indiquent la manière. Ils modifient des verbes, des adjectifs ou d'autres adverbes et sont invariables.

—Alors, ça va? demanda **cordialement** Robert. (Queneau)
Il est **incroyablement** beau.
…le bouton de son pardessus était placé **un peu** trop bas. (Queneau)

A. L'adverbe de manière

  1. Formation

    a. La plupart des adverbes de manière se forment en ajoutant **-ment** au féminin de l'adjectif.

masculin	*féminin*		*adverbe*
naturel	**naturelle**	$\longrightarrow$	**naturellement**
joyeux	**joyeuse**	$\longrightarrow$	**joyeusement**

b. Quand l'adjectif masculin est terminé par une voyelle, on ajoute **-ment** à l'adjectif masculin pour former l'adverbe.

masculin		*adverbe*
joli	$\longrightarrow$	**joliment**
vrai	$\longrightarrow$	**vraiment**
absolu	$\longrightarrow$	**absolument**
Mais: gai	$\longrightarrow$	**gaiement** ou **gaîment**

c. Quand le masculin se termine en **-ent** ou **-ant,** on enlève la terminaison et on ajoute **-emment** ou **-amment** selon le cas.

masculin		*adverbe*
décent	$\longrightarrow$	**décemment**
constant	$\longrightarrow$	**constamment**
élégant	$\longrightarrow$	**élégamment**

d. Certains adverbes se terminent en **-ément.**

masculin		*adverbe*
conforme	$\longrightarrow$	conform**ément**
énorme	$\longrightarrow$	énorm**ément**
intense	$\longrightarrow$	intens**ément**
précis	$\longrightarrow$	précis**ément**
profond	$\longrightarrow$	profond**ément**

e. Les adverbes suivants sont irréguliers.

masculin		*adverbe*
bon	$\longrightarrow$	**bien**
gentil	$\longrightarrow$	**gentiment**
mauvais	$\longrightarrow$	**mal**
bref	$\longrightarrow$	**brièvement**
meilleur	$\longrightarrow$	**mieux**
rapide	$\longrightarrow$	**vite** ou **rapidement**

f. Certains adjectifs fonctionnent aussi comme adverbes; par exemple: **bas, cher, dur, faux, fort, haut.** Ils sont employés au masculin singulier.

Vous parlez trop **bas.**
Cette maison coûte très **cher.**
Nous travaillons **dur** ce soir.
Elle chante **faux.**

2. La place de l'adverbe

a. On place généralement les adverbes après les verbes qu'ils modifient.

> Elle regarde **intensément** ce tableau.
> Vous dites **toujours** la même chose.
> Je veux m'exprimer **clairement.**

b. Dans le cas d'un verbe composé, les adverbes courts (une ou deux syllabes) et d'emploi fréquent se placent entre l'auxiliaire et le participe passé. Les autres viennent le plus souvent après le participe passé.

> Pardon, je n'ai pas **bien** compris.
> Vous avez dansé **admirablement.**

B. Autres structures qui indiquent la manière

1.

> **Avec**
> **Sans** *+ nom abstrait (sans article)*

> Le conférencier a parlé **avec éloquence.**
> Vous pouvez parler **sans embarras:** je ne répéterai cette conversation à personne.

2.

> **D'une manière**
> **D'une façon** *+ adjectif (au féminin singulier)*

> Dites-leur les faits **d'une manière polie** mais **ferme.**
> Il m'a parlé **d'une façon brutale.**

Exercices

6a. Comment se font les actions indiquées? Employez un adverbe placé correctement dans la phrase. Vous pouvez employer un adverbe dérivé d'un des adjectifs proposés.

Modèle: —Comment est-ce que le jaguar court? (Est-il lent ou rapide?)
    —*Il court vite (rapidement).*

1. Comment est-ce que Rocky se bat? (Est-il courageux ou lâche?)
2. Comment est-ce que le père Noël rit? (Est-il bruyant ou silencieux?)
3. Comment est-ce qu'une tortue marche? (Est-elle lente ou rapide?)
4. Comment vos parents vous traitaient-ils autrefois quand vous faisiez quelque chose de mal? (Etaient-ils sévères ou gentils?)
5. Comment est-ce que Lancelot se conduisait? (Etait-il noble ou cruel?)
6. Comment est-ce que les employés de la poste vous répondent quand vous leur posez des questions? (Sont-ils patients ou impatients?)

6b. Répondez aux questions suivantes.

1. Qu'est-ce que John Hancock a fait avec élégance?
2. Qu'est-ce que Cyrano de Bergerac faisait avec panache?
3. Qu'est-ce que vous savez faire avec distinction?
4. Qu'est-ce que vous faites toujours avec enthousiasme?
5. Que feriez-vous sans hésitation?
6. Qu'est-ce que Jeanne d'Arc a fait sans peur?

6c. Expliquez pourquoi on a accepté ou rejeté les candidats suivants qui se sont proposés pour un poste à la banque. Employez les expressions **d'une manière** + adjectif, **d'une façon** + adjectif ou **avec** + nom pour dire les phrases suivantes d'une manière différente.

Modèle: Mademoiselle Bleu a parlé calmement.
On a accepté Mademoiselle Bleu
    parce qu'elle a parlé d'une manière calme. ou
    parce qu'elle a parlé d'une façon calme. ou
    parce qu'elle a parlé avec calme.

1. Monsieur LePetit a parlé de ce travail tristement.
2. Monsieur L'heureux nous a souri joyeusement.
3. Madame LeGrand s'est exprimée élégamment.
4. Mademoiselle Plumier nous a regardés hostilement.
5. Monsieur Magou nous a parlé insolemment.

7 Le participe présent

A. Formation
On forme le participe présent avec le présent de l'indicatif à la forme **nous,** en éliminant **-ons** et en ajoutant **-ant.**

triompher	nous triomph~~ons~~	$\longrightarrow$	triomph**ant**
compatir	nous compatiss~~ons~~	$\longrightarrow$	compatiss**ant**
amuser	nous amus~~ons~~	$\longrightarrow$	amus**ant**

Remarquez: Il y a trois participes présents irréguliers.

être	**étant**
avoir	**ayant**
savoir	**sachant**

Other uses of the present participle will be discussed in Lesson 7, *Indiquer la chronologie.*

B. Emploi

1. Comme adjectif (adjectif verbal)
Quand le participe présent décrit un nom ou un pronom, il est considéré comme un adjectif et s'accorde en genre et en nombre avec le nom ou le pronom qu'il modifie.

> Mademoiselle Pluchon travaillait avec une rigueur **effrayante.**
> Elle porte une robe **collante.**

2. Comme adverbe

> **En** + *participe présent* = *le gérondif*

a. Le gérondif décrit la manière particulière de l'action verbale et fonctionne donc comme adverbe. Il répond à la question **De quelle manière**... ? ou **Comment**... ?

> **En riant,** on se disait qu'on était mariés. (Sembène)
> —Comment apprend-on une langue? —**En la parlant**!

b. Pour exprimer le contraire de **en** + *participe présent* on utilise **sans** + *infinitif.*

> Moi je suis mort **sans comprendre.** (Wiesel)
> On ne peut pas apprendre le français **sans parler.** (On l'apprend *en parlant.*)
> On se disait **sans rire** qu'on était mariés. (*En riant,* on se disait qu'on était mariés. [Sembène])

Exercices

7a. Posez à un(e) camarade une question qui commence par **Y a-t-il...** en employant un adjectif basé sur le participe présent du verbe indiqué.

Modèle: des poissons qui volent
            Y a-t-il des poissons volants?

1. des inventions qui choquent
2. des ours (m.) qui dansent
3. des fleurs qui pensent
4. des fauteuils qui roulent
5. des girafes (f.) qui chantent
6. des boissons qui calment
7. des plantes qui grimpent
8. des critiques qui amusent
9. une horloge qui parle

Point out that the answer to item 9 is the name of the French telephone service indicating the time of day.

7b. Répondez aux questions suivantes en employant **en** + participe présent. Utilisez un ou plusieurs des verbes proposés.

Modèle: Comment fait-on une omelette? (casser des œufs, les battre, les mettre dans une poêle, l'acheter dans le supermarché et la mettre dans le four à micro-ondes)

On fait une omelette en cassant des œufs, en les battant et en les mettant dans une poêle.

1. Comment est-ce que les gens deviennent amis? (se rencontrer, se parler, se faire des confidences, s'entraider, s'entendre bien, payer)
2. Comment apprend-on à nager? (entrer dans l'eau, faire des bulles, aller à la piscine, tomber dans une piscine, ne pas avoir peur)
3. Comment peut-on savoir l'heure? (regarder sa montre, téléphoner à l'horloge parlante, demander à quelqu'un, écouter la radio)
4. Comment réussit-on? (travailler dur, avoir de la chance, être doué, obéir à son patron, mentir, prier, connaître des gens importants)
5. Comment est-ce qu'on communique avec un étranger? (parler la langue de l'étranger, utiliser des gestes, élever la voix, employer un interprète)

8 Allons plus loin

A. Vocabulaire: Les parties du corps

B. Avoir + article défini + partie du corps + adjectif

C. Nom + **à** + article défini + partie du corps + adjectif

Le vocabulaire et les structures dans cette section s'emploient fréquemment dans la description physique des personnes.

A. Vocabulaire: Les parties du corps

le nez
l'œil / les yeux (m. pl.)
la moustache
la bouche
les dents (f.)
la lèvre
le ventre
la tête
l'épaule (f.)

le visage
(la figure)
le front
le sourcil
le cil
la joue
l'oreille (f.)
le cou
la gorge
les cheveux (m. pl.)
le menton
le dos
le doigt
le pouce
le poignet
la taille

le bras
le coude
la main
la hanche

le genou
la jambe

le pied   la cheville

B. Avoir + *article défini* + *partie du corps* | *adjectif*

> Il **avait la bouche avancée,** comme un poisson.
> J'ai **les yeux bruns.**
> Vous **avez les cheveux longs** et **le teint clair.**

1. On peut également employer l'article *indéfini* avec une partie du corps et un adjectif. Dans ce cas, la partie du corps décrite semble marquer un trait moins frappant que quand elle est désignée par un article défini.

> ... **des** cils et **des** sourcils abondants... (Sembène)

2. Quand un adjectif précède le nom (**grand, petit, joli,** etc.), on doit employer l'article *indéfini*.

> J'ai **un** grand nez.
> Tu as **de** jolis cheveux.

C. *Nom + à + article défini + partie du corps (ou aspect du corps) + adjectif*

> Connais-tu **une jeune fille aux cheveux roux?** (= qui a les cheveux roux)
> Jean-Christophe est un garçon **au sourire séduisant.** (= qui a un sourire séduisant)
> J'aime **les hommes aux yeux verts.** (= qui ont les yeux verts)
> Berthe **au grand pied** était la mère de Charlemagne.

Exercices

Students may complete the descriptions in items 7 and 8 as they wish.

8a. Décrivez votre meilleur(e) ami(e) en finissant les phrases suivantes et en employant la partie du corps indiquée.

Modèle: (yeux) C'est une jeune femme/un jeune homme...
C'est une jeune femme aux yeux bleus.

1. (figure) Il/elle a...
2. (bouche) Il/elle a...
3. (nez) Il/elle a...
4. (jambes) C'est une jeune femme/un jeune homme...
5. (yeux) C'est une jeune femme/un jeune homme...
6. (cheveux) C'est une jeune femme/un jeune homme...
7. (?) Il/elle a...
8. (?) C'est une jeune femme/un jeune homme...

A VOUS DE JOUER

1. *Autoportrait.* Quelqu'un que vous ne connaissez pas va vous chercher à l'aéroport. Dites-lui au téléphone comment il pourra vous reconnaître. Employez les éléments de toute la leçon dans votre description, par exemple: deux adjectifs, deux adverbes, *avoir* + partie du corps, *d'une manière* + adjectif, *quelqu'un de...*, *qui...*, *pour lequel/pour laquelle, dont,* etc.

Variation: **Décrivez une femme célèbre (choisissez quelqu'un qui est maintenant très connu).** Vos camarades doivent deviner qui c'est.

2. *Jeu.* Décrivez une personne dans votre classe. Vos camarades doivent deviner qui c'est.

3. *Rôles à jouer—trois personnes.* Vous faites se rencontrer deux personnes qui, à votre avis, feraient un couple idéal. Décrivez la jeune femme au jeune homme. Puis décrivez le jeune homme à la jeune femme. Les deux devront vous poser des questions.

4. *Critique.* Critiquez un film que vous avez détesté ou un acteur ou une actrice que vous trouvez abominable. Faites des remarques très précises.

5. *Rôles à jouer—deux personnes.* Vous êtes bénévole[18] dans une organisation qui fournit des compagnons aux enfants qui n'ont pas de père/mère. Décrivez à l'assistante sociale quelle sorte de personne vous êtes et dites quelles sortes d'enfants vous aimez, pour qu'elle puisse vous trouver un compagnon/une compagne qui s'entendra bien avec vous.

Compositions écrites

1. *Reportage.* Ecrivez un article sur les cinq personnes les plus élégantes ou les moins élégantes de l'année. Décrivez ces personnes.

2. *Lettre.* Vous écrivez la lettre de recommandation que vous voudriez que votre professeur de français écrive pour votre dossier. C'est une lettre de recommandation pour une «grad school»,[19] pour un travail ou pour une bourse d'études à l'étranger. Vous désirez faire la description la plus favorable et la plus flatteuse du (de la) candidat(e), c'est-à-dire de vous-même.

Variations: (1) Ask students to think about the best vacation they ever had as a basis for the letter. (2) Ask them to think about the worst vacation they ever had.

3. *Lettre.* Pensez à la dernière fois que vous êtes parti(e) en vacances. Ecrivez une lettre que vous auriez pu envoyer à des amis ou à votre famille en décrivant l'endroit, votre chambre, les gens, les autres touristes, les activités, la nature, des aspects culturels, etc.

4. *Reportage.* Vous êtes journaliste à *Jours de France* et vous devez faire un reportage sur le grand bal de fin d'année à l'Hôtel de Ville à Paris: Hier soir, c'était le grand bal des Petits Lits Blancs.[20] Madame Grinchon de la Selière, très élégante, portait une robe bleu roi de Lacroix, etc.

---

18. *Bénévole* = volontaire.
19. La structure des institutions d'enseignement supérieur en France ne correspond pas à la structure des universités américaines. Dans ce cas on dirait «...pour être admis(e) dans un programme de diplôme supérieur.»
20. *Bal des Petits Lits Blancs* = bal de charité célèbre dont le profit est destiné aux hôpitaux de Paris.

Pour représenter le tragique de la condition humaine et émouvoir son lecteur, un auteur décrit souvent un personnage dans une situation et dans un cadre qui révèlent un destin cruel. Dans les deux textes suivants chaque écrivain présente le personnage principal et ses qualités morales et physiques dans un site déterminé.

La résignation naturelle, le dévouement et la persévérance sont les qualités principales de Chaïba, personnage quasi existentialiste[21] qui mérite bien la félicité monotone de sa vie simple. Hélas! son origine ethnique fera de lui une victime des circonstances.

Dans «La Belle Dorothée» de Baudelaire, la jeune femme, décrite de multiples façons, forme le décor autant que le décor la forme. Elle épouse parfaitement son milieu. L'injustice qui l'accable et dont elle est à peine consciente se révèle pleinement dans les dernières lignes de ce poème en prose.

---

21. *Existentialiste* (m.) (dérivé du mot *existentialisme* = philosophie selon laquelle on doit se déterminer par le choix constant de ses actions).

Chaïba

OUSMANE SEMBÈNE

Ousmane Sembène, écrivain de langue française né en 1928 au Sénégal, ancienne colonie française, est l'auteur de nombreux romans et nouvelles dans lesquels il fait profondément ressentir au lecteur sa sympathie pour l'homme misérable et pour les petits détails de la vie de celui-ci. Ayant pratiqué plusieurs métiers, il devient docker. Auteur engagé,[22] il parle des pauvres gens, des noirs, des femmes et des ouvriers immigrés qui agissent tous dans la réalité de leur existence, se défendant comme ils peuvent, et qui nous font réfléchir aux inégalités de la condition humaine.

Avant de lire «Chaïba»

Préparation du vocabulaire

A. Certains des mots suivants ont une connotation affective. Lesquels expriment des qualités souhaitables? Lesquels ont au contraire une nuance négative?

abattre (*tuer, détruire*)	**empirer** (*devenir pire*)	**meilleur**
un ami	**fier**	**morose**
dégarni (*sans cheveux*)	**haïr** (*détester*)	**respect**
la dignité	**humilié**	**rieur** (*qui rit*)
discret	**malicieux**	**ronger** (*manger*)

Ces mots font tous partie de «Chaïba». D'après ce vocabulaire, pouvez-vous prévoir quelles seront quelques caractéristiques du personnage principal et quelles sortes d'événements se produiront dans l'histoire?

---

22. *Engagé* = qui prend position devant les problèmes sociaux, politiques.

B. Les mots suivants seront utiles pour votre compréhension de l'histoire.

1. Une **ride:** un pli du front, du visage ou des mains, souvent une marque de l'âge.
   Avez-vous des rides?
   Y a-t-il des personnes très *ridées* dans votre famille?

2. **Le crépuscule:** le moment où le jour finit et la nuit commence.
   De quelle couleur est le ciel au *crépuscule*?
   Quel est votre moment favori: *le crépuscule* ou l'aube?

3. Les termes suivants s'appliquent au travail **des dockers: La cale** est la partie du bateau où on met les marchandises. **Un débardeur** est une personne qui **débarque** les marchandises. **Un calier** ou **un homme de cale** est **un débardeur** qui travaille dans **la cale.** C'est un travail dur, ou une **besogne** dure. Quand on travaille deux fois plus, on **double.** (On double le nombre d'heures pendant lesquelles on travaille en un jour.)
   Habitez-vous dans un port? Où travaillent *les dockers*?
   A quel syndicat appartiennent *les débardeurs*?
   Quelles sortes de marchandises est-ce que *les caliers débarquent*?
   Pouvez-vous nommer d'autres *besognes* dures?

The closest equivalent to a **syndicat des débardeurs** would be the longshoremen belonging to the Teamsters.

Préparation des structures

C. Pratiquez votre compréhension du passé simple en refaisant les phrases suivantes qui vont paraître dans «Chaïba» en français de tous les jours. (Voir le passé simple, Leçon 1, pp. 32–34.)

1. Je le vis arriver.
2. J'eus le cœur serré. (= triste)
3. Il m'expliqua qu'il était sur le port de Marseille, depuis bientôt vingt-cinq ans.
4. Il fut de ma bordée. (= mon équipe)
5. Il fut le meilleur coéquipier que j'eus jamais.
6. Une section d'agents de police nous arrêta.
7. Ils emmenèrent Chaïba.
8. On le garda pendant trois jours.
9. Il voulut s'évader.

Préparation historique

Have students consult a map.

D. Aujourd'hui la France métropolitaine est divisée en 96 unités administratives appelées *départements*. Elle possède aussi quatre *départements d'outre-mer* (les DOM: Guadeloupe, Martinique, Réunion, Guyane), des *territoires d'outre-mer* (les TOM: Polynésie française, Nouvelle-Calédonie, etc.) plus un certain nombre d'îles comme

Saint-Pierre-et-Miquelon. Ce n'est qu'un vestige de ce qui constituait à des moments divers l'ancien empire colonial de la France (Algérie, Afrique Occidentale, Indochine, Pondichéry, etc.) sans compter les *protectorats* (Tunisie, Maroc) et les *mandats* (Liban). Comme la plupart des pays européens explorateurs et colonisateurs (Angleterre, Espagne, Pays-Bas, Portugal), la France, après la Seconde Guerre mondiale, s'est vue peu à peu destituée de ce qui restait de ses colonies.

Quelques territoires comme la Réunion sont restés intégralement français. Cette île tropicale de l'océan Indien, occupée par les Français depuis 1649, a connu une certaine prospérité grâce à la culture de la canne à sucre introduite au début du dix-neuvième siècle. L'aspect exotique de l'île a inspiré de nombreux écrivains (un poète célèbre, Leconte de Lisle, y est né). On abolit l'esclavage en 1848. La Réunion devient département d'outre-mer en 1946. Une grave crise économique et politique secoue l'île en 1991.

L'Algérie, en Afrique du Nord, considérée pendant longtemps comme un département français, est devenue indépendante après une longue guerre, la guerre d'Algérie (1954–1962), qui a eu des conséquences politiques difficiles pour la France. Vaste territoire,[23] l'Algérie a une histoire complexe. A l'origine un pays peuplé par les Berbères,[24] l'Algérie est conquise par les Arabes à partir du septième siècle. Les Français commencent à occuper l'Algérie en 1827. Après 1870 les colons qui s'y installent sont nombreux (un million de «pieds-noirs» lorsque la guerre d'Algérie éclate). Si au cours des années beaucoup de Français se sont installés en Algérie, beaucoup d'Algériens sont aussi venus en France pour étudier, travailler ou immigrer. Il y a encore aujourd'hui en France plus de 3 millions d'immigrés d'Afrique du Nord. Pendant la guerre d'Algérie cette population était très surveillée par les autorités françaises, particulièrement dans les grandes villes (Paris, Marseille) où travaillaient les ouvriers immigrés.

Le gouvernement français, plus sensible aux réclamations des pieds-noirs qu'à celles des Algériens, a envoyé 400.000 hommes pour mettre fin à la rébellion, mais la Quatrième République, incapable de résoudre le problème, fait appel au général de Gaulle. En 1958 de Gaulle fonde la Cinquième République; il est élu Président et en 1959 proclame le droit des Algériens à l'autodétermination. C'est seulement en 1962 qu'on déclare l'indépendance.

---

23. *L'Algérie:* 2,380.000 km^2; l'Alaska, par comparaison, fait 1.530.000 km^2.
24. *Berbères:* peuple d'Afrique du Nord parlant le berbère.

Préparation du style

E. Pensez à une personne réelle ou fictive. Dans le paragraphe suivant, remplissez les tirets pour faire sa description détaillée. Essayez de montrer avec votre choix de mots votre réaction personnelle à cette personne.

Un corps _____ , une figure _____ , une bouche _____ , un front _____ , des yeux _____ , des cils et des sourcils _____ , il(elle) a le teint _____ .

Lisez votre description à un(e) camarade. Demandez-lui si votre attitude envers cette personne est évidente d'après votre description.

Suggest that students use more than one word in some of the blanks in order to show more clearly their emotional reaction to the person being described.

Pour mieux lire

F. Quand on lit une histoire, on a dès le début une certaine attitude vis-à-vis des événements et des personnages. Cette attitude est souvent influencée par notre perception de l'attitude de l'auteur.

1. Lisez le premier paragraphe de ce texte.
2. Pouvez-vous préciser l'attitude de l'auteur envers son personnage principal? Indiquez quels mots vous donnent cette impression.
3. Lisez le deuxième paragraphe.
4. L'attitude de l'auteur a-t-elle changé? Précisez comment.
5. Souvent pour suivre un argument ou le développement d'une histoire, on «prend des notes» mentalement pendant sa lecture. En lisant le reste de cette nouvelle, faites une liste des détails qui indiquent l'attitude de l'auteur envers Chaïba.

Chaïba

Contrast **teint** *(skin color, complexion) and* **teinte** *(shade, hue).*

5

Un corps décharné,[25] une figure osseuse, une bouche plate, encerclée de deux rides profondes, un front dégarni, étroit, des yeux gris-noirs, malicieux et rieurs à la fois, des cils et des sourcils abondants—il n'était pas de ce teint[26] basané[27] foncé que les racistes ont en commun attribué à tous les «Nords-Africains»—il était plutôt de cette teinte[28] discrète de la terre africaine, de la couleur que prend le sol au crépuscule ou à l'aube. Il marchait, penché sur ses reins[29], qui semblaient lui faire

---

25. *Décharné* = maigre, osseux.
26. *Teint* (m.) = couleur du visage.
27. *Basané* = bronzé par le soleil.
28. *Teinte* (f.) = couleur subtile produite par un mélange de couleurs.
29. *Reins* (m.) = la partie inférieure du dos.

mal; et son buste, par une déformation de la colonne vertébrale, fléchissait vers le côté droit, rendant ainsi le bras droit plus long que l'autre. Il se ceignait[30] les reins d'une ceinture de flanelle rouge, comme tous les anciens dockers de la vieille formation.

Il travaillait comme homme de cale, sur le port de Marseille. Le premier matin que je le vis arriver dans notre équipe en remplacement d'un camarade blessé la veille, j'eus le cœur serré... Ce demi-homme, me suis-je dit! Et Chaïba était fier... de cette fierté absurde qui pousse les hommes humiliés à vouloir sans cesse se mesurer à quelque chose de plus fort qu'eux.

Plus tard, il m'expliqua qu'il était sur le port de Marseille, depuis bientôt vingt-cinq ans. Vingt-cinq ans débardeur... et toujours dans la cale. Il fut de ma bordée... mon homme de main. Le long des heures, des vacations,[31] des jours, des semaines et des mois, il fut le meilleur coéquipier que j'eus jamais. (Il avait plus d'expérience que moi.) D'un coup d'œil, il savait où placer la caisse: debout, à plat, de côté. Comme une seule personne, d'un même jet[32] de pensées, s'agissait-il de manipuler, de rouler, de soulever, à deux on trouvait sans parole l'endroit élu, et d'un regard l'objet trouvait son lit... (Je ne sais si vous avez exercé ce métier de calier, mais vous comprenez, qu'il y a des personnes avec qui vous êtes en bon accord, qui ont les mêmes réflexes que vous.) Chaïba était de ceux-là... En riant, on se disait qu'on était mariés.

«Il y a des personnes avec qui vous êtes en bon accord, qui ont les mêmes réflexes que vous...»

30. *Ceindre* = entourer.
31. *Vacations* (f.) = période de travail.
32. *jet* (m.) = mouvement rapide.

Il était de l'Aurès.[33] Il parlait peu de son village. Il avait fait venir sa femme et ses enfants. Il aimait une certaine France et haïssait foncièrement[34] les caïds et les pieds-noirs.[35] J'ai jamais su pourquoi d'ailleurs. Il aimait son chimma;[36] en prisant[37] ses yeux pétillaient[38] sous le voile des cils. Il parlait trop de cinéma. Et le dimanche, au complet, il y menait sa famille. Il allait toujours au même cinéma, à la rue des Dominicaines. Là, dans ce seul cinéma, on projetait des films Arabes... Puis il rentrait chez lui... une chambre d'hôtel.

Il trimait[39] avec moi. Un dur à la besogne. Il doublait pour payer l'hôtel, aider sa famille restée au pays. Ce matin-là, on avait effectué une double journée... un jour et une nuit, seize heures de vacations, et nous avions fini à six heures du matin. Je rentrais avec lui et un autre docker, européen celui-là. Arrivés à la hauteur de la poste Colbert, une section d'agents de police à bicyclette nous arrêta. Après vérification d'identité, ils emmenèrent Chaïba. On le garda pendant trois jours... Pourquoi? Par la suite, il ne se passait plus une semaine, sans qu'il ne fît[40] l'objet d'une interpellation.[41] Comme un mal qui ronge, empire, gangrenant tout son corps, Chaïba devenait morose, plus silencieux. Au cinéma, il n'y allait plus avec sa famille.

L'autre jour, à Dakar,[42] j'ai lu dans un journal que Chaïba avait été déporté, il faisait l'objet d'une poursuite,[43] conduit dans un camp de concentration, il voulut s'évader, l'arme à la main, et fut abattu.[44]

La guerre d'Algérie était à sa sixième année, moi j'ai jamais su quels étaient ses sentiments là-dessus. Il avait bien le droit de haïr les caïds et les pieds-noirs. Il n'était pas un extrémiste, ni même un révolutionnaire. Mais il était né en Algérie. Il avait le teint couleur de la terre africaine au crépuscule. Il aimait sa femme, ses enfants, allait une fois par semaine au cinéma voir des films arabes, aimait son chimma... Tout ceci ne faisait pas de lui, un révolutionnaire.

Mais au fond, peut-être, se disait-il que la dignité et le respect de ses enfants ne pouvaient s'acquérir qu'au prix de certaine vie?

Chaïba était un ami. Je suis fier de penser que c'était un ami, avec son teint couleur de l'aube... une nouvelle aube africaine.

33. *Aurès* = région montagneuse de l'Algérie.
34. *Foncièrement* = absolument.
35. *Caïd* (m.) = employé musulman du gouvernement; *Pied-noir* (m.) = Français né en Algérie.
36. *Chimma* (m.) = tabac.
37. *Priser du tabac* = "to take snuff".
38. *Pétiller* = briller soudainement.
39. *Trimer* = travailler dur.
40. *Sans qu'il ne fît* = imparfait du subjonctif de *faire:* sans qu'il ne fasse.
41. *Interpellation* = vérification d'identité.
42. *Dakar* = capitale du Sénégal (côte atlantique d'Afrique occidentale) d'où vient Sembène. Il est apparemment rentré chez lui.
43. *Poursuite* (f.) = poursuite en justice, action légale (faux ami).
44. *abattu* = tué.

A propos du texte

A. Points essentiels

1. Quelle est l'attitude du narrateur envers Chaïba?
2. Qu'est-ce qui arrive à Chaïba?

B. Finissez les phrases suivantes.

1. Chaïba est physiquement...
2. Il a...
3. Comme débardeur il...
4. C'est un homme que...
5. Avec le narrateur Chaïba a des rapports...
6. Ses rapports avec sa famille...
7. La police arrête Chaïba parce qu'il...
8. Sa vie change après son arrestation parce que...
9. Le narrateur apprend plus tard que Chaïba...
10. La dernière réflexion du narrateur est que Chaïba était...

Appréciation du style

C. Dans ce texte, au dernier paragraphe le narrateur dit qu'il est fier d'avoir été l'ami de Chaïba. Ce paragraphe résume ce qu'il nous a déjà montré dans le texte. Précisez de quelles manières le narrateur montre son admiration pour Chaïba.

Réactions personnelles

D. Dans les deux derniers paragraphes, le narrateur propose une explication de la valeur de la mort de Chaïba. Quelle semble être cette valeur? Comment interprétez-vous les mots «une nouvelle aube africaine»?

E. Pensez-vous que Chaïba aurait mieux réussi ou aurait eu plus de chance s'il s'était trouvé ailleurs? Ou y a-t-il des traits de caractère chez lui qui indiquent qu'il aurait été victime du destin aussi bien que de l'injustice des hommes n'importe où? Expliquez votre réponse.

F. Comment auriez-vous réagi si vous aviez été à la place de Chaïba?

La Belle Dorothée

CHARLES BAUDELAIRE

This reading is recorded on the tape program.

During discussion of Baudelaire's **poème en prose,** draw attention to how the very movement of Dorothée's body helps create its own setting, e.g., **l'empreinte du pied sur le sable.**

Charles Baudelaire (1821–1867) était poète, essayiste et critique d'art. Dans son recueil *Petits Poèmes en Prose,* il exprime son goût de l'exotique, d'un endroit idéal et naturel caractérisé par des parfums étranges, par une lumière claire, par un immense ciel, qu'il oppose à la triste réalité du ciel gris de Paris, ville opprimante, déprimante, ville qui emprisonne son âme. Il a écrit «La Belle Dorothée» en juin 1863. Dans ce poème en prose, il se souvient peut-être d'un voyage qu'il a fait à l'île de la Réunion[46] dans sa jeunesse.

Avant de lire «La Belle Dorothée»

Préparation du vocabulaire

A. Voici des mots utiles pour comprendre le texte.

1. *Parties du corps*

la chevelure	la gorge	la peau	le torse
le dos	les hanches	la taille	

Montrez les parties du corps que vous comprenez. Si vous ne comprenez pas le mot, demandez à un(e) camarade, ou à votre professeur.

---

46. *Ile de la Réunion* = île à l'est de l'Afrique dans l'océan Indien; un département français d'outre-mer.

2. *Noms*

L'anéantissement = état de destruction complète, de non-existence.

Une tache = petite marque de couleur, de lumière, d'ombre.

La soie = un tissu fin dont les fils sont produits par un ver asiatique (ver à soie).

Les ténèbres = zones sombres ou obscures causées par l'absence de lumière.

Le fard = substance cosmétique, maquillage.

L'orgueil = sentiment de fierté, de dignité.

La démarche = une manière de marcher.

Une marmite = un grand pot dans lequel on fait cuire les aliments (soupe, ragoût, etc.).

Finissez les phrases avec le mot convenable:

a. Dans la distance on pouvait voir le bateau, mais il n'était encore qu'une...

b. Les acteurs ont normalement besoin de mettre du...

c. Nous nous promenions dans le parc le soir et nous ne voyions pas le voleur qui est tout à coup sorti des...

d. On fait tout pour éviter la guerre nucléaire, pour éviter l'... total du monde.

e. Je vais faire une soupe; veux-tu bien me sortir la... ?

f. On peut voir que tu es heureux seulement si on regarde ta...

3. *Verbes:*

s'affaisser	**gémir**	**mordre**	**soulever**
entasser	**imprimer**	**mouler**	**trancher**

Lesquels de ces verbes connaissez-vous déjà? Utilisez le dictionnaire pour comprendre ceux que vous ne savez pas et que vos camarades ne savent pas expliquer.

4. *Adjectifs*

choyé	**éblouissant**	**large**	**mûr**
creux	**éclatant**	**luisant**	**sanglant**
désert	**indécis**	**mince**	

Mettez un adjectif (ou plusieurs adjectifs) qui semble juste pour qualifier les noms suivants:

a. un bol...

b. une île...

c. des épaules...

d. une bataille...

e. un fruit...

f. une lumière...

g. un bruit...

h. une femme...

i. un enfant...

Préparation de la scène

Exercise B can be done in small groups.

B. Si le texte se situe dans l'île de la Réunion, quels éléments de la liste suivante évoquent cet endroit?

le sable   la plage
le bal de l'Opéra   un musée
la brise de mer   l'immense azur
un ragoût de crabes au riz   la lumière droite
un éventail

Ask what the **immense azur** connotes.

Exercise C can be done in small groups.

C. Indiquez le rapport entre les mots suivants et l'esclavage. Employez un dictionnaire si vous en avez besoin.

accabler   libre   marcher sans souliers
un(e) affranchi(e)   un maître   racheter

Pour mieux lire

This strategy is explained in a prereading exercise for «Maximes» in Lesson 2, *Généraliser*, pgs. 77–79.

You may divide the class into teams and establish a time limit in order to see which team can come up with the most simple sentences made from these complex ones.

D. Vous avez peut-être déjà vu l'utilité d'identifier les différentes propositions d'une phrase quand on rencontre des phrases complexes. Dans «La Belle Dorothée», cette stratégie sera encore plus utile, puisque les phrases ne sont pas isolées comme dans les «Maximes». Au contraire, elles s'accumulent.

Voici quelques phrases complexes tirées du poème en prose que vous allez lire. Décomposez-les en autant de petites phrases simples que possible.

Modèle: Car Dorothée est si prodigieusement coquette que le plaisir d'être admirée l'emporte chez elle sur l'orgueil de l'affranchie, et, bien qu'elle soit libre, elle marche sans souliers.
Dorothée est (prodigieusement) coquette.
Le plaisir d'être admirée l'emporte chez elle sur l'orgueil de l'affranchie.
Elle est libre.
Elle marche sans souliers.

1. Pourquoi a-t-elle quitté sa petite case si coquettement arrangée, dont les fleurs et les nattes font à si peu de frais un parfait boudoir; où elle prend tant de plaisir à se peigner, à fumer, à se faire éventer de ses grands éventails de plumes ou à se regarder dans le miroir, pendant que la mer, qui bat la plage à cent pas de là, fait à ses rêveries indécises un puissant et monotone accompagnement, et que la marmite de fer, où cuit un ragoût de crabes au riz et au safran, lui envoie, du fond de la cour, ses parfums excitants?

2. Dorothée est admirée et choyée de tous, et elle serait parfaitement heureuse si elle n'était obligée d'entasser piastre sur piastre pour racheter sa petite sœur qui a bien onze ans, et qui est déjà mûre, et si belle!

La Belle Dorothée

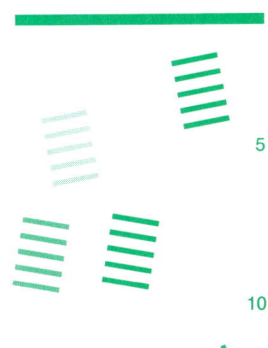

Le soleil accable la ville de sa lumière droite et terrible; le sable est
éblouissant[47] et la mer miroite. Le monde stupéfié s'affaisse[48] lâche-
ment et fait la sieste, une sieste qui est une espèce de mort savoureuse
où le dormeur, à demi éveillé, goûte les voluptés de son anéantisse-
5 ment.

Cependant Dorothée, forte et fière comme le soleil, s'avance dans
la rue déserte, seule vivante à cette heure sous l'immense azur, et
faisant sur la lumière une tache éclatante et noire. Elle s'avance, ba-
lançant mollement son torse si mince sur ses hanches si larges. Sa robe
10 de soie collante, d'un ton clair et rose, tranche vivement sur les ténèbres de sa peau et moule exactement sa taille longue, son dos creux et
sa gorge[49] pointue.

Son ombrelle rouge, tamisant[50] la lumière, projette sur son visage
sombre le fard sanglant de ses reflets.

15 Le poids de son énorme chevelure presque bleue tire en arrière sa
tête délicate et lui donne un air triomphant et paresseux. De lourdes
pendeloques[51] gazouillent[52] secrètement à ses mignonnes oreilles.

De temps en temps la brise de mer soulève par le coin sa jupe
flottante et montre sa jambe luisante et superbe; et son pied, pareil aux
20 pieds des déesses de marbre que l'Europe enferme dans ses musées,
imprime fidèlement sa forme sur le sable fin. Car Dorothée est si
prodigieusement coquette que le plaisir d'être admirée l'emporte chez
elle sur l'orgueil de l'affranchie, et, bien qu'elle soit libre, elle marche
sans souliers.

25 Elle s'avance ainsi, harmonieusement, heureuse de vivre et souriant d'un blanc sourire, comme si elle apercevait au loin dans l'espace
un miroir reflétant sa démarche et sa beauté.

A l'heure où les chiens eux-mêmes gémissent de douleur sous le
soleil qui les mord, quel puissant motif fait donc aller ainsi la pa-
30 resseuse Dorothée, belle et froide comme le bronze?

Pourquoi a-t-elle quitté sa petite case si coquettement arrangée,
dont les fleurs et les nattes font à si peu de frais un parfait boudoir; où
elle prend tant de plaisir à se peigner, à fumer, à se faire éventer de ses
grands éventails de plumes ou à se regarder dans le miroir, pendant
35 que la mer, qui bat la plage à cent pas de là, fait à ses rêveries indécises
un puissant et monotone accompagnement, et que la marmite de fer,
où cuit un ragoût de crabes au riz et au safran, lui envoie, du fond de
la cour, ses parfums excitants?

---

47. *Eblouissant* = très brillant, aveuglant.
48. *S'affaisse* = ici, devient mou, perd son énergie (*s'affaisser* = baisser de niveau).
49. *Gorge* (f.) = ici, poitrine d'une femme.
50. *Tamisant* = filtrant.
51. *Pendeloques* (f.) = boucles d'oreilles.
52. *Gazouiller* = produire un son comme un chant d'oiseau.

Peut-être a-t-elle un rendez-vous avec quelque jeune officier qui,
40 sur des plages lointaines, a entendu parler par ses camarades de la célèbre Dorothée. Infailliblement, elle le priera, la simple créature, de lui
décrire le bal de l'Opéra,[53] et lui demandera si on peut y aller pieds
nus, comme aux danses du dimanche, où les vieilles Cafrines[54] elles-
mêmes deviennent ivres et furieuses de joie; et puis encore si les belles
45 dames de Paris sont toutes plus belles qu'elle.

Dorothée est admirée et choyée de tous, et elle serait parfaitement
heureuse si elle n'était obligée d'entasser[55] piastre[56] sur piastre pour racheter sa petite sœur qui a bien onze ans, et qui est déjà mûre, et si
belle! Elle réussira sans doute, la bonne Dorothée: le maître de l'enfant
50 est si avare, trop avare pour comprendre une autre beauté que celle
des écus![57]

A propos du texte

A. Faites le résumé de ce poème en dix phrases simples.

B. Répondez.

1. A quel moment de la journée sommes-nous? Que font les gens?
   Que fait Dorothée?
2. Décrivez Dorothée physiquement.
3. Comment est-elle habillée? Décrivez sa robe, son ombrelle.
4. Pourquoi marche-t-elle pieds nus?
5. Où habite Dorothée? Précisez ses activités préférées.
6. Quelles questions le poète pose-t-il à propos de Dorothée?
   Résumez-les.
7. Quelle réponse propose le poète à ses questions?
8. Pourquoi Dorothée garde-t-elle son argent? A votre avis, quel est le
   métier de Dorothée?
9. Quelle critique Baudelaire fait-il du maître de la sœur de
   Dorothée?
10. A quoi le poète compare-t-il Dorothée? L'admire-t-il? Quels sont
    les adjectifs les plus forts qu'il emploie pour la décrire?

Appréciation du style

C. Faites une liste de vingt adjectifs employés dans ce poème. Indiquez le nom que chaque adjectif modifie.

1. Quelles sortes d'adjectifs y a-t-il?

---

53. *Bal de l'Opera* = bal annuel important au 19ᵉ siècle.
54. *Cafrine* = originaire de la partie de l'Afrique au sud de l'équateur.
55. *Entasser* = accumuler.   56. *Piastre* (f.) = monnaie.   57. *Ecu* (m.) = ancienne
                                                                       pièce d'argent.

2. Quelles combinaisons (nom + adjectifs) vous semblent normales? Lesquelles vous surprennent ou attirent votre attention? Pourquoi?

D. Faites l'inventaire des adverbes dans le poème. Commentez l'emploi des adverbes: Est-il en harmonie avec l'emploi des adjectifs ou y a-t-il une différence?

Appréciation littéraire

E. Montrez comment le dernier paragraphe change le ton et le sens du texte.

F. Pourquoi est-ce un poème plutôt qu'une histoire? Relevez les aspects poétiques de ce texte selon vous. (Comparaisons? rythmes? répétitions? détails descriptifs? qualité descriptive du choix de vocabulaire? choix du thème? choix d'objets décrits? images? etc.)

Réactions personnelles

G. Suggérez une suite et une fin à ce texte pour en faire une véritable histoire.

H. Baudelaire s'intéressait beaucoup à l'art et était lui-même critique d'art. Trouvez-vous un rapport entre une école de peinture (romantisme? impressionnisme? cubisme? surréalisme[58]?) et ce poème? Quels aspects de la description sont particulièrement visuels? A quelles peintures ou à quels peintres pensez-vous en lisant «La Belle Dorothée»?

Mise en perspective

1. *Portrait.* La description plutôt que l'action forme la base des textes de cette leçon. Dans chacun, le personnage principal est présenté dans son cadre pittoresque. Inventez une histoire semblable, dans laquelle vous développerez le caractère du protagoniste, en insistant sur l'aspect descriptif et en réduisant l'intrigue.

2. *Essai.* Dans les deux textes que vous venez de lire le personnage principal est décrit et situé par rapport à certains objets qui font comprendre son caractère. Prenez un ou deux objets associés à chaque personnage principal et précisez comment ces détails informent le lecteur.

3. *Débat ou essai.* Explique le rapport entre le colonialisme et les deux textes traités dans cette leçon. L'auteur semble-t-il prendre une position particulière pour ou contre les effets du colonialisme? Précisez.

58. Voir «Pour faire un poème dadaïste» par Tristan Tzara, Leçon 9.

Give pairs of students 5–10 minutes to find examples for as many poetic aspects of "La Belle Dorothée" as possible. Then each pair may report to the class.

Compare "La Belle Dorothée" to "Chaïba," in which much of the text is description, serving as a prelude to an event. Here, there is no event, just speculation on the part of the narrator/poet. Ask students where they might end "Chaïba" in order to make it a description rather than a story. Would it be classifiable then as a **poème en prose?** Why/ why not?

4 Exprimer ses sentiments

Live Trigger: Bring in a newspaper or magazine (preferably in French) that has headlines dealing with striking or controversial issues. Hold it up for students to see and ask them to tell their feelings and opinions about each of these issues. Have students write their sentences on the board as each form in the lesson is used.

VCR Trigger: Show commercials. Ask: **Qu'est-ce qu'il(elle) pense? Quels sont ses sentiments? Que pensez-vous quand vous regardez cette publicité? Quels sont vos sentiments?**

Dans cette leçon il s'agit de subjectivité. On aurait peu à dire si on n'exprimait pas son propre point de vue et ses réactions personnelles. Non seulement on a envie de dire ce qu'on pense, mais on veut aussi voir comment réagissent les autres. Il faut savoir réagir et faire réagir.

En outre, exprimer ses sentiments a un double sens: *sentiment* veut dire d'abord «sensation», c'est-à-dire, une action ou une réaction physique ou psychologique qui se produit en vous: *sentiment* signifie également «opinion» ou le jugement qu'on forme sur une personne ou une chose. La subjectivité—aussi essentielle à la communication que l'objectivité—consiste donc à exprimer ses impressions et ses opinions.

A une exposition d'art au Centre Georges-Pompidou

—Vraiment, je n'aime pas ce tableau-là. Ça m'agace qu'il y ait toutes ces taches jaunâtres... j'ai horreur de cette couleur.

—Excusez-moi, Madame, j'ai l'honneur de me présenter: je suis l'artiste. Franchement, cela m'étonne que mon travail vous déplaise tellement.

—Oh, Monsieur! Quelle surprise! Je suis désolée d'en avoir dit du mal mais, vous comprenez, ce n'est pas très drôle de regarder une œuvre si difficile à comprendre... je suis rouge de honte.

—Je vous en prie, Madame... de toute façon vous êtes bien plus belle que ma toile. Mes doigts ne sauraient représenter un objet aussi attrayant que vous... nous pourrions peut-être aller prendre un petit quelque chose ensemble? Là, je vous exposerais mon interprétation ultra-post-moderniste des théories esthétiques actuelles...

—Oui... oui... oui... je veux dire *non!*... (Quelle barbe, cet artiste!)

—SOURIEZ! C'EST LA CAMERA INVISIBLE!

In-Text Trigger: Have students look at the picture and read the dialogue. Then have them discuss which phrases and expressions in the dialogue express the sentiments of the speakers. Finally, ask students their own feelings about the person in the photograph, eliciting from them structures treated in the lesson.

The French television equivalent of *Candid Camera* is *La Caméra invisible.*

1 Comment demander à quelqu'un d'exprimer ses sentiments

A. **Que** ou **Qu'est-ce que** + **penser de** + *nom* ou *pronom*
On pose une question qui commence avec **Que/Qu'est-ce que** + **penser de** pour demander à quelqu'un d'exprimer ses sentiments, ses opinions ou ses idées sur un sujet.

> **Que pensez-vous de** mon idée?
> **Qu'est-ce que tu penses de** lui?
> En France, **qu'est-ce qu'on pense des** Américains?
> **Que penses-tu d'**Hélène Duclos et **de** sa sœur?

B. La réponse peut être exprimée par:

1. penser que (**trouver que, croire que,** etc.) + *proposition*

> —Que pensez-vous de mon idée?
> —**Je pense qu'**elle a du mérite, mais **qu'**elle sera difficile à réaliser.

2. trouver ou **croire** *quelqu'un* ou *quelque chose* + *adjectif*

> —Qu'est-ce que les Français pensent des Américains?
> —On les **trouve** un peu **matérialistes** mais très **ouverts.**

3. Naturellement une simple affirmation est toujours possible.

> —Qu'est-ce que tu penses de lui?
> —**Je l'aime bien.** ou
> —**Il est sympa.**

Exercice

1a. Les Français aiment bien parler de l'Amérique avec des Américains. Quelles idées voudriez-vous leur communiquer? Demandez à un(e) camarade de classe son avis sur ces différents aspects de la vie américaine.

Modèle: la politique étrangère des Etats-Unis
—Qu'est-ce que tu penses de la politique étrangère des Etats-Unis?
—Je la trouve difficile à comprendre. ou
—Je pense qu'elle n'est pas toujours cohérente.

1. la télé américaine
2. la mode américaine

3. les grosses voitures américaines
4. l'importance du sport professionnel aux Etats-Unis
5. le droit de porter des armes
6. la musique américaine
7. la cuisine américaine
8. l'éducation aux Etats-Unis

2 Adjectif ou nom + *à* ou *de* + infinitif

Parmi les nombreuses façons de caractériser les sentiments, la structure **à** ou **de** + *infinitif* est une des plus utiles.

De is most common and should be used unless there is some reason to use a different preposition.

A. Quand un nom ou un adjectif est suivi d'un infinitif, il faut une préposition avant l'infinif. Cette préposition est normalement **de**.

> J'ai **la joie de vous annoncer** le mariage de ma sœur.
> **La satisfaction de savoir** qu'on l'avait choisi compensait bien ses peines.
> Marie, **impatiente de rencontrer** le directeur, lui a écrit trois fois.
> Celui-ci, **surpris de recevoir** ces lettres, se méfiait de tant de zèle.
> Il sera **émouvant d'assister** à cette cérémonie.

This is discussed in lesson 3, Décrire, page 113.

B. Rappel: On emploie la préposition **à** + *infinitif* après l'objet direct de l'infinitif.

> C'est **une chose** horrible **à voir.** (*chose* = objet direct de *voir.*)
> **Nous** sommes fascinants **à connaître!** (*nous* = objet direct de *connaître.*)
> Tout le monde avait **quelque chose à dire.** (*quelque chose* = objet direct de *dire.*)

Exercices

2a. Indiquez vos sentiments à propos de divers aspects de la vieillesse. Formez une seule phrase en choisissant le début de phrase que vous préférez.

Modèle: vieillir: il est difficile / il est amusant
Il est difficile de vieillir.

1. parler aux vieilles personnes: il est intéressant / je suis touché(e)
2. prendre ma retraite: il est regrettable / je serais heureux (heureuse)
3. avoir des petits-enfants: je serais furieux (furieuse) / je serais ravi(e)
4. me limiter aux activités habituelles de mon âge: je ne serais pas satisfait(e) / il sera facile
5. être vieux (vieille) et sage: je serai fier (fière) / je suis impatient(e) / je ne suis pas impatient(e)
6. vivre dans un asile: il est agréable / il est désagréable

2b. Exprimez votre philosophie avec **à** ou **de** + infinitif.

Il est difficile…
Il est difficile d'être parfait.

1. Il est désirable…
2. La vie est facile…
3. Les autres personnes sont agréables…
4. Il est important…
5. Le bonheur est difficile…
6. Je suis content(e)…

3 Adjectif + *de* + nom

Un adjectif peut avoir un nom ou pronom complément, relié à l'adjectif par la préposition **de.**

A. *Adjectif de sentiment* + **de** + *nom* ou *pronom*

Je suis **fier de notre innocence.** (Wiesel)
Le jardinier était **heureux de sa réussite.**
Son père, très **content d'elle,** l'a embrassée.

B. *Adjectif* + **de** + *nom de sentiment* ou *de sensation*

Rouge de colère, le patron l'a mis à la porte.
Nous étions **ivres de joie** le jour où nous avons gagné à la loterie.
Fou de désir, il l'a prise dans ses bras.
Elle est partie **tremblante de rage.**
Morts de fatigue, ils n'ont pas pu finir la course.

Exercices

3a. Nous sommes à un mariage. Finissez les phrases pour exprimer les sentiments de la famille et des invités.

Modèle: La mère de la mariée éprouve[1] de l'émotion. Elle est tremblante…
Elle est tremblante d'émotion.

1. Le marié et la mariée éprouvent du bonheur. Ils sont ivres…
2. La mariée est joyeuse. Elle est frémissante…

---

1. *Eprouver* = sentir (voir section 6A, p. 164).

3. Le marié a peur. Il est paralysé…
4. L'ancienne amie du marié est jalouse. Elle est verte…
5. La belle-mère éprouve de l'inquiétude. Elle est folle…

3b. Etes-vous admirable? Répondez avec **de** + le nom de votre choix.

Modèle: De quoi êtes-vous content(e)? (vos talents musicaux? artistiques? votre personnalité? votre intelligence? autre chose?)
Je suis content(e) de mes talents musicaux.

1. De quoi êtes-vous heureux(heureuse)? (votre vie? vos amis? votre voiture? autre chose?)
2. De quoi est-ce que vos parents sont fiers? (vos notes? vos bonnes manières? vos talents? autre chose?)
3. De quel trait est-ce que votre meilleur(e) ami(e) est particulièrement reconnaissant(e)? (votre loyauté? votre argent? votre charme? autre chose?)
4. De quoi est-ce que vos professeurs sont satisfaits? (vos devoirs? votre présence en classe? votre contribution à la discussion? autre chose?)

4 Verbe + infinitif

Un verbe est suivi d'un infinitif quand le même sujet accomplit les actions des deux verbes. Il y a souvent une préposition entre le verbe et l'infinitif.

> Il **aimait** *étudier* toute la nuit.
> Elle **se plaignait de** *ne pas avoir* assez de temps à elle.
> La mère **hésitait à** *critiquer* les dessins de sa fille.

Although **souhaiter** and **vouloir** are traditionally considered verbs of volition, we are including them here because they are closely related to other frequently used verbs expressing hope, desire, etc.

Of the small number of verbs *not* taking a preposition before an infinitive, approximately one-third express emotion.

Souhaiter and **souhaiter de** are both acceptable before an infinitive.

A. *Verbe + infinitif (sans préposition)*
Verbes de sentiment suivis d'un infinitif sans préposition[2]

adorer	espérer	souhaiter
aimer	préférer	vouloir
détester		

---

2. Pour les autres verbes suivis d'un infinitif sans préposition voir Appendice C.

Nous **détestons** *écouter* ses histoires.
Je **préfère** *ne pas considérer* ces options.
Ils ne **veulent** pas *accepter* notre point de vue.
Vous **voulez** *prendre* un essor prodigieux?

Remarquez: Tous ces verbes peuvent être suivis aussi par un complément d'objet direct au lieu d'un infinitif.

J'**aime** bien *mes camarades.*
Annick **souhaite** *une bonne année* à Georges.

This ad is from Canada. Point out the North American style phone number, cars, and building.

Of the great number of verbs taking **de** before an infinitive, approximately 20 percent express emotion.

B. *Verbe* + **de** + *infinitif*

Verbes de sentiment suivis de **de** + *infinitif*[3]

avoir envie de	s'étonner de	regretter de
avoir honte de	se fâcher de	se réjouir de
avoir horreur de	se féliciter de	se reprocher de
avoir peur de	se flatter de	rire de
se contenter de	s'indigner de	se soucier de
craindre de	s'inquiéter de	souffrir de
s'ennuyer de	se plaindre de	s'en vouloir de

Ils **craignent d'**entrer dans l'eau.
Ses anciens amis **s'étonnaient de** le voir si triste.

Remarquez: Ces verbes peuvent être suivis de **de** + *nom* ou *pronom* sauf **craindre** et **regretter,** qui prennent un objet direct sans préposition.

Tout le monde **se plaint de** sa mémoire, et personne ne **se plaint de** son jugement. (La Rochefoucauld)
Le professeur **se réjouit de** notre succès.
Le jeune dromadaire **souffrait de** la chaleur... (Prévert)

Mais: Nous **craignons** les gens violents.
Je **regrette** mon impétuosité.

C. *Verbe* + **à** + *infinitif*

Verbes de sentiment suivis de **à** + *infinitif*[4]

s'amuser à	se plaire à	renoncer à
s'habituer à	prendre plaisir à	se résigner à
hésiter à		

Ils **se plaisent à** se promener dans la nature.
Elle **se résigne à** montrer ses papiers au gendarme.
...elle **prend tant de plaisir à** se peigner, **à** fumer, **à** se faire éventer... ou **à** se regarder dans le miroir... (Baudelaire)

Remarquez: On peut aussi employer **à** + *nom* ou *pronom* après tous ces verbes sauf **s'amuser** et **hésiter,** qui ne prennent pas de complément d'objet.

La famille **s'habitue** peu à peu **à** sa nouvelle maison.
Martin Luther King n'**a** jamais **renoncé à** son désir d'un meilleur monde.

---

3. Pour les autres verbes suivis de **de** + un infinitif voir Appendice C.
4. Pour les autres verbes suivis de **à** + un infinitif voir Appendice C.

Exercices

4a. Pour déterminer les attitudes devant la mode, demandez à quelqu'un…

1. s'il (si elle) se résigne à suivre la mode.
2. ce qu'il (elle) préfère porter quand il pleut.
3. ce qu'il (elle) déteste porter.
4. ce qu'il (elle) aime porter sur la tête.
5. s'il (si elle) adore se déguiser pour Halloween.
6. s'il (si elle) hésite à porter un bikini.
7. un vêtement qu'il (elle) espère recevoir comme cadeau d'anniversaire.
8. le vêtement qu'il (elle) se réjouit d'avoir.

4b. Vous êtes baby-sitter et les parents viennent de sortir. Expliquez les sentiments de tout le monde. Faites deux phrases avec les expressions entre parenthèses. Ajoutez **à** ou **de** quand c'est nécessaire.

Modèle: établir un bon rapport avec les enfants (J'aimerais / Je me contente)
J'aimerais établir un bon rapport avec les enfants. ou
Je me contente d'établir un bon rapport avec les enfants.

1. partir (Les parents hésitaient / Les parents craignaient)
2. rester à la maison (Les enfants regrettent / Les enfants souffrent)
3. amuser les gosses[5] (J'espère / J'ai envie)
4. jouer ensemble (Nous prenons plaisir / Nous nous plaisons)
5. prendre un bain (Les enfants s'amusent / Les enfants détestent)
6. se coucher (Les enfants ne veulent pas / Les enfants se résignent)
7. rester ferme (Je souhaite / Je me félicite)
8. rentrer chez eux (Les parents se réjouissent / Les parents sont contents)

5 | Le subjonctif avec une expression de sentiment

A. Après un verbe ou une expression de sentiment, on emploie le subjonctif quand le sujet de la proposition subordonnée est différent du sujet de la proposition principale.

> *Je* suis surpris que *tu* **fasses** ça si vite.
> **Mais:** Je suis surpris de faire ça si vite.

> *Nous* regrettons que *vous* **ayez** des difficultés.
> **Mais:** Nous regrettons d'avoir des difficultés.

---

5. *Gosses* (familier) = enfants.

B. On emploie le subjonctif dans la proposition subordonnée après un verbe ou une expression de sentiment.

1. Quelques verbes et expressions de sentiment très fréquents

adorer que...	**s'indigner que...**
aimer que...	**se plaindre que...**
avoir peur que...	**préférer que...**
craindre que...	**regretter que...**
détester que...	**se réjouir que...**
s'étonner que...	**souhaiter que...**
se fâcher que...	**vouloir que...**
se féliciter que...	**être (heureux, choqué,** etc.**) que...**

Il est (regrettable, dommage, triste, etc.**)**
Cela (ça) m'énerve que...
Cela (ça) m'agace que...
Cela (ça) m'étonne que...
Cela (ça) m'inquiète que...
Cela (ça) me plaît (déplaît) que...

> **Nous nous étonnons que** nos parents ne *sachent* pas danser le rock.
> Tout le monde **se félicite que** la guerre *soit* finie.
> Pourquoi **vous indignez-vous que** le PDG[6] ne *veuille* pas vous voir immédiatement?
> Personnellement, **j'aurais préféré** qu'il *soit* plus cher.
> **Il est regrettable que** la banque *fasse* une erreur aussi grave.
> **Ça m'inquiète que** Philippe n'*aille* pas en classe.

22 frs le numéro ?
Personnellement j'aurais préféré
qu'il soit plus cher.

---

6. *PDG* = Président Directeur Général = patron.

2. L'emploi du subjonctif est généralement assez régulier après des verbes qui expriment un sentiment ou un désir. Cependant, il faut faire attention au cas précis parce que certains verbes apparemment de la même catégorie prennent l'indicatif au lieu du subjonctif, par exemple, **espérer, supposer, s'imaginer.**

> **J'espère que** vous *viendrez.*
> **Je suppose que** Matthieu *a* bien *compris.*
> Pouvez-vous **vous imaginer que** j'*irai* seul à cet endroit?

La plupart des verbes prennent assez logiquement selon leur sens l'indicatif ou le subjonctif. **Savoir** et **expliquer,** par exemple, prennent simplement l'indicatif parce qu'ils indiquent des faits et n'ont pas de connotation de sentiment ou de désir.

> Vous **savez** bien **que** George Washington *était* le premier président des Etats-Unis.
> Madame Vellot nous **a expliqué qu'**elle *allait* à Saint Louis en été.

3. Il n'y a pas de futur du subjonctif. On emploie simplement le subjonctif présent.

> Je me félicite. Vous *ferez* un discours en faveur des Verts.[7]→
> Je me félicite que vous **fassiez** un discours en faveur des Verts.

LA FORMATION DU SUBJONCTIF

1. Formation régulière

    a. Le radical de la majorité des verbes est celui de la troisième personne du pluriel (**ils, elles**) du présent de l'indicatif.

INFINITIF	3ᵉ PERSONNE DU PLURIEL DU PRÉSENT DE L'INDICATIF	RADICAL DU SUBJONCTIF
donner	ils/elles donnent	**donn-**
vendre	ils/elles vendent	**vend-**
bâtir	ils/elles bâtissent	**bâtiss-**
paraître	ils/elles paraissent	**paraiss-**
partir	ils/elles partent	**part-**
lire	ils/elles lisent	**lis-**

---

7. *Les Verts* = le mouvement écologiste.

b. Les terminaisons du subjonctif présent

je	**-e**	nous	**-ions**
tu	**-es**	vous	**-iez**
il/elle/on	**-e**	ils/elles	**-ent**

c. La conjugaison des verbes réguliers au subjonctif présent

donner	bâtir	vendre
que je **donne**	que je **bâtisse**	que je **vende**
que tu **donnes**	que tu **bâtisses**	que tu **vendes**
qu'il **donne**	qu'il **bâtisse**	qu'il **vende**
que nous **donnions**	que nous **bâtissions**	que nous **vendions**
que vous **donniez**	que vous **bâtissiez**	que vous **vendiez**
qu'ils **donnent**	qu'ils **bâtissent**	qu'ils **vendent**

2. Formation irrégulière

a. Les verbes irréguliers avec deux radicaux à l'indicatif présent ont deux radicaux au subjonctif présent. Ces radicaux sont dérivés de la troisième et de la première personne du pluriel du présent de l'indicatif (**reçoivent, recevons; viennent, venons**). Les terminaisons sont toujours régulières.

prendre	(ils) **prennent**	(nous) **prenons**
	que je **prenne**	que nous **prenions**
	que tu **prennes**	que vous **preniez**
	qu'il **prenne**	
	qu'ils **prennent**	

b. Le subjonctif de *faire, savoir* et *pouvoir*
Les radicaux de **faire, savoir** et **pouvoir** sont des formes entièrement nouvelles, mais les terminaisons sont régulières.

INFINITIF	RADICAL	CONJUGAISON
faire	**fass-**	que je **fasse**
savoir	**sach-**	que je **sache**
pouvoir	**puiss-**	que je **puisse**

c. Le subjonctif d'*aller* et de *vouloir*

Au subjonctif, le verbes **aller** et **vouloir** ont deux radicaux: un radical irrégulier **(aill-, veuill-)** et un autre radical qui dérive de la première personne du pluriel de l'indicatif présent (**all**ons, **voul**ons).

aller	aill-	(nous) all~~ons~~
	que j' **aille**	que nous **allions**
	que tu **ailles**	que vous **alliez**
	qu'il **aille**	
	qu'ils **aillent**	

vouloir	veuill-	(nous) voul~~ons~~
	que je **veuille**	que nous **voulions**
	que tu **veuilles**	que vous **vouliez**
	qu'il **veuille**	
	qu'ils **veuillent**	

d. Le subjonctif d'*être* et *avoir*

Il y a seulement deux verbes avec des radicaux *et* des terminaisons irréguliers.

être	avoir
que je **sois**	que j' **aie**
que tu **sois**	que tu **aies**
qu'il **soit**	qu'il **ait**
que nous **soyons**	que nous **ayons**
que vous **soyez**	que vous **ayez**
qu'ils **soient**	qu'ils **aient**

Exercices

5a. Vous êtes dans une galerie d'art. Répondez aux questions posées par la vendeuse en employant le subjonctif.

Modèle: En effet, je vends des tableaux impressionnistes originaux. Vous êtes surpris(e)?
Oui, je suis surpris(e) que vous vendiez des tableaux impressionnistes originaux. ou
Non, je ne suis pas surpris(e) que vous vendiez des tableaux impression-nistes originaux.

1. Il n'y a pas de portraits ici. Etes-vous déçu(e)?
2. Ce tableau est très estimé. Etes vous choqué(e)?

3. Je peux vous proposer un paysage de Cézanne. Etes-vous content(e)?
4. Ce tableau coûte cher. Vous (le) craignez?
5. Personne ne connaît cet artiste. Cela vous étonne?
6. Nous n'exposons pas de tableaux de Magritte. (Le) regrettez-vous?
7. Cet artiste ne peint plus. Vous (en) êtes désolé(e)?
8. Nous n'avons pas d'artistes américains dans cette galerie. Cela vous déplaît?
9. On ne vend pas de statues ici! Vous êtes fâché(e)?
10. Nous nous limitons à des tableaux de grande valeur. Vous êtes étonné(e)?

5b. Décrivez les sentiments des gens à propos du cirque. Combinez les deux propositions en employant le subjonctif, l'indicatif ou l'infinitif, selon le cas.

Modèles: Je m'étonne / cette femme a une barbe de 50 cms
Je m'étonne que cette femme ait une barbe de 50 cms.

Les éléphants sont apparemment contents / ils défilent en se tenant par la queue.
Les éléphants sont apparemment contents de défiler en se tenant par la queue.

1. On se réjouit / le cirque est ici
2. Il est amusant / on regarde les éléphants
3. Les enfants sont ravis / ils voient des clowns
4. Tout le monde sait / le cirque est formidable
5. J'espère / l'acrobate ne tombera pas
6. J'ai peur / les lions mangeront le dompteur[8]
7. Nous adorons / nous mangeons du pop-corn et des cacahuètes
8. Les acrobates aiment / ils sautent
9. On craint / l'acrobate tombera du trapèze
10. On regrette / le cirque ne vient qu'une fois par an

Suggest that students substitute another expression of sentiment in their response if they feel that something else fits their reaction better.

5c. Finissez les phrases suivantes. Votre camarade répondra en commençant avec le sentiment indiqué. (Attention: Faites une phrase qui provoquera logiquement la réaction que votre camarade devra faire.)

Modèle: *Vous:* Je suis…
Camarade: Je suis surpris(e) que…
Vous: *Je suis d'origine russe.*
Camarade: *Je suis surpris que tu sois d'origine russe. Je croyais que tes grands-parents venaient d'Angleterre.*

1. *Vous:*   Je connais…
   Camarade: Je suis content(e) que…
2. *Vous:*   J'ai beaucoup de…
   Camarade: Je m'étonne que…
3. *Vous:*   Je ne sais pas…
   Camarade: Je regrette que…

---

8. *Dompteur* (m.) = personne qui apprivoise et entraîne les animaux.

4. *Vous:* Personne ne me…
   Camarade: Je suis choqué(e) que…
5. *Vous:* Je fais souvent…
   Camarade: Je suis étonné(e) que…
6. *Vous:* On me dit toujours…
   Camarade: Je suis déçu(e) que…
7. *Vous:* J'ai peur de…
   Camarade: C'est dommage que…
8. *Vous:* Je suis expert(e) en…
   Camarade: Je suis impressionné(e) que…
9. *Vous:* Je ne peux pas…
   Camarade: Je suis triste que…
10. *Vous:* Je n'aime pas vraiment…
    Camarade: Je ne m'étonne pas que…

5d. C'est le jour où tout le monde reçoit son bulletin scolaire, c'est-à-dire ses notes pour les différentes matières du programme. Finissez les questions suivantes et posez-les à un(e) ami(e).

Modèles: Pourquoi est-ce que tu es content(e) que… ?
 —*Pourquoi est-ce que tu es content(e) que nous sachions déjà nos notes?*
 —*Je suis content(e) que nous sachions déjà nos notes parce que je ne m'inquiète plus de les savoir.*

 Est-ce que tu es fier (fière) de… ?
 —*Est-ce que tu es fier (fière) de recevoir de si bonnes notes?*
 —*Oh oui, naturellement j'en suis extrêmement fier (fière).*

1. Est-ce que tu es déçu(e) de… ?
2. Pourquoi est-ce que tu es surpris(e) que… ?
3. Est-ce que tu es satisfait(e) de… ?
4. Est-ce que tu as peur de… ?
5. Est-ce que tu as honte de… ?
6. Est-ce que tes parents seront heureux que… ?

6 Allons plus loin

A. Quelques noms et adjectifs qui expriment un sentiment

B. Verbes suivis d'un nom ou d'un adjectif de sentiment

C. Quelques expressions idiomatiques

D. Expressions d'indifférence

Le vocabulaire et les expressions de cette section facilitent l'expression des sentiments.

A. Quelques noms et adjectifs fréquemment utilisés qui expriment un sentiment

nom	adjectif
l'amour	amoureux (de)
l'angoisse	angoissé
la blessure	blessé
le bonheur	heureux
le calme	calme
le choc	choqué
la colère	fâché
le contentement	content
la crainte	craintif
le dégoût	dégoûté
le désespoir	désespéré
l'enthousiasme	enthousiaste; enthousiasmé
l'épouvante	épouvanté
l'espoir	(plein d'espoir)
l'étonnement	étonné
l'exaspération	exaspéré
la fierté	fier
la fureur	furieux
la gêne	gêné
la haine	haineux
la honte	honteux
l'impatience	impatient
l'indifférence	indifférent
la jalousie	jaloux
la joie	joyeux
le malheur	malheureux
le mécontentement	mécontent
la peur	peureux
la pitié	(plein de pitié)
le regret	désolé
la satisfaction	satisfait
la sympathie	sympathique
la tendresse	tendre
la terreur	terrifié
---	touché
la tranquillité	tranquille
la tristesse	triste

Je suis **fâché** que tu ne me comprennes pas.
Les bourgeois étaient **indifférents** au **désespoir** du peuple.
Que les enfants seront **désolés!**
Certains ont du mal à cacher leur **joie.**

La Poste crée les 1ʳᵉˢ SICAV à revenus
réguliers et la 1ʳᵉ SICAV de capitalisation.
Certains ont du mal à cacher leur joie.

*Pas de problème,
La Poste est là.*

B. Verbes suivis d'un nom ou d'un adjectif de sentiment

1.

> éprouver ⎫
> ressentir ⎬ + *nom exprimant un sentiment*

a. Normalement on emploie le partitif avec le nom du sentiment.

> J'**éprouve** *de la tendresse.*
> Je **ressens** *de la joie.*
> Jacques **ressent** *de l'amour* pour Jill.
> —Tu **éprouves** quoi exactement? —*De la tristesse,* père. (Wiesel)

b. Si le nom est qualifié par un adjectif ou une construction adjective, on emploie l'article indéfini devant le nom.

> Je **ressens** *une grande joie.*
> Madame Haubel **éprouve** *une horreur incomparable* en voyant une araignée.

2. se sentir + *adjectif*

> Les avocats **se sentent** moins *coupables.*
> Je **me sentais** *vaguement triste* quand je l'ai quitté.
> Je **me sens** *battu* d'avance.
> La petite vieille **se sent** *heureuse* en voyant ce joli enfant.

Remarquez: **Bien** et **mal** peuvent aussi suivre le verbe **se sentir.**

> David **se sentait** *bien.*
> Goliath **se sentait** *mal.*

3. Le verbe **sentir** a trois usages.

  a. **sentir que** + *proposition à l'indicatif*

> Je **sens qu'***ils nous aiment bien.*
> Madame Bovary **sentait que** *Charles ne la comprenait pas.*
> On **sent que** *les gens considèrent mieux les nobles.*

  b. **Sentir** peut aussi fonctionner comme **ressentir** et **éprouver.**

> A la fin de l'histoire on **sent** *de la tristesse.*
> Jean Valjean **sentait** pour sa fille adoptive *un amour tendre.*

  c. **Sentir** peut désigner également une sensation physique: tactile ou olfactive.

> Je **sens** *une odeur bizarre.*
> Elle **a senti** *l'arome du café.*
> Il **sentait** *la chaleur du sable.*
> Nous **sentions** *le grain du bois.*

C. Quelques expressions idiomatiques

1. **Avoir peur** indique l'appréhension.
Avoir honte indique le remords, l'humiliation ou un sentiment d'infériorité.
Avoir horreur exprime la répugnance.

> **Avoir peur / honte / horreur(de)** $\begin{array}{l} + \textit{infinitif} \\ + \textit{nom pronom} \end{array}$

> Qui **a peur du** méchant loup?
> M. García n'est jamais allé en Amérique parce qu'il **a peur de** voyager en avion.
> J'**aurais honte d'**avouer ce que j'ai fait de mon chewing-gum.
> J'**ai honte de** toi, mon enfant.
> Il a **horreur d'**être seul.
> Elle **a horreur de** cela.

2. **Faire peur (honte; horreur; pitié) à** quelqu'un = inspirer de la peur (de la honte; de la répugnance; de la pitié) à quelqu'un.

> La vitesse **me fait peur.**
> Est-ce que ça ne **te fait** pas **honte**!?
> Manger de la tarte à la citrouille **fait horreur à** beaucoup de Français.
> Ce vieillard qui n'a pas d'abri **fait pitié.**

3. Avoir envie de indique le désir.

avoir envie de	+ *infinitif* + **un(e)** + *nom singulier* (quantité déterminée) + *nom sans article* (quantité indéterminée) + article défini (objet défini)

> Il n'y avait pas de musique et il était déçu, il s'ennuyait beaucoup, il **avait envie de** pleurer. (Prévert)
> Tu veux une motocyclette? Moi, j'**ai envie d'une Porsche.**
> Nous **avons envie de** vacances.
> **J'ai envie du** gros bonbon.

D. Expressions d'indifférence

1. Cela (Ça) m'est égal. (Cela lui est égal; Cela t'est égal; Cela nous est égal, etc.)

> —Quels fromages voulez-vous? —**Cela m'est égal;** je les aime tous.
> Mon oncle voudrait aller dans les Alpes cette année. Ma cousine veut aller sur la Côte d'Azur. Quant à ma tante, **ça lui est égal.**

2. se moquer de
se ficher de (familier)

Point out that neither of these two expressions can stand alone but must be used with **de** + another word or phrase or with **en: Je m'en moque. Je m'en fiche.**

Remarquez: Ces deux expressions ont plusieurs connotations dont la moquerie et l'indifférence.

> —Mademoiselle Plouvier pense qu'il va pleuvoir.
> —**Je me moque de** ce qu'elle pense! J'ai l'intention de jouer au golf quand même.
>
> —Il fait beau à Paris, n'est-ce pas?
> —**Je m'en fiche.** Je pars pour Nice.
>
> Il **se moque de (se fiche de)** moi. = Il me trouve risible. (ridiculiser, parodier)
> Il **se moque de (se fiche de)** moi. = Il est indifférent à ce que je dis, à ce que je pense. (Il ne me prend pas au sérieux.)

3. On peut finalement exprimer un sentiment d'indifférence avec des expressions interrogatives familières. Celles-ci, par exemple, ont une connotation d'exaspération.

> **Qu'est-ce que ça peut bien me faire?**
> **Que voulez-vous que je fasse?**

—L'appartement à côté a été cambriolé. —**Qu'est-ce que ça peut bien me faire?** Je vais déménager demain.

—On a augmenté les impôts.—**Que voulez-vous que je fasse?** Je suis à la retraite et je ne paie plus d'impôts.

—Eh! Vous avez pris ma place!! —**Que voulez-vous que je fasse?** Je n'ai vu personne. Je reste ici.

Exercices

6a. Vous rentrez du théâtre avec des amis et vous discutez de vos réactions à propos de la pièce que vous venez de voir. Exprimez chacune des diverses réactions avec deux phrases équivalentes en utilisant les verbes entre parenthèses. Faites les changements nécessaires.

Modèle: J'éprouve de la joie. (ressentir / se sentir)
Je ressens de la joie.
Je ressens une grande joie.
Je me sens joyeux.

1. Vous ressentez de la tristesse. (se sentir / éprouver)
2. Alison se sent enthousiasmée. (ressentir / éprouver)
3. Nous éprouvons du dégoût. (ressentir / se sentir)
4. Tu éprouves de l'indifférence. (se sentir / ressentir)
5. Jean-Claude et Caroline se sentent satisfaits. (éprouver/ ressentir)

6b. Vous assistez[9] à une conférence où, malheureusement, vous ne comprenez pas le conférencier. Quelles sont vos réactions? Commencez par: *Je sens que…*, *Je me sens…*, *J'éprouve…* ou *Je ressens…*

Modèles: mal à l'aise
Je me sens mal à l'aise.

la conférence est trop technique pour moi
Je sens que la conférence est trop technique pour moi.

1. inquiet (inquiète) de ne pas comprendre
2. les autres comprennent mieux que moi
3. le conférencier est fatigué
4. de l'impatience
5. gêné(e)

---

9. *Assister à* = être présent à.

6. ce monsieur se plaît à employer des termes ésotériques
7. une certaine exaspération
8. trop fier (fière) pour demander qu'on m'explique
9. une grande irritation contre le conférencier
10. de la fatigue, finalement

This exercise could be role-played: Class members acting as a panel ask these questions of two or three students and then decide whom to accept.

6c. Interview d'un(e) candidat(e): Imaginez que vous êtes directeur d'une école de la police. Demandez à un(e) candidat(e) qui voudrait devenir agent de police…

Modèle: comment il (elle) se sent à l'idée de porter un uniforme
—*Comment vous sentez-vous à l'idée de porter un uniforme?*
—*Je me sens fier (fière) de porter un uniforme.*

1. s'il (si elle) sent qu'il (elle) est prêt(e) pour ce travail.
2. ce qu'il (elle) éprouve quand il (elle) marche seul(e) la nuit.
3. comment il (elle) se sent quand quelqu'un l'insulte.
4. ce qu'il (elle) éprouve quand il (elle) pense aux dangers.
5. comment il (elle) se sent à l'idée de porter une arme.
6. ce qu'il (elle) ressent quand il (elle) pense à son avenir.

6d. Demandez à quelqu'un…

1. ce qui le (la) rend nerveux (nerveuse).
2. ce qui le (la) rend furieux (furieuse).
3. qui le (la) rend content(e).
4. qui le (la) rend triste.
5. s'il (si elle) rend ses parent fiers.

6e. Demandez à quelqu'un…

1. de quoi il (elle) avait peur à l'âge de cinq ans.
2. ce qu'il (elle) aurait honte de faire en public.
3. ce qu'il (elle) a peur de faire à minuit.
4. de quoi il (elle) a envie maintenant.
5. ce qu'il (elle) a envie de faire quand il fait beau.
6. ce qu'il (elle) aurait horreur de manger.
7. ce qui lui fait peur.
8. ce qui lui fait horreur.
9. s'il (si elle) a envie de rire maintenant.
10. ce qui lui ferait honte.

These ficticious names (**CRC** and **LEN**) are used, of course, to avoid offending any political sensitivities. A real **sigle** could be substituted. Draw attention to the usual French custom of referring to political parties by their initials: **RPR: R**assemblement **P**our la **R**épublique (conservative); **UDF: U**nion pour la **D**émocratie **F**rançaise (center or moderate); **PS: P**arti **S**ocialiste (liberal).

6f. Indiquez les réactions différentes devant l'élection du parti CRC (Conservateurs Radicaux du Centre) à la majorité au conseil municipal. Finissez les phrases avec le verbe indiqué.

Modèle: se sentir déçu
Je me sens très déçu(e) parce que j'ai voté LEN (Libéraux Egalitaires Nationaux.)

1. se sentir assez optimiste (parce que…)
2. ressentir une grande satisfaction
3. éprouver du regret
4. sentir que
5. rendre content(e)
6. se moquer de

A VOUS DE JOUER

Students could present oral or written reports to the class.

This activity could be prepared by two students who would then ask the questions of the other class members.

In situations where students are not housed on campus, vary the activity to include two people before an ombudsman or, if it can be handled delicately, two people in family or marriage counseling.

Each role can be played by a different student.

Vary this activity by changing the news and/or the characters. For example: **On va bâtir une autoroute à côté de votre maison** or **Vous avez gagné à la loterie** or **Vous allez avoir un bébé,** etc.

1. *Sondage.* Inventez des questions que vous poserez à cinq amis américains pour savoir ce qu'ils pensent de leur pays. Vous pouvez parler du système de gouvernement des Etats-Unis ou du Canada, des partis politiques, des relations avec l'Union soviétique, des scandales politiques, de la liberté individuelle des Anglo-Saxons, de leur chauvinisme,[10] etc. Prenez des notes en écoutant leurs réponses. Selon les réponses, résumez l'opinion générale pour en faire un rapport. Correspond-elle à la vôtre?

2. *Rôles à jouer—trois personnes.* Deux camarades de chambre ne s'entendent pas bien. Ils (elles) vont chez le directeur (la directrice) des résidences de l'université pour se plaindre. Ils (elles) emploient des expressions de sentiment comme *Je déteste que..., Je suis fâché(e) que..., Je n'aime pas que..., Cela m'énerve que...,* etc. Le directeur (la directrice) ne pourra pas leur donner d'autres chambres. Il (elle) doit écouter leurs explications et essayer de les réconcilier. Pour mieux s'informer, il (elle) leur pose des questions (par exemple: *Quels sont vos sentiments après ce reproche? Comment réagissez-vous quand il (elle) dit... ?,* etc.) Quelques plaintes possibles: *Il (elle) écoute mes conversations au téléphone, emprunte mes vêtements sans me demander, met le désordre, ne nettoie ni ne range jamais la chambre, invite ses amis à n'importe quelle heure, fait marcher sa stéréo quand j'essaie de dormir ou d'étudier,* etc.

3. *Table Ronde.* Les personnes suivantes viennent toutes d'apprendre la même nouvelle: On va ouvrir une discothèque 43, rue du Nord. Chacun exprime ses réactions:
   a. Madame Gagnon: une veuve qui habite 45, rue du Nord.
   b. Monsieur LeGros: entrepreneur qui cherche depuis des années la permission d'ouvrir sa disco.
   c. Elisabeth: une jeune fille de seize ans qui, à présent, s'ennuie beaucoup le soir.
   d. Madame Poufflou: propriétaire de l'autre discothèque de la ville.
   e. Monsieur et Madame Boulanger: parents de deux adolescents qui ne réussissent pas à l'école.

---

10. *Chauvinisme* (m.) (faux ami!) = patriotisme.

4. *Reportage.* Imaginez qu'une chaîne de télé vous interviewe sur vos réactions aux récentes élections ou à un autre événement récent d'importance majeure. Exprimez votre point de vue en deux ou trois minutes.

5. *Monologue.* Les chansonniers[11] parlent souvent des petites irritations de tous les jours dont tout le monde souffre. Y a-t-il quelque chose qui vous énerve particulièrement? (un certain type d'individu, une formule qui s'emploie trop souvent dans la conversation, une habitude ou une convention sans raison d'être, ou de petits abus comme les appels téléphoniques publicitaires, etc.) Exprimez vos sentiments à propos de cette irritation et parlez de ce qui vous agace d'une façon amusante.

Compositions écrites

Refer students to workbook section on letter writing.

1. *Lettre ouverte.* Ecrivez à un journal et indiquez dans une lettre ouverte pourquoi vous êtes content(e) ou mécontent(e) d'un article récent ou d'un événement récent. Employez des expressions qui conviennent pour préciser vos sentiments.

2. *Lettre de condoléances ou de consolation.* Ecrivez une lettre à un(e) ami(e) pour le (la) consoler (voiture accidentée, maison incendiée, argent ou objet volés, chat ou chien disparus, divorce, décès, etc.). Exprimez vos sentiments et ceux que votre ami(e) doit éprouver. Parlez de la personne ou de la chose qu'il (elle) a perdue en exprimant vos propres émotions vis-à-vis de cette personne ou de cette chose.

3. *Lettre d'excuses.* Vous avez offensé un(e) ami(e) qui ne veut plus vous parler. Reconnaissez votre erreur en précisant vos sentiments à ce propos, offrez des excuses ou des explications et essayez de persuader votre ami(e) de vous pardonner.

4. *Lettre de félicitations.* Ecrivez une lettre à un membre de votre famille pour le féliciter d'une bonne nouvelle—il va se marier ou avoir un bébé, il a reçu une bourse importante, il vient de recevoir son diplôme, il est engagé par une firme prestigieuse..., etc. Dites ce qui s'est passé (ou ce qui se passe ou ce qui se passera) en exprimant vos sentiments à propos de cet événement.

---

11. *Chansonnier* (m.) = l'équivalent français du "stand-up comedian" américain.

On peut avoir le sentiment de ne pas comprendre ou le sentiment de ne pas être compris. Dans un cas comme dans l'autre, ces sentiments marquent une distance entre l'individu qui les éprouve et les circonstances qui l'entourent. On n'est pas en harmonie avec son milieu. On saisit mal la valeur du code linguistique et culturel. A qui la faute? à l'individu qui «n'est pas bien dans sa peau»[12]... ou aux autres? Dans le premier texte, Jacques Prévert nous fait rire en représentant une situation absurde où le bon sens de son héros animal s'oppose à la prétention érudite d'une assemblée ridiculement conformiste. Dans le deuxième texte, Monsieur Sacrement, héros de Maupassant, ne se rend pas compte de la vanité de ses sentiments, alors il devient ridicule.

Les deux histoires reposent sur l'ironie ou la contradiction entre la réalité perçue par le personnage principal et la réalité perçue par les autres. Tous les éléments de la narration mènent à un seul mot: *Chameau!* chez Prévert et *Décoré!* chez Maupassant.

---

12. *Qui n'est pas bien dans sa peau* = "who doesn't feel right about himself."

Le Dromadaire mécontent

JACQUES PREVERT

Jacques Prévert (1900–1977), poète et scénariste de film, prend comme point de départ des situations ordinaires et quotidiennes. Il critique l'intellectualisme prétentieux, les conventions et les institutions officielles, et il s'intéresse à la liberté, à l'amour, à l'affection, aux problèmes de la jeunesse. Ici, comme souvent dans sa poésie et ses chansons populaires, Prévert joue avec les mots et finit sur un jeu de mots qui révèle, d'une façon humoristique, la stupidité du conformisme. C'est donc une petite histoire morale où l'acteur principal est un dromadaire, cousin du chameau. «Morale et animal», ce sont les éléments essentiels de la «fable», dont la version moderne la plus pratiquée est sans doute le dessin animé.[13]

Avant de lire «Le Dromadaire mécontent»

Préparation du vocabulaire

A. Toutes les langues possèdent un catalogue d'insultes variées. En français, par exemple, «chameau», qui désigne d'abord une bête de charge des pays désertiques, devient dans certaines circonstances une injure. L'adjectif «sale», placé devant le nom, signifie «mauvais». Dans quelles circonstances pourrait-on dire...

The use of **sale** before the noun is discussed in Lesson 3, *Décrire*, page 105.

1. «sale individu!»?
2. «chameau!»?
3. «sale menteur»?
4. «Voilà un sale gouvernement qui permet des choses pareilles!»?
5. «Pourquoi me suis-je mêlé à cette sale affaire?»?

---

13. *Dessin animé* (m.) = cinéma d'animation, par exemple, Popeye ou Mickey.

B. Quand la préposition **à** unit deux noms, elle signifie souvent «pour». Le deuxième nom indique ainsi la fonction du premier. Une *brosse à dents,* par exemple, est une brosse pour les dents. Quel est donc le sens probable de ces objets?

1. une cuillère à café
2. un verre à dents
3. un pot à eau
4. une pince à linge
5. une boîte à ordures
6. une cuillère à soupe
7. une tasse à café
8. un moulin à poivre

Contrast **une tasse à café** with **une tasse de café.**

Pour mieux lire

C. Dans cette histoire Prévert se moque de plusieurs phénomènes sociaux. En lisant, identifiez ce dont il se moque.

D. On peut souvent constater l'organisation d'un texte si on observe quels traits de vocabulaire ou de style se répètent. Parcourez «Le Dromadaire mécontent» en cherchant tous les mots et expressions qui indiquent le temps (par exemple, *la veille*).

List on the chalkboard the words and expressions the students have found.

1. Quels mots avez-vous trouvés?
2. Où exactement dans chaque paragraphe se situent la plupart de ces mots?
3. Que pouvez-vous déduire à propos de cette histoire, si vous analysez la position des mots indiquant le temps? A quelle sorte de style cette organisation vous fait-elle penser? (un style d'essai philosophique? un style publicitaire? un style scientifique? un style d'histoire d'enfant? un style oratoire? un autre style?)

Le Dromadaire mécontent

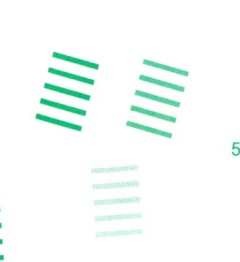

Un jour, il y avait un jeune dromadaire qui n'était pas content du tout.

La veille, il avait dit à ses amis: «Demain, je sors avec mon père et ma mère, nous allons entendre une conférence, voilà comme je suis moi!»

Et les autres avaient dit: «Oh, oh, il va entendre une conférence, 5 c'est merveilleux», et lui[14] n'avait pas dormi de la nuit tellement il était impatient et voilà qu'il n'était pas content parce que la conférence n'était pas du tout ce qu'il avait imaginé: il n'y avait pas de musique et il était déçu, il s'ennuyait beaucoup, il avait envie de pleurer.

---

14. *Lui* = il; le pronom disjoint accentue le sujet.

Depuis une heure trois quarts un gros monsieur parlait. Devant le
10 gros monsieur, il y avait un pot à eau et un verre à dents sans la brosse
et de temps en temps, le monsieur versait de l'eau dans le verre, mais
il ne se lavait jamais les dents et visiblement irrité il parlait d'autre
chose, c'est-à-dire des dromadaires et des chameaux.

Le jeune dromadaire souffrait de la chaleur, et puis sa bosse le
15 gênait beaucoup; elle frottait contre le dossier du fauteuil; il était très
mal assis, il remuait.

Alors sa mère lui disait: «Tiens-toi tranquille, laisse parler le monsieur», et elle lui pinçait la bosse. Le jeune dromadaire avait de plus en
20 plus envie de pleurer, de s'en aller...

Toutes les cinq minutes, le conférencier répétait: «Il ne faut surtout
pas confondre les dromadaires avec les chameaux, j'attire, mesdames,
messieurs et chers dromadaires, votre attention sur ce fait: le chameau
a deux bosses mais le dromadaire n'en a qu'une!»

25 Tous les gens de la salle disaient: «Oh, oh, très intéressant», et les
chameaux, les dromadaires, les hommes, les femmes et les enfants pre-
naient des notes sur leur petit calepin.

Et puis le conférencier recommençait: «Ce qui différencie les deux
animaux, c'est que le dromadaire n'a qu'une bosse, tandis que, chose
30 étrange et utile à savoir, le chameau en a deux... »

A la fin, le jeune dromadaire en eut assez et se précipitant sur
l'estrade, il mordit[15] le conférencier:

«Chameau!» dit le conférencier furieux.

Et tout le monde dans la salle criait: «Chameau, sale chameau, sale
35 chameau!»

Pourtant c'était un dromadaire, et il était très propre.

Chameau! dit le confé-
rencier furieux.

---

15. *Mordit* (passé simple du verbe *mordre*) = attaqua avec les dents.

A propos du texte

A. De quoi s'agit-il dans cette histoire?

B. Précisez les réactions et les sentiments des personnages indiqués aux aspects suivants de l'histoire:

1. Le dromadaire va à une conférence. (le dromadaire / ses amis)
2. Il n'y a pas de musique. (le dromadaire)
3. Il fait chaud. (le dromadaire)
4. Un gros monsieur ne finit pas de parler. (le dromadaire / les autres gens dans la salle)
5. Le monsieur dit que le chameau est différent du dromadaire. (le dromadaire / les autres gens de la salle)
6. Le dromadaire mord le conférencier. (le conférencier / les autres gens de la salle)
7. On l'appelle «sale chameau» (le dromadaire / vous)

Appréciation littéraire

C. En lisant un texte, on doit tenir compte de quel point de vue ou sous quelle perspective le thème est présenté. Le narrateur peut être observateur ou participant. Il peut observer à distance ce qui se passe ou bien il peut participer activement à l'action. Il arrive aussi que le narrateur adopte des points de vue différents selon le développement de son sujet.

1. Quel est le point de vue adopté par l'auteur du «Dromadaire mécontent»?
2. Y a-t-il d'autres points de vue que l'auteur aurait pu adopter? Lesquels?
3. A votre avis, le point de vue choisi rend-il l'histoire plus fantaisiste ou plus réaliste? Auriez-vous choisi de présenter l'histoire selon la même optique? Précisez pourquoi.

D. De quoi ou de qui est-ce que Prévert se moque dans ce texte? Vous fait-il rire? sourire? Est-ce l'effet voulu par l'auteur? Expliquez comment il réussit (ou ne réussit pas) à produire sur vous cet effet.

E. Quels traits de cette histoire sont attribuables à une fable? Y a-t-il une morale? Quelle est-elle? Pourquoi Prévert a-t-il choisi ce genre?

Réactions personnelles

F. Comment interprétez-vous les réactions du dromadaire?

G. Les enfants discernent parfois les situations plus clairement que les adultes. Mais leur optique est aussi souvent limitée.

1. Qu'est-ce que le jeune dromadaire comprend mieux que les adultes?
2. En quoi se trompe-t-il?
3. Vous trouvez-vous quelquefois dans des situations pareilles? Quand vous ne comprenez pas (ou quand vous comprenez mieux que les autres) ce que font ou ce que disent les gens autour de vous, que faites-vous?

H. Racontez une anecdote personnelle semblable à l'histoire du dromadaire: avez-vous été déçu(e) par une expérience très différente de ce que vous aviez imaginé auparavant? (concert, exposition, conférence, programme de télévision, boum, cours...) Qu'est-ce que vous avez fait?

Décoré!

GUY DE MAUPASSANT

Auteur de contes et de romans, Guy de Maupassant (1850–1893) sait choisir les détails les plus significatifs pour révéler peu à peu une réalité qui est le plus souvent le contraire de celle à laquelle tel ou tel personnage semble croire. C'est aussi le contraire de la première impression du lecteur. L'ironie de Maupassant repose sur une vision assez pessimiste du monde où les malins réussissent et les naïfs échouent.

Avant de lire «Décoré!»

Préparation du vocabulaire

A. Si on trouve une parenté entre certains mots, on peut mieux deviner le sens d'un mot. Vous pouvez comprendre les mots en italique en notant les mots plus familiers entre parenthèses qui font partie de la même famille. Employez les mots en italique et finissez les phrases suivantes.

1. Des gens *naissent* avec un instinct prédominant, une vocation ou simplement un désir *éveillé*. (naissance) (se réveiller)
   Les bébés *naissent*…
   Mon père *a éveillé* ma curiosité…

2. Ils vécurent à Paris comme vivent des bourgeois riches, allant dans leur monde, sans *se mêler au* monde. (un mélange)
   Je n'aime pas *me mêler aux* affaires de…

3. Et il revenait à pas lents, désolé quand la foule pressée des passants pouvait gêner ses *recherches*. (chercher)
   Je connais un professeur qui fait des *recherches* sur…

4. Il connaissait les quartiers où on en trouvait le plus. Ils *abondaient* au Palais-Royal. (l'abondance)
   Les bisons *abondaient*…

Possible answers might include Gorbatchev, le général Schwartzkopf, etc.

5. Leur *port* de tête est différent. (porter)
   Un exemple d'une personnalité célèbre qui a un *port* de grand leader, ce serait…

6. Alors, en rentrant chez lui, excité par la rencontre de tant de croix, comme l'est un pauvre *affamé* après avoir passé devant les grandes boutiques de nourriture… (la faim)
   Je suis *affamé(e)*. A quelle heure… ?

7. Mais il *ressortait* après dîner. (sortir)
   Clark Kent entre dans une cabine téléphonique et *en ressortant*…

8. Il aurait voulu les posséder tous, et dans une cérémonie publique, dans une immense salle pleine de monde, pleine de peuple *émerveillé*, marcher en tête d'un cortège, la poitrine étincelante, *zébrée* de brochettes alignées l'une sur l'autre. (merveilleux) (un zèbre)
   Parmi les choses que j'admire, je suis surtout *émerveillé(e)* par…
   Pendant l'orage, le ciel était *zébré* par…

9. … luisant comme un *astre* au milieu de chuchotements admiratifs… (astronomie)
   La terre tourne autour d'un *astre* qui s'appelle…

10. Moi, tu comprends que je n'ose guère *aborder* cette question. (d'abord, le bord)
    Un sujet délicat que je n'aime pas *aborder*, par exemple, c'est…

Point out that **location** is a *faux ami*, that is, it does not have the same meaning as its English homonym, for which a closer cognate would be **localisation**.

11. Chaque habitant aurait droit à dix volumes par mois en *location*, moyennant un sou d'abonnement. (louer)
    Hertz et Avis font *la location* de…

12. Il allait de ville en ville, étudiant les catalogues, fouillant en des greniers bondés de bouquins *poudreux*, en proie à *la haine* des *bibliothécaires*. (la poudre) (haïr) (la bibliothèque)
    La neige *poudreuse*? Pour le ski elle est…
    Les McCoy avaient une terrible *haine* pour…
    Le (la) *bibliothécaire* principal(e) de l'université, c'est…

Préparation historique

Malgré les principes démocratiques de la Révolution française de 1789, une assez forte proportion de la bourgeoisie en France a bien gardé—pendant tout le dix-neuvième siècle et encore maintenant—un sens très développé de la hiérarchie, c'est-à-dire un véritable sentiment des classes sociales. Contrairement aux Etats-Unis, où un citoyen américain n'a pas le droit d'avoir un titre de noblesse, on tolère en France les familles qui portent, légalement, le nom de leurs origines aristocratiques lointaines. Mais cette noblesse de nom n'accorde aucun privilège réel.

Les titres des institutions républicaines ont, peu à peu, créé une nouvelle hiérarchie sociale. Un «député» (l'équivalent du «représentant» de la Chambre des Représentants aux Etats-Unis) a beaucoup de prestige auprès de ses concitoyens; un «ministre» du gouvernement (l'équivalent en Amérique d'un secrétaire de cabinet), par son pouvoir politique, reçoit beaucoup de considération. Les prix et les honneurs décernés par le gouvernement marquent un nouveau sens du mérite dans une société bourgeoise.

Napoléon, par exemple, a fondé la Légion d'honneur, à l'origine pour récompenser le mérite de ses soldats, puis les services de certains citoyens civils éminents. La Légion d'honneur comporte sa propre hiérarchie (chevalier, officier, commandeur, grand officier, grand-croix) comme aussi d'autres médailles attribuées par le gouvernement, par exemple, l'Ordre du Mérite ou les Palmes Académiques. Il y a aussi les honneurs militaires: la croix de guerre, les décorations militaires, etc.

L'éducation, depuis Napoléon, est aussi nationale. Seul le Ministère de l'Education nationale sanctionne les diplômes qui ont partout en France la même valeur. Pendant longtemps, le diplôme—basé sur les résultats d'un examen très difficile et donné à la fin de l'instruction secondaire—a été très prestigieux. Avoir obtenu son baccalauréat, être bachelier était une marque de réussite importante. Aujourd'hui, dans une France plus démocratisée que jamais, être bachelier, chevalier de la Légion d'honneur ou même député ne reçoit sans doute pas autant d'admiration qu'au dix-neuvième siècle, à l'époque de Maupassant et de son Monsieur Sacrement.

B. Discussion.

1. Pour quelles raisons pourrait-on être décoré—service exceptionnel rendu à la patrie, à la municipalité, à une organisation privée, à une société anonyme[16]; un exploit militaire important?

---

16. *Société anonyme* (S.A.) = "Incorporated (Inc.)".

2. Lesquels de ces objets pourraient servir de décorations? Précisez.

rubans	étoiles
croix	chaînes
boutons	médailles

3. Honore-t-on aux Etats-Unis des gens de mérite exceptionnel en les décorant d'un de ces objets ou leur donne-t-on plutôt un objet qui ne se porte pas—plaque en bronze, petite statue, certificat?

The imperfect subjonctif is presented for recognition only. Students need not be encouraged to use this tense.

Préparation des structures

L'IMPARFAIT DU SUBJONCTIF

1. Le radical de l'imparfait du subjonctif est celui de la deuxième personne du singulier (**tu**) du passé simple sans le **-s.** (Voir Formation du passé simple, p. 32.)

INFINITIF	2ᵉ PERSONNE DU SINGULIER DU PASSÉ SIMPLE		RADICAL DE L'IMPARFAIT DU SUBJONCTIF
donner	(tu) donnas	$\longrightarrow$	**donna-**
finir	(tu) finis	$\longrightarrow$	**fini-**
rendre	(tu) rendis	$\longrightarrow$	**rendi-**
être	(tu) fus	$\longrightarrow$	**fu-**
avoir	(tu) eus	$\longrightarrow$	**eu-**

2. Les terminaisons de l'imparfait du subjonctif de tous les verbes sont les suivantes.

je	**-sse**	nous	**-ssions**
tu	**-sses**	vous	**-ssiez**
il/elle/on	**- ˆt**	ils/elles	**-ssent**

3. Voici la conjugaison des verbes **être** et **avoir** à l'imparfait du subjonctif.

	être		**avoir**
que je	**fusse**	que j'	**eusse**
que tu	**fusses**	que tu	**eusses**
qu'il/qu'elle/qu'on	**fût**	qu'il/qu'elle/qu'on	**eût**
que nous	**fussions**	que nous	**eussions**
que vous	**fussiez**	que vous	**eussiez**
qu'ils/qu'elles	**fussent**	qu'ils/qu'elles	**eussent**

C. L'imparfait du subjonctif est un des quatre temps littéraires (Voir Leçon 1, *Interroger*, page 31.) Son usage dans la langue moderne est très limité, même dans un contexte littéraire. On l'emploie dans un style littéraire si le verbe de la proposition principale est à un temps du passé (dans la langue parlée, on emploie dans ce cas le présent du subjonctif).

style moderne, style parlé	*style littéraire*
Je voulais qu'il *vienne*.	Je voulais qu'il **vînt**.
Elle a crié pour qu'on l'*entende* mieux.	Elle cria pour qu'on l'**entendît** mieux.
Ils auraient aimé que je *chante*.	Ils auraient aimé que je **chantasse**.

Dans ce texte, vous verrez des imparfaits du subjonctif à la troisième personne. La troisième personne du singulier se termine toujours en **-ˆt**. Puisque les verbes à l'indicatif ne se terminent jamais en **-ˆt** (à l'exception des verbes conjugués comme **connaître** et **plaire**), c'est un signe de l'imparfait du subjonctif.

Identifiez l'infinitif des verbes en italique et redites les phrases suivantes en français parlé. Faites attention à changer aussi les autres temps littéraires en style parlé.

1. Il voulait qu'on *établît* dans les quartiers pauvres des espèces de théâtres gratuits pour les petits enfants.
2. Puis il traita la question des bibliothèques, voulant que l'Etat *fît* promener par les rues des petites voitures pleines de livres.
3. Il était décoré sans qu'on *sût* quels motifs lui avaient valu cette distinction.

Pour mieux lire

D. En abordant une histoire littéraire, il est utile de se poser quelques questions inspirées par une lecture du début. Lisez les trois premiers paragraphes de «Décoré!»

1. Pourquoi n'y a-t-il qu'une seule phrase dans le premier paragraphe?
2. L'auteur adopte-t-il au départ une attitude de désespoir, de colère, de détachement objectif? Expliquez.
3. Y a-t-il un rapport entre le deuxième et le troisième paragraphes? Précisez.
4. Quelle est votre réaction devant le passage rapide entre études et mariage? Pourquoi l'auteur ne fournit-il pas davantage de détails sur la jeune femme, sa rencontre avec Sacrement et leurs fiançailles?

E. Lisez jusqu'à la ligne 46. Remarquez bien comment l'auteur prépare le portrait moral de son personnage.

1. Quels détails Maupassant utilise-t-il pour montrer que Sacrement est vraiment obsédé?
2. Que pensez-vous de M. Sacrement et de sa poursuite des gens décorés du côté droit du boulevard?

Décoré!

Des gens naissent avec un instinct prédominant, une vocation ou simplement un désir éveillé, dès qu'ils commencent à parler, à penser.

M. Sacrement n'avait, depuis son enfance, qu'une idée en tête, être décoré. Tout jeune, il portait des croix de la Légion d'honneur en zinc
5 comme d'autres enfants portent un képi et il donnait fièrement la main à sa mère, dans la rue, en bombant sa petite poitrine ornée du ruban rouge et de l'étoile de métal.

Après de pauvres études il échoua au baccalauréat, et, ne sachant que faire, il épousa une jolie fille, car il avait de la fortune.

10 Ils vécurent à Paris comme vivent des bourgeois riches, allant dans leur monde, sans se mêler au monde, fiers de la connaissance d'un député qui pouvait devenir ministre, et amis de deux chefs de division.[17]

Mais la pensée entrée aux premiers jours de sa vie dans la tête de M. Sacrement, ne le quittait plus et il souffrait d'une façon continue de
15 n'avoir point le droit de montrer sur sa redingote un petit ruban de couleur.[18]

Les gens décorés qu'il rencontrait sur le boulevard lui portaient un coup au cœur. Il les regardait de coin avec une jalousie exaspérée. Parfois, par les longs après-midi de désœuvrement il se mettait à les
20 compter. Il se disait: «Voyons, combien j'en trouverai de la Madeleine à la rue Drouot.»[19]

Et il allait lentement, inspectant les vêtements, l'œil exercé à distinguer de loin le petit point rouge. Quand il arrivait au bout de sa promenade, il s'étonnait toujours des chiffres: «Huit officiers, et dix-
25 sept chevaliers. Tant que ça! C'est stupide de prodiguer les croix d'une pareille façon. Voyons si j'en trouverai autant au retour.»

---

17. *Chef de division* (m.) = un général.
18. La personne décorée peut porter sur le revers de sa veste un petit ruban, la rosette, par exemple, des Officiers de la Légion d'honneur.
19. *La Madeleine, le Palais-Royal, avenue de l'Opéra, rue de la Paix, rue Drouot* = monuments et rues célèbres de la rive droite à Paris. *De la Madeleine à la rue Drouot* = entre l'église de la Madeleine et la rue Drouot.

Il allait considérer les magasins de décorations au Palais-Royal. Il examinait tous ces emblêmes de formes diverses, de couleurs variées.

Et il revenait à pas lents, désolé quand la foule pressée des passants pouvait gêner ses recherches, lui faire oublier quelqu'un.

Il connaissait les quartiers où on en trouvait le plus. Ils abondaient
30   au Palais-Royal. L'avenue de l'Opéra ne valait pas la rue de la Paix; le côté droit du boulevard était mieux fréquenté que le gauche.

Ils semblaient aussi préférer certains cafés, certains théâtres. Chaque fois que M. Sacrement apercevait un groupe de vieux messieurs à cheveux blancs arrêtés au milieu du trottoir, et gênant la
35   circulation, il se disait: «Voici des officiers de la Légion d'honneur!» Et il avait envie de les saluer.

Les officiers (il l'avait souvent remarqué) ont une autre allure que les simples chevaliers. Leur port de tête est différent. On sent bien qu'ils possèdent officiellement une considération plus haute, une im-
40   portance plus étendue.

Parfois aussi une rage saisissait M. Sacrement, une fureur contre tous les gens décorés; et il sentait pour eux une haine de socialiste.

Alors, en rentrant chez lui, excité par la rencontre de tant de croix, comme l'est un pauvre affamé après avoir passé devant les grandes
45 boutiques de nourriture, il déclarait d'une voix forte: «Quand donc, enfin, nous débarrassera-t-on de ce sale gouvernement?»

Sa femme surprise, lui demandait: «Qu'est-ce que tu as[20] aujourd'hui?»

Et il répondait: «J'ai que je suis indigné par les injustices que je
50 vois commettre partout. Ah! que les Communards[21] avaient raison!»

Mais il ressortait après dîner, et il allait considérer les magasins de décorations. Il examinait tous ces emblèmes de formes diverses, de couleurs variées. Il aurait voulu les posséder tous, et dans une cérémonie publique, dans une immense salle pleine de monde, pleine de
55 peuple émerveillé, marcher en tête d'un cortège, la poitrine étincelante, zébrée de brochettes alignées l'une sur l'autre, suivant la forme de ses côtes, et passer gravement, le claque sous le bras, luisant comme un astre au milieu de chuchotements admiratifs, dans une rumeur de respect.
60 Il n'avait, hélas! aucun titre pour aucune décoration.

Il se dit: «La Légion d'honneur est vraiment par trop difficile pour un homme qui ne remplit aucune fonction publique. Si j'essayais de me faire nommer officier d'Académie?»

Mais il ne savait comment s'y prendre. Il en parla à sa femme qui
65 demeura stupéfaite.

—«Officier d'Académie? Qu'est-ce que tu as fait pour cela?» Il s'emporta: «Mais comprends donc ce que je veux te dire! Je cherche justement ce qu'il faut faire. Tu es stupide par moments.»

Elle sourit: «Parfaitement, tu as raison. Mais je ne sais pas, moi!»
70 Il avait une idée: «Si tu en parlais au député Rosselin, il pourrait me donner un excellent conseil? Moi, tu comprends que je n'ose guère aborder cette question directement avec lui. C'est assez délicat, assez difficile; venant de toi, la chose devient toute naturelle.»

Mme Sacrement fit ce qu'il demandait. M. Rosselin promit d'en
75 parler au ministre. Alors Sacrement le harcela. Le député finit par lui répondre qu'il fallait faire une demande et énumérer ses titres.

Ses titres? Voilà. Il n'était même pas bachelier.[22]

Il se mit cependant à la besogne et commença une brochure traitant: «Du droit du peuple à l'instruction.» Il ne la put achever par
80 pénurie d'idées.

---

20. *Qu'est-ce que tu as?* = qu'est-ce qui ne va pas (bien)?
21. *Communard* (m.) = partisan socialisant de la Commune, gouvernement révolutionnaire à Paris en 1870.
22. *Il n'était même pas bachelier* = il n'avait même pas le baccalauréat (diplôme de fin d'études secondaires).

Il chercha des sujets plus faciles et en aborda plusieurs successivement. Ce fut d'abord: «L'instruction des enfants par les yeux.» Il voulait qu'on établît dans les quartiers pauvres des espèces de théâtres gratuits pour les petits enfants. Les parents les y conduiraient dès leur plus
85 jeune âge, et on leur donnerait là par le moyen d'une lanterne
magique,²³ des notions de toutes les connaissances humaines. Ce
seraient de véritables cours. Le regard instruirait le cerveau, et les
images resteraient gravées dans la mémoire, rendant, pour ainsi dire
visible, la science.
90   Quoi de plus simple que d'enseigner ainsi l'histoire universelle, la
géographie, l'histoire naturelle, la botanique, la zoologie, l'anatomie,
etc., etc.?
        Il fit imprimer ce mémoire et en envoya un exemplaire à chaque
député, dix à chaque ministre, cinquante au président de la Répu-
95 blique, dix également à chacun des journaux parisiens, cinq aux journaux de province.
        Puis il traita la question des bibliothèques des rues, voulant que
l'Etat fît promener par les rues des petites voitures pleines de livres,
pareilles aux voitures des marchandes d'oranges. Chaque habitant au-
100 rait droit à dix volumes par mois en location, moyennant un sou
d'abonnement.
        «Le peuple, disait M. Sacrement, ne se dérange que pour ses
plaisirs. Puisqu'il ne va pas à l'instruction, il faut que l'instruction
vienne à lui, etc.»
105   Aucun bruit ne se fit autour de ces essais. Il adressa cependant sa
demande. On lui répondit qu'on prenait note, qu'on instruisait.²⁴ Il se
crut sûr du succès; il attendit. Rien ne vint.
        Alors il se décida à faire des démarches personnelles. Il sollicita une
audience du ministre de l'instruction publique, et il fut reçu par un at-
110 taché de cabinet tout jeune et déjà grave, important même, et qui
jouait, comme d'un piano, d'une série de petits boutons blancs pour
appeler les huissiers et les garçons de l'antichambre ainsi que les employés subalternes. Il affirma au solliciteur que son affaire était en
bonne voie et lui conseilla de continuer ses remarquables travaux.
115   Et M. Sacrement se remit à l'œuvre.
        M. Rosselin, le député, semblait maintenant s'intéresser beaucoup à
son succès, et il lui donnait même une foule de conseils pratiques, ex-
cellents. Il était décoré d'ailleurs, sans qu'on sût quels motifs lui
avaient valu cette distinction.
120   Il indiqua à Sacrement des études nouvelles à entreprendre, il le
présenta à des Sociétés savantes qui s'occupaient de points de science
particulièrement obscurs, dans l'intention de parvenir à des honneurs.
Il le patronna²⁵ même au ministère.

23. *Lanterne magique* (f.) = appareil primitif de projection d'images.
24. *On instruisait* = on considérait son dossier, sa demande.
25. *Il le patronna* = il lui donna sa recommandation, sa protection.

Or, un jour, comme il venait déjeuner chez son ami (il mangeait
125 souvent dans la maison depuis plusieurs mois) il lui dit tout bas en lui
serrant la main: «Je viens d'obtenir pour vous une grande faveur. Le
Comité des travaux historiques vous charge d'une mission. Il s'agit de
recherches à faire dans diverses bibliothèques de France.»

Sacrement, défaillant, n'en put manger ni boire. Il partit huit jours
130 plus tard.

Il allait de ville en ville, étudiant les catalogues, fouillant en des
greniers bondés de bouquins poudreux, en proie à la haine des bibliothécaires.

Or, un soir, comme il se trouvait à Rouen, il voulut aller embrasser
135 sa femme qu'il n'avait point vue depuis une semaine; et il prit le train
de neuf heures qui devait le mettre à minuit chez lui.

Il avait sa clef. Il entra sans bruit, frémissant de plaisir, tout
heureux de lui faire cette surprise. Elle s'était enfermée, quel ennui!
Alors il cria à travers la porte: «Jeanne, c'est moi!»
140 Elle dut avoir grand'peur, car il l'entendit sauter du lit et parler
seule comme dans un rêve. Puis elle courut à son cabinet de toilette,
l'ouvrit et le referma, traversa plusieurs fois sa chambre dans une
course rapide, nu-pieds, secouant les meubles dont les verreries son-
naient. Puis, enfin, elle demanda: «C'est bien toi, Alexandre?»
145 Il répondit: «Mais oui, c'est moi, ouvre donc!»

La porte céda, et sa femme se jeta sur son cœur en balbutiant:
«Oh! quelle terreur! quelle surprise! quelle joie!»

Alors, il commença à se dévêtir, méthodiquement, comme il faisait
tout. Et il reprit sur une chaise, son pardessus qu'il avait l'habitude
150 d'accrocher dans le vestibule. Mais, soudain, il demeura stupéfait. La
boutonnière portait un ruban rouge!

Il balbutia: «Ce... ce... ce paletot est décoré!»

Alors sa femme, d'un bond, se jeta sur lui, et lui saisissant dans les
mains le vêtement: «Non... tu te trompes... donne-moi ça.»
155 Mais il le tenait toujours par une manche, ne le lâchant pas,
répétant dans une sorte d'affolement: «Hein?... Pourquoi? Explique-
moi?... A qui ce pardessus?... Ce n'est pas le mien, puisqu'il porte la
Légion d'honneur?»

Elle s'efforçait de le lui arracher, éperdue, bégayant: «Ecoute...
160 écoute... donne-moi ça... Je ne peux pas te dire... c'est un secret...
écoute.»

Mais il se fâchait, devenait pâle: «Je veux savoir comment ce paletot est ici! Ce n'est pas le mien.»

Alors, elle lui cria dans la figure: «Si, tais-toi, jure-moi... écoute...
165 eh bien, tu es décoré!»

«Or, un soir, comme il se trouvait à Rouen, il voulut aller embrasser sa femme qu'il n'avait point vue depuis une semaine... »

Il eut une telle secousse d'émotion qu'il lâcha le pardessus et alla tomber dans un fauteuil.

—«Je suis... tu dis... je suis... décoré.»

—«Oui... c'est un secret, un grand secret... »

170 Elle avait enfermé dans une armoire le vêtement glorieux, et revenait vers son mari, tremblante et pâle. Elle reprit: «Oui, c'est un pardessus neuf que je t'ai fait faire. Mais j'avais juré de ne te rien dire. Cela ne sera pas officiel avant un mois ou six semaines. Il faut que ta mission soit terminée. Tu ne devais le savoir qu'à ton retour. C'est M.

175 Rosselin qui a obtenu ça pour toi... »

Sacrement, défaillant, bégayait: «Rosselin... décoré. Il m'a fait décorer.... moi... lui... Ah!... »

Et il fut obligé de boire un verre d'eau.

Un petit papier blanc gisait par terre, tombé de la poche du

180 pardessus. Sacrement le ramassa, c'était une carte de visite. Il lut: «Rosselin—député.»

—«Tu vois bien», dit la femme.

Et il se mit à pleurer de joie.

Huit jours plus tard l'Officiel annonçait que M. Sacrement était nommé chevalier de la Légion d'honneur, pour services exceptionnels.

A propos du texte

A. Quelle sorte de personne est M. Sacrement? Comment l'imaginez-vous physiquement et mentalement? (grand? petit? méthodique? imaginatif? etc.) A-t-il une profession? Qu'est-ce que les décorations représentent pour lui? une supériorité sociale? des privilèges spéciaux? une satisfaction esthétique? Qu'est-ce qu'il y a dans le texte qui vous indique cela?

B. Répondez.

1. Quelle est l'idée fixe de M. Sacrement? Pourquoi souffre-t-il?
2. Quels sentiments contradictoires M. Sacrement éprouve-t-il vis-à-vis des gens décorés?
3. Pourquoi Mme Sacrement doit-elle parler à M. Rosselin?
4. Quels sont les projets abordés par M. Sacrement dans le but de devenir officier d'Académie? Quel est le résultat des essais de M. Sacrement?
5. Que fait M. Rosselin pour aider M. Sacrement? Pourquoi M. Rosselin a-t-il été décoré? Pourquoi s'intéresse-t-il à M. Sacrement (d'après M. Sacrement)? Et d'après vous?
6. Quelle sorte de voyage M. Rosselin arrange-t-il pour M. Sacrement? Quelle est la réaction de M. Sacrement à la nouvelle de ce voyage?
7. M. Sacrement décide tout à coup de rentrer chez lui pour voir sa femme. Qu'est-ce qui se passe quand il essaie d'entrer chez elle?
8. Selon M. Sacrement, pourquoi sa femme dit-elle: «Oh quelle terreur! quelle surprise! quelle joie!»? Et à votre avis?
9. Comment Mme Sacrement explique-t-elle le ruban rouge que son mari trouve sur le pardessus? Comment expliquez-vous ce ruban rouge?
10. M. Sacrement est nommé chevalier de la Légion d'honneur «pour services exceptionnels». Quels sont ces services, selon lui? Selon M. Rosselin? Selon vous?

If you have discussed «Le Dromadaire mécontent» earlier in this lesson, you have worked on point of view. If not, please refer to exercise C on page 172 for a brief explanation of point of view.

Appréciation littéraire

C. Distinguez entre le point de vue du narrateur et celui du personnage principal. Que savons-nous que M. Sacrement ne sait pas? Comment ces aspects sont-ils présentés? Qu'est-ce que son ignorance de ces faits nous indique sur lui?

D. Les objets suivants servent ou à montrer un aspect du caractère d'un personnage ou à rendre l'intrigue plus claire. Précisez l'importance de...

1. les greniers bondés de bouquins poudreux (ligne 132).
2. le petit ruban rouge (ligne 151).
3. le pardessus neuf décoré (ligne 172).
4. la carte de visite (ligne 180).

Réactions personnelles

E. M. Sacrement a-t-il raison de vouloir être décoré? Mérite-t-il de l'être? Comment son comportement changera-t-il quand il sera décoré?

F. Que pensez-vous de M. Sacrement? et de sa femme? de M. Rosselin? Précisez pourquoi.

G. Connaissez-vous quelqu'un qui a une obsession? Cette obsession conduit-elle quelquefois cette personne à se comporter de manière ridicule? Précisez dans une narration réelle ou fictive.

H. Quels sont certains des signes de valeur extérieurs recherchés par les gens? Que pensez-vous des gens qui cherchent des signes extérieurs de valeur? En connaissez-vous? Précisez.

Mise en perspective

1. *Essai.* Commentez dans «Le Dromadaire mécontent» et dans «Décoré!» les différentes manières dont un écrivain peut présenter un personnage particulièrement capable de mal comprendre les autres et ce qui se passe autour de lui. Est-ce une critique du personnage ou des autres?

2. *Essai ou narration.* Employez ces deux textes comme point de départ pour expliquer ce qui peut arriver quand on ne comprend pas les signes de son milieu, quand on saisit mal la valeur des différents objets de l'environnement social ou culturel.

3. *Fable.* En imitant le procédé et le style de Prévert écrivez une fable au sujet des défauts de M. Sacrement. Employez un ou plusieurs animaux comme personnage(s). La morale de votre fable sera un avertissement à ceux qui ne cherchent leur propre valeur que dans des signes extérieurs, signes qui ne représentent pas leur vrai mérite.

5 Comparer

STRUCTURES

Le comparatif

Le superlatif

Comme, comme si, un tel

Allons plus loin

LECTURES

«La Joconde», Colette

«Comme à la lumière de la lune»,
Marcel Proust

Live Trigger: Make two or three "Rorschach" inkblots by dropping ink on half a piece of paper and then folding it. Show an inkblot to the class and ask: **Qu'est-ce que c'est... ? Est-ce vraiment un... ? A quoi est-ce que cela ressemble?** Elicit comparisons that use the structures in the lesson. Ask students to write on the board any sentence produced by the class that illustrates the grammar and structures to be studied in the lesson. When the discussion begins to wane, show another Rorschach blot. Ask the same questions, and if necessary to elicit the comparative, ask the class to compare the blot to the previous blot.

Another effective technique would be to show reproductions of modern paintings that may be open to interpretation through comparisons.

Tout est relatif. On définit ses observations par rapport à une autre réalité. On explique ses sensations en les rapprochant d'autres sensations. Essayez de décrire le goût du chocolat ou l'odeur du jasmin sans dire «*c'est comme...* » ou «*c'est pareil à...* »! Avez-vous remarqué comment les amateurs de vin parlent d'un bon bourgogne ou d'un grand bordeaux?[1] C'est presque toujours en les comparant à une autre substance: «Le bouquet[2] de ce vin est comme le parfum des framboises en fleurs!»

La conversation—aussi bien que l'écriture—établit constamment des correspondances («*Elle ressemble à sa sœur*» ou «*Sa maison est semblable à la tienne*»). La langue et la littérature seraient monotones sans les comparaisons qui nous permettent de mieux comprendre.

---

1. *Bon bourgogne... grand bordeaux* = vins de la Bourgogne ou de la région de Bordeaux.
2. *Bouquet* (m.) = arôme.

Les dents sont comme les plantes.

SANOGYL fluo 2

Prenez soin de leur vie.

Les dents ont besoin d'être protégées. Le nouveau dentifrice Sanogyl fluo 2 vous aide à entretenir leur vitalité. Il contient deux sels de fluor complémentaires (classés par les experts mondiaux parmi les 3 plus performants pour la prévention de la carie): le fluorure de sodium à pénétration rapide et le mono-fluorophosphate de sodium à diffusion plus lente. Grâce à son pouvoir nettoyant équilibré, Sanogyl fluo 2 contribue, par un brossage régulier, à combattre la plaque dentaire.

Sanogyl fluo 2

VCR Trigger: Show publicity spots. During class discussion, elicit structures that will appear in the lesson.

In-Text Trigger: Present the dialogue in relation to the accompanying art. Follow a format similar to that described above, getting students to find the constructions in the dialogue that are comparisons of the types taught in the lesson.

—On ne sait pas trop pourquoi ils ont mis une plante dans une dent!... et une dent transparente par-dessus le marché![3]

—Tu n'y comprends rien! Les dents sont comme les plantes... Regarde un peu!... c'est même écrit là!

—Tu n'as pas l'air d'avoir des feuilles vertes dans tes dents, toi! Tes dents ressemblent bien aux miennes.

—Bien sûr que non... mais j'ai les dents plus propres que toi parce que je me sers d'un dentifrice à la chlorophylle.

—Qu'est-ce que c'est que ça?

—C'est un dentifrice bien meilleur que le tien.

—Parce qu'il y a des feuilles dedans? Ça ressemble à une salade, alors? Je ne comprends pas.

—On dirait que tu ne veux pas comprendre. Le vert, c'est pareil à la nature, à la pureté, à la santé. Une dent, c'est clair comme du cristal, naturel comme une feuille.

—J'aime mieux avoir les dents blanches... sans feuilles.

---

3. *Par-dessus le marché* (familier) = en plus.

1 Le comparatif

Le comparatif permet de comparer deux ou plusieurs éléments (personnes, choses, idées, actions, etc.). On forme (1) le comparatif de *supériorité* avec le mot **plus,** (2) le comparatif d'*égalité* avec le(s) mot(s) **aussi** (pour adjectifs et adverbes) ou **autant** (pour noms et verbes) et (3) le comparatif d'*infériorité* avec le mot **moins**. Naturellement, la comparaison est souvent implicite.

> Avec un peu **moins de** maquillage tu aurais l'air **plus** naturel.
> L'anorak de Cardin est **aussi** beau **que** l'anorak de Lapidus!
> Les deux sont travailleurs, mais Pierre travaille toujours **plus** (**que** son frère)!

A. Le comparatif de l'adjectif et de l'adverbe

$$
\begin{array}{l}
\text{plus} \\
\text{aussi} \\
\text{moins}
\end{array}
+
\begin{array}{l}
\textit{adjectif} \\
\textit{adverbe}
\end{array}
(+ \text{ que...})
$$

> Il est **moins intelligent que** son frère.
> J'aime les gens **plus vivants que** moi.
> Vous avez parlé **aussi bien** que votre professeur.
> Vous marchez **plus vite que** moi! Arrêtez!

1. L'adjectif

a. La place de l'adjectif comparatif est la même que celle de l'adjectif simple.[4]

> J'ai une **plus grande** chambre que Martine.
> J'ai une chambre **moins intéressante** que Martine.

b. Le comparatif de supériorité de l'adjectif **bon** est **meilleur**.

> Ils sont plus grands mais ils ne sont pas nécessairement **meilleurs**.
> Jacques fait de **bonnes** pâtisseries mais Pierre en fait de **meilleures**.
>
> **Mais:** Jacques fait de **moins bonnes** pâtisseries **que** Pierre.
> Sylvie fait d'**aussi bonnes** pâtisseries **que** Pierre.

---

4. Voir page 103.

2. L'adverbe

    a. La place de l'adverbe comparatif est la même que celle de l'adverbe simple.[5]

> Adeline comprend **vite.**
> Adeline comprend **plus vite que** Sophie.
> Adeline a compris **plus vite que** Sophie.
>
> Serge travaille **lentement.**
> Serge travaille **plus lentement que** Claude.
> Serge a travaillé **plus lentement que** Claude.

    b. Le comparatif de supériorité de l'adverbe **bien** est **mieux.**

> On aime **mieux** dire du mal de soi-même **que** de n'en point parler. (La Rochefoucauld)
> Marguerite Duras écrit **mieux que** Danielle Steel.

Remarquez: Le comparatif d'*infériorité* de **bien** est régulier:

> Charles réussit moins bien que Luc.

3. Au négatif et à l'interrogatif, **si** est souvent employé à la place de **aussi**.

> Il n'est pas **si** intelligent **que** ça!
> On ne donne rien **si** librement **que** ses conseils. (La Rochefoucauld)

4. Une comparaison suivie de **que**... peut se compléter de plusieurs manières différentes. **Que** se répète devant chaque point de comparaison.

    a. **que** + *nom*

> Un jour ce petit garçon sera plus beau **qu'un ange**.
> Churchill était plus célèbre **que mon oncle Martin**.
> Eric est plus intelligent **que** Georges et **que** Jane.

See Lesson 1, *Interroger,* for disjunctive pronouns, page 21.

    b. **que** + *pronom disjoint*

> Qui est moins fatigué **que moi**?
> On a de la pitié pour les gens moins fortunés **que soi**.

---

5. Voir page 123.

c. que + *proposition*

Dans une comparaison de supériorité ou d'infériorité, un **ne** pléonastique[6] (sans valeur de négation) précède le verbe dans la proposition subordonnée.

Elle danse *mieux* **que je ne pensais**!
Nous avons un *plus bel* appartement **que nous ne méritons**.

Remarquez: Avec le comparatif d'égalité, il n'y a pas de **ne** pléonastique.

Elle danse *aussi bien* **que vous pensiez**.
Nous avons un *aussi bel* appartement **que nous voulions**.

B. Le comparatif de quantité

1. Le comparatif avec un nom (comparaison de quantité)

> **plus de**
> **autant de** + *nom* (+ **que**...)
> **moins de**

Il avait **plus d'**expérience **que** moi. (Sembène)
J'ai **plus de** souvenirs **que** si j'avais mille ans. (Baudelaire)
Ce centre commercial[7] occupe **autant d'**espace **que** le parc MacArthur.
Jacques Dubois a **moins de** prestige **que** Pierre Cardin.
Plus de tubes[8], **moins de** pub toute la journée!

PLUS DE TUBES
MOINS DE PUB
TOUTE LA JOURNÉE!

SKYROCK
LA SUPERRADIO
LA FRÉQUENCE DE VOTRE VILLE: MINITEL 3615 CODE SKYROCK

---

6. *Pléonastique* (terme grammatical) = répétitif.
7. *Un centre commercial* (m.) = "shopping center, mall."
8. *Tube* (m.) = air en vogue, "hit."

2. Le comparatif avec un verbe (comparaison de durée, de fréquence ou d'intensité)

$$\textit{verbe} \quad + \begin{array}{l} \textbf{plus} \\ \textbf{autant} \\ \textbf{moins} \end{array} \quad (+ \textbf{que}...)$$

Le chef de syndicat travaillait **plus que** les ouvriers.
Marie étudie **autant que** toi.
La flûtiste joue **moins que** le violoniste.

Remarquez: **Davantage** peut remplacer **plus** dans une phrase où la comparaison est implicite (sans **que**...).

J'aurais pu entrer à Harvard si j'avais étudié **davantage**.
Mettez **davantage de** sel sur les tomates et elles seront meilleures.

Exercices

1a. Comparez les membres de votre famille. Employez *plus... que, moins... que, meilleur que, mieux que* ou *aussi... que.*

Modèles: ma cousine / mon cousin (intelligent)
Ma cousine est plus intelligente que mon cousin. ou
Ma cousine est aussi intelligente que mon cousin.

ma mère chante / mon père chante (bien)
Ma mère chante mieux que mon père. ou
Ma mère chante moins bien que mon père.

Note that the first five items here compare adjectives, the remaining items compare adverbs.

1. ma mère / mon grand-père (actif)
2. ma tante / mon oncle (dynamique)
3. la maison de mes parents / la maison de mes grands-parents (moderne)
4. la voiture de mon père / la voiture de ma mère (bon)
5. ma chambre / la chambre de mes parents (petit)
6. mon grand-père va voir le médecin / mon père va voir le médecin (rarement)
7. je nage / mon frère nage (bien)
8. je marche / ma grand-mère marche (lentement)
9. ma sœur conduit / je conduis (vite)
10. ma mère fait la cuisine / mon père fait la cuisine (souvent)

1b. Quelle est la différence entre votre vie quotidienne et celle de vos grands-parents aujourd'hui? Employez *plus de... que, moins de... que* ou *autant de... que.*

Modèle: Vous prenez quelques médicaments. Et vos grands-parents?
Je prends moins de médicaments que mes grands-parents. ou
Mes grands-parents prennent plus de médicaments que moi.

1. Vous avez toutes vos dents. Et votre grand-mère?
2. Vous avez beaucoup d'énergie. Et vos grands-parents?
3. Vous faites souvent de l'exercice. Et votre grand-père?
4. Vous avez quelques souvenirs. Et vos grands-parents?
5. Vous avez de la patience. Et votre grand-mère?
6. Vous avez un peu de sagesse. Et vos grands-parents?

Point out the faux ami *souvenirs,* meaning "memories," rather than "souvenir" items.

Encourage students to create responses with other verbs than **être.**

1c. Discutez et comparez les restaurants et les plats qui correspondent à vos préférences gastronomiques. Employez *mieux* ou *meilleur(e)(s).*

Modèle: le service
Je trouve le service Chez Louis meilleur qu'à la Bonne Auberge. ou
Le service Chez Louis est meilleur qu'à la Bonne Auberge.

In French it is normal to say **on mange bien (mieux)** rather than **la cuisine est bonne (meilleure)** or, even less, **la nourriture est bonne.**

1. le chef de cuisine
2. on mange
3. l'atmosphère
4. j'aime
5. les desserts sont présentés
6. les fruits frais
7. les pâtisseries à la crème
8. j'apprécie le champagne
9. le champagne
10. je me sens

1d. Un vieux peintre pense à sa vie et à son talent. Reliez les deux phrases avec *plus que, meilleur que, mieux que, moins que* ou *autant que.*

Modèle: J'aurais voulu être un très bon peintre. Je suis un peintre médiocre.
J'aurais voulu être un meilleur peintre que je ne suis. ou
Je suis un moins bon peintre que je n'aurais voulu être.

1. Je voulais peindre des portraits superbes. J'ai peint des portraits médiocres.
2. J'espérais être célèbre. En fait, je ne suis pas célèbre.
3. Je voudrais savoir bien peindre des natures mortes.[9] Je ne peins pas bien les natures mortes.
4. Mes anciens camarades à l'Ecole des Beaux-Arts ont réussi. Je ne croyais pas qu'ils réussiraient si bien.
5. Je ne réussis pas bien mes tableaux. Je conçois très bien mes tableaux.
6. Les tulipes ont beaucoup de couleurs. Je ne sais pas comment représenter toutes ces couleurs.

---

9. *Nature morte* (f.) = tableau contenant un arrangement d'objets de la vie quotidienne, fruits, fleurs, et quelquefois des animaux morts.

1e. Votre frère (sœur) se dispute avec vos parents à propos de son choix d'université. Vos parents préfèrent une école professionnelle près de chez eux, mais votre frère (sœur) voudrait aller à une grande université assez loin. Aidez-le (la) à convaincre vos parents en employant l'adverbe *davantage*.

Modèle: *Les parents:* —L'école professionnelle lui offrira beaucoup de cours très sérieux.

Vous: —*L'université lui offrira davantage de cours très sérieux.*

1. *Vos parents:* —A l'école professionnelle, il (elle) travaillerait dur.
   Vous:
2. *Vos parents:* —A l'école professionnelle, il (elle) aurait beaucoup d'amis inté-ressants.
   Vous:
3. *Vos parents:* —L'école professionnelle a tant de bons professeurs!
   Vous:
4. *Vos parents:* —Il (Elle) ferait beaucoup d'expériences pratiques à l'école professionnelle.
   Vous:
5. *Vos parents:* —A l'école professionnelle, il (elle) s'amuserait.
   Vous:

2 Le superlatif

Le superlatif permet d'indiquer les différences d'un élément par rapport à un groupe d'éléments (personnes, choses, idées, actions, etc.). On forme le superlatif de *supériorité* avec **le plus** et le superlatif *d'infériorité* avec **le moins**.

L'amour-propre est **le plus grand de** tous les flatteurs. (La Rochefoucauld)
Ces deux femmes parlent **le plus sévèrement de** tous les pro-fesseurs.
J'ai pris **le moins cher de** tous les vols.
OPTIC 2000 est de loin **le plus compétent**.

OPTIC 2000

VOTRE VUE
ÇA NOUS
REGARDE.

Si vous avez du mal à voir de près, OPTIC 2000 est de loin le plus compétent.

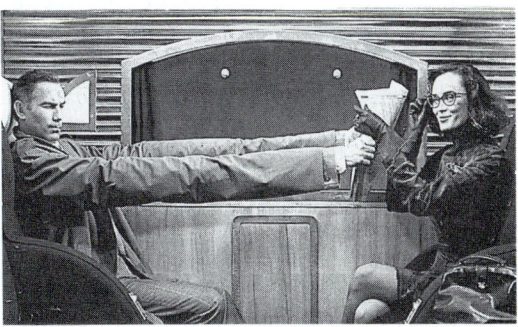

A. Le superlatif de l'adjectif

le (la, les) plus		(+ de + *nom / pronom*)
	+ *adjectif*	
le (la, les) moins		(+ que / qui + *proposition*)

Je suis **la moins âgée de** toute ma famille.
C'est **le plus grand** animal **qui** habite dans la forêt!

1. L'adjectif reste à sa place normale même à la forme superlative.

    a. Quand l'adjectif vient normalement avant le nom, sa place ne change pas au superlatif.

        Quel est **le plus petit** pays du monde?
        Les **plus belles montagnes** sont dans l'ouest.

    b. Quand l'adjectif vient normalement après le nom, l'adjectif superlatif suit le nom aussi. L'article est répété dans ce cas.

        J'aime manger dans **les** restaurants **les plus élégants**.
        Le basque est-il **la** langue **la plus difficile** du monde?

    c. S'il y a deux adjectifs au superlatif, il faut répéter l'article devant chaque adjectif.

        C'est **le** plus beau et **le** plus grand garçon de la classe.

2. Le superlatif de **bon** est **le meilleur**.

        Il fut **le meilleur** coéquipier **que** j'eus jamais. (Sembène)
        C'est **le meilleur des** mondes possibles. (Voltaire)
        Choisissez **les meilleures** pommes.

3. Le superlatif de **mauvais** est **le plus mauvais,** ou **le pire.**[10]

        On vend **les plus mauvais** fruits aux clients les plus naïfs.
        De toutes les suggestions, celle de Patrick est **la plus mauvaise**
          (la pire).
        Nous confrontons maintenant **les pires** formes de son égoïsme.

---

10.   La forme alternative, *le pire,* est moins usitée que *le plus mauvais.*

B. Le superlatif de l'adverbe

> le plus
> le moins   + *adverbe*

De tous les livres de cuisine celui de Julia Child explique **le plus clairement** ce qu'il faut faire.
Ce professeur note **le moins strictement** de toute l'université.

1. Le superlatif de **bien** est **le mieux.**

Dans les premières décennies de ce siècle, Henry Ford a **le mieux** réussi la fabrication en série de l'automobile.

2. Le superlatif de **mal** est **le plus mal.**

Anne chante **le plus mal** de tous mes amis.

C. Le superlatif de quantité

1. Avec un nom

> le plus[11] de
> le moins de   + *nom*

Quel milliardaire a **le plus d**'argent du monde?
J'ai **le moins de** soucis de ma famille.
Le plat qui fait **le plus de** plaisir à mes amis est souvent le plus compliqué.

Remarquez: **Le plus (moins) de** est une expression invariable et ne s'accorde pas avec le genre du nom.

C'est Cécile qui a **le plus d**'ambition.
Je pensais que les Pays-Bas avaient **le plus de** fromages mais c'est la France qui en a **le plus**.

---

11. Le **s** final peut se prononcer ou peut ne pas se prononcer. On tend à le prononcer lorsque **plus** est le dernier mot de la phrase.

2. Avec un verbe

$verbe +$ **le plus**
le moins

Michel travaille **le plus** de toute la classe.
Ce que j'apprécie **le plus** chez mes amis, c'est leur franchise.[12]
J'admire **le plus** les champions de sport qui savent parler avec intelligence de leur sport.
Harpo parlait **le moins** de tous les frères Marx.

D. Emploi du subjonctif après le superlatif

Une phrase au superlatif est souvent suivie d'une proposition au subjonctif quand il s'agit d'une déclaration absolue mais sujette au doute. (opinion subjective)

qui
superlatif + **que** *+ proposition au subjonctif*
où

Monique Lalonde est l'avocate **la plus intelligente qui** *vienne à nos réunions.*
C'est **le meilleur** gâteau **que** *je puisse imaginer.*
La Sibérie est la région **la plus froide de la terre où** *il y ait une industrie lourde.*

Attention: On emploie l'indicatif quand il s'agit d'un fait incontesté. (vérité objective)

Le pays **le plus peuplé qu**'*il y a* sur la terre est la Chine.
La meilleure note que *j'ai* est en géométrie.

Exercices

2a. Nommez cinq états des Etats-Unis. Ecrivez-les au tableau. Demandez à un(e) camarade...

Modèle: l'état le plus riche des cinq.
Quel est l'état le plus riche des cinq?
Le Texas est l'état le plus riche de ces états. ou *Le Texas a le plus d'argent.*

1. le plus grand état des cinq.
2. le plus intéressant de ces états.
3. l'état le moins conservateur des cinq.

---

12. *Franchise* (f.) = qualité d'être franc, sincère.

4. le meilleur état pour passer les vacances.
5. l'état le plus historique.
6. le plus petit état.

2b. Expliquez pourquoi vous faites certaines choses, en insistant sur les mérites de ce que vous désignez. Employez le superlatif de beaucoup d'adjectifs et d'adverbes différents.

Modèle: être à cette université
Je suis à cette université parce que c'est l'université la plus prestigieuse de l'état.

1. dîner dans votre restaurant favori
2. admirer une certaine personne
3. étudier votre spécialité
4. écouter _____ (votre groupe de musiciens préféré)
5. aimer vos parents
6. lire votre journal préféré

2c. Les personnes (et le film) suivants ont reçu des prix ou des honneurs. Expliquez pourquoi en employant le superlatif et les mots indiqués.

Modèle: La Mère Thérèse / prix Nobel de la paix / travail généreux / monde
La Mère Thérèse a reçu le prix Nobel de la paix parce qu'elle a fait le travail le plus généreux du monde.

1. Carl Lewis / la médaille d'or / courir vite / monde
2. Les A de Oakland / la coupe mondiale de base-ball / jouer bien / monde
3. Monsieur Dupont / gagner à / la loterie / avoir de la chance / monde
4. Greg LeMond / gagner / le Tour de France / cycliste rapide / monde
5. *Dances with Wolves* / un Oscar / bon film / année
6. Monsieur Sacrement / la Légion d'honneur / services exceptionnels / monde
7. Kate Cooper et Françoise Cantin / la Bourse Fulbright / étudiantes intelligentes / tous les candidats
8. Cette jeune femme / devenir Miss Amérique / jouer bien du piano / toutes les jeunes femmes de la compétition

2d. Vous êtes très opiniâtre aujourd'hui. Renforcez votre opinion en répondant aux questions avec un superlatif et une proposition subordonnée selon le modèle.

Modèle: Comment est la cuisine dans les résidences universitaires?
C'est la plus mauvaise cuisine que je connaisse.

1. Comment est l'université d'Oxford?
2. Comment sont les New York Yankees?
3. Que pensez-vous des livres de Jackie Collins?
4. Que pensez-vous des films d'Alfred Hitchcock?
5. Comment sont vos parents?
6. Comment est la tour Sears?
7. Que pensez-vous de Janet Jackson?
8. Que pensez-vous de l'ordinateur Macintosh?
9. Comment est la bande dessinée «Doonesbury»?

Substitute for item 6 the tallest building in your city, state, or area.

3 Comme, comme si, un tel

A. Comme

La conjonction **comme** exprime une similitude.

> Cet enfant est sage **comme** une image.
> ... j'ai trouvé la chambre illuminée **comme** au soleil couchant.
>   (Proust)
> Faites **comme** vous voulez.
> Ils vécurent à Paris **comme** vivent des bourgeois riches...
>   (Maupassant)

Complete discussion of hypothesis can be found in Lesson 10, *Exprimer l'hypothèse*.

B.

L'expression **comme si** introduit une proposition comparative. Cette expression exprime une condition hypothétique; elle est donc suivie uniquement d'un verbe à l'imparfait ou au plus-que-parfait.

1. pour un contexte présent: **comme si** + *proposition à l'imparfait*

> Vous parlez **comme si** vous *aviez* mal à la gorge.
> Elle s'avance ainsi... souriant d'un blanc sourire, **comme si** *elle apercevait* au loin dans l'espace un miroir... (Baudelaire)
> Elle le regardait **comme s'***il etait* fou.

2. pour un contexte passé: **comme si** + *proposition au plus-que-parfait* (l'imparfait de l'auxiliaire + participe passé)

> Le vagabond a mangé **comme s'***il n'avait pas mangé* depuis des semaines.
> [cou trop long]... **comme si** *on lui avait tiré* dessus. (Queneau)
> Il me regarda **comme si** *j'étais devenue* complètement folle.

Complete discussion of the formation of the plu-perfect is found in Lesson 7, *Indiquer la chronologie*.

C. Un tel

$$\left. \begin{array}{l} \textbf{un tel} \\ \textbf{une telle} \\ \textbf{de tels} \\ \textbf{de telles} \end{array} \right\} + \textit{nom} = \textbf{comme ça}$$

Un tel appartient plutôt au style élégant; **comme ça** est plutôt le style parlé. Il y a quelquefois une implication d'admiration ou de mépris, selon le contexte.

> Connaissez-vous **un tel** endroit? (= un endroit comme ça)
> Tout le monde devrait voir **de telles** choses! (= des choses comme ça)
> Une **telle** situation est intolérable. (= une situation comme ça)

Exercices

3a. Les gens ressemblent-ils quelquefois à des animaux? Faites des comparaisons°
en utilisant le mot *comme* et le nom d'un des animaux suivants:

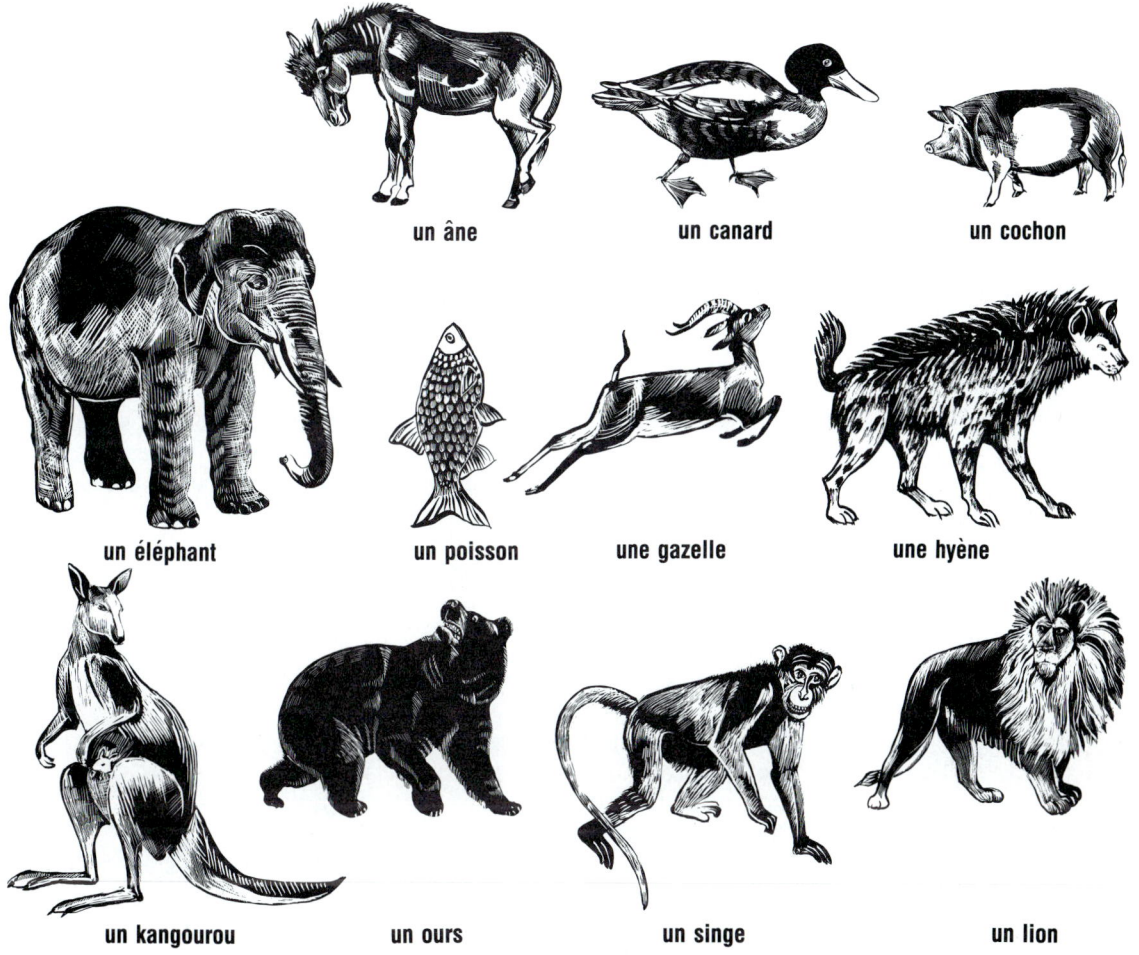

un âne un canard un cochon

un éléphant un poisson une gazelle une hyène

un kangourou un ours un singe un lion

Modèle: Cet athlète saute loin.
Cet athlète bondit[13] comme une gazelle.

1. Ce boxeur bondit très haut.
2. Cette personne marche d'une manière
   bizarre.
3. Ce monsieur rit en se moquant.
4. Il est si fâché qu'il crie très fort.

5. J'ai dormi longtemps.
6. Cet enfant nage si bien!
7. Cette jeune fille fait des grimaces
   comiques.
8. Il ne comprend rien; il est bête.

---

13. *Bondir* = faire des bonds, sauter.

3b. Votre copain se comporte d'une manière étrange. Faites des remarques à partir des données suivantes en employant *comme si*. Employez une des possibilités entre parenthèses ou une autre de votre choix.

Modèle: Il parle d'une manière incompréhensible. (a-t-il du coton dans la bouche? est-il allé chez le dentiste?)
Il parle comme s'il avait du coton dans la bouche! ou
Il parle comme s'il était allé chez le dentiste.

1. Il boit beaucoup d'eau. (a-t-il soif? vient-il de jouer au tennis?)
2. Il titube.[14] (a-t-il le vertige? est-il malade?)
3. Il marche vite. (est-il en retard? a-t-il bu trop de café?)
4. Il regarde fixement la porte. (attend-il quelqu'un? va-t-elle s'ouvrir?)
5. Il refuse de vous parler. (est-il fâché? vous êtes-vous disputés?)
6. Il regarde sa montre toutes les deux minutes. (veut-il partir? est-ce que quelqu'un doit arriver?)

3c. Vous êtes chez vos grands-parents et vous leur parlez de votre vie quotidienne à l'université. Ils semblent scandalisés ou impressionnés. Imaginez leurs réactions: employez *un tel/une telle* ou *de tels/de telles* et commencez chaque phrase par les mots proposés.

Modèle: Je suis allé(e) à une conférence du docteur Ruth Westheimer.
Oh! je n'irais jamais…
Oh! Je n'irais jamais à une telle conférence!

1. J'ai des professeurs qui ont reçu le prix Nobel.
   J'aimerais connaître…
2. J'ai rencontré un homme nu sur la place centrale du campus.
   Je n'irais plus…
3. Mon camarade de classe joue dans l'orchestre symphonique.
   J'aurais aimé avoir…
4. Dans mon cours de physique on nous a expliqué comment faire une bombe nucléaire.
   Je n'ai jamais suivi…
5. J'ai étudié des civilisations où une femme pouvait avoir plusieurs maris.
   Tiens! Je n'ai jamais étudié…

---

14. *Tituber* = marcher maladroitement et en tombant quelquefois.

Allons plus loin

A. Adjectifs qui indiquent une ressemblance ou une différence

1. Expressions de similitude générale ou partielle

> **égal (à)**   **semblable (à)**
> **identique (à)**   **le même** + nom + (**que...**)
> **pareil (à)**

Vous avez **les mêmes** chaussures **que** moi. Nos chaussures sont **semblables**; elles sont **pareilles.** En fait, les vôtres sont **identiques aux** miennes!

Ils ont fait **la même** expérience **qu'**au Canada.

... et son pied, **pareil aux** pieds des déesses de marbre... (Baudelaire)

Rarement compagnie aura offert **pareil** confort à trente mille pieds.

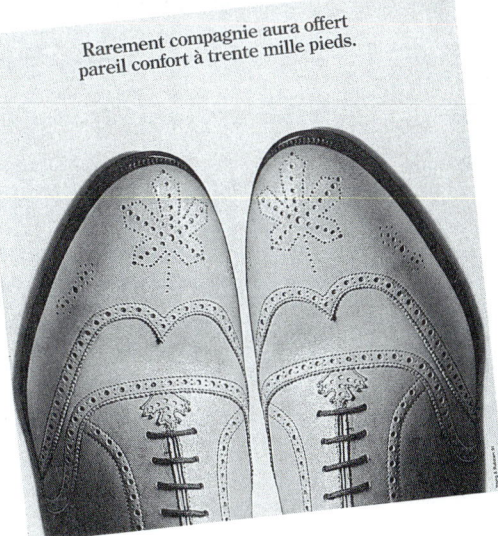

Rarement compagnie aura offert pareil confort à trente mille pieds.

2. Différent (de) est le contraire de **comme**. Remarquez l'emploi de la préposition **de** avec cet adjectif.

> Ma sœur est très **différente de** moi.
> Elodie veut être **différente des** autres.
> Mes deux frères sont très **différents** l'un **de** l'autre.

B. Expressions verbales qui permettent une comparaison

1. On dirait

a. Dans un contexte présent

> **On dirait +** *nom*
> **On dirait que +** *proposition*

> Elle est brillante, **on dirait** une nouvelle Margaret Mead.
> Tout est si ordonné, **on dirait que** vous nous attendiez.

b. Dans un contexte passé

> **On aurait dit +** *nom*
> **On aurait dit que +** *proposition*

> Il avait l'air si pur, **on aurait dit** un ange.
> Ils se ressemblaient tellement, **on aurait dit qu'**ils étaient frères.

2. Ressembler à + *nom*

> **Je ressemble à** ma mère et elle **me ressemble**. Et mon père? Je ne **lui ressemble** pas.
> Les singes **ressemblent aux** hommes.

Point out that **il paraît que** means **on dit que** rather than **il semble que.**

3. Sembler ou **paraître +** *adjectif* ou *infinitif*

> Elle **paraît** sympathique.
> Ils **semblaient** aussi préférer certains cafés, certains théâtres. (Maupassant)
> Cela pourrait vous **paraître** difficile, mais vous me **semblez** parfaitement capable de comprendre.

4. Avoir l'air

a. avoir l'air d'un(e) + *nom*

> La Renault 14 **avait l'air d'une** poire.

b. avoir l'air + *adjectif*[15]

> Elles **ont l'air** heureux.
> Il **a l'air** pressé.

c. avoir l'air de + *infinitif*

> Ils **ont l'air de** s'amuser.
> Elle **a l'air de** vouloir partir.

5. Rappeler + *nom* (à quelqu'un)

> Je lui **rappelle** sa mère.
> ... la douce lune me les **rappelait** plutôt qu'elle ne me les montrait... (Proust)

6. Cela (ça) me fait penser à + *nom* ou *pronom* (= cela me rappelle...)

> **Cela me fait penser à** mes vacances en Floride.
> **Ça m'a fait penser au** premier jour de la rentrée.
> **Ça me fait penser à** *Manon des sources.*

C. Expressions idiomatiques qui permettent une comparaison

1. De plus en plus/de moins en moins indiquent une augmentation ou une diminution par degrés.

> René nous écrit **de moins en moins** souvent.
> Le jeune dromadaire avait **de plus en plus** envie de pleurer...
>   (Prévert)

2. Constructions parallèles

> **plus** + *proposition*, **plus** + *proposition*
> **moins** + *proposition*, **moins** + *proposition*
> **plus** + *proposition*, **moins** + *proposition*
> **moins** + *proposition*, **plus** + *proposition*

> **Plus** je le connais, **plus** je l'admire.
> **Moins** elle a d'argent, **plus** elle achète à crédit.
> **Plus** je vieillis, **plus** j'apprécie les difficultés des autres.

---

15. L'adjectif s'accorde normalement avec le mot **air** (m.), pas avec le sujet de la phrase. Mais l'usage actuel accepte également l'accord avec le sujet: *Elles ont l'air* **heureuses***.*

3. Proverbes qui indiquent une comparaison

> **Tel père, tel fils. (Telle mère, telle fille.)** = Le fils est comme le père. (La fille est comme la mère.)
>
> **Plus ça change, plus c'est la même chose.** = Rien ne change vraiment.

Exercices

4a. Révision de vocabulaire. Choisissez un élément de la liste B qui correspond à un élément de la liste A. Exprimez leur rapport en employant *identique, égal, pareil, semblable* ou *même*.

A	B
un calepin	**un soulier**
une chaussure	**un carnet**
un livre	**une bicyclette**
un pardessus	**un manteau**
une revue	**un magazine**
un vélo	**un bouquin**

Items you might wish to add: two characters in readings your class has done; two different texts your class has read; two students in your class; two dormitories on your campus; your college or university and a rival institution, etc.

4b. Voici deux éléments. Formez deux phrases, la première pour indiquer comment ils sont semblables, la seconde pour indiquer comment ils sont différents.

Modèle: un tigre et un chien
Un tigre est comme un chien parce qu'il marche à quatre pattes.[16]
Un tigre est différent d'un chien parce qu'il est jaune et noir et habite dans la jungle.

1. un crayon et un stylo
2. les oreilles d'un lapin et les oreilles d'un cheval
3. la classe de français et toutes les autres classes
4. un frère qui est né le 20 janvier 1974 et l'autre frère, né le 20 janvier 1974 aussi
5. vous et vos amis
6. le président et le vice-président
7. un chameau et un dromadaire
8. «Notations» et «Inattendu»

These are two of Queneau's "Exercices de style." Skip item 8 if your class hasn't read them.

---

16.   Un animal n'a pas de jambes ou de pieds, il a des *pattes* (f.).

4c. Vous assistez à un cocktail mondain.[17] Pour stimuler la conversation vous faites des remarques sur les gens et les choses que vous observez. Ajoutez *on dirait (que)* ou *on aurait dit (que)* aux phrases suivantes pour exprimer une comparaison.

Modèles: Quelle coiffure!
Quelle coiffure! On dirait un nid d'oiseau! (une brosse à dents, un arbre, un bouquet de fleurs, la tour Eiffel...)

Ces talons[18] sont très hauts!
Ces talons sont très hauts! On dirait qu'elle marche sur des œufs.

1. Ce scotch était trop léger.
2. Cet homme-là est entouré de femmes.
3. Ce vieux monsieur ne semble pas écouter ce qu'on lui raconte.
4. Ce jeune homme est naïf.
5. Comme cette femme est mince!
6. Au début de la soirée notre hôtesse était pâle.
7. Ce type-là mange un peu de tout.
8. Quel décor!
9. Les hors-d'œuvres étaient délicieux.
10. Ces gens-là rient beaucoup.

4d. Décrivez les étudiants de votre classe en commençant par le nom d'un(e) de vos camarades de classe et en finissant les phrases suivantes.

1. _____ a l'air d'un(e)...
2. _____ ressemble à...
3. _____ semble...
4. _____ a l'air de...
5. _____ paraît...
6. _____ n'a pas l'air...
7. _____ semble avoir...
8. _____ ne ressemble pas à...

4e. Donnez votre réaction en employant la formule *Ça me fait penser à...* ou *Ça me rappelle...*

Modèle: Une star de cinéma grossit beaucoup et puis elle redevient mince et très belle. Aujourd'hui elle mène une campagne pour trouver des fonds pour combattre le SIDA.
Ça me fait penser à Elizabeth Taylor.

1. Un chanteur se fait opérer pour améliorer son apparence. Il devient reclus et préfère la compagnie de ses animaux exotiques, particulièrement un chimpanzé qui s'appelle Bozo.
2. La république d'Ecnarf a offert à la démocratie populaire de Sinus-taté une statue colossale comme symbole de leur idéal commun. Elle porte une couronne et elle tient une torche.

---

17. *Mondain*(e) = relatif à la haute société.
18. *Talon* (m.) = extrémité inférieure et postérieure du pied ou des chaussures.

Try guiding students toward an answer by suggesting that **Jacques souffre de narcissisme.**

3. Jacques passe tout son temps devant son miroir. Il adore se regarder et ne pense qu'à s'admirer.
4. Un metteur en scène s'arrange pour apparaître pendant dix secondes dans chacun de ses films.
5. Après un accident d'avion Pierre Suchard s'est trouvé sur une île déserte. Il se débrouille assez bien pendant des années avec l'aide d'un serviteur indigène nommé Dimanche.

4f. Est-ce le grand amour? Employez une nouvelle structure ou expression idiomatique pour résumer les situations suivantes.

Modèle: Chaque fois que je vois cette personne je l'aime davantage.
Plus je vois cette personne, plus je l'aime.

1. Mon cœur bat d'une manière accélérée.
2. Hier, je ne désirais pas tellement être avec d'autres personnes, aujourd'hui pas du tout!
3. J'aime davantage et mon appétit diminue.
4. Quand je ne vois pas assez souvent cette personne, mon inquiétude augmente.
5. Ma mère était comme ça (quand elle est tombée amoureuse de mon père).

A VOUS DE JOUER

1. *Discussion.* **Parlez de votre ville d'origine avec un(e) camarade. Comparez-la avec la ville où se trouve votre université du point de vue de caractère, grandeur, restaurants, ressemblance avec Paris, etc. Terminez votre entretien en disant où vous aimeriez mieux habiter.**

2. *Exposé / Monologue.* **Apportez une photo de plusieurs membres de votre famille ou d'une famille que vous connaissez. Parlez des ressemblances familiales et des différences entre les membres de la famille.**

3. *Discussion / Monologue.* **En général aimez-vous vous voir en photo? Qu'est-ce que vous dites quand vous voyez des photos de vous-même? Employez les mots indiqués:**

autant de	**moins**
... me fait penser à	**plus**
meilleur	**ressembler à**

4. *Rôles à jouer—deux personnes.* Vous rencontrez par hasard une personne que vous n'avez pas vue depuis des années. Qu'est-ce que vous vous dites? (Quelles sont vos réactions? En quoi n'a-t-elle pas changé? Est-ce que vous êtes toujours différent(e)s l'un(e) de l'autre? Semblables?)

5. *Rôles à jouer—deux personnes.* Quelqu'un vous téléphone pour vous demander de comparer deux produits. Dramatisez la conversation.

6. *Discussion / Monologue.* Regardez les dessins et faites des comparaisons entre les voitures. Employez ces mots et expressions: *ressembler à... , moins... que, comme... , plus de... que, ça me fait penser à... , aussi... que... , le même que... , autant de... que... , avoir l'air de... , rappeler, pareil, différent,* etc.

Modèle: plus...
La voiture de M. Andretti est plus aérodynamique que celle de M. Getty.

M. Andretti

M. Californie

Mlle. Colline de Béverly

M. Getty

Compositions écrites

1. *Lettre personnelle.* Après votre rencontre inattendue avec une ancienne connaissance (Activité 4, page 207), écrivez une lettre à un(e) ami(e) commun(e) pour raconter vos réactions (comment a-t-elle changé, etc.). Parlez aussi des choses que vous avez préféré ne pas dire directement à cette personne au moment de votre rencontre.

2. *Lettre.* Vous êtes retourné(e) à un endroit que vous n'avez pas vu depuis votre jeunesse. Quelles différences y avez-vous remarquées? Quelles ressemblances? Parlez-en dans une lettre que vous écrivez à votre mère (frère, cousin, ami, etc.).

3. *Narration.* Racontez une expérience de «déjà vu». Quels aspects de cette expérience ressemblent à une réalité antérieure? Quels aspects sont différents?

4. *Lettre d'amour.* Vous avez un ami qui est amoureux. Comme il n'écrit pas très bien, il vous demande de lui écrire une lettre d'amour qu'il pourrait envoyer à sa bien-aimée. Employez beaucoup de comparaisons dans la lettre.

Deux scènes disparates presentées sous des éclairages très différentes: l'une sous des *éclairs de magnésium,* [19] l'autre baignée dans un *clair de lune intérieur.* Le premier texte est aussi objectif (les photographes sont équipés d'*objectifs!*) que le deuxième texte est subjectif. Dans «La Joconde» de Colette nous avons affaire à une comparaison implicite: des journalistes devant un portrait de femme comme des amis «intimes» reçus par une femme dans son salon. Dans «Comme à la lumière de la lune» de Proust, un narrateur compare explicitement la nuit au jour, une vision extérieure à une vision intérieure, le présent au passé.

---

19. *Eclaire de magnésium* = "flash."

La Joconde

COLETTE

Colette—nom de plume de Gabrielle-Sidonie Colette (1873–1954) —est connue surtout pour ses romans tels que *Chéri* ou *Gigi.* Mais Colette, aussi artiste de music-hall, journaliste et reporter, a trouvé dans la forme courte du journalisme (essais, articles, descriptions) un genre où son style particulier excellait par la finesse de ses observations, son humour, son ironie.

La Joconde, sans doute le tableau le plus célèbre du musée du Louvre, a été peinte par Léonard de Vinci en 1504. On croit que c'est le portrait de la femme de Francesco di Giocondo. Le tableau a souvent attiré l'attention du monde entier non pas seulement par sa qualité d'œuvre d'art de premier ordre mais par des incidents d'ordre «faits divers»[20] (fausses copies, vol et disparition du Louvre et recouvrement, déplacement difficile pour expositions). Ici, il s'agit du retour au Louvre, le 31 décembre 1913, du tableau volé en 1911 et retrouvé à Florence deux ans plus tard. Colette, venant le voir avec d'autres journalistes, trouve la scène aussi intéressante que l'œuvre d'art. La Joconde devient une starlette moderne prise en photo par des paparazzi.[21]

20. *Fait divers* (m.) = ce qui paraît dans un journal dans la catégorie d'accidents, suicides, petites scandales, etc.
21. *Paparazzi* (m. pl.) (italianisme) = reporters-photographes.

Avant de lire «La Joconde»

Préparation du vocabulaire

This exercise can be done in small groups and/or with the aid of a dictionary.

A. Lequel des mots suivants n'appartient pas au groupe? Expliquez.

1. poitrine, sein, couteau, main
2. bouche, pied, sourcil, lèvre, œil
3. reluire, éclair, brillant, seuil

Remind students to look for resemblances to words they know or resemblances to English words, notice the part of speech of the word, pay attention to prefixes or suffixes that carry meaning, and consider the context. Finally, encourage students to consult a good dictionary (French-French, as well as bilingual) for key words that they cannot figure out.

B. Vous connaissez de nombreuses techniques pour trouver le sens d'un mot. Dans les phrases suivantes, choisissez la définition des mots en italique parmi les possibilités indiquées. Discutez les raisons de votre sélection.

1. Les photographes arrivent armés, leurs appareils photographiques *en bandoulière*.
   a. dans un paquet entouré de ficelle
   b. suspendus autour de l'épaule comme une carabine
   c. qui ne fonctionnent pas

2. «La Joconde» est là sur *fond* de plantes vertes.
   a. le derrière d'une personne
   b. un décor
   c. meuble fait pour s'asseoir dans un jardin

3. Entre deux *éclairs de magnésium* on regarde «La Joconde».
   a. fausses pâtisseries
   b. colonnes
   c. flashes

4. Les journalistes *s'accoudent* devant le tableau.
   a. s'assoient sur des bancs entourant le tableau
   b. se mettent à genoux comme dans une église
   c. s'appuient du coude

5. Un homme dit à son camarade: «Saviez-vous qu'elle avait la lèvre *inférieure* aussi grasse?»
   a. déformée
   b. de mauvaise qualité
   c. du bas

Explain further the primary meanings of **éplucher: Quand on enlève la peau d'un fruit ou d'un légume, on l'épluche.**

6. Les journalistes *l'épluchent*, la découvrent, l'inventent.
   a. prennent des photos
   b. examinent avec soin, critiquent
   c. touchent

   (Réponses: 1b; 2b; 3c; 4c; 5c; 6b)

Pour mieux lire

C. Vous savez combien il est essentiel de savoir ce à quoi un pronom se réfère. Lisez le texte suivant une première fois en notant tous les pronoms. Puis, indiquez quel mot chaque pronom représente.

1. *Elle* (ligne 1)
2. lui (ligne 6)
3. lui (ligne 9)
4. la (ligne 9)

5. l' (ligne 11)
6. celle (ligne 15)
7. la, l' (ligne 18)
8. celle (ligne 19)

D. Dans ce texte, cherchez les éléments qui décrivent le tableau et les éléments qui décrivent ce qui entoure le tableau.

Au seuil, on lit d'un œil soupçonneux nos références.

La Joconde

A peine arrivée, *Elle* reçoit, sans cordialité d'ailleurs. Au seuil, on lit d'un œil soupçonneux nos références; il est juste de dire que la plupart des «intimes» qui pénètrent sont armés, objectif en bandoulière et magnésium jusqu'aux dents.

Elle est là, sur fond de plantes vertes. Le coin de la bouche et l'angle externe des yeux remontent ensemble, pour lui composer ce sourire intérieur, doux et suspect.

Entre deux éclairs de magnésium, les «intimes» s'accoudent devant elle, lui rendent sourire pour sourire, et la détaillent—pour la première fois.

—Comme elle reluit! Est-ce qu'ils l'ont revernie?[22]

—Et qu'est-ce qu'elle a sur la poitrine, là, entre les seins? On dirait un coup de couteau... Vous saviez, vous, qu'elle avait la lèvre inférieure aussi grasse?

—Oui, mais regardez, cher ami, combien la main droite, celle qui est le moins en évidence, est d'une exécution plus belle que la gauche!... etc.

Ils l'épluchent, la découvrent, l'inventent. Ils veulent l'aimer mieux que pour sa beauté, et parent[23] de faiblesses imaginaires celle à qui rien ne manque, et qui, pourtant, n'a pas de sourcils.

dans *Le Matin*, 1ᵉʳ janvier 1914

22. *(Re)vernir* = couvrir d'une matière transparente et protectrice.
23. *Parer* = décorer, habiller.

A propos du texte

A. Questions générales

1. Qui sont les «intimes»?
2. Parmi les reporters et photographes devant le tableau exposé de nouveau au Louvre, Colette nous rapporte ses impressions. Qu'est-ce que Colette remarque à propos de La Joconde? Qu'est-ce qu'elle remarque à propos des reporters et des photographes? A votre avis, de quoi nous parle-t-elle, de l'observée ou des observateurs?
3. Décrivez la scène vous-même. Quelle est l'atmosphère?

Appréciation littéraire

B. Quelle est la valeur des aspects suivants du texte?

1. Le mot «intimes»: Pourquoi ce mot au lieu d'un autre comme «journalistes», «reporters», etc.?
2. La dernière phrase: Quelle est l'ironie exprimée par Colette?
3. La personnification: Pourquoi Colette parle-t-elle de La Joconde comme si c'était une vraie personne plutôt qu'un portrait? Montrez des passages dans le texte où l'auteur traite La Joconde non pas comme une œuvre d'art mais comme une personnalité.

Réactions personnelles

C. Vous allez à une exposition voir un objet d'art (ou un monument ou un bâtiment) célèbre dont vous avez entendu parler ou que vous avez déjà vu en réproduction. Qu'est-ce que vous en dites à vos amis? Finissez les phrases suivantes.

Saviez-vous qu'il (elle) était si... ?
Il (elle) est plus... !
Il (elle) est vraiment comme... !
Regardez combien... !
On dirait... !
C'est le (la) plus... !, etc.

D. Dans «La Joconde», Colette fait le reportage d'un événement en prenant comme approche la réaction des spectateurs et du public qui y assistent. Faites le reportage d'un autre événement (pièce de théâtre, concert, film, événement sportif, etc.) en insistant sur la réaction des spectateurs.

Comme à la lumière de la lune

MARCEL PROUST

Marcel Proust (1871–1922), romancier et essayiste, est connu partout dans le monde littéraire. Son roman en sept volumes, *A la Recherche du temps perdu*, où le temps, reconstruit par la mémoire, joue un rôle principal, est un des grands chefs-d'œuvre du début du vingtième siècle.

Le texte présenté ici est une sorte de poème en prose tiré d'une œuvre de jeunesse, *Les Plaisirs et les jours* (1894), un recueil de récits (nouvelles) et de textes en prose lyrique. On voit déjà à quel point l'esthétique proustienne repose fondamentalement sur la comparaison, esthétique que le grand romancier réalisera pleinement dans son chef-d'œuvre, *A la Recherche du temps perdu*.

Avant de lire «Comme à la lumière de la lune»

Préparation du vocabulaire

A. Trouvez dans la colonne B la définition appropriée du mot de la colonne A.

A	B
apaisé	le contraire d'un souvenir; le fait d'oublier
attendrir	devenu épais
le bourdonnement	disperser
épaissi	bruit comme font les insectes
guéri	rendu tranquille
lointain	distant
un oubli	délivré d'un mal
rayonner	rendre plus tendre, plus gentil
répandre	irradier; briller

B. Décomposez cette phrase complexe en petites phrases simples. Notez qu'à chaque verbe correspond une phrase simple.

Par la fenêtre je voyais la maison, les champs, le ciel et la mer, ou plutôt il me semblait les «revoir» en rêve; la douce lune me les rappelait plutôt qu'elle ne me les montrait, répandant sur leur silhouette une splendeur pâle qui ne dissipait pas l'obscurité, épaissie comme un oubli sur leur forme.

Modèle: dissiper: La splendeur pâle ne dissipait pas l'obscurité.

voir	montrer
sembler	répandre
revoir	(être) épaissie
rappeler	

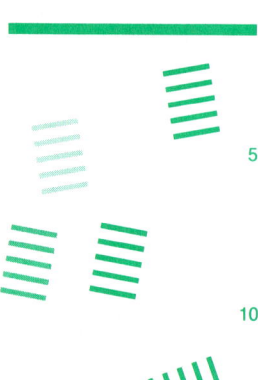

Pour mieux lire

C. En lisant ce texte, remarquez quelles idées du premier paragraphe sont répétées dans le deuxième et de quelles manières elles sont transformées.

Comme à la lumière de la lune

La nuit était venue, je suis allé à ma chambre, anxieux de rester maintenant dans l'obscurité sans plus voir le ciel, les champs et la mer rayonner sous le soleil. Mais quand j'ai ouvert la porte, j'ai trouvé la chambre illuminée comme au soleil couchant. Par la fenêtre je voyais
5 la maison, les champs, le ciel et la mer, ou plutôt il me semblait les «revoir» en rêve; la douce lune me les rappelait plutôt qu'elle ne me les montrait, répandant sur leur silhouette une splendeur pâle qui ne dissipait pas l'obscurité, épaissie comme un oubli sur leur forme. Et j'ai passé des heures à regarder dans la cour le souvenir muet, vague, en-
10 chanté et pâli des choses qui, pendant le jour, m'avaient fait plaisir ou m'avaient fait mal, avec leurs cris, leurs voix ou leur bourdonnement.

L'amour s'est éteint, j'ai peur au seuil de l'oubli; mais apaisés, un peu pâles, tout près de moi et pourtant lointains et déjà vagues, voici, comme à la lumière de la lune, tous mes bonheurs passés et tous mes
15 chagrins guéris qui me regardent et qui se taisent. Leur silence m'attendrit cependant que leur éloignement et leur pâleur indécise m'enivrent de tristesse et de poésie. Et je ne puis cesser de regarder ce clair de lune intérieur.

A propos du texte

A. Parmi les thèmes suivants, lesquels trouve-t-on dans ce texte?

le souvenir   l'amour   le silence
la photographie infrarouge   l'astronomie

B. Lequel des deux paragraphes décrit une scène du monde extérieur? Lequel décrit un état intérieur?

C. Quel est l'état d'esprit de l'auteur?

Appréciation littéraire

This is a good exercise for small group discussion.

D. Indiquez ce qui correspond dans le deuxième paragraphe aux idées suivantes du premier paragraphe.

1. «la nuit était venue»
2. la chambre
3. le soleil
4. les silhouettes
5. la lune
6. les voix, les cris, le bourdonnement qui se sont arrêtés

Réactions personnelles

E. Ce «poème» exprime un certain sentiment nostalgique devant le vide que laisse l'amour. Précisez ce sentiment. Quelles sont d'autres réactions possibles devant la perte de l'amour?

F. Décrivez—en un paragraphe—une scène de la nature: par exemple, une forêt en automne (feuilles mortes, ciel gris, bois humide, froid) ou la mer orageuse (vent, pluie). Comparez cette scène à un sentiment intérieur que vous décrivez dans un deuxième paragraphe.

Mise en perspective

For more help you could touch upon these questions: When does vision lie? When does introspective vision reveal truths that go deeper than outward vision?

1. **Analyse.** Expliquez l'importance du regard dans chacun de ces textes. Est-il le même dans les deux textes? Dans quels cas la vue fonctionne-t-elle comme métaphore?

2. **Analyse.** Dans chacun de ces textes assez courts, l'auteur se concentre sur un objet afin de faire un commentaire plus général. Analysez la technique employée. Quels sont les objets de la comparaison? Est-ce que le commentaire est une critique? Définissez le ton du texte.

Item 3:
If students need a hint, there is the perspective of the author-journalist describing the scene, that of the reporters and photographers observing the portrait, and, finally, that of the subject of the portrait looking out at the observers.

3. **Analyse.** N'y a-t-il pas trois perspectives différentes dans «La Joconde»? Et combien dans «Comme à la lumière de la lune»? Expliquez.

6 Raconter

L a fonction générale la plus satisfaisante du langage est sans doute la narration. On aime bien raconter une bonne histoire. On aime aussi écouter raconter une bonne histoire. Cette forme unique de communication va de la vieille tradition orale ou folklorique des cultures sans langue écrite jusqu'au scénario complexe d'un film. Ce qui nous concerne ici c'est à la fois la narration telle qu'elle se fait dans la conversation de tous les jours et la narration telle qu'elle se pratique dans la langue écrite moderne.

Comment provoquer au début la curiosité du public? Commencer par la fin et revenir en arrière pour fournir des détails captivants? Quels détails choisir? Comment les intégrer dans l'action? Dans quelle mesure faire des digressions sur les éléments psychologiques, par exemple, ou la peinture des caractères?[1] Quels effets le narrateur veut-il, en fin de

Live Trigger: Ask students to tell their (or your) favorite fairy tale. Ask them first for the main events. Have these written on the board, leaving space for more information to be added later. Then ask students to supply other information, details, background information, etc. As you proceed, ask for explanations of why they chose to use a particular tense or word.

---

1. *Peinture des caractères* (f.) = "characterization."

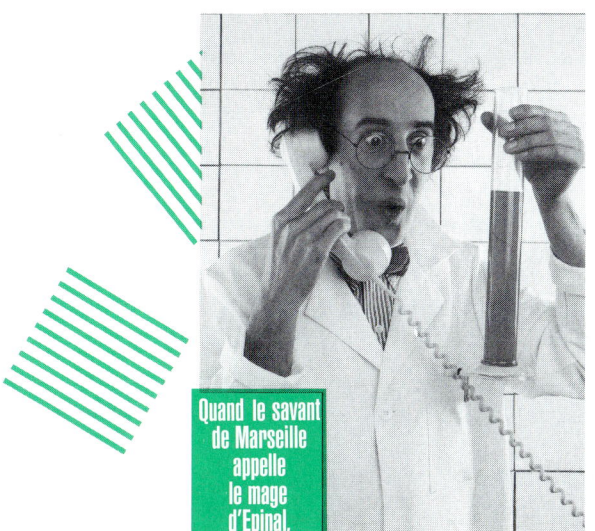

Quand le savant
de Marseille
appelle
le mage
d'Epinal,

3,70 F la minute,
ça vaut le coup de fil.

En France, le coût des communications
interurbaines (à plus de 100 km de chez vous),
a baissé.

L'Unité Télécom est passée de 0,77 F à 0,74 F soit une
baisse de 4% et de nouvelles plages horaires à tarifs réduits
(de - 30 à - 65 %), ont été mises en place.
Aujourd'hui, téléphoner à l'autre bout de la France,* c'est
moins cher, ça vaut le coup de fil.
*En France, téléphoner à 100 km ou plus, c'est le même prix.

TÉLÉCOMMUNICATIONS
Les nouveaux coûts de fil.

compte, produire sur son interlocuteur ou son lecteur? surprise? consternation? sympathie? La réponse à ces questions réside dans de nombreuses fonctions et structures que vous allez réviser, après quoi vous verrez deux modèles littéraires d'ordre assez différent. Avec ces techniques narratives, à vous de créer votre style lorsque vous racontez...

—Alors, j'ai pris de l'acide oxycalocarbohydronitronide pour le mélanger avec du sulfate de cuivre quand mon collègue, le professeur Tchowalçmnski, m'a demandé ce que je préparais. «Eh bien, Monsieur, lui dis-je, il s'agit de sulfate de cuivre!» Il me regarde bien en face et répète étonné: «de sulfate de cuivre!» J'affirme de nouveau: «de sulfate de cuivre! Nous allons produire un élixir qui transformera le monde!»

—Mais il s'agit d'acide aussi! Vous ne lui avez pas dit?

—Bien sûr que non! Vous m'avez précisé de n'en parler à personne.

—Vous avez bien fait! Et ensuite?

—Alors, après le départ de mon collègue qui n'en croyait pas ses oreilles, j'ai fait le mélange... et je constate le résultat extraordinaire...

—Qu'est-ce qui s'est passé?

—Le mélange est devenu... tout rouge! comme vous aviez dit.

—Ça alors, c'est le miracle!

—C'est le miracle!

1 Le présent pour raconter

Formation of the present tense is treated fully in Lesson 2, *Généraliser*, pp. 52–55

A. On raconte une histoire au présent pour la rendre plus vivante et plus immédiate, comme dans une anecdote ou une plaisanterie.

> Il me **regarde** bien en face et **répète** étonné: «de sulfate de cuivre!» **J'affirme** de nouveau: «de sulfate de cuivre!»

B. En résumant l'action d'un film, d'un poème, d'une pièce, d'un roman, d'une nouvelle, d'un conte, on emploie le présent.

You could explain that **la logique de résumer une œuvre de fiction au présent vient du fait que chaque lecteur—spectateur, auditeur— «découvre» l'histoire pour la première fois et qu'elle existe donc «au présent».**

> Dans *Alice au pays des merveilles*, Alice **rencontre** toutes sortes de créatures étranges qui lui **disent** des choses bizarres.
> Je viens de revoir le ballet *Casse-Noisette* de Tchaïkovski. Dans ce ballet, une petite fille **reçoit** un cadeau pour Noël, un casse-noisettes qui **devient** un beau prince.
> Une véritable amitié **naît** entre deux paumés,[2] mais l'un d'eux **est** abattu par des tueurs.

4 juin

MARDI 1

20.50

TCHAO PANTIN

Film français (1983). Durée TV : 1 h 32 (sans la publicité). Rediffusion. Réalisateur : **Claude Berri**. Scénario : **Claude Berri**, d'après le roman d'**Alain Page**. Musique : **Charlélie Couture**.
Avec **Coluche** (Lambert), **Richard Anconina** (Bensoussan), **Agnès Soral** (Lola), **Philippe Léotard** (Bauer), **Mahmoud Zemmouri** (Rachid), **Ahmed Ben Isamel** (Mahmoud), **Mickael Pichet** (Mickey), **Michel Paul** (Momo), **Annie Kerani**, **Albert Dray**, **Pierrik Mescam** .
Drame. Une véritable amitié naît entre deux paumés, mais l'un d'eux est abattu par des tueurs.

Coluche

Lambert, pompiste de nuit alcoolique et solitaire, venu d'on ne sait où, mène une vie morne. Une nuit, il rencontre Bensoussan, un jeune dealer de drogue orphelin, moitié juif, moitié arabe et aussi solitaire que Lambert. Une profonde amitié, qui ressemble aussi aux liens d'un père et d'un fils, naît entre les deux paumés. Mais Bensoussan commet une indélicatesse envers le réseau de drogue pour lequel il travaille. Deux tueurs le traquent et le tuent. Lambert retrouve une énergie qu'il avait oubliée : il décide de venger son ami, avec un acharnement tranquille qui sert les vues de l'inspecteur Bauer. **Notre avis** : pour adultes et adolescents.

---

2. *Paumé* (m.) = une personne un peu perdue, pas très bien adaptée à la vie «normale».

Exercice

1a. Employez le vocabulaire donné pour raconter *au présent* l'intrigue des histoires suivantes.

Modèle: Œdipe (tuer, père, épouser, savoir, apprendre, se crever les yeux, s'en aller)

Œdipe tue son père, le roi de Thèbes, et il épouse la reine qui est aussi sa mère. Il ne sait pas que ce sont ses parents, mais quand il l'apprend, il se crève les yeux et il s'en va en exil.

1. La Petite Miss Muffet (manger du lait caillé, une araignée, s'asseoir, faire peur à, s'enfuir)
2. Roméo et Juliette (se disputer, s'aimer, se marier, se suicider)
3. «Exercices de style» (observer, s'irriter, se précipiter, revoir, indiquer)
4. Le Petit Chaperon rouge (une petite fille, marcher, aller chez, rencontrer, un loup, parler, arriver, s'étonner, surprendre, manger)
5. Les Trois Ours (Boucles d'or, se promener, se perdre, entrer, s'asseoir, manger, se coucher, rentrer, voir, parler, échapper)
6. le meilleur film de l'année (employez les verbes appropriés)

2 Le futur

Il y a deux façons d'indiquer une action future en français: le *futur* et le *futur immédiat.*

A. Le futur

On emploie le futur pour exprimer une action, une condition ou une situation précises et définies dans l'avenir.

> En 2025 **il y aura** en Californie autant de gens de langue espagnole que de langue anglaise.
> Dans plusieurs années **nous aurons** tous des idées différentes.
> **Elles voyageront** beaucoup avec vous.

LA FORMATION DU FUTUR

On ajoute les terminaisons du futur au radical qui est dérivé de l'infinitif.

je **-ai**	nous **-ons**
tu **-as**	vous **-ez**
il/elle/on **-a**	ils/elles **-ont**

1. Pour les verbes réguliers en **-er** et **-ir,** le radical est l'infinitif.

donner	→	je **donner**ai
souffrir	→	je **souffrir**ai
se dépêcher	→	je me **dépêcher**ai

2. Pour les verbes en **-re,** le radical est l'infinitif moins **-e.**

boire	→	je **boir**ai
connaître	→	je **connaîtr**ai

See discussion of spelling changes in Lesson 2, *Généraliser,* p. 53.

3. Les verbes en **-yer, -eler, -eter, -ener,** etc. (e.g., **payer, appeler, acheter, amener**) subissent des changements orthographiques. Le radical est basé sur la forme **je** du présent, à laquelle on ajoute **r** et la terminaison du futur.

j'emploie	→	j'**emploier**ai
j'appelle	→	j'**appeller**ai
j'achète	→	j'**achèter**ai
j'amène	→	j'**amèner**ai
Mais: je préfère	→	je **préférer**ai (basé sur l'infinitif)

4. Il y a d'autres verbes qui ont un radical irrégulier.

VERBE	RADICAL	VERBE	RADICAL
aller	**ir-**	mourir	**mourr-**
avoir	**aur-**	pleuvoir	**pleuvr-**
courir	**courr-**	pouvoir	**pourr-**
devoir	**devr-**	recevoir	**recevr-**
envoyer	**enverr-**	savoir	**saur-**
être	**ser-**	venir	**viendr-**
faire	**fer-**	voir	**verr-**
falloir	**faudr-**	vouloir	**voudr-**

B. Le futur immédiat

1. Formation
On forme le futur immédiat avec:

> **aller** + infinitif

> Demain je **vais faire** les courses, parce que je suis trop fatigué aujourd'hui.
> Qui **va m'accompagner** en vacances?
> Nous **allons** tous **faire** du ski en décembre.

2. Emploi
Le futur immédiat indique surtout un avenir plus ou moins proche. Dans la langue parlée il peut remplacer le futur dans presque tous les cas.

> Nous **allons produire** un élixir extraordinaire!
> Mon garçon, tu **vas** d'abord l'**essayer!** (Carrier)
> ... il **va falloir** que j'écrive à M. Eaton. (Carrier)

Exercices

2a. Comment sera votre avenir? Ferez-vous les choses suivantes? Employez le futur et ajoutez des précisions.

Modèle: voyager au Japon
Oui, je voyagerai au Japon où j'irai à Tokyo et à Kyoto.

1. recevoir votre diplôme
2. aller à la faculté de médecine
3. vous marier
4. avoir des enfants
5. rouler en Ferrari décapotable[3]
6. mettre de l'argent à la banque
7. inventer un nouveau produit
8. poser votre candidature à un poste politique
9. habiter à Paris
10. devenir célèbre

2b. Racontez exactement ce que vous allez faire ou n'allez pas faire demain (dix phrases).

Modèle: *Demain je ne vais pas me lever à 5 h, mais à 8 h.*
A 9 h je vais... etc.

---

3. *Décapotable* = "convertible."

3 Le passé composé et l'imparfait

Pour une narration au passé, on emploie le passé composé pour les *événements* de l'histoire (**Qu'est-ce qui s'est passé?**) et l'imparfait pour les *descriptions* du décor, de la situation, des circonstances, des habitudes (**Comment étaient les choses?**)—tout ce qui ne fait pas avancer l'histoire.

La vie de Mathilde n'**était** pas très heureuse. Chaque jour elle **faisait** les lits, **arrangeait** un peu l'appartement, **sortait** faire les courses. Elle **s'ennuyait** énormément. Un jour, elle **a reçu** une annonce dans le courrier qui **indiquait** que pour une petite somme d'argent elle **pouvait** devenir agent de voyages. Elle **a décidé** de changer de vie, elle **a quitté** sa famille, et elle **est partie** chercher fortune comme agent de voyages dans une ville lointaine.

LA FORMATION DU PASSÉ COMPOSÉ[4]

Le passé composé est formé de deux éléments: un auxiliaire (**avoir** ou **être**) + *le participe passé*. La vaste majorité des verbes prennent **avoir** comme auxiliaire et sont conjugués ainsi:

j' **ai écouté**	nous **avons écouté**
tu **as écouté**	vous **avez écouté**
il/elle/on **a écouté**	ils/elles **ont écouté**

1. L'auxiliaire fonctionne comme l'élément verbal fondamental. La négation, l'interrogation et la place des pronoms objets sont donc déterminées par rapport à l'auxiliaire. Après, on ajoute le participe passé:

je **n'ai pas**		Est-ce que j'**ai**	
tu **n'as pas**		**As**-tu	
il/elle/on **n'a pas**	fini	**A-t**-il/elle/on	répondu?
nous **n'avons pas**		**Avons**-nous	
vous **n'avez pas**		**Avez**-vous	
ils/elles **n'ont pas**		**Ont**-ils	

Elles l'**ont vu** hier.
Je les **ai mis** sur la table.

Nous ne le leur **avons** pas **dit.**
M'**avez**-vous **téléphoné?**

---

4. La formation de l'imparfait se trouve dans la Leçon 2, *Généraliser,* pages 56–57.

2. Une vingtaine de verbes prennent l'auxiliaire **être**. Les plus importants sont: **aller, arriver, descendre, devenir, entrer, monter, mourir, naître, partir, passer, rentrer, rester, retourner, revenir, sortir, tomber, venir.**

Je **suis** arrivé à l'heure.	Nous **sommes** rentrés.
Tu n'**es** pas sorti hier soir.	**Etes**-vous revenus tôt?
Il **est** parti à la Havane.	Elles **sont** mortes.

3. Tous les verbes pronominaux (**s'en aller, se souvenir, se réveiller,** etc.) prennent l'auxiliaire **être.**

Les oiseaux se **sont** baignés dans la fontaine.
Nous nous **sommes** réveillés très tôt.

LE PARTICIPE PASSÉ

1. Tous les verbes en **-er** ont leur participe passé en **-é.** Tous les verbes *réguliers* en **-ir** (types **finir** et **partir**) ont leur participe passé en **-i.** Tous les verbes *réguliers* en **-re** ont leur participe passé en **-u.**

VERBES EN **-er**	VERBES RÉGULIERS EN **-ir**	VERBES RÉGULIERS EN **-re**
trouver → trouv**é**	finir → fin**i**	attendre → attend**u**
envoyer → envoy**é**	réussir → réuss**i**	rompre → romp**u**
chanter → chant**é**	partir → part**i**	entendre → entend**u**
aller → all**é**	sentir → sent**i**	vendre → vend**u**

2. Les verbes *irréguliers* ont souvent un participe passé irrégulier.

s'asseoir	**assis**	écrire	**écrit**	pouvoir	**pu**
avoir	**eu**	être	**été**	prendre	**pris**
boire	**bu**	faire	**fait**	recevoir	**reçu**
conduire	**conduit**	falloir	**fallu**	rire	**ri**
connaître	**connu**	lire	**lu**	savoir	**su**
courir	**couru**	mettre	**mis**	suivre	**suivi**
craindre	**craint**	mourir	**mort**	venir	**venu**
croire	**cru**	naître	**né**	vivre	**vécu**
découvrir	**découvert**	offrir	**offert**	voir	**vu**
devoir	**dû**	ouvrir	**ouvert**	vouloir	**voulu**
dire	**dit**	pleuvoir	**plu**		

L'ACCORD DU PARTICIPE PASSÉ

1. Pour les verbes qui prennent **être** comme auxiliaire, le participe passé s'accorde avec *le sujet*.

> Elle est arrivé**e** à l'heure.   Nous sommes rentré**(e)s.**
> Tu n'**es** pas sorti**e** hier, Anne?   Etes-vous revenu**(e)s**?
> Ils sont parti**s** à la Havane.   Elles sont mort**es.**

2. Quand il y a un complément d'objet *direct* qui *précède* le verbe, le participe passé fonctionne comme un adjectif et s'accorde en genre et en nombre avec l'objet.

> Ma voiture? Pierre l'a pri**se.**
> Quels **films** avez-vous vu**s?**
> **Ceux que** j'ai vu**s** n'étaient pas tellement intéressants.
> Vous voulez **les fleurs que** Daniel a offert**es** à Sara.

Remarquez: Si une de ces conditions essentielles est absente (s'il n'y a pas d'objet direct ou si l'objet direct ne précède pas le verbe), le participe passé reste invariable, c'est-à-dire, au masculin singulier.

> François a vu Monique et il lui a **rendu** sa clé. (**lui** = objet *indirect*)
> Ils ont **emporté** les paquets. (**les paquets** *ne précède pas* le verbe)

3. Pour les verbes pronominaux, le participe passé s'accorde comme pour les verbes qui prennent **avoir,** avec le complément d'objet *direct précédent.*

> Elle **s'**est lavé**e.** (= Elle a lavé tout son corps.)

Mais: Elle s'est lavé **la figure.** (L'objet direct, **figure,** ne précède pas le verbe. Dans cette phrase le pronom réfléchi **se** est complément d'objet *indirect.*)

> Nous **nous** sommes regardé**s.** (L'objet direct est le deuxième **nous,** qui précède le verbe.)

Mais: Nous nous sommes écrit. (Ici, le deuxième **nous** fonctionne comme objet *indirect:* on écrit **à** quelqu'un.)

> Il s'est rappelé **sa première petite amie.** (L'objet direct, **première petite amie,** ne précède pas le verbe.)

Mais: Il se l'est rappelé**e.** (L'objet direct, **la** > **l',** précède le verbe.)

Emplois du passé composé et de l'imparfait

Dans une narration le passé composé et l'imparfait coexistent, chacun ayant ses propres implications. Souvent le choix du temps dépend du point de vue (narratif ou descriptif) voulu par celui qui parle ou écrit.

A. Le *passé composé* exprime l'action ou la réaction tandis que l'*imparfait* décrit l'état des choses ou des personnes. Beaucoup de verbes au sens descriptif (d'une situation physique ou mentale) s'emploient normalement à l'imparfait.[5]

> Je **n'ai pas vendu** ma voiture parce qu'elle **était** encore en bon état.
> Il **s'est endormi** parce qu'il **avait** sommeil.
> Ce matin je me **suis** levé du pied gauche.[6]
> Il **manquait** un palais à Dakar.

—"Ce matin, je me suis levé du pied gauche."

---

5. Voir Leçon 3, *Décrire*, p. 97.
6. *Se lever du pied gauche* = "to get up on the wrong side of the bed."

B. Le *passé composé* exprime une action ou une situation perçues comme terminées au passé, tandis que l'*imparfait* exprime une action ou une situation perçues comme en progression.

  1. Souvent le passé composé indique une action qui coïncide, à un moment précis, avec une autre action indiquée par l'imparfait.

> Nous **parlions** de Joseph quand **il est arrivé.**
> (action en progression: nous parlions.
> action finie: il est arrivé.)

> Boucles d'or **dormait** quand les trois ours **sont rentrés.**

Remarquez: L'expression **être en train de** + *infinitif* s'emploie également à l'imparfait pour accentuer la durée continue de l'action décrite.

> Lise **était en train de** parler au téléphone quand on a sonné à la porte.

  2. L'imparfait indique également le décor quand une autre action fait avancer l'histoire.

DÉCOR ⌈ Dimanche, dans le parc, les gens **s'amusaient.** Les enfants **jouaient** et **faisaient** du patin à roulettes, les parents **parlaient** et **se promenaient.** On **regardait** les cerfs-volants[7] dans le ciel.

ACTION ⌈ Tout à coup on **a entendu** un bruit horrible, un accident de voiture, qui **a mis** fin au calme heureux de la journée.

C. Le passé composé contraste avec l'*imparfait* qui peut indiquer une habitude ou une action répétée. Quand on indique le nombre de fois qu'une action est répétée, on emploie le *passé composé.*

> Pendant ma jeunesse je **sortais** le dimanche avec mes parents. Quelquefois nous **allions** chez mes grands-parents, d'autres fois nous **visitions** un musée ou nous **voyions** un film.
> Je **suis sorti** dimanche dernier avec mes amis. Nous **sommes allés** à la plage.
> J'**ai vu** le film *Casablanca* cinq fois.
> Henri VIII **s'est marié** six fois.

Remarquez: Si l'intervalle de la durée d'une action est spécifié, on emploie le passé composé.

> Il **a habité** Paris *pendant un an.*
> Nous **avons dansé** *toute la nuit.*

It is not necessary to present the case of a regularly repeated action within a limited period of time, e.g., **Nous pratiquions cette routine trois ou quatre fois par mois.**

---

7. *Cerf-volant* (m.) = "kite."

D. L'emploi du passé composé peut indiquer une action qui a lieu à un moment précis ou qui a lieu brusquement. Cela peut aussi indiquer une réaction physique ou mentale.

> Le 17 octobre 1989 à 17 h 04 il y **a eu** un tremblement de terre. (brusque, moment précis)
> J'**ai été** choquée par ces nouvelles. (réaction, moment précis)
> Quand elle a vu les fleurs elle **a compris** qu'il était vraiment désolé. (réaction)
> Il a goûté les huîtres et il ne les **a** pas du tout **aimées.** (réaction)

Exercices

3a. Voici les activités normales de la matinée d'Annie. Hier était une matinée ordinaire. Racontez sa matinée en mettant les phrases au passé composé ou à l'imparfait.

Annie se réveille à 7 heures.
Elle est encore fatiguée mais elle se lève et elle s'habille.
Elle prend son petit déjeuner très vite parce qu'elle est en retard.
Elle va à l'arrêt d'autobus devant la pharmacie.
Dans l'autobus elle peut lire le journal si elle veut.
Deux personnes qu'Annie connaît montent dans l'autobus.
Tous les copains se disent bonjour.
Bientôt Annie arrive à sa destination et elle descend de l'autobus.

Select one student to be the **inspecteur** and ask these two questions of each of the "suspects."

3b. Il y a eu un meurtre dans le Grand Hôtel. Le détective interroge les résidents de l'hôtel. Formulez les réponses de chacun en employant les verbes indiqués au temps correct. L'inspecteur demande à chacun d'abord *Qu'est-ce que vous faisiez quand vous avez entendu le coup de pistolet?* et puis *Qu'est-ce que vous avez fait quand vous avez entendu le coup de pistolet?*

Modèle: Mme Blanc: travailler dans la cuisine / crier
            Quand j'ai entendu le coup de pistolet, je travaillais dans la cuisine. J'ai crié.

1. Mlle Scarlett: se regarder dans le miroir / décider que ce n'était pas grave
2. Le colonel Moutarde: dormir / se réveiller et se lever
3. Mme Violet: jouer au solitaire / s'évanouir[8]
4. Le docteur Noir: se promener dans le jardin / chercher la source du bruit
5. Monsieur LeBrun: prendre un café / renverser son café sur sa chemise

---

8. *S'évanouir* = perdre conscience.

3c. Lisez les phrases descriptives de chaque groupe. Pensez à trois événements qui semblent constituer la suite logique de ces descriptions.

Modèle: Les spectateurs se bousculaient pour mieux voir. Il faisait chaud. La foule s'impatientait. On apercevait «Air Force I».
Tout à coup il est arrivé! L'avion du Président a atterri, et le Président est descendu en souriant et en faisant des signes amicaux.

Some relevant vocabulary: **(cérémonie de) la remise des diplômes, discours, défiler, toge, toque,** etc.

1. C'était la fin de l'année scolaire. Il faisait beau. Les étudiants, tous habillés de la même façon pour la cérémonie, étaient très impatients. Les parents étaient émus…
2. Christophe Colomb croyait que la Terre était ronde. La reine Isabelle était riche. Elle était intriguée par la théorie de ce navigateur italien…
3. Il y avait des couleurs brillantes partout. On pouvait voir une route de briques jaunes qui disparaissait au loin. Deux pieds sortaient de dessous la maison et portaient des chaussures de rubis…

Have this exercise done in groups or in pairs. Ask some groups to create a sad story, some to create a happy story.

This exercise prepares students for reading "Fiesta," page 251–253, which is, in contrast to this exercise, entirely in the present tense, as it is a film scenario. After reading "Fiesta," have students compare the story they have created here to the story proposed by Boris Vian.

Possible written exercise: **Finissez cette histoire selon votre imagination.**

3d. Les phrases suivantes constituent l'essentiel d'une histoire. Ajoutez plusieurs phrases à l'imparfait pour créer un décor, une description de la situation et des circonstances selon votre imagination.

Modèle: Dans un pauvre port de pêche en Amérique du Sud, des hommes…, des enfants…
… des hommes dormaient, des enfants jouaient au bord de la mer. Tout le monde suivait une routine lente et monotone.

Un des enfants, Pedrito…
Subitement, à l'horizon, il a vu un bateau apparemment abandonné.
Le bateau…
Quelques pêcheurs ont pris un bateau et sont allés jusqu'au petit bateau.
Sur le petit bateau on a trouvé un grand homme blond qui…
Les pêcheurs…
Ils ont ramené l'étranger au village et on a préparé une fête.
A la fête on…
Le grand étranger blond…
Les femmes…
Les hommes…
Une des femmes, Maria, a séduit l'étranger.
Mais son amant Manoel…

3e. Qu'avez-vous fait pendant les espaces de temps suivants? Répondez en employant le passé composé.

Modèles: pendant quatre ans
Je suis allé au lycée pendant quatre ans.

20 minutes
J'ai couru vingt minutes ce matin.

Alternative: Indiquez pendant combien de temps vous avez fait les actions suivantes hier: dormir, manger, étudier, etc.

1. une heure
2. pendant de longues années
3. longtemps
4. pendant huit heures
5. pendant une semaine

3f. Quand vous étiez petit(e) faisiez-vous ou avez-vous fait les choses suivantes? Si vous les avez faites plusieurs fois, indiquez combien de fois. Si vous les faisiez habituellement, employez l'imparfait pour l'indiquer. Si vous ne les avez pas faites ou si vous ne les faisiez pas, répondez au négatif selon le cas.

Modèles: visiter la statue de la Liberté
J'ai visité la statue de la Liberté deux fois. ou
Je n'ai pas visité la statue de la Liberté.

parler anglais à la maison
D'habitude, je parlais anglais à la maison. ou
D'habitude, je ne parlais pas anglais à la maison.

1. aller à Disneyland
2. rouler à vélo
3. voir le film *ET.*
4. regarder Bill Cosby à la télé
5. faire du camping
6. voyager en avion
7. jouer avec des amis
8. visiter un autre pays
9. se casser le bras / la jambe
10. écrire des lettres

This fable is in La Fontaine as well as Æsop.

3g. Mettez l'histoire suivante au passé.

Il fait très beau à la campagne ce jour-là.
Les champs autour de la ferme sont magnifiques.
Une jeune fille de la ferme, qui s'appelle Perrette, marche le long de la route.
Elle porte un pot sur la tête.
Dans le pot il y a du lait.
Perrette va vendre le lait au marché.
Elle espère réaliser un profit important.
Elle pense pouvoir alors acheter des œufs et des poules et vendre plus d'œufs.
Elle rêve d'avoir aussi un cochon, puis une vache.
Et alors avec le cochon et la vache… mais, à ce moment-là, soudain, une voiture arrive.
L'automobiliste klaxonne très fort.
Perrette a peur. Elle sursaute. Elle tombe.
Le pot plein de lait tombe aussi.
Le pot se casse.
Adieu poules, œufs, cochon, vache!

For exercises on forms of the conditional, see **Pratique** section of the Workbook.

3h. Demandez à un(e) camarade de vous raconter…

1. ce qu'il (elle) a fait hier soir.
2. comment il (elle) a décidé de venir à cette université.
3. ce qui s'est passé dans le dernier épisode de son émission préférée à la télé.
4. comment ses parents se sont rencontrés.
5. ce qu'il (elle) a fait pour fêter son dernier anniversaire.

Encourage fully developed stories as responses to these questions, using both the passé composé and the imparfait. You could also ask several students to respond to each question, as answers will vary widely according to personal experience.

4 Le conditionnel pour exprimer le futur dans un contexte passé

A. Le conditionnel

Le futur du passé (le futur dans un contexte passé) est exprimé par le *conditionnel*.

> Le petit garçon n'a jamais pensé qu'un jour il **serait** grand.
> Ma mère espérait que je **rentrerais** avant minuit.
> Hier je ne savais pas qu'**il pleuvrait** aujourd'hui.

Other uses of the conditional are discussed in Lesson 9, *Ordonner et interdire* and Lesson 10, *Exprimer l'hypothèse.*

LA FORMATION DU CONDITIONNEL PRESENT

Le conditionnel présent est formé régulièrement pour *tous* les verbes. Au *radical du futur* (voir p. 222, ci-dessus) on ajoute les *terminaisons de l'imparfait.*

1. Verbes en **-er** et **-ir** (le radical du futur est l'infinitif)

donner

je **donner***ais*	nous **donner***ions*
tu **donner***ais*	vous **donner***iez*
il/elle/on **donner***ait*	ils/elles **donner***aient*

As with the *future* of **-er** verbs, you may want to give «**la règle des trois consonnes**» or elicit the rule from examples: **On ne prononce pas le «e» dérivé de l'infinitif (je donnẹrais, vous écoutẹrez) sauf dans le cas des verbes ayant déjà deux consonnes prononcées contiguës (je parlerais). Avec les terminaisons** *-ions, -iez* **du conditionel, le e précédent est toujours prononcé parce que la demi-consonne compte comme une troisième consonne (nous donnerions, vous écouteriez). On ne prononce pas trois consonnes de suite.**

2. Verbes en **-re** (le radical du futur est l'infinitif moins **e**)

rendre

je ne **rendrais** pas
tu ne **rendrais** pas
il ne **rendrait** pas... etc.

3. Verbes irréguliers (le radical du futur est irrégulier)

vouloir

voudrait-elle?
voudriez-vous?
voudraient-ils?... etc.

B. Le futur immédiat
Le passé du futur immédiat (**aller** + *infinitif*) est toujours à l'imparfait et exprime aussi le futur dans un contexte passé.

Jacqueline pense qu'elle va parler avec Madame Pelin.
Jacqueline *pensait* qu'elle **allait parler** avec Madame Pelin.

Marcel sait que nous allons partager également les bénéfices.
Marcel *savait* que nous **allions partager** également les bénéfices.

Exercices

4a. Quand vous étiez encore au lycée, comment imaginiez-vous votre vie à l'université? Employez le conditionnel dans vos réponses.

1. Saviez-vous que vous suivriez un cours de français?
2. Où imaginiez-vous que vous habiteriez? Quelle sorte de chambre imaginiez-vous?
3. Comment imaginiez-vous vos amis?
4. Pensiez-vous que votre vie serait différente de ce qu'elle est? Précisez.

4b. Finissez les phrases au passé du futur immédiat.
Hier je croyais que ce matin il...
Et je ne savais pas que je...
J'étais sûr(e) que quelqu'un...
Et je pensais qu'un(e) de mes ami(e)s...
Je savais que dans mon cours de français...

5 Le passé simple

Although the passé simple is often designated as a *temps littéraire,* intermediate students should understand that it does occur outside of literature in other contexts, written or spoken, whenever the formality of the occasion or the formal attitude of the speaker or writer assumes it appropriate.

Mention that the **imparfait** does not change, whether the **passé composé** or the **passé simple** is used.

A. Dans la littérature, le passé simple est l'équivalent du passé composé. Vous avez déjà étudié les formes du passé simple dans la première leçon (pp. 32–33).

français littéraire (Maupassant)

Il **épousa** une jolie fille.	= Il a épousé une jolie fille.
Ils **vécurent** à Paris.	= Ils ont vécu à Paris.
Il **se crut** sûr du succès.	= Il s'est cru sûr du succès.

B. Le passé simple peut aussi s'employer dans tout texte écrit,[9] selon le sérieux du sujet traité ou de l'auteur: histoire, biographie, encyclopédie, dictionnaire, journal quotidien, revue hebdomadaire, périodique professionnel ou savant, etc. Un ton ou une perspective historiques sont particulièrement susceptibles d'entraîner le passé simple. Cet emploi est presque toujours limité à la troisième personne et, moins souvent, à la première personne du singulier.

Elias **eut** à subir, bien sûr, les horreurs de la première guerre puisqu'il avait l'âge d'être soldat. *(Le Nouvel Observateur)*	(= Elias *a eu* à subir...)
Jacques Chaban-Delmas[10] **tenta** de promouvoir la «nouvelle société.» *(Le Monde)*	(= Jacques Chaban-Delmas *a tenté...*)
Roosevelt **devint** président des Etats-Unis en 1933. *(Petit Larousse)*	(= Roosevelt *est devenu* président...)
Trois fois vainqueur en Himalaya, Eric Escoffier n'a pas oublié qu'il **fit** ses premiers pas en Babybotte.	(= ... qu'*il a fait* ses premiers pas...)

---

9. Dès qu'il s'agit de français écrit le problème de l'expression du passé se pose. L'usage moderne voit même alterner l'emploi du passé composé et du passé simple. Dans ce cas, le passé simple apporte un accent historique particulier: «Or Leningrad n'est pas seulement illustre pour le rôle qu'y *a joué* Lénine. Elle *a subi* de 1941 à 1944, neuf cents jours d'une siège impitoyable. . . la ville **ne céda pas** [= *n'a pas cédé*].» (*Le Monde*)

10. *Jacques Chaban-Delmas* = maire de Bordeaux depuis 1947, premier ministre de France 1969–1972.

Exercice

This exercise prepares students for the structures in the reading, «Une abominable feuille d'érable sur la glace», pp. 258–260.

5a. Voici l'histoire d'un incident dans la vie d'un petit garçon. Refaites les phrases suivantes en remplaçant les temps de la langue littéraire par un temps ou une construction équivalents de la langue courante.

1. Mon chandail devint trop petit.
2. Ma mère commença de feuilleter un catalogue.
3. Elle prit son papier à lettres et elle écrivit.
4. Elle demanda un nouveau chandail.
5. On répondit rapidement; le nouveau chandail arriva.
6. J'eus une mauvaise surprise en voyant ce chandail.
7. Je trouvai assez de force pour dire: «Je ne porterai jamais ce chandail».
8. Ma mère essaya le chandail sur moi.
9. Je refusai de le porter.
10. Ma mère eut un gros soupir et elle m'expliqua que c'était nécessaire.
11. Je fus donc obligé de le porter.
12. Quand j'arrivai au match tous mes amis s'approchèrent pour regarder ça.
13. Je partis.

6 Discours direct et discours indirect

A. Discours direct
Pour raconter ce qu'une autre personne a dit, on peut citer exactement ses paroles (entre guillemets: «... »). C'est le *discours direct.*

> Marie Antoinette a dit: «Qu'ils mangent de la brioche!»
> Hamlet s'est dit: «Etre ou ne pas être... voilà la question!»
> Patrick Henry a déclaré: «Donnez-moi la liberté ou donnez-moi la mort!»

1. Si on cite au présent la personne qui parle, c'est le *discours direct présent:*

> Aujourd'hui Nathalie **dit:** «Je suis très fatiguée.»

2. Si on cite au passé, c'est le *discours direct passé:*

> Hier Nathalie **a dit:** «Je suis fatiguée».

B. Discours indirect
Mais quand on raconte une histoire, on se sert normalement du discours indirect. Le plus souvent on remplace la citation exacte (entre guillemets: «... ») par **que** + *une construction à la troisième personne* **(il, elle, ils, elles).**

> Nathalie *dit* **qu'elle est fatiguée.** (discours indirect présent)
> Nathalie *a dit* **qu'elle était fatiguée.** (discours indirect passé)

1. Si on raconte au présent ce que quelqu'un dit, c'est le *discours indirect présent.*

> Rhett fait sa valise et **annonce** son départ. Scarlett l'**implore** de rester parce qu'elle s'inquiète. Rhett **répond** que cela lui est égal et puis il s'en va. (d'après *Autant en emporte le vent* de Margaret Mitchell)

> Quelqu'un frappe à ma porte. Je l'ouvre... et je vois un gendarme qui me **dit** que la police encercle mon jardin. J'ai peur. Je lui **demande** si c'est un voleur, un trafiquant, un gangster... un fou. Mais il me **répond** que c'est simplement le chat de mon voisin qui ne peut pas descendre de mon toit.

2. Quand on raconte au passé ce que quelqu'un a dit, c'est le *discours indirect passé.*

> Quelqu'un a frappé à ma porte. Je l'ai ouverte... et j'ai vu un gendarme qui **m'a dit** que la police encerclait mon jardin. J'ai eu peur. Je lui **ai demandé** si c'était un voleur, un trafiquant, un gangster... un fou. Mais il m'**a répondu** que c'était simplement le chat de mon voisin qui ne pouvait pas descendre de mon toit.

C. Verbes au discours indirect

1. Au discours indirect, il faut introduire la citation par un verbe de communication. Pour éviter la répétition de **dire,** on peut aussi employer d'autres verbes comme:

ajouter	constater	préciser	démontrer
expliquer	déclarer	écrire	téléphoner
indiquer	demander	montrer	répondre

> Le 18 juin 1940 de Gaulle s'est adressé aux Français en leur parlant de la radio de Londres. Il leur **a dit qu'**il ne fallait pas se rendre. Il **a déclaré que** l'armistice était une trahison et ne représentait pas la volonté de la nation. Il **a expliqué que** les forces françaises d'Afrique, d'Asie et d'Amérique allaient continuer la lutte. Il **a précisé qu'**elles disposaient de vastes ressources. Le général **a indiqué que** le vrai gouvernement de la France libre se trouverait désormais à Londres **en ajoutant qu'**il serait lui-même chef des forces françaises libres.

2. Au discours indirect *passé,* le temps des verbes dans la citation change ainsi:

DISCOURS DIRECT		DISCOURS INDIRECT PASSÉ
Le présent	→	l'imparfait
Le passé composé	→	le plus-que-parfait
Le futur	→	le conditionnel

discours direct	*discours indirect*
Elle a dit: «Je **suis** fatiguée».	Elle *a dit* qu'elle **était** fatiguée.
Catherine a dit: «J'**ai mangé,** j'**ai fait** mes devoirs et je **me suis couchée**».	Catherine *a dit* qu'elle **avait mangé,** qu'elle **avait fait** ses devoirs et qu'elle **s'était couchée.**
Il me disait toujours: «Je te **téléphonerai** bientôt».	Il me *disait* toujours qu'il me **téléphonerait** bientôt.

The use of the *plus-que-parfait* is also covered in Lesson 7, *Indiquer la chronologie*, p. 265.

LA FORMATION DU PLUS-QUE-PARFAIT

Le plus-que-parfait est formé avec *l'imparfait de l'auxiliaire + le participe passé*.

PASSÉ COMPOSÉ	PLUS-QUE-PARFAIT
J'ai mangé.	J'**avais mangé.**
Il a pris une photo.	Il **avait pris** une photo.
Nous sommes arrivés.	Nous **étions arrivés.**
Il ne m'a pas vu.	Il **ne** m'**avait pas vu.**
Elle s'est couchée.	Elle **s'était couchée.**

Remarquez: L'imparfait, le conditionnel et le subjonctif ne changent pas au discours indirect passé.

discours direct

Vous avez déclaré: «Mes parents **étaient** très stricts».

Elle a répondu: «Je **voudrais** vous accompagner».

Tu as avoué: «Je regrette **que nous ne soyons pas** amis».

discours indirect

= Vous avez déclaré que vos parents **étaient** très stricts.

= Elle a répondu qu'elle **voudrait** nous accompagner.

= Tu as avoué que tu regrettais **que nous ne soyons pas** amis.

TABLEAU RECAPITULATIF DES CHANGEMENTS DE TEMPS AU DISCOURS INDIRECT

DISCOURS DIRECT	DISCOURS INDIRECT PRÉSENT	DISCOURS INDIRECT PASSÉ
présent	présent	imparfait
imparfait	imparfait	imparfait
passé composé	passé composé	plus-que-parfait
conditionnel	conditionnel	conditionnel
futur	futur	conditionnel
subjonctif	subjonctif	subjonctif

D. Expressions de temps au discours indirect

1. Beaucoup d'adverbes de temps changent pour s'adapter à la situation.

maintenant →	**à ce moment-là**
aujourd'hui →	**ce jour-là**
hier →	**la veille**
avant-hier →	**l'avant-veille**
demain →	**le lendemain**
après demain →	**le surlendemain**

discours direct Anne dit: «**Aujourd'hui** il est présent, mais **hier** il était absent et on ne sait pas s'il viendra **demain**».

discours indirect passé Anne a dit que **ce jour-là** il était présent, mais que **la veille** il était absent et qu'on ne savait pas s'il viendrait **le lendemain.**

2. Les adjectifs suivants changent au discours indirect passé pour s'adapter à la situation.

dernier →	**précédent**
prochain →	**suivant**

discours direct Didier écrit: «Samedi **dernier** je suis allé chez mon oncle».

discours indirect Didier a écrit que le samedi **précédent** il était allé chez son oncle.

E. Comment former une question au style indirect

1. La conjonction **si** introduit une question qui a comme réponse **oui** ou **non.**

discours direct	*discours indirect*
«Pourriez-vous me recevoir le 5 octobre?»	Je vous demande de bien vouloir me dire **si** vous pourriez me recevoir le 5 octobre.
«Ce monsieur vous a-t-il frappé?»	Je ne sais pas **si** ce monsieur vous a frappé.

2. Autres changements au style indirect

discours direct	discours indirect
que... ? qu'est-ce que... ? →	ce que...
qu'est-ce qui... ? →	ce qui...
qui est-ce qui... ? →	qui...

discours direct	discours indirect
«Qu'est-ce qui se passe?»	Tout le monde veut savoir **ce qui** se passe.
«Que fera le PDG?»[11]	Les employés se demandent **ce que** le PDG fera.
«Qu'est ce que vous appréciez?»	Je vous demande **ce que** vous appréciez.
«Qui est-ce qui a dit ça?»	On ne peut pas imaginer **qui** a dit ça.

Exercices

6a. Un client difficile. Mettez au passé ce résumé d'une conversation.

Mathieu dit qu'il n'ira plus chez son coiffeur. Je lui demande s'il n'y retournera pas au moins une fois pour expliquer. Mais il répond que ce ne sera pas possible. Il annonce qu'il va trouver un nouveau coiffeur. Je lui demande comment il sera certain que le nouveau fera ce qu'il veut. Il m'assure qu'il lui imposera ses conditions dès sa première visite.

6b. Les phrases suivantes sont au discours direct passé. Mettez-les au discours indirect passé.

Modèle: Le Petit Chaperon rouge a dit: «Grand-mère, tu as de grands yeux!»
Le Petit Chaperon rouge a dit à sa grand-mère qu'elle avait de grands yeux.

1. Montaigne s'est demandé: «Que sais-je?»
2. Louis XIV a dit : «L'Etat, c'est moi».
3. Porgy a dit: «Bess, tu es maintenant ma femme».
4. Paul Revere a crié: «Les habits rouges arrivent!»
5. Eve a dit: «Adam, je suis désolée que le serpent m'ait parlé de cette pomme».
6. Jules César a dit: «Je suis venu, j'ai vu, j'ai vaincu».
7. Martin Luther King a proclamé: «J' ai un rêve!»

---

11. *PDG* (m.) = président-directeur général.

Drawing by P. Steiner; © 1990
The New Yorker Magazine, Inc.

6c. Voici un dialogue entre Laurent et Nathalie; mettez-le au discours indirect passé en utilisant les verbes et les pronoms qui conviennent.

Modèle: Laurent: Je t'ai acheté un cadeau.
Laurent a dit à Nathalie qu'il lui avait acheté un cadeau.

Nathalie: Oh! C'est gentil! Mais qu'est-ce que c'est?
Laurent: Tu veux vraiment le savoir?. . . Alors devine.
Nathalie: Est-ce que ça se porte?
Laurent: Non.
Nathalie: Est-ce un objet d'art? Dans quelle pièce est-ce qu'on le met? De quelle couleur est-ce? Est-ce que ça sert à quelque chose?
Laurent: Ce n'est pas un objet d'art et ce n'est pas un objet utile non plus.
Nathalie: Qu'est-ce que ça peut bien être?
Laurent: Pourquoi est-ce que tu ne l'ouvres pas?

7 Allons plus loin

A. Il s'agit de...

B. Adverbes de transition

C. Se rappeler et **se souvenir**

A. Il s'agit de...

L'expression impersonnelle et idiomatique **il s'agit de...** indique le thème ou l'action essentielle d'une histoire ou d'une situation. Cette formule se rencontre souvent dans une phrase avec **dans**: «**Dans** ce poème, il s'agit de... » (= **Dans** ce poème, le sujet est...)

> **Dans** la nouvelle *Chaïba,* **il s'agit d'**un docker qui suscite l'admiration de son camarade.
> Le cours du professeur Barre était bien intéressant hier. **Il s'agissait de** l'économie française. **Dans** son cours d'aujourd'hui, **il s'agit de** l'économie européenne. Demain **il s'agira de** l'économie mondiale.
> **Dans** l'opéra *Don Juan* de Mozart, **il s'agit d'**un homme débauché, qui paie très cher le prix de ses débauches.
> **Il s'agit de** savoir ce qu'on veut faire dans la vie.

Attention: Le temps du verbe peut varier **(il s'agissait de, il s'agira de...)**, mais le sujet impersonnel **il** ne change jamais.

B. Adverbes de transition

Les adverbes suivants indiquent une suite d'événements.

Consider also pointing out the colloquial and highly frequent use of **alors, enfin,** *and* **mais enfin** *[mɑ̃fɛ] as fillers in contemporary spoken French.*

Pour commencer	*Pour continuer*	*Pour terminer*
d'abord	**après**	**enfin**
au début	**ensuite**	**finalement**
premièrement	**puis**	**à la fin (de)**
au commencement	**plus tard**	
	bientôt	
	peu après	
	tout à l'heure	
	alors	
	par la suite	

> **D'abord** je me suis levé. **Ensuite** je me suis lavé et habillé et
> **puis** j'ai déjeuné. **Enfin** je me suis remis à étudier.
> **Plus tard,** il m'expliqua qu'il était sur le port de Marseille, depuis
> bientôt vingt-cinq ans. (Sembène)
> **Peu après,** un bruit se fit entendre.
> **Ensuite,** le froid l'a réveillé.

1. Les adverbes de la liste *pour continuer* peuvent se suivre dans n'importe quel ordre.

> **D'abord** je me suis levé, et **peu après,** je me suis lavé et habillé.
> **Ensuite** j'ai déjeuné. **Bientôt** je suis sorti. **Puis** je suis rentré...

2. Tout à l'heure indique surtout un moment proche dans le futur, mais peut aussi désigner un passé récent.

> Je vais sortir **tout à l'heure.**
> Je suis sorti **tout à l'heure.**

C. Se rappeler et **se souvenir**
Se rappeler et **se souvenir** sont deux verbes «de la mémoire».

1. Se rappeler + *nom* ou *pronom*
Se souvenir + **de** + *nom* ou *pronom*

> **Je me rappelle** mon premier amour. (Je me le rappelle.)
> **Elle se rappelle** le jour où la guerre a éclaté. (Elle se le rappelle.)
> **Nous nous souvenons de** tes remarques. (Nous nous en sou-
> venons.)
> **Je me souviens de** toi.

2. Se rappeler + **que** + *proposition*
Se souvenir + **que** + *proposition*

> Ah oui! **Je me rappelle que** tu ne manges pas de viande.
> **Vous souvenez-vous que** nous avions rendez-vous ce matin?

3. Ces verbes s'emploient à tous les temps:

> Je **m**'en **souviendrai** toujours!
> Georges ne **se rappelait** plus son numéro de téléphone.
> Soudain Pauline **s'est souvenue** de la date.

Exercices

The American Civil War of 1861–1865 is called **la guerre de sécession** in French.

7a. Devinez le nom de l'histoire. En employant **il s'agit de,** formulez une question avec le titre de l'histoire correspondant au résumé de l'intrigue.

Modèle: C'est la guerre de sécession; une jolie femme coquette et ambitieuse habite une plantation en Georgie. Elle a beaucoup de problèmes.
Dans «Autant en emporte le vent», de quoi s'agit-il? ou
De quoi est-ce qu'il s'agit dans «Autant en emporte le vent»?

1. Les Montague et les Capulet se haïssent, et le résultat de cet antagonisme sur leurs enfants est désastreux.
2. Une grande baleine[12] blanche est poursuivie sans cesse par un vieux capitaine entêté.
3. Quand une petite créature d'une autre planète est perdue sur la Terre, un petit garçon la trouve et la cache chez lui.
4. Trois soldats d'infanterie, avec leur compagnon d'Artagnan, sont au service du roi et défendent la reine contre le scandale et les complots.

7b. Demandez à un(e) camarade de classe de quoi il s'agit ou de quoi il s'agissait…

This "plot" is for the purpose of example only and doesn't necessarily correspond to a specific movie.

Modèle: dans le meilleur film de cette année.
—*De quoi s'agit-il dans le meilleur film de cette année?*
—*Il s'agit d'un vol spectaculaire commis par une fausse princesse russe et son jeune amant.*

1. dans son roman préféré.
2. dans les dialogues d'Elie Wiesel (pp. 43–47).
3. dans «La Belle Dorothée» (pp. 141–142).
4. dans le programme de télé qu'il (elle) préfère.
5. dans la dernière conversation qu'il (elle) a eue avec ses parents.

7c. Selon le modèle, expliquez comment faire les choses suivantes. Vous pouvez varier l'ordre des adverbes de transition.

Modèle: aller chez vous
Si on veut venir chez moi, il faut d'abord sortir de ce bâtiment. Puis on tourne à gauche et on traverse la rue. Ensuite on va tout droit. On trouve peu après la résidence des étudiants. Alors on entre et on monte au troisième étage. Finalement on frappe à la porte de la chambre 315 et on est arrivé.

For item 6, suggest students explain **dans quel ordre mettre ses vêtements.**

1. aller en ville
2. aller à la poste
3. dîner à la cafétéria
4. trouver la bibliothèque
5. faire un sandwich
6. s'habiller

---

12. *Baleine* (f.) = le plus grand des animaux marins.

7d. Pensez à vos souvenirs les plus distants. Finissez les phrases suivantes à propos de vos souvenirs.

1. Je me souviens de…
2. Je me rappelle…
3. Je me souviens que…

Have students write a short paragraph about what they remember. These items are far enough in the past that some should be difficult to remember.

7e. Choisissez un ou deux phénomènes dont vous vous souvenez. Parlez-en en quelques phrases.

la famille Partridge
Pacman
la musique disco
Mr. Snuffle-upagus
Billy Carter
Oliver North
le mur de Berlin

A VOUS DE JOUER

Some possible **phrases secrètes** could be: (1) **On peut être plus fin qu'un autre, mais non pas plus fin que tous les autres.** (2) **Sale chameau!** (3) **Tu devrais faire mettre un bouton supplémentaire à ton pardessus.** Note that these sentences are all from previous readings. If you have omitted any of these readings, you could substitute sentences likely to be recalled from other readings you have done in class, or use proverbs, sayings, made-up **phrases secrètes,** or phrases from dialogues.

1. *Jeu:* «La phrase secrète». La classe se divise en équipes de quatre ou cinq personnes. Le professeur donne à une équipe une phrase secrète que le groupe essaiera d'incorporer dans une histoire qu'ils raconteront ensemble.

Le premier membre de l'équipe commence à raconter une histoire. Après une minute, le deuxième membre de l'équipe prendra la parole et continuera l'histoire. Une minute plus tard, le troisième membre du groupe reprendra l'histoire, et ainsi de suite, jusqu'à ce que tous les membres du groupe aient parlé.

Les autres équipes doivent décider s'ils ont réussi à employer la phrase secrète et si oui, quelle était la phrase secrète.

Le professeur donne une autre phrase secrète à la prochaine équipe et le jeu recommence.

2. *Narration au discours indirect.* Imaginez le dialogue dans les bulles de cette bande dessinée. Puis racontez-le au discours indirect passé à un(e) camarade qui ne l'a pas vue.

3. *Interview.* Faites l'interview d'un(e) camarade de classe pour savoir l'histoire de sa vie. Racontez son histoire à la classe en employant le discours direct et indirect.

4. *Jeu:* «Qui connaît... ?» En indiquant un ou deux faits importants dans la vie ou la carrière de ces personnes, identifiez-les:

1. Wallis Simpson
2. Louis Daguerre
3. Samuel Clemens
4. D. B. Cooper
5. Alexis de Tocqueville
6. Pat Sajak

7. Joan Sutherland
8. Bert et Ernie
9. Arthur Ashe
10. Le docteur Moriarty
11. Geraldine Ferraro
12. Mary Lou Retton

first practical form of a photographic print (on a copper plate), daguerrotype, in 1839 3. Mark Twain's given name 4. Hijacker who in 1971 parachuted from a plane with the money he extorted and disappeared, never to be heard from again 5. French political historian who wrote *Democracy in America* after a visit to the U.S. in 1831 6. Original host of the *Wheel of Fortune* game show 7. Australian soprano 8. Sesame Street characters 9. Tennis champion 10. Sherlock Holmes's nemesis 11. Walter Mondale's running mate in 1984 12. American Olympic gymnast, winner of all-around gold medal in 1984.

5. *Rôles à jouer—deux personnes.* Un interviewer fait l'interview d'un(e) candidat(e) qui veut être accepté(e) à une école de commerce, de médecine, de droit, etc. L'interviewer demande au candidat (à la candidate) pourquoi il (elle) a choisi cette discipline; quelle a été son expérience la plus mémorable à l'université; qui l'a influencé(e) le plus dans sa vie; comment il (elle) envisage sa vie professionnelle dans cinq ans; etc.

Compositions écrites

1. *Lettre.* Vous écrivez un essai pour demander une bourse.[13] On vous demande de raconter ce que vous avez le mieux réussi dans votre vie jusqu'ici.

2. *Lettre.* Vous racontez dans une lettre à un(e) très cher (chère) ami(e) le premier jour de cours ou le jour de votre arrivée à l'université. Vous cherchez à faire rire votre correspondant(e) en même temps que vous voulez raconter vos premières impressions.

3. *Journal.* Une page de votre journal intime. Qu'est-ce que vous avez écrit ou qu'est-ce que vous auriez pu écrire dans votre journal intime le lendemain d'un événement extrêmement important de votre vie?

4. *Essai.* Pensez à ce qui caractérise une certaine époque (vêtements, articles, coutumes, etc.). Ajoutez quelques événements historiques qui ont eu lieu pendant cette époque.

Modèle: *Pendant les années 1890 les femmes portaient de longues robes et les hommes de grands chapeaux. On circulait encore à bicyclette, à cheval ou en tramway dans les villes. Victoria régnait sur l'Empire britannique. Cleveland et McKinley étaient Présidents des Etats-Unis, qui allaient devenir une puissance mondiale après leur conflit avec l'Espagne. Félix Faure était Président de la France. Marie et Pierre Curie travaillaient à isoler le radium et Toulouse-Lautrec peignait des scènes de music-hall à Paris. C'était «La Belle Epoque».*

13. *Bourse* (f.) = somme d'argent accordée à un(e) étudiant(e) pour payer ses études.

LECTURES

Tout texte *raconte*. Même la réflexion philosophique, la description d'un paysage ou les vers d'un poème ésotérique sont l'exposé linéaire d'une pensée. Il peut y avoir une «histoire», explicite ou implicite, dans une seule et simple phrase, par exemple, *Marc est arrivé.*

Cependant quand on *raconte* une histoire, on a généralement un début, un développement, une fin, des personnages intéressants, des symboles (faciles ou difficiles), quelques images frappantes, quelquefois de l'humour ou du suspense, peut-être un certain message ou une conclusion morale. Les deux textes réunis ici sous la rubrique «raconter» satisfont—bien qu'assez différemment—cet ensemble de critères traditionnels. Mais ce qui les relie essentiellement c'est la perspective de l'enfant déçu par une injustice incompréhensible. Dans le pays chaud et tropical du premier texte la réaction désespérée du jeune garçon, qui, «sanglotant... se jette aux pieds de son héros», correspond, dans le pays froid du nord du deuxième texte, au cri exaspéré d'un autre jeune garçon: «C'en était trop! C'était trop injuste!»

Dans le cas de la première histoire, «Fiesta», il s'agit d'un projet de scénario de film: on *raconte* donc au présent l'aventure toute brève de quatre personnages. Dans l'autre il s'agit d'un souvenir d'enfance raconté à la première personne par un narrateur dont la colère avait souhaité la destruction de l'objet détesté.

Fiesta

BORIS VIAN

> Boris Vian (1920–1959), talent précoce et multiple de l'après-guerre, est surtout connu pour ses poèmes et ses romans. Passionné de jazz, il était aussi chanteur, journaliste et acteur de cinéma. Son œuvre, à tendance surréaliste, évoque souvent la violence des conflits de l'après-guerre. Il est mort à 39 ans, laissant parmi des inédits ce projet de scénario.

Avant de lire «Fiesta»

Préparation du vocabulaire

A. Les mots et expressions dans ce dessin aident à créer le décor de l'histoire que vous allez lire. D'après ce vocabulaire et le dessin, pouvez-vous déjà imaginer de quoi il s'agit? de quelle sorte d'endroit? de quelles sortes de personnages? de quel événement?

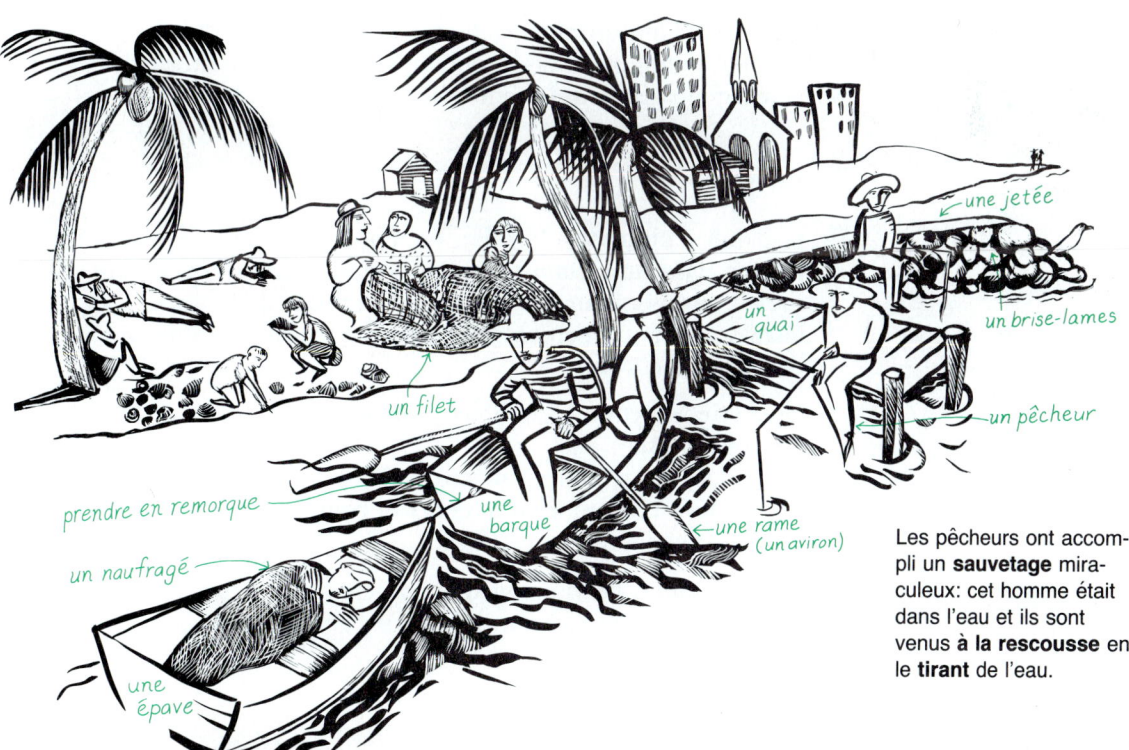

une jetée

un brise-lames

un quai

un pêcheur

un filet

prendre en remorque

une barque

une rame (un aviron)

un naufragé

une épave

Les pêcheurs ont accompli un **sauvetage** miraculeux: cet homme était dans l'eau et ils sont venus **à la rescousse** en le **tirant** de l'eau.

B. Le préfixe **re-, ré-, r-** (devant une voyelle) signifie la répétition d'une action ou un retour en arrière. Un mot formé avec ce préfixe peut, en effet, avoir ce sens par rapport à la forme simple mais peut aussi avoir une nouvelle signification. La plupart des mots suivants se trouvent dans le texte de «Fiesta». Dans lesquels le préfixe produit-il un sens conforme à sa fonction première? Quels mots composés (préfixe + forme simple) ont un sens nouveau?

envoyer	**renvoyer**
joindre	**rejoindre**
amener	**ramener**
(s')animer	**ranimer**
abattre	**rabattre**
gagner	**regagner**
jeter	**rejeter**

These explanations are intended to be adequate for understanding «Fiesta», but are not complete definitions.

C. Les mots suivants peuvent également faciliter la compréhension de l'histoire. Lesquels connaissez-vous déjà?

atteindre = arriver à un but
à son comble = à son plus haut degré
éventrer = tuer avec un couteau (en ouvrant le ventre)
un gamin = un garçon
un gosse (familier) = un garçon
grisé = enivré (excité pour avoir bu trop d'alcool); **dégrisé** ≠ grisé
sangloter = pleurer en poussant des cris de douleur

1. Quels mots ont un rapport avec la violence?
2. Quel(s) mot(s) pourrait-on employer en parlant d'un sommet?
3. Quels mots dénotent les enfants?

Pour mieux lire

D. Le début d'un texte, d'un film ou d'une pièce de théâtre situe l'action dans un certain cadre. Nous nous faisons rapidement (et souvent provisoirement) une idée du monde de la fiction. Nous imaginons des événements, même la conclusion de l'histoire à peine commencée.

1. Lisez l'introduction et les deux premiers paragraphes de «Fiesta» (lignes 1 à 13).
2. Lequel des paragraphes suivants (a, b ou c) vous semble une suite appropriée? Expliquez votre choix et continuez l'histoire selon votre imagination.

   a. Subitement, Pedrito voit une bouteille dans l'eau. Il va la chercher et, en l'ouvrant, il voit un génie qui lui accorde trois souhaits.

b. Pedrito aperçoit quelque chose sur la mer, à l'horizon, au coucher du soleil. Il pense que c'est peut-être une épave (un petit bateau abandonné). Malgré son émotion, il n'arrive pas à réveiller les hommes qui dorment indifférents.

c. Subitement, Pedrito pousse un cri de joie. Il vient de trouver, scintillant dans la lumière tiède du jour, un rubis dans les coquillages. Ce cri ayant réveillé les trois fainéants, ils viennent voir ce qui a surpris l'enfant, et avides de ce trésor eux-mêmes, ils le lui prennent.

E. Ce texte est une ébauche de scénario de film, c'est-à-dire, une première version incomplète qui contient tout de même l'essentiel. En le lisant, essayez de comprendre pourquoi l'auteur a choisi d'inclure comme très importants certains détails qui pourraient paraître purement décoratifs.

Fiesta

Lieu et durée de l'action
L'action se déroule dans un petit port de pêcheurs en Amérique du Sud, non loin des faubourgs d'une grande ville moderne.

Action

5   Sur la jetée de pierre blanche du port, deux ou trois oisifs, des fainéants sympathiques toujours en quête d'une bouteille à vider, d'un peu de tabac et d'une place confortable pour dormir au soleil, sont étendus et rêvassent.[14]

10   Quelques gamins jouent non loin de là. L'un d'eux, Pedrito, vient les taquiner et les tirer de leur sommeil. Sans se fâcher, les fainéants le découragent et le renvoient à ses jeux. L'enfant se met à chercher des coquillages sur les rochers du brise-lames.

Subitement, l'attention de Pedrito est attirée par une tache noire,
15   là-bas, sur l'eau, à la limite où le soleil aveuglant rejoint la mer violette.

Très excité à l'idée que c'est une épave, il essaie de tirer de leur torpeur les hommes, mais ça ne les intéresse absolument pas.

Rejoignant en courant ses camarades, aux cris de «un naufragé, un
20   naufragé!» les gosses se précipitent vers le faubourg pour alerter les pêcheurs.

Les pêcheurs dorment, les femmes réparent les filets et préparent les repas.

14. *Rêvasser* = se laisser aller à des rêveries.

Mais, à la nouvelle apportée par les enfants, l'excitation s'empare de tous. Quelques hommes mettent à l'eau une barque et font force de rames pour atteindre l'épave.

Pendant ce temps, une espèce de fête s'organise autour de l'hypothétique sauvetage. Du plus aisé au plus pauvre, chacun s'efforce d'apporter une offrande pour le festin.

Les fainéants du début, flairant une bonne occasion de se régaler, ne sont pas loin...

Les pêcheurs ont atteint la barque. Il s'y trouve un naufragé. Il est grand, blond, il n'est pas d'ici. Il respire encore, bien que terrassé par le soleil et la soif.

Avec mille soins attentifs, on le ramène sur la plage, tandis que sa barque est prise en remorque par un autre bateau venu à la rescousse.

Alors, c'est la fête en plein air. Sur des grils, on fait rôtir de la viande et des galettes. Les femmes s'affairent autour de l'étranger; on le lave, on l'étend dans un hamac, on le fait boire, on l'habille.

Il se ranime enfin.

Sous l'effet du vin et de l'excitation de l'événement, la tension monte peu à peu. Une sorte de cortège se forme. Lorsque l'étranger réussit à se mettre debout et à faire quelques pas chancelants, c'est le délire. On le hisse à dos d'homme. Le soir est tombé et on le porte en triomphe à la lueur des torches. La musique est partout et le faubourg indigène s'anime comme pour un carnaval. Les Blancs passent dans leurs grosses voitures blanches, indifférents à l'agitation du peuple.

25

30

35

40

Ask student what **hisser** seems to mean. 45

Chacun s'efforce d'apporter une offrande pour le festin.

Sur le quai, bien tranquilles dans leur coin habituel, les trois vagabonds que nous avons vus au début du film ont assemblé des victuailles et des boissons et font bombance en chantant des chants burlesques.

Le cortège du naufragé est arrivé sur une placette et des musiciens jouent.

Une fille, Maria, est là avec son amant, le guitariste Manoel. Elle est belle, jeune, ardente et sensuelle. Elle danse au milieu des hommes, accompagnée par les rythmes étranges des instruments de percussion, bongos, tumbas et congas.

Elle danse une longue danse de provocation autour du naufragé que l'on a installé sur des caisses comme un roi au milieu de ses sujets.

Il est grisé par la fatigue, la joie du sauvetage et l'excès d'agitation. Sans paroles, en quelques gestes, en quelques regards, Maria lui fait comprendre qu'elle sera à lui s'il la désire.

Avec la complicité de Pedrito, profitant de l'agitation et de la confusion croissantes, elle réussit à distraire l'attention jalouse de Manoel.

La fête est à son comble. La frénésie s'est emparée de tous. Filles et garçons dansent et boivent, les plus âgés mangent et s'amusent, des capoeiristes[15] luttent à la lueur des torches.

Maria a disparu. Guidé par Pedrito, le naufragé la rejoint sur le quai où tout a commencé.

Au milieu de l'écho lointain des danses, non loin des trois vagabonds qui, discrètement, rabattent leur chapeaux sur leurs yeux, le naufragé et Maria font l'amour.

Mais Manoel s'est aperçu du départ de Maria. Il saisit Pedrito, qu'il a vu parler à Maria, et, le brutalisant, l'oblige à l'accompagner là où sont Maria et le naufragé. Maria est étendue avec le naufragé. Manoel a surgi. La lutte est brève. D'un coup de couteau, Manoel éventre l'homme.

Il s'éloigne. Sans une larme, Maria s'est levée et s'éloigne à son tour.

Des torches s'approchent. Sanglotant, Pedrito se jette aux pieds de son héros. Dégrisé, le village regarde le cadavre.

Une à une, les lumières disparaissent. Sans se parler, en groupes, les hommes et les femmes séparés, les gens du village regagnent leurs cabanes.

Impuissants et indifférents, les trois vagabonds ont vu le meurtre.

Haussant les épaules et buvant une dernière gorgée, ils se lèvent mélancoliquement, empoignent par les pieds et les mains le corps du naufragé et le rejettent à l'eau.

La fête est finie.

---

15. *Capoeiristes* = danseurs brésiliens qui dansent accompagnés d'une musique fortement rythmée d'origine angolaise.

A propos du texte

A. Quels sont les faits les plus importants de «Fiesta» ? Classez les trois événements principaux par ordre d'importance (1-2-3), selon vous.

Pedrito joue.
On sauve le naufragé.
On lave le naufragé.
Les femmes préparent un festin.
Les Blancs passent mais ne participent pas à la «fiesta».
Maria danse.
Le naufragé part avec Maria faire l'amour.
Manoel tue le naufragé.
Les vagabonds regardent le naufragé assassiné.
On rejette le corps à l'eau.

B. Demandez à un(e) camarade de classe...

1. de décrire la scène du début.
2. de contraster la réaction de Pedrito devant le naufragé au début et à la fin devant sa mort.
3. d'où peut venir le naufragé.
4. pourquoi on célèbre le sauvetage.
5. ce qui attire Maria vers le naufragé.
6. pourquoi Pedrito amène Manoel au naufragé et à Maria.
7. si le naufragé mérite d'être tué ainsi et pourquoi (oui ou non).
8. de préciser quelle est la réaction générale à la mort du naufragé.

Appréciation littéraire

These questions could be divided among small groups, who would then report back to the class the results of their discussions.

C. Discussion.

1. Expliquez la grande joie du village quand on sauve le naufragé. Pourquoi n'y a-t-il pas d'autre réaction dans le village quand Manoel le tue?
2. Pourquoi le naufragé n'a-t-il pas de nom? Qu'est-ce qu'il représente pour les habitants de ce village?
3. A votre avis, pourquoi Vian a-t-il situé le lieu de l'action dans un village en Amérique du Sud au lieu d'un village dans le sud de la France ou dans un autre endroit?
4. Ce scénario s'ouvre et se termine sur trois vagabonds anonymes. Quelle est la signification de ces personnages obscurs? Ont-ils une fonction particulière dans la structure du scénario?

Réactions personnelles

D. Etes-vous choqué(e) par la fin de cette histoire? Expliquez votre réaction. Citez les détails qui vous ont choqué(e), intéressé(e), etc. L'intrigue se déroule-t-elle très différemment de ce que vous aviez imaginé après avoir lu trois paragraphes? Comment expliquer l'écart[16] ou la coïncidence entre votre version et celle de l'auteur?

E. Précisez pourquoi vous trouvez que c'est une histoire morale, amorale[17] ou immorale.

F. A votre avis, ce scénario pourrait-il réussir comme film? Précisez pourquoi (oui ou non). Est-ce qu'il faudrait ajouter des dialogues ou entendrait-on seulement la voix d'un narrateur? Quels acteurs imaginez-vous dans ces rôles?

If your students have seen French or French-language films, you could discuss possible contrasts between such films and comparable English-language movies.

Une abominable feuille d'érable sur la glace

ROCH CARRIER

On considère Roch Carrier (né en 1937 au Québec) comme un des romanciers les plus importants du Canada aujourd'hui. Il a exercé des professions diverses: professeur, romancier, poète, dramaturge, écrivain pour le cinéma et secrétaire général du Théâtre du Nouveau Monde. Il a reçu le Grand Prix littéraire de la ville de Montréal en 1980 pour son recueil *Les Enfants du bonhomme de la neige*, d'où est tirée cette nouvelle.

---

16. *Ecart* (m.) = distance qui sépare deux points.
17. *Amorale* = sans objectif moral.

Avant de lire «Une abominable feuille d'érable sur la glace»

Préparation du vocabulaire

A. Le sport national du Canada est **le hockey. Une partie** de **hockey** se joue sur **la glace** à **la patinoire.** Il y a cinq joueurs par équipe. Chacun a **un bâton** et porte des **patins.**[18] Sur son **chandail** il y a souvent le nom ou l'emblème de son équipe. Ils essaient de contrôler **un disque** de **caoutchouc. La partie** commence quand **l'arbitre siffle,** c'est-à-dire qu'il a **un sifflet** qui fait un bruit qui signale le commencement, la fin et chaque **punition** de **la partie.** Une équipe qui est battue par l'autre avec un grand écart de points se trouve **terrassée.**

1. A quelle température est-ce que la glace se forme?
2. Y a-t-il une patinoire dans votre ville?
3. Avez-vous des patins? Si oui, est-ce que ce sont des patins à roulettes ou des patins à glace? De quelle couleur sont-ils?
4. Avez-vous un chandail? Décrivez-le.
5. Décrivez le costume d'un arbitre typique.
6. Lesquelles de ces personnes emploient un sifflet: un maître nageur, un entraîneur de chiens, un chef d'orchestre, un médecin, un arbitre.
7. Dans quelles sortes de parties avez-vous joué: une partie de bridge, une partie de hockey, une partie de Monopoly, une partie d'échecs[19]?
8. Connaissez-vous des équipes de hockey? Quels sont les noms de certaines équipes? Y a-t-il une équipe dans votre ville? dans votre état? dans votre région?

B. Autre vocabulaire utile:
Sur le drapeau du Canada il y **une feuille d'érable** rouge.

---

18. *Patin* (m.) = "skate."
19. *Echecs* (m. pl.) = un jeu où chacun de deux joueurs a seize pièces (roi, reine, cavaliers, pions, etc.) et essaie de capturer le roi de son adversaire.

Un photographe prend **une photographie,** ou **une photo.**
Quand on est blessé on **saigne,** c'est-à-dire qu'on perd du sang.

Finissez les phrases suivantes avec les mots appropriés:

1. Ansel Adams était...
2. Après l'accident j'ai regardé mon genou et j'ai vu que je...
3. Les touristes prennent beaucoup de...
4. Sur le costume des Maple Leafs de Toronto il y a...

Préparation du style

C. Dans le français parlé on omet souvent le **ne** de la négation. Egalement, le **je** ou le **tu** peuvent devenir **j'** ou **t'.** Refaites les phrases suivantes en employant le **ne** obligatoire du français soigné et écrit, le **je** ou le **tu.**

1. J'porterai jamais cet uniforme-là.
2. J'pourrai jamais porter ça.
3. Maurice Richard se mettrait jamais ça sur le dos.
4. T'es pas Maurice Richard.
5. C'est pas ce qu'on se met sur le dos qui compte.
6. Vous me mettrez pas dans la tête de porter ce chandail.
7. Si tu gardes pas ce chandail, M. Eaton va être insulté.
8. Tu veux pas porter ce chandail.

Montreal-born Richard played right wing for the Montreal Canadiens from 1942 to 1960. One of the leading goal scorers in NHL history, he was known as Rocket because of his skating speed and fast shots. (World Book)

Pour mieux lire

D. Discussion / réflexion: Quels souvenirs avez-vous de votre jeunesse?

1. Y a-t-il un moment où vous avez été déçu pendant votre enfance? Quelle a été votre réaction?
2. Vos parents vous forçaient-ils quelquefois à faire des choses que vous aviez honte de faire devant vos amis?
3. Est-ce qu'il était important de vous habiller comme vos copains? Désiriez-vous ressembler à tous vos amis?

Une abominable feuille d'érable sur la glace

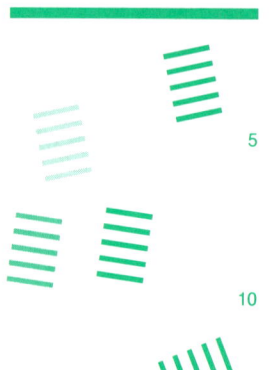

Les hivers de mon enfance étaient des saisons longues, longues. Nous vivions en trois lieux: l'école, l'église et la patinoire; mais la vraie vie était sur la patinoire. Les vrais combats se gagnaient sur la patinoire. La vraie force apparaissait sur la patinoire. Les vrais chefs se manifestaient

5 sur la patinoire. L'école était une sorte de punition. Les parents ont toujours envie de punir les enfants et l'école était leur façon la plus naturelle de nous punir. De plus, l'école était un endroit tranquille où l'on pouvait préparer les prochaines parties de hockey, dessiner les prochaines stratégies. Quant à l'église, nous trouvions là le repos de

10 Dieu: on y oubliait l'école et l'on rêvait à la prochaine partie de hockey. A travers nos rêveries, il nous arrivait de réciter une prière: c'était pour demander à Dieu de nous aider à jouer aussi bien que Maurice Richard.

Tous, nous portions le même costume que lui, ce costume rouge,

15 blanc, bleu des Canadiens de Montréal, la meilleure équipe de hockey au monde; tous, nous peignions nos cheveux à la manière de Maurice Richard et, pour les tenir en place, nous utilisions une sorte de colle, beaucoup de colle. Nous lacions nos patins à la manière de Maurice Richard, nous mettions le ruban gommé sur nos bâtons à la manière

20 de Maurice Richard. Nous découpions dans les journaux toutes ses photographies. Vraiment nous savions tout à son sujet.

Sur la glace, au coup de sifflet de l'arbitre, les deux équipes s'élançaient sur le disque de caoutchouc; nous étions cinq Maurice Richard contre cinq autres Maurice Richard à qui nous arrachions le

25 disque; nous étions dix joueurs qui portions, avec le même brûlant enthousiasme, l'uniforme des Canadiens de Montréal. Tous nous arborions[20] au dos le très célèbre numéro 9.

Un jour, mon chandail des Canadiens de Montréal était devenu trop étroit; puis il était déchiré ici et là, troué. Ma mère me dit: «Avec

30 ce vieux chandail, tu vas nous faire passer pour pauvres!» Elle fit ce qu'elle faisait chaque fois que nous avions besoin de vêtements. Elle commença de feuilleter le catalogue que la compagnie Eaton[21] nous envoyait par la poste chaque année. Ma mère était fière. Elle n'a jamais voulu nous habiller au magasin général; seule pouvait nous con-

35 venir la dernière mode du catalogue Eaton. Ma mère n'aimait pas les formules de commande incluses dans le catalogue; elle étaient écrites en anglais et elle n'y comprenait rien. Pour commander mon chandail de hockey, elle fit ce qu'elle faisait d'habitude; elle prit son papier à lettres et elle écrivit de sa douce calligraphie d'institutrice: «Cher Mon-

40 sieur Eaton, auriez-vous l'amabilité de m'envoyer un chandail de

---

20. *Arborer* = porter très visiblement.
21. *La compagnie Eaton* = un grand magasin canadien.

hockey des Canadiens pour mon garçon qui a dix ans et qui est un peu trop grand pour son âge, et que le docteur Robitaille trouve un peu trop maigre? Je vous envoie trois piastres et retournez-moi le reste s'il en reste. J'espère que votre emballage va être mieux fait que la
45 dernière fois.»

Monsieur Eaton répondit rapidement à la lettre de ma mère. Deux semaines plus tard, nous recevions le chandail. Ce jour-là, j'eus l'une des plus grandes déceptions de ma vie! Je puis dire que j'ai, ce jour-là, connu une très grande tristesse. Au lieu du chandail bleu, blanc, rouge
50 des Canadiens de Montréal, M. Eaton nous avait envoyé un chandail bleu et blanc, avec la feuille d'érable au devant, le chandail des Maple Leafs de Toronto. J'avais toujours porté le chandail bleu, blanc, rouge des Canadiens de Montréal; tous mes amis portaient le chandail bleu, blanc, rouge; jamais, dans mon village, quelqu'un n'avait porté le
55 chandail des Maples Leafs de Toronto. De plus, l'équipe de Toronto se faisait terrasser régulièrement par les triomphants Canadiens. Les larmes aux yeux, je trouvai assez de force pour dire:

—J'porterai jamais cet uniforme-là.

—Mon garçon, tu vas d'abord l'essayer! Si tu te fais une idée sur
60 les choses avant de les essayer, mon garçon, tu n'iras pas loin dans la vie...

Ma mère m'avait enfoncé sur les épaules le chandail bleu et blanc des Maple Leafs de Toronto et, déjà, j'avais les bras enfilés dans les manches. Elle tira le chandail sur moi et s'appliqua à aplatir tous les
65 plis de cette abominable feuille d'érable sur laquelle, en pleine poitrine, étaient écrits les mots Toronto Maple Leafs. Je pleurais.

—J'pourrai jamais porter ça.

—Pourquoi? Ce chandail-là te va bien... Comme un gant...

—Maurice Richard se mettrait jamais ça sur le dos...
70 —T'es pas Maurice Richard. Puis, c'est pas ce qu'on se met sur le dos qui compte, c'est ce qu'on se met dans la tête...

—Vous me mettrez pas dans la tête de porter le chandail des Maple Leafs de Toronto.

Ma mère eut un gros soupir désespéré et elle m'expliqua:
75 —Si tu gardes pas ce chandail qui te fait bien, il va falloir que j'écrive à M. Eaton pour lui expliquer que tu veux pas porter le chandail de Toronto. M. Eaton, c'est un Anglais; il va être insulté parce que lui, il aime les Maple Leafs de Toronto. S'il est insulté, penses-tu qu'il va nous répondre très vite? Le printemps va arriver et tu auras
80 pas joué une seule partie parce que tu auras pas voulu porter le beau chandail bleu que tu as sur le dos.

Je fus donc obligé de porter le chandail des Maple Leafs. Quand j'arrivai à la patinoire avec ce chandail, tous les Maurice Richard en bleu, blanc, rouge s'approchèrent un à un pour regarder ça. Au coup
85 de sifflet de l'arbitre, je partis prendre mon poste habituel. Le chef d'équipe vint me prévenir que je ferais plutôt partie de la deuxième

Explain that in French-speaking Canada, children use **vous** when addressing their parents, in contrast to the use in France where they generally use **tu**.

Use these comments by and about the narrator's mother to discuss attitudes of French-speaking Canadians toward English-speaking Canadians.

«Je sautai sur la glace;
mon heure était venue!»

ligne d'attaque. Quelques minutes plus tard, la deuxième ligne fut appelée; je sautai sur la glace. Le chandail des Maple Leafs pesait sur mes épaules comme une montagne. Le chef d'équipe vint me dire
90 d'attendre; il aurait besoin de moi à la défense, plus tard. A la troisième période, je n'avais pas encore joué; un des joueurs de défense reçut un coup de bâton sur le nez, il saignait; je sautai sur la glace; mon heure était venue! L'arbitre siffla; il m'infligea une punition. Il prétendait que j'avais sauté sur la glace quand il y avait encore
95 cinq joueurs. C'en était trop! C'était trop injuste!

C'est de la persécution! C'est à cause de mon chandail bleu! Je frappai mon bâton sur la glace si fort qu'il se brisa. Soulagé, je me penchai pour ramasser les débris. Me relevant, je vis le jeune vicaire, en patins, devant moi:
100 —Mon enfant, ce n'est pas parce que tu as un petit chandail neuf des Maple Leafs de Toronto, au contraire des autres, que tu vas nous faire la loi. Un bon jeune homme ne se met pas en colère. Enlève tes patins et va à l'église demander pardon à Dieu.

Avec mon chandail des Maple Leafs de Toronto, je me rendis à
105 l'église, je priai Dieu; je lui demandai qu'il envoie au plus vite des mites qui viendraient dévorer mon chandail des Maple Leafs de Toronto.

Point out to your class the use of the present tense here and how it (and, if you like, the use of the **discours indirect libre**) creates a renewed involvement on the narrator's part in retelling, where he seems to be still experiencing the same feelings he had as a ten-year-old.

A propos du texte

Do A or B.

A. Finissez les phrases suivantes:

1. Tous les garçons...
2. La chose la plus importante de leur vie...
3. Maurice Richard...

4. Le costume du garçon...
5. La mère du garçon...
6. Le nouveau chandail...
7. A la patinoire...
8. Les réactions du garçon...
9. Le vicaire...
10. A l'église le garçon...

Variations: The vicar is compassionate and concerned about the boy and the mother is mildly concerned; the vicar is stern and strait-laced, the mother intimidated...

B. Jouez les rôles du vicaire et de la mère: le vicaire raconte cet incident à la mère le jour après.

Appréciation littéraire

C. Dans cette histoire l'auteur évoque un souvenir de sa jeunesse. Comme il est maintenant adulte il a un certain recul sur ce qu'il pensait et ressentait dans le passé. Précisez son attitude actuelle envers l'enfant qu'il était. De quelles façons nous laisse-t-il voir cette attitude?

Réactions personnelles

D. Comprenez-vous l'attitude de ce jeune garçon? Avez-vous de la compassion pour lui ou éprouvez-vous plutôt de l'impatience? Précisez.

E. Racontez un épisode de votre jeunesse où vous avez souffert de ne pas pouvoir être comme les autres. Pouvez-vous garder une distance qui vous permet de rire, tout en vous souvenant de votre peine?

Mise en perspective

1. *Essai.* Quand est-il dangereux de ne pas être comme les autres? Employez ces deux histoires comme point de départ.

2. *Essai.* Le thème de l'innocence est présent dans ces deux textes. Montrez son importance dans chacun des deux textes.

3. *Scénario.* Ecrivez une ébauche de scénario de film pour l'histoire de Roch Carrier.

Encourage students to adopt an attitude similar to Roch Carrier's.

4. *Narration.* Pedrito, beaucoup plus âgé maintenant, raconte cet épisode de sa jeunesse qui est arrivé le jour où on a sauvé un naufragé dans son village natal. Employez le passé composé et l'imparfait.

7 Indiquer la chronologie

Comme beaucoup de langues, le français possède un système verbal qui permet de préciser l'antériorité (l'action qui précède) ou la postériorité (l'action qui suit). Mais le français exploite ce système d'une façon particulière en insistant sur la relation entre les temps. Le verbe français, ainsi que d'autres éléments (adverbes, adjectifs), peut accentuer certains aspects du temps dont on s'occupe moins en anglais, alors que le système verbal anglais comporte des connotations absentes en français. Pour vous faire une idée préliminaire de la différence entre ces notions du temps, prenez un dictionnaire anglais et comparez sa définition du temps à celle-ci: «Milieu indéfini où paraissent se dérouler irréversiblement les existences dans leur changement, les événements et les phénomènes dans leur succession.»[1]

---

1. *Dictionnaire alphabétique et analogique de la langue française,* Paul Robert, ed. (Paris: Société du Nouveau Littré, 1986), p. 1938.

LA DÉVEINE

VCR Trigger: View publicity spots. For each, have students tell what happened. Supply appropriate verbs (in the infinitive) if you wish, but slightly out of chronological order; students must use them in the order you have given. See the Instructor's Manual for suggested infinitives.

In-Text Trigger: Present the dialogue, asking students to identify the expressions that serve to put events in chronological order.

—Je ne comprends pas. Comment le bonhomme en noir peut-il commencer par dire «non» avant de savoir ce que celui avec le nœud papillon aura dit?

—Eh bien, le premier bonhomme avait déjà anticipé par télépathie la pensée du deuxième justement avant qu'il formule une phrase ou prononce un mot!

—Ce n'est pas croyable!

—Il s'agit de PES (perception extra-sensorielle). Le premier possède des qualités exceptionnelles de PES et, depuis qu'il est assis au bar, reçoit imperceptiblement la transmission de pensée de l'autre. Après avoir reçu et compris le message, il répond comme si l'autre lui avait vraiment posé une question.

—D'accord, mais je n'y vois rien de très drôle.

—Mais si! La question que l'autre allait poser aurait porté sur l'intuition inexplicable, phénomène que le premier prouve tout en disant qu'il n'y croit pas.

1 La concordance des temps composés

A. Considérations générales

1. Les temps composés (*auxiliaire conjugué + participe passé*) permettent de préciser quelle action vient *avant* telle autre action: le passé par rapport au présent, le «pré-passé» par rapport au passé, le «pré-futur» par rapport au futur. Pour employer un temps composé, il faut comprendre son rapport avec un autre temps. Cet autre temps sera tantôt formellement indiqué, tantôt omis mais compris implicitement.

> J'**ai fini** ma lettre. (avant le présent implicite)
> Solange est arrivée en retard; Jeanne **avait fermé** la porte à clé.
> (avant l'arrivée au passé)
> Vous verrez bien le total quand vous **aurez compté** votre argent.
> (avant le moment de voir au futur)

2. L'accord du participe passé avec tous les temps composés suit les mêmes règles qu'avec le passé composé (voir page 226).

B. Le **passé composé**

1. Rappel: Formation: *présent de l'auxiliaire + participe passé*

je suis	$\longrightarrow$	**j'ai été**
elle sort	$\longrightarrow$	**elle est sortie**
nous nous promenons	$\longrightarrow$	**nous nous sommes promenés**

2. Emploi: Le passé composé exprime une action (ou une succession d'actions) commencée et terminée dans le passé.

> Chaïba **est né** en Afrique du Nord. Il **a émigré** en France. Sa femme et ses enfants **sont allés** le rejoindre à Marseille. Chaïba y **a travaillé** vingt-cinq ans comme docker. La guerre d'Algérie **a éclaté** dans les années 50. La police française **a commencé** à interpeller les Algériens immigrés. On **a arrêté** Chaïba. Il **a voulu** s'évader. Les gardiens l'**ont tué**.

C. Le **plus-que-parfait**

1. Rappel: Formation: *imparfait de l'auxiliaire + participe passé*

je suis	⟶ **j'avais été**
elle sort	⟶ **elle était sortie**
nous nous promenons	⟶ **nous nous étions promenés**

2. Emploi: Le plus-que-parfait indique une action passée qui s'est produite *avant* une autre action passée. Cette autre action peut être exprimée par le passé composé, par l'imparfait ou par le passé simple.

> Quand je *suis allé* en France j'**avais** déjà **étudié** le français.
> Ils n'*avaient* pas sommeil parce qu'ils **avaient** bien **dormi** la veille.
> Elle *poussa* un cri, car une araignée **s'était mise** sur son lit.
> La veille il **avait dit** à ses amis: «Demain, je sors avec mon père et ma mère... » (Prévert)

D. Le **futur antérieur**

1. Formation: *futur de l'auxiliaire + participe passé*

je suis	⟶ **j'aurai été**
elle sort	⟶ **elle sera sortie**
nous nous promenons	⟶ **nous nous serons promenés**

2. Emploi: Le futur antérieur précise le temps d'une première action future qui *précède* une deuxième action explicite ou implicite au futur.

> Quand l'année scolaire *se terminera,* nous **aurons fait** beaucoup de progrès.
> Votre lettre *arrivera* quand ils **seront** déjà **partis.**
> ... quand je **serai mort** de soif et de faim, ils *se partageront* ma dépouille...[2] (Séfrioui)
> J'**aurai** bientôt **fini.** (bientôt: moment futur mais non précisé)

---

2. *Dépouille* (f.) = le corps humain après la mort.

E. Le **passé du subjonctif**

1. Formation: *subjonctif de l'auxiliaire + participe passé*

je suis	⟶	**... que j'aie été**
elle sort	⟶	**... qu'elle soit sortie**
nous nous promenons	⟶	**... que nous nous soyons promenés**

2. Emploi: Quand l'action de la proposition subordonnée vient *avant* l'action (ou la situation) de la proposition principale, on emploie le passé du subjonctif.

proposition principale	*proposition subordonnée*
Je m'étonne	qu'il **ait** mal **dormi** la nuit dernière.

(L'action de dormir se passe *avant* le moment de l'étonnement.)

Etiez-vous surpris	que l'université vous **ait admis?**

(L'action d'admettre se passe *avant* le moment de la surprise.)

F. L'**infinitif passé**

1. Formation: *infinitif de l'auxiliaire + participe passé*

être	⟶	**avoir été**
sortir	⟶	**être sorti(e)**
se promener	⟶	**s'être promené(e)(s)**

2. Emploi: L'infinitif passé indique une action qui se passe avant le temps du verbe principal de la phrase.

Elle est contente (maintenant) de vous **parler** (maintenant).

Mais: Elle est contente (maintenant) de vous **avoir parlé** (hier).

a. Comme l'infinitif simple, l'infinitif passé s'emploie quand il n'y a pas de changement de sujet. Le sujet du verbe et de l'infinitif est le même.

Elle a honte de **s'être fâchée.**
On ne peut pas être et **avoir été.** (proverbe)
Le «déjà vu», c'est l'impression d'**avoir** déjà **vu** ou **senti** quelque chose.

b. L'infinitif passé peut prendre des pronoms personnels compléments d'objet direct et indirect. Ils précèdent l'auxiliaire.

> Je ne savais pas que cette nouvelle te ferait mal. Je regrette de
> **t'en** *avoir parlé.*

c. Au négatif, les particules négatives (**ne pas, ne jamais,** etc.)
précèdent les pronoms objets.[3]

> Nous regrettons de **ne pas nous** *être reconciliés* à la soirée.
> Je voudrais **ne jamais t'en** *avoir parlé.*

Exercices

Encourage the use of
d'abord, ensuite, etc.

1a. Employez le passé composé pour indiquer une suite d'événements. Employez
les verbes proposés (ou d'autres verbes de votre choix) *en les mettant dans
l'ordre chronologique qui convient.*

1. Enumérez trois choses que vous avez faites ce matin. (se lever, s'habiller, se
réveiller)
2. Qu'est-ce que Boucles d'or a fait chez les trois ours? (manger du potage,
s'endormir, s'asseoir)
3. Qu'est-ce que Chaïba a fait? (émigrer, mourir, s'évader, travailler)
4. Qu'est-ce que les pêcheurs ont fait dans «Fiesta»? (fêter le sauvetage, ramer
jusqu'à la barque, ramener le naufragé)
5. Comment peut-on résumer la vie de monsieur Dupont?[4] (mourir, vivre, naître)

Substitute other cues for
items 3 and 4 if you have
not read «Chaïba» or
«Fiesta».

1b. Employez le plus-que-parfait pour terminer les phrases suivantes.

Modèle: Quand les premiers astronautes américains sont arrivés sur la lune un
missile soviétique (déjà arriver)
*Quand les premiers astronautes américains sont arrivés sur la lune un
missile soviétique était déjà arrivé.*

1. Quand Gutenberg a inventé la typographie mobile les Chinois (déjà inventer une
machine à imprimer)
2. Quand l'espèce *Homo sapiens* est apparue sur la terre les dinosaures (mourir
longtemps avant)
3. Quand Mozart avait treize ans il (déjà écrire une symphonie)
4. Christophe Colomb a découvert l'Amérique mais les Vikings (la découvrir
plusieurs siècles avant)
5. Ce sont les frères Wright qui ont volé les premiers mais Léonard de Vinci (y
penser au quinzième siècle)

---

3. La négation de l'infinitif passé peut être (1) *ne pas* + infinitif passé ou (2)
ne + auxiliaire + *pas* = participe passé.
4. *Monsieur Dupont* = le Français typique anonyme ("John Doe").

1c. Vous êtes allé(e) à votre *réunion* de cinq ans après le lycée. Finissez les phrases suivantes au plus-que-parfait pour indiquer vos réactions.

1. J'y suis allé(e) parce qu'au lycée je...
2. Comme je suis arrivé(e) en retard, tout le monde...
3. J'ai retrouvé beaucoup de gens que je...
4. Je ne m'étonne pas que Jennifer ait eu un accident de ski; elle...
5. Quand j'ai revu mon prof de maths, je l'ai à peine[5] reconnu, il...
6. Je savais déjà qui était marié parce que...
7. Je savais que Michael réussirait, au lycée il...
8. Le président de notre classe m'a étonné parce qu'il...

1d. A votre avis qu'est-ce qui se sera passé avant l'an 2000? Faites des phrases affirmatives ou négatives au futur antérieur en employant les mots proposés. Commencez les phrases avec *A la fin du siècle...*

Modèles: nous / apprendre à vivre en paix
A la fin du siècle, nous n'aurons pas encore appris à vivre en paix.

vous / acheter un magnétoscope
A la fin du siècle, j'aurai acheté un magnétoscope.

1. les démocrates / perdre des élections
2. Le prince Charles et la princesse Diana / avoir une fille
3. nous / découvrir la vie sur d'autres planètes
4. les chercheurs / vaincre le SIDA
5. l'Union soviétique / des républiques démocratiques capitalistes
6. vous / bâtir une maison
7. une femme / devenir présidente
8. La CEE[6] / former une union monétaire et politique

LA MONDIALISATION DES AFFAIRES

---

5. *A peine* = presque pas.
6. *CEE* (f.) = Communauté économique européenne = «le Marché commun» de douze pays: l'Allemagne, la Belgique, le Danemark, l'Espagne, la France, la Grèce, l'Irlande, l'Italie, le Luxembourg, les Pays-Bas, le Portugal, le Royaume Uni.

1e. Votre mère vous écrit une lettre dans laquelle elle vous donne toutes les nou-velles de la famille et de la ville. Indiquez votre réaction à ce qu'elle vous écrit en employant le subjonctif ou le passé du subjonctif. Commencez votre réac-tion par: *Je suis content(e) que…* ou *Je suis triste que…*

Modèles: Nos voisins ont déménagé.
Je suis triste qu'ils aient déménagé parce que je les aimais bien.

Tes amis organiseront une soirée pour toi quand tu rentreras chez nous pour les vacances.
Je suis content(e) qu'ils organisent une soirée.

1. Notre chien a perdu l'appétit.
2. Je viendrai te voir le mois prochain.
3. Ta sœur a gagné le prix de mathématiques.
4. J'ai acheté un nouveau lit pour ta chambre.
5. Nous irons au Mexique pour les vacances de Noël.
6. J'ai besoin d'un plombier parce qu'il y a une fuite d'eau[7] dans la salle de bain.
7. Ton père t'envoie un chèque.
8. Je te téléphonerai dimanche.

1f. Vous remerciez un(e) ami(e) après avoir passé le week-end chez lui (elle). Finissez les phrases suivantes en employant l'infinitif ou l'infinitif passé du verbe approprié.

Modèle: (Vous avez fait la connaissance de sa famille.) Vous dites: Je suis heureux (heureuse) de…
Je suis heureux (heureuse) d'avoir fait la connaissance de ta famille.

1. (Vous avez passé un week-end agréable chez lui/elle.) Vous dites: Je suis ravi(e) de…
2. (Vous êtes parti[e] si tôt.) Vous dites: Je regrette de…
3. (Vous l'invitez chez vous pour la semaine prochaine.) Vous dites: J'aimerais bien…
4. (Vous lui rappelez d'apporter son maillot de bain.) Vous dites: N'oublie pas de…
5. (Vous avez aussi invité quelques autres amis.) Vous dites: Je suis content(e) de…

---

7. *Fuite d'eau* (f.) = l'eau qui échappe par un petit trou.

1g. Le match est fini. Vous avez gagné. Votre ami Alain a perdu. Que pense tout le monde? Combinez les deux propositions en employant le subjonctif (présent ou passé), l'infinitif (présent ou passé) ou l'indicatif selon le cas.

Modèles: Je me réjouis / j'ai gagné
Je me réjouis d'avoir gagné.

Alain regrette / les conditions ne lui ont pas été favorables pour lui
Alain regrette que les conditions ne lui aient pas été favorables pour lui.

1. Je me félicite / j'ai remporté la victoire
2. Alain regrette / j'ai gagné
3. Alain est choqué / il a perdu
4. Alain pense / il va gagner la prochaine fois
5. Mon prof de tennis sera ravi / je fais des progrès
6. Alain et moi, nous nous plaignons / le match a été dur
7. Nous avons remarqué / l'arbitre était juste
8. Alain veut / je serai là demain pour un autre match
9. C'est dommage / on n'a pas fait de vidéo de notre match
10. Je m'intéresse / ce que tout le monde pense du match

2 Expressions de durée

A. Depuis: le commencement d'une action qui continue

1. Depuis + *moment* indique le *début* d'une situation ou d'une action commencée au passé qui continue dans le présent. Le verbe principal est *au présent*.

a. depuis + *date, heure, jour, événement,* etc.

Depuis 1818, nos clients *sont* toujours rois. (et ils le sont encore)
Nous *attendons* **depuis midi!**

b. depuis que + *proposition*

Ma famille *habite* Washington **depuis que mon père a trouvé un poste au département d'Etat.**
Il *fait* beau **depuis que nous sommes arrivés.**

2. Depuis + *intervalle* indique la durée d'un événement ou d'une situation qui a commencé dans le passé et qui continue encore. Le verbe principal est *au présent*.

J'*étudie* à l'université de Chicago **depuis sept mois.**
Nous *nous connaissons* **depuis des années.**

Louis XIV (1638–1715) is said to have boasted **L'état c'est moi,** expressing the total political authority of the absolute monarch. During his 72-year reign, Louis conducted four major wars, encouraged the arts and literature, and built the palace at Versailles.

Josephine (1763–1814), born in Martinique, was the wife of Napoléon Bonaparte. Because they had no children and Napoléon wanted a son to inherit his empire, they divorced in 1809.

Napoléon III (1808–1873) was a nephew of Napoléon I and emperor of France from 1852–1870. During his reign, France enjoyed increasing prosperity. Among his most notable legacies were the rebuilding of Paris under the direction of Baron Georges Haussmann and the construction of the Suez Canal.

3. Dans un contexte passé: pour indiquer qu'une situation avait commencé à un moment du passé et continuait encore à un autre moment du passé, on emploie **depuis** ou **depuis que** avec un verbe principal à *l'imparfait.*

> **Depuis qu'il faisait du tennis,** il *voulait* jouer à Wimbledon, et finalement le jour est arrivé.
> Nous *savions* nager **depuis que nous avions pris des leçons de natation,** mais cela ne nous a pas aidés quand notre bateau a fait naufrage.
> Le conférencier *parlait* **depuis une heure trois quarts** quand le dromadaire l'a mordu.

4. S'il s'agit d'une phrase négative au passé, on emploie *le passé composé* ou *le plus-que-parfait.*

> Je *n'ai pas mangé* **depuis** lundi.
> Ils *ne s'étaient pas vus* **depuis** leur enfance.
> Ils *ne s'étaient pas parlé* **depuis dix ans** quand ils se sont rencontrés dans la rue.

5. La question qui correspond à **depuis** + *moment* est **Depuis quand... ?** et la question qui correspond à **depuis** + *intervalle* est **Depuis combien de temps... ?**

> **Depuis quand** parlez-vous français? (Je le parle depuis l'année dernière.)
> **Depuis quand** était-il malade lorsque le médecin est enfin arrivé? (Il était malade depuis dimanche.)
> **Depuis combien de temps** étudiez-vous à l'université de Chicago? (J'y étudie depuis sept mois.)

B. Il y a plusieurs expressions qui sont l'équivalent de **depuis** + *intervalle.*

Il y a **Voilà** **Cela fait** **Ça fait (style parlé)**	**+** *intervalle* **+ que**

Il y a sept mois que **Voilà sept mois que** **Cela fait sept mois que** **Ça fait sept mois que**	*j'étudie* à l'université de Chicago.

Il y a des années que **Voilà des années que** **Cela fait des années que** **Ça fait des années que**	nous *nous connaissons.*

1. Dans un contexte passé: Pour indiquer la durée d'un événement qui avait commencé dans le passé et qui continuait encore à un autre moment du passé, on emploie *l'imparfait* avec les expressions **il y avait... que, cela faisait... que, ça faisait... que.**

> **Cela faisait une heure trois quarts que** le conférencier *parlait* quand le dromadaire l'a mordu.
> **Il y avait deux semaines que** Christophe et Aurélie *se connaissaient* quand il lui a demandé de l'épouser.

2. S'il s'agit d'une action négative, on emploie le *passé composé* ou le *plus-que-parfait*.

> **Il y a trois ans que** je *n'ai pas fumé.*
> **Ça fait trois jours que** je *n'ai pas dormi.*
> Comme **il y avait une semaine qu'**il *ne s'était pas lavé,* il sentait très mauvais.
> **Cela faisait deux ans que** Julie *n'avait pas revu* ses parents, mais ils sont enfin venus la voir.

3. Les questions qui correspondent à ces expressions sont

> **Combien de temps y a-t-il que... ?**
> **Combien de temps cela fait-il (cela faisait-il) que... ?**

> **Combien de temps y a-t-il que** vous étudiez le français?
> **Combien de temps cela fait-il que** tu prépares ton voyage?

Pendant que is discussed in section 3B of this lesson, page 278.

C. Pendant

Pendant + *une mesure de temps* indique la durée d'une action terminée au présent, au passé ou au futur.

1. On peut employer n'importe quel temps avec **pendant.**

> Notre roquefort *s'affine* sur des travées de chêne centenaires **pendant 150 jours.**
> J'ai étudié au lycée de 1988 à 1991. J'*ai étudié* au lycée **pendant trois ans.**
> Je vais visiter la Bretagne à Noël. J'y *serai* **pendant deux semaines.**

NOTRE ROQUEFORT S'AFFINE
SUR DES TRAVÉES DE CHÊNE CENTENAIRES
PENDANT 150 JOURS.
DURANT CE TEMPS NOS BERGERS
S'OCCUPENT COMME ILS PEUVENT.

2. Au passé, on emploie le *passé composé* ou le *passé simple* avec **pendant,** quand il s'agit d'un événement *terminé* au passé.

> Hélas! le conférencier *a parlé* **pendant trois heures.**
> L'éruption du Vésuve *dura* **pendant huit jours.**

3. On peut aussi supprimer le mot **pendant.**

> J'ai étudié **trois ans** au lycée.
> L'éruption du Vésuve dura **huit jours.**

4. La question qui correspond à cette structure est **Pendant combien de temps... ?** ou simplement **Combien de temps... ?**

> **Pendant combien de temps** avez-vous étudié au lycée?
> **Combien de temps** êtes-vous restée au lycée?
> **(Pendant) combien de temps** serez-vous en Bretagne?

D. Jusque, jusqu'à ce que
Jusque indique le moment final d'une situation.

1. Jusqu'à, jusqu'au, jusqu'en, etc. + *moment*

> Vous avez parlé **jusqu'à** *minuit* hier soir.
> Je resterai ici **jusqu'à** *la fin de l'année scolaire.*
> Je serai à Paris **jusqu'en** *juin*, au moment où je retournerai à Boston.
> Le musée Jenisch présente **jusqu'au** *19 mai 1991* les sculptures et dessins de Frédéric Muller.
> **Jusqu'***ici*[8] il a toujours été fidèle.

2. Jusqu'à ce que + *proposition au subjonctif*

> Mes parents seront à Washington **jusqu'à ce que** mon père *prenne* sa retraite.
> Ils ont continuer à se préparer **jusqu'à ce que** les invités *arrivent.*

Remarquez: On n'emploie pas **jusque** dans une phrase ou une proposition négatives; on emploie plutôt **avant** ou **avant que.**

Mais:
> L'entrepreneur a travaillé **jusqu'à** la fin mars.
> Elle *n'a pas voulu* payer l'entrepreneur **avant** la fin des travaux.
> Elle *n'a pas voulu* payer l'entrepreneur **avant qu'**il ne finisse les travaux.

Avant que is also treated in section 4 of this lesson.

Call attention to the idiomatic construction **fin +**
nom de mois *sans préposition.*

---

8. *Jusqu'ici* = jusqu'à maintenant.

MUSÉE JENISCH
Av. de la Gare 2 - 1800 Vevey
Tél. 021/921 29 50

Musée des Beaux-Arts de Vevey

Jusqu'au 19 mai 1991

FRÉDÉRIC MULLER

Sculptures et dessins

★

Cabinet Cantonal des Estampes

Jusqu'au 12 mai 1991

**LES TECHNIQUES
DE L'ESTAMPE**

Jusqu'au 11 août 1991

COLLECTION PIERRE DECKER

Gravures de Durer et Rembrandt

Heures d'ouverture :
Ma-Di de 10h30 à 12h et de 14h à 17h30

3. La question correspondante est **Jusqu'à quand... ?** ou pour préciser, **Jusqu'à quelle heure (quel jour, quelle date, etc)... ?**

> **Jusqu'à quand** comptez-vous rester à Paris? (**Jusqu'à** la fin de vos études? **Jusqu'en** juin?)
> **Jusqu'à quelle date** seras-tu en vacances?

Exercices

Consider the date Julie speaks to be today, the actual date.

Students should keep their books open for this exercise. The class could be divided into teams to see which can finish first correctly.

2a. Julie raconte l'histoire de sa vie. Déterminez les dates importantes de sa vie en finissant les phrases à la fin de son histoire.

«Il y a vingt ans que mon père est dans la marine. Il était dans la marine depuis un an quand je suis née à Honolulu. Cela faisait quatre ans que mon père était dans la marine quand nous avons déménagé. Nous sommes partis à San Diego. Nous y habitions depuis trois ans quand nous avons quitté San Diego pour aller à Boston. Il y avait six ans que nous étions à Boston quand mon père a trouvé un poste au département d'Etat. Depuis que mon père a trouvé ce poste, ma famille habite Washington. Cela faisait six ans que nous étions à Washington quand je suis venue à l'université de Boston, où j'étudie depuis septembre dernier.»

1. Le père de Julie est entré dans la marine en…
2. Julie est née en…
3. Sa famille est allée à San Diego en…
4. Ils sont allés à Boston en…
5. Ils sont allés à Washington en…
6. Julie a commencé ses études à l'université de Boston en…

Students can role-play this exercise with one student playing M. Zyxwvuts and answering **hein?** or **oui** to each question.

2b. Vous êtes en France et vous parlez à Monsieur Zyxwvuts qui comprend mal le français. Pour être sûr(e) qu'il a vraiment compris vos questions, vous êtes obligé(e) de répéter de deux façons différentes.

Modèle: Cela fait combien de temps que vous êtes en France?
Depuis combien de temps êtes-vous en France?
Combien de temps y a-t-il que vous êtes en France?

1. Combien de temps y a-t-il que vous parlez français?
2. Cela fait combien de temps que vous cherchez un appartement?
3. Depuis combien de temps travaillez-vous pour la même firme?
4. Cela fait combien de temps que vous êtes dans cette ville?
5. Combien de temps y a-t-il que vous n'avez pas vu votre famille?
6. Depuis combien de temps fréquentez-vous ce café?

2c. Voilà les réponses (modestes) du célèbre réalisateur Noli Noloretti dont le dernier film vient de remporter la Palme d'Or[9] au Festival de Cannes. Quelles sont les questions que les journalistes lui ont posées?

Modèle: Réponse: Je fais du cinéma depuis l'âge de deux ans.
Question: *Depuis quand faites-vous du cinéma?* ou
Depuis combien de temps faites-vous du cinéma?

1. J'ai étudié la cinématographie pendant deux ans à l'Institut National de Cinéma.
2. Ça faisait trois ans que je travaillais comme cadreur[10] quand je suis devenu scénariste.
3. Ça faisait trois ans que je travaillais comme scénariste quand on m'a proposé de réaliser un film.
4. Je suis resté à Rome pendant dix ans.
5. Je suis resté à Tokyo trois ans.
6. Je tournais à Hollywood depuis 1986 quand j'ai décidé de revenir en Europe.
7. Ça fait trois ans que j'habite à Paris.
8. Je resterai en Europe jusqu'à ce que les producteurs n'aiment plus mes films.
9. Depuis que je tourne en France, je suis satisfait des conditions de travail.
10. Je compte rester à Cannes jusqu'à la fin mai.
11. Je serai au Festival jusqu'à mardi prochain.
12. On me considère le meilleur cinéaste du monde depuis au moins dix ans.

2d. Et vous? Racontez l'histoire de votre propre vie en répondant à ces questions avec un des termes entre parenthèses.

Modèle: Avez-vous une spécialité? (depuis / pendant)
Oui, je suis spécialiste en histoire depuis deux semestres. ou
J'ai été spécialiste en histoire pendant un an, mais maintenant je suis spécialiste en chimie.

1. Où habitez-vous? (depuis que / cela fait)
2. Vous apprenez le français, n'est-ce pas? (il y a / voilà)
3. Qui est votre meilleur(e) ami(e)? (depuis / il y a)
4. Avez-vous le permis de conduire? (voilà / depuis que)
5. Savez-vous vous servir d'un ordinateur? (il y a / depuis)
6. Vous étudiez à cette université, n'est-ce pas? (ça fait / il y a)

2e. En respectant la réalité historique si possible, finissez les phrases suivantes avec **jusque, jusqu'à ce que, pendant** ou **avant**.

Modèle: Abraham Lincoln a été président (1861–1865)…
Abraham Lincoln a été président pendant quatre ans. ou
Abraham Lincoln a été président jusqu'à sa mort. ou
Abraham Lincoln a été président jusqu'à ce qu'il soit assassiné.

---

9. *Palme d'Or* (f.) = grand prix (du meilleur film de l'année).
10. *Cadreur* (m.) = caméraman.

1. Le président Reagan a été président (1981–1989)…
2. Nous aurons le même gouverneur…
3. Il y a eu quarante-huit états (1912–1958)…
4. Il y aura cinquante états…
5. Les Allemands de l'Est ont maintenu le mur de Berlin (1961–1989)…
6. Les Etats-Unis ont fait la guerre au Viêt-nam (1965–1973)…
7. Les femmes n'avaient pas le droit de voter (1920)…
8. Il n'y avait pas de femmes à la Cour Suprême (1981)…

Consider Ex. 2f optional. Some instructors prefer recourse to translation drill in the case of certain particularly idiomatic constructions such as those involving time expressions.

2f. Voici des questions qu'on vous a peut-être posées. Traduisez-les en français, puis répondez en français.

1. How long have you been at this university?
2. Where have you been living since you arrived here?
3. How long have you studied French?
4. Since when have you known your teacher?
5. How long has it been since you last saw your family?
6. Until when will you be here?
7. How long were you in your last school?
8. How long will you stay in this school?

∃ Expressions de simultanéité

A. Les expressions suivantes expriment l'idée de deux actions (ou plusieurs actions) faites simultanément par le même sujet.

1. **En** + *participe présent*

> J'écoute la radio **en travaillant.**
> Il est finalement arrivé **en se plaignant** des embouteillages.
> Nous ferons un voyage **en chantant** et **en racontant** des histoires drôles.

2. L'expression adverbiale **à la fois** indique que *la même personne* fait—ou ne fait pas—deux choses simultanément.

> Il est difficile de lire et de marcher **à la fois.**

B. Quand il y a *un sujet* ou *deux sujets différents* qui font des actions simultanées les expressions suivantes indiquent la simultanéité:

pendant que	**alors que**
tandis que	**en même temps**

1. pendant que + *proposition* indique la simultanéité avec une autre action en progrès.

> **Pendant que** Marion coupe le rôti, Paul prépare la salade.
> **Pendant que** tu seras à Londres, je ferai un voyage à Nantes.
> Il écoute **pendant que** je parle.

a. Dans un contexte passé **pendant que** est suivi d'un verbe *à l'imparfait* parce qu'il s'agit d'une action en progrès.

> Je regardais la télé **pendant qu**'elle *travaillait* à sa collection de timbres-poste.
> Elle a préparé le dîner **pendant que** le reste de la famille *faisait* la sieste.

b. Les expressions **tandis que** et **alors que** peuvent remplacer **pendant que,** et ont quelquefois une connotation de contraste ou d'opposition.

> Le papa disait de rester à la maison **tandis que** la petite fille sortait.
> Monsieur Girault est rentré **alors que** sa femme sortait.

You may also want . . .

2. L'expression adverbiale **en même temps** peut s'employer seule ou suivie de **que** + *nom ou pronom disjoint*.

> Je n'aime pas manger et regarder la télé **en même temps.**
> Françoise et Charles étaient en Europe **en même temps.**
> Françoise était en Europe **en même temps que** Charles.
> Ils sont arrivés **en même temps que** toi.

Exercices

3a. Remplacez la structure *pendant que* + verbe conjugué par une construction avec *en* + participe présent.

Modèle: Pendant qu'il faisait ses comptes, il parlait à son amie au téléphone.
En faisant ses comptes, il parlait à son amie au téléphone.

1. Pendant qu'il parlait à son amie, il calculait les dépenses de sa firme.
2. Pendant qu'il écrivait, il faisait des erreurs.
3. Pendant qu'il soumettait ses calculs à son patron, il faisait des plaisanteries.

4. Pendant que le patron contrôlait les dépenses, le patron a trouvé des erreurs.
5. Pendant que le patron l'accusait d'incompétence, le patron lui a dit adieu pour toujours.

3b. Voici des actions qu'on fait chaque jour. Suggérez comment on peut gagner du temps en indiquant lesquelles on peut faire en même temps. Employez *à la fois, pendant que* ou *en même temps (que)*.

Modèle:　　*On peut écouter la radio et faire de l'exercice à la fois.*

aller au travail	**manger**
se brosser les dents	**parler à ses amis**
écouter la radio	**se peigner**
écrire des lettres	**prendre une douché**
faire de l'exercice	**préparer un/des repas**
faire la queue	**se laver**
s'habiller	**se raser / se maquiller**
lire le journal	**travailler / étudier**

4 Prépositions et conjonctions

A. Avant et après

Avant ou **après** indiquent le rapport des actions dans le temps. Le verbe principal de la phrase peut être à n'importe quel temps.

1. Avec un nom ou un pronom

> **Avant** *le repas,* on se lave les mains.
> **Après** *le repas,* on prendra un café.
> Vous arriverez sûrement **avant** *nous.*

Remarquez: Ne confondez pas **avant** et **après** (qui indiquent la situation *chronologique*) avec **devant** et **derrière** (qui indiquent la situation *physique*).

> *Quand* est-il arrivé? Il est arrivé **après** toi.
Mais: *Où* est Pierre? Il est **derrière** moi.

2. Avec un infinitif

a. Avant de est suivi d'un infinitif si le même sujet fait les deux actions de la phrase.

> **Avant de** *manger,* je me lave les mains. (*Je* me lave les mains et *je* mange.)
> **Avant de** *manger,* nous nous sommes lavé les mains. (*Nous* nous sommes lavé les mains et *nous* avons mangé.)
> J'arriverai à New York **avant de** finir mon roman.

Remarquez: **Auparavant** est un adverbe qui s'emploie tout seul pour remplacer **avant de** + *infinitif.*

> Assieds-toi, mais **auparavant** (= avant de t'asseoir), embrasse-moi.

b. Après est suivi d'un infinitif passé si le même sujet fait les deux actions de la phrase.

> **Après** *avoir mangé* on boit du café. (*On* mange et *on* boit du café.)
> **Après** *avoir mangé* je boirai du café. (*Je* mangerai et *je* boirai du café.)

3. Avec une proposition subordonnée
On emploie **avant que** ou **après que** + *proposition subordonnée* surtout quand deux sujets différents fonctionnent dans la même phrase.

a. Avant que + *proposition au subjonctif*

> **Avant que** vous *soyez* là, je m'ennuyais.
> **Avant que** mon correspondant francophone *vienne* en Amérique, je l'imaginais tout autrement.

Remarquez: Dans un style soigné on peut utiliser le **ne** *pléonastique* (qui n'a pas de valeur négative) avec **avant que.**

> Avant que vous **ne** soyez là, je m'ennuyais.
> Avant que mon correspondant francophone **ne** vienne en Amérique, je l'imaginais tout autrement.

b. Après que + *proposition à l'indicatif*
Après que fonctionne comme les autres conjonctions de subordination (**parce que, si, comme, quand,** etc.).

> **Après que** nos parents *sont arrivés,* nous nous sommes mis à table.

Since there is no clear guideline, it is probably best not to deal with the decreasing contemporary usage, both in formal and informal French, of the subjunctive with **après que.** The purely literary and highly infrequent **passé antérieur,** used with these conjunctions of time, may be found in Appendix B.

B. Autres conjonctions de temps qui sont suivies de *l'indicatif*

quand	**aussitôt que**
lorsque	**après que**
dès que	

Quand je *travaillais* comme débardeur pendant l'été, je
m'endormais **aussitôt que** je me *couchais*.
Lorsque l'étranger *réussit* à se mettre debout et à faire quelques
pas chancelants, c'est le délire. (Vian)
Dès qu'il me *voit* il me dit bonjour.
Oki **lorsque** la réalité *dépasse* la fiction.

1. Le futur s'emploie après toutes ces conjonctions de temps s'il s'agit effectivement d'action future.

> **Quand** je *mourrai* de soif et de faim, ils se partageront ma dépouille.
>
> Tu sais, **quand** je *serai* grand, je ne te laisserai pas tomber.
>
> **Lorsque** vous *serez* à Paris, vous verrez sûrement le musée d'Orsay.
>
> **Dès que** nous *finirons* nous pourrons partir.
>
> Denise partira en vacances **aussitôt que** ses examens *seront* terminés.
>
> **Après que** les Gagnon *arriveront* au camping, ils dresseront leur tente, ouvriront tous leurs sacs de couchage et s'endormiront.

Point out that in the example using **Lorsque vous serez à Paris,** it would not be logical to use the **futur antérieur.**

2. Pour préciser qu'une action future aura lieu avant une autre, on emploie souvent le *futur antérieur* après ces conjonctions.

> **... quand** je *serai mort* de soif et de faim, ils se partageront ma dépouille... (Séfrioui)
>
> **Dès que** nous *aurons fini,* nous pourrons partir.
>
> **Après que** les Gagnon *seront arrivés* au camping, ils dresseront leur tente, ouvriront tous leurs sacs de couchage et s'endormiront.

Exercices

4a. Pour faire du thé, il faut procéder dans l'ordre suivant:

mettre de l'eau dans une bouilloire
faire bouillir l'eau
mesurer le thé
mettre le thé dans la théière
faire infuser pendant quelques minutes
servir le thé
servir du sucre
servir du citron ou du lait

Répondez aux questions suivantes en employant *avant de, avant que, après* ou *après que.*

1. Quand est-ce qu'on fait bouillir le thé?
2. Quand est-ce qu'on fait infuser le thé?
3. Quand est-ce qu'on peut mettre le thé dans la théière?
4. Quand est-ce que le thé est prêt?
5. Quand boit-on le thé?

4b. Vous avez projeté d'aller à un concert avec un(e) ami(e). Votre ami(e) vous pose des questions. Répondez en employant les mots indiqués.

Modèle: Quand pourras-tu me prendre? (lorsque)
Lorsque mon père sera rentré vers 18 h, je prendrai son auto pour aller te chercher.

1. Quand achèterons-nous nos billets? (aussitôt que)
2. Quand t'habilleras-tu pour le concert? (quand)
3. Quand aurons-nous nos places? (dès que)
4. Quand dînerons-nous? (avant de)
5. Quand saurons-nous qui sera au programme? (après que)
6. Quand partirons-nous? (lorsque)

5 Allons plus loin

A. Autres expressions de temps

B. Verbes qui indiquent la chronologie

A. Autres expressions de temps

1. Il y a

Il y a indique l'intervalle entre une action terminée au passé et le temps présent. Employez **il y a** + *durée de l'intervalle* avec un temps du passé.

> Je suis arrivé en Amérique en février. Nous sommes maintenant en décembre. Je suis arrivé en Amérique **il y a dix mois.**
> **Il y a bien longtemps,** plus d'un demi-siècle, un vieux journaliste qui habitait près du parc Montsouris sortait tous les soirs de chez lui pour se rendre à son travail dans le Sentier. (Grenier)

2. Dans et **en**

a. Dans + *mesure de temps* indique qu'une action future se produira à la fin de l'intervalle spécifié.

> Je partirai **dans** deux jours. (= Je partirai deux jours après maintenant.)
> Qui sait où nous serons **dans cinq ans?** (= Qui sait où nous serons cinq ans après maintenant?)

b. En indique simplement la durée d'une action.

> Je peux aller à Lyon **en** deux heures. (= Le voyage prend deux heures.)
> On reçoit souvent son diplôme **en** quatre ans. (= Recevoir son diplôme prend quatre ans.)
> Avec un four à micro-ondes on peut faire une pomme au four **en** cinq minutes.

B. Verbes qui indiquent la chronologie
Les verbes suivants indiquent un ordre chronologique.

avant	*après*
précéder	**suivre**
venir avant	**venir après**
	succéder à (situations historiques ou officielles)

L'hiver précède le printemps comme lundi **vient avant** mardi.
Une explosion démographique **a suivi** la guerre.
Le président Reagan **a succédé au** président Carter.
Louis XV **a succédé à** son arrière-grand-père Louis XIV.

See Bourbon family tree, p. 289.

Exercices

5a. Finissez les phrases suivantes en employant *il y a* ou *pendant* avec la durée ou l'intervalle qui convient.

1. (1865) La guerre de Sécession s'est terminée…
2. (1861–1865) La guerre de Sécession a duré…
3. (1492) Christophe Colomb a découvert l'Amérique…
4. (13ᵉ siècle) Marco Polo a voyagé en Chine…
5. (1933–1945) Franklin Roosevelt a été président…

6. (le 17 décembre 1903; 12 secondes) Le premier avion de Wilbur et Orville Wright a volé…
7. Les derniers Jeux olympiques ont eu lieu…
8. (juillet 1969) Les premiers astronautes ont marché sur la lune…

5b. Réagissez à chaque challenge en disant *Je pourrai faire ça dans* + mesure de temps ou *Je peux faire ça en* + mesure de temps. (Ou: *Je ne peux pas faire ça,* si vous en êtes vraiment incapable.)

Modèle: aller à la bibliothèque à pied
Je pourrai faire ça dans une heure. ou
Je peux faire ça en cinq minutes.

1. faire le tour de France
2. apprendre le japonais
3. réparer une voiture
4. changer un pneu crevé[11]
5. faire du thé
6. écrire une composition de vingt pages en français
7. traverser le campus d'un bout à l'autre
8. lire «La Belle Dorothée»

Substitute another reading selection title if you have not read "La Belle Dorothée."

5c. Situez chronologiquement les deux éléments. Faites attention aux temps des verbes.

Modèle: la maladie et la guérison
La maladie précède la guérison. ou
La guérison suit la maladie.

1. le 4e siècle av. J.-C.[12] et le 3e siècle av. J.-C.
2. l'invention de la roue et l'invention de l'automobile
3. l'amour et le mariage
4. la Révolution américaine et la Révolution française
5. Louis XV et Louis XVI
6. le printemps et l'été
7. la fête en plein air et le sauvetage du naufragé («Fiesta»)
8. l'apéritif et le dessert; l'entrée et le plat principal; la viande et la salade

Point out differences in the order of a meal served in the U.S. and in France as well as the **faux ami «entrée»,** the equivalent of English "hors d'œuvre".

---

11. *Pneu crevé* (m.) = "flat tire."
12. *Av. J.-C.* = avant Jésus-Christ = "B.C."

A VOUS DE JOUER

1. *Récit.* Employez autant de structures de cette leçon que possible pour raconter les événements de la vie de Pierre-Auguste Renoir en une narration suivie.

1841: Naissance de Renoir à Limoges le 25 février.

1845: Déménage à Paris avec sa famille.

1854: Apprenti dans une fabrique de porcelaine. Commence à peindre des sujets religieux.

1862: Suit des cours à l'Ecole des beaux-arts où l'on enseigne le style classique (manière de peinture qui ne lui convient[13] pas). Rencontre Alfred Sisley, Claude Monet, Paul Cézanne.

1864: Ils décident de peindre dans la forêt de Fontainebleau la réalité et non plus des tableaux de genre.[14]

1874: L'impressionnisme[15] est né avec l'Exposition des «Indépendants».

1873–1883: La période la plus impressionniste de Renoir.

1881–1882: Part en Provence, en Italie, en Algérie où il découvre d'autres techniques et, en particulier, l'emploi du noir.

1890: Epouse Alice Charigot.

1892: Son importance dans l'histoire de l'art moderne est assurée par l'Exposition de 1892.

1894: Commence à souffrir de rhumatisme (il est obligé d'attacher des pinceaux[16] à ses doigts).

1907: S'installe à Cagnes dans le Midi.

1910: Ne peut plus marcher.

1915: Mort de Madame Renoir.

1919: Mort du grand peintre impressionniste le 3 décembre.

2. *Rôles à jouer—trois personnes.* Vous vous promenez en ville quand vous voyez un accident de voiture. Vous remarquez que votre professeur de français conduit la voiture qui a causé l'accident. L'agent de police vous demande ce qui s'est passé.

Activity 3: If you have students act this out, vary the attitude of the participants: (1) the offending friend is defensive, the other friend is sympathetic. (2) The offending friend is apologetic, the other friend is hurt. (3) The offending friend is matter-of-fact, the other friend is furious and sarcastic.

3. *Rôles à jouer—deux personnes ou monologue.* Expliquez à un(e) ami(e) pourquoi vous n'étiez pas au rendez-vous que vous vous étiez donné. Précisez les événements qui vous ont empêché(e) de venir.

---

13. *Convenir* = être approprié.

14. *Tableaux de genre* (m.) = tableaux d'intérieurs, natures mortes, animaux, etc.

15. *Impressionnisme* (m.) = manière de peindre des artistes français de la fin du 19e siècle. Ils représentaient les impressions produites par la lumière; d'après un tableau de Claude Monet, «Impression: Soleil Levant,» qui fit scandale à l'Exposition de 1874.

16. *Pinceau* (m.) = instrument avec lequel le peintre applique les couleurs.

4. *Narration.* Racontez l'histoire de la bande dessinée en employant tous les moyens possibles pour indiquer la chronologie. Quelques mots utiles:

un biberon = bouteille qui contient le lait des bébés
faire chauffer = rendre chaud
hurler = crier très fort
faire des grimaces = contorsionner le visage

LA VOIX DU SANG

Compositions écrites

1. *Scène dramatique.* Le célèbre détective, Hercule Poirot, vient de découvrir la solution d'un meurtre. Tous les suspects sont présents pour écouter ce qu'il a à dire. Il révèle la chronologie du crime.

2. *Essai.* Racontez l'origine de votre famille du côté paternel et maternel. (Qui est venu en Amérique? Quand? Pourquoi? Quels grands-parents se sont rencontrés d'abord? Qui est né le premier? Qu'est-ce que vos grands-parents ont fait avant de se marier? et après?, etc.) Employez un arbre généalogique si vous voulez.

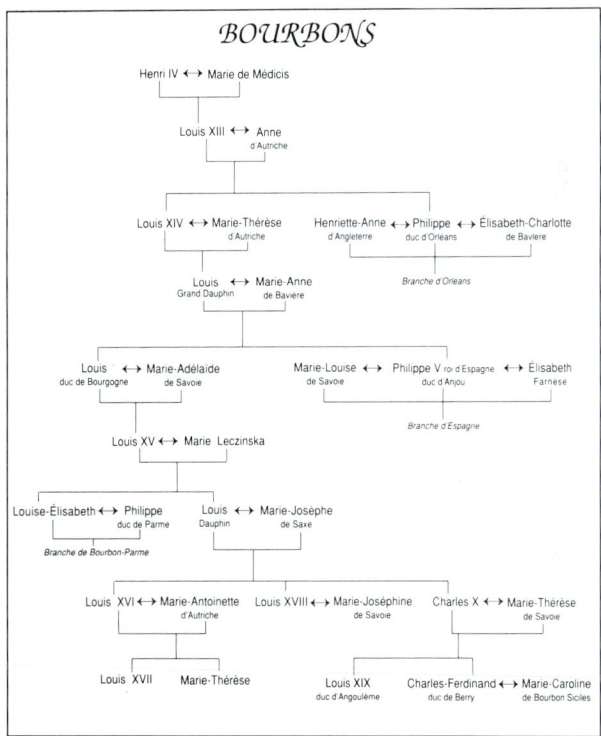

3. *Lettre.* Vous êtes en France. Vous écrivez à votre famille ou à un(e) ami(e) afin de fixer un bon moment pour vous téléphoner. Expliquez où vous serez, ce que vous ferez, etc., suivant les différentes heures de la journée pour qu'ils puissent décider quand vous appeler.

4. *Narration.* Racontez l'histoire d'une personne qui est toujours en retard. Pourquoi est-elle toujours en retard? Que fait-elle quand elle doit prendre un bus, un train, un avion... ? Qu'est-ce qui se passe quand elle a un rendez-vous?

LECTURES

Que faire quand on n'est pas à l'aise, quand on a l'impression de ne pas faire partie de la société qui vous entoure? lutter? se résigner? partir en exil?

Le journaliste de «Au sud de Pékin», puni pour une faute commise dans un excès de zèle, est relégué dans un coin où il est chargé d'un travail routinier jusqu'au jour où il s'en va en protestant contre son travail exaspérant.

Le berger mendiant de «La Grotte» de Séfrioui ne proteste pas. Il subit la tentation de l'isolement, préférant pendant un moment la sécurité de la solitude. Après réflexion, il décide de partir à la recherche d'un Etre généreux. C'est alors qu'il rencontre la menace de la violence.

Au sud de Pékin

ROGER GRENIER

Roger Grenier (1919–   ), auteur de romans et de nouvelles, partage avec son célèbre compatriote et compagnon, Albert Camus, un certain pessimisme caractéristique de la première moitié du vingtième siècle et, sur le plan stylistique, une clarté d'expression presque classique. La concision de Grenier consiste à bien choisir les quelques détails de la vie présente et passée de son protagoniste pour nous faire sentir sa tristesse et son ridicule. Comme dans d'autres nouvelles du recueil *La Salle de rédaction* (1977), dont «Au sud de Pékin» fait partie, le personnage principal est mal à l'aise dans son existence, vide de sens et même désespérée. Il est aussi ridicule par son manque de lucidité. La première faute du journaliste n'est-elle pas grotesque? Son discours laconique n'est-il pas aussi comique que son vêtement démodé? Ces touches subtiles d'humour donnent à des éléments essentiellement tristes une légèreté remarquable.

Avant de lire «Au sud de Pékin»

Préparation du vocabulaire

A. Vocabulaire utile pour «Au sud de Pékin».

bougonner (familier) = murmurer entre ses dents
une chaine d'arpenteur = un instrument qui sert à mesurer des surfaces
un confrère = un collègue
une dépêche d'agence = une brève communication faite par une agence qui distribue les nouvelles comme Reuters, AP ou UPI
un phoque = "seal"
tantôt = quelquefois

Mettez le terme correct dans les phrases suivantes.

1. Au zoo j'aime regarder l'homme qui donne des poissons aux _____.
2. Quand on travaille pour le *New York Times* on utilise quelquefois des _____.
3. Avant de commencer la construction les ingénieurs sont arrivés sur le site avec des _____.

4. Il n'est jamais content mais au lieu de protester il fait son travail et continue à _____ .
5. Les gens s'intéressent souvent aux progrès de leurs _____ .
6. Au mois de mars le temps change souvent:_____
il fait beau, _____ il pleut.

Préparation des structures

See Lesson 1, *Exercices de style*, for a complete explanation of the *passé simple*.

B. Vous avez déjà vu le passé simple dans quelques textes. Les phrases suivantes viennent de «Au sud de Pékin». Identifiez l'infinitif des verbes qui sont au passé simple.

1. Il expliqua.
2. La porte du fond s'ouvrit.
3. Vinard apparut.
4. Vinard traversa la salle.
5. Il arriva au fond, jusqu'au vieux journaliste, et se planta devant lui.
6. Le vieux journaliste le regarda et se leva.
7. Il se frotta les yeux.
8. Puis il prit la parole.
9. Il attrapa son melon et sa houppelande et il quitta la salle de rédaction.
10. On ne le revit plus jamais.

Pour mieux lire

After an initial reading, encourage students to jot down key words that they do or do not understand. They can then check this list after having read the text a second time, to see whether their first reactions were accurate. This judgment, of course, is a personal evaluation that each student must decide for himself or herself. The purpose of doing this exercise is to give the student confidence in his or her own growing ability to pick out the essentials of the reading material.

C. Le lecteur efficace fait une distinction entre les mots essentiels (indispensables à la compréhension du texte) et les mots décoratifs (qui apportent des informations intéressantes mais non pas fondamentales).

1. En lisant «Au sud de Pékin», ne vous arrêtez pas à chaque nouveau mot. Mettez dans votre livre une petite marque au crayon à l'endroit où se trouvent les mots inconnus, et continuez votre première lecture pour avoir une idée globale de l'histoire.
2. Lisez le texte une deuxième fois en cherchant dans votre dictionnaire seulement les mots qui vous semblent essentiels si vous ne pouvez pas deviner leur sens.
3. Marquez les nouveaux mots les plus utiles dans votre cahier de vocabulaire.

Au sud de Pékin

Il y a bien longtemps, plus d'un demi-siècle, un vieux journaliste qui habitait près du parc Montsouris sortait tous les soirs de chez lui pour se rendre à son travail dans le Sentier. Il mettait son melon et une houppelande verdâtre dont les vastes poches contenaient en permanence ce qui était nécessaire, selon lui, pour s'en aller au bout du monde: deux mouchoirs, une brosse à dents et une chaîne d'arpenteur. Indispensable, la chaîne d'arpenteur, pour prendre des mesures, autour de la maison d'un crime. Mais le vieux journaliste savait en lui-même que ces précautions étaient vaines. Plus jamais on ne l'envoyait en re-
10 portage. Et sans doute, autant que possible, on éviterait de le faire, depuis ce jour mémorable où, alors qu'il enquêtait sur le mort de la voie ferrée Paris-Lille, les gendarmes l'avaient surpris, près de Saint-Quentin, en train de déverser un seau de sang sur le ballast. Il expliqua que c'était une expérience pour savoir combien de temps il avait fallu
15 aux cailloux pour absorber le sang de la victime, et que le sang qu'il déversait, lui, il se l'était procuré aux abattoirs de Saint-Quentin. Mais ce zèle n'avait été apprécié ni des gendarmes, ni de la direction du journal. Depuis des années maintenant, le vieux reporter restait à la rédaction, bougonnant tout seul sous ses moustaches de phoque, à cor-
20 riger des dépêches d'agence. Et en particulier, soir après soir, les nouvelles des interminables guerres civiles de Chine.

Il prenait le tramway de Montrouge à la gare de l'Est, et descendait au carrefour Strasbourg Saint-Denis, d'où il gagnait à pied la rue du Croissant. En route, il rêvait à une martingale[17] qu'il essayait de mettre
25 au point. Souvent, pendant le trajet, il sortait de sa poche un crayon et un carnet surchargé de chiffres, et reprenait ses calculs, pendant la descente du boulevard Saint-Michel ou la remontée du boulevard de Sébastopol.

Dans la salle de rédaction où régnait depuis peu la lumière élec-
30 trique, il s'asseyait à son bureau personnel, réglait la lampe qui descendait du plafond, avec un système de poulie et de contrepoids, vérifiait le niveau de l'encre dans son encrier, essuyait sa plume, la changeait si nécessaire. Un grouillot commençait à lui apporter les dépêches du jour. Il les étudiait en les collant sous son nez, en les frottant
35 presque sur ses grosses moustaches jaunes, car il était très myope. Les bruits de la rédaction ne l'atteignaient guère. Il avait peu d'amis au journal. On finissait par le considérer comme un objet, un meuble.

Au bout de longues minutes de lecture, de silence, d'immobilité, le vieux journaliste semblait s'ébrouer. Il prenait sa plume et du papier et
40 commençait à écrire:

---

17. *Martingale* (f.) = calcul mathématique pour faire gagner à la roulette selon les lois de la probabilité.

«Après sa victoire sur Tchang Tso-lin, le général Wou P'ei-fou poursuit son avance à l'est de Pékin... »

Une nuit, alors qu'il était encore plongé dans la lecture des dépêches et n'avait pas encore commencé à rédiger la chronique des derniers exploits accomplis par les Seigneurs de la guerre, la porte du fond s'ouvrit et Vinard, le gros rédacteur en chef adjoint, apparut. C'était un journaliste de la vieille école, d'une rigueur effrayante. Il avait un plan tout fait pour les incendies, un autre pour les catastrophes de chemin de fer, un autre pour les inondations... Les reporters devaient s'y plier, sans omettre la moindre des subdivisions prévues dans le plan. Sa passion de l'exactitude en faisait un tyran. Si vous aviez un doute sur l'âge de la concierge de la maison du crime, il vous renvoyait en pleine nuit vérifier si c'était quarante-sept ou cinquante-deux ans. Vinard traversa toute la salle, sa masse se frayant un chemin entre les bureaux, et chacun était heureux qu'il ne s'arrêtât[18] pas près du sien. Il arriva au fond, jusqu'au vieux journaliste, et se planta devant lui:

—Vous vous foutez du monde![19]

Le vieux journaliste le regarda, effaré.

—Oui, vous vous foutez du monde! Hier, vous avez écrit que Wou P'ei-fou a battu Tchang Tso-lin au sud de Pékin. Or[20] tous nos confrères ont écrit, tous, même le *Times* de Londres—vous ne discuterez

Le vieux journaliste le regarda...

---

18. *... qu'il ne s'arrêtât pas* (imparfait du subjonctif. Voir Leçon 4.)
19. *Vous vous foutez du monde* (argot vulgaire) = vous vous moquez de tout le monde.
20. *Or* s'emploie pour introduire un élément nouveau ou différent.

pas la valeur des informations du *Times* de Londres—, tous ont écrit que c'est Tchang Tso-lin qui a battu Wou P'ei-fou. Et pas au sud, à l'ouest de Pékin!

Le vieux journaliste se leva. Il se frotta les yeux, fatigués par la lecture des dépêches, comme pour mieux s'apprêter à regarder son chef en face. Puis, pour la première fois, dans cette salle de rédaction, il prit la parole:

—Monsieur cela fait dix ans que je m'occupe de la guerre de Chine. Et depuis dix ans, c'est toujours Tchang Tso-lin et Wou P'ei-fou. Tantôt, c'est l'un qui gagne, tantôt, c'est l'autre. Et c'est toujours au nord, au sud, à l'est ou à l'ouest de Pékin. Alors, vous m'emmerdez![21]

Il attrappa son melon et sa houppelande, la fameuse houppelande qui contenait dans ses poches de quoi partir au bout du monde et qui était devenu un objet comiquement célèbre pour tous les jeunes journalistes, et il quitta la salle de rédaction en claquant la porte.

On ne le revit plus jamais.

A propos du texte

A. Décrivez ce vieux journaliste. Quelle est sa routine au début de l'histoire?

B. Classez les événements suivants par ordre chronologique.

Le journaliste s'en va pour toujours.
Le rédacteur en chef insulte le vieux journaliste.
Le journaliste déverse du sang en enquêtant sur un mort.
On punit le journaliste.
Le journaliste passe des années à rédiger des dépêches sur la guerre en Chine.
Le journaliste se défend et se plaint de son travail ennuyeux.
Le journaliste écrit par erreur que Wou P'ei-fou a battu Tchang Tso-lin au sud de Pékin.

Appréciation littéraire

C. Pourquoi l'auteur ne donne-t-il pas le nom du personnage principal? Par quels termes le désigne-t-il? Comment le texte changerait-il si on employait un nom propre ou d'autres épithètes (par exemple: le pauvre journaliste, le bon vieux journaliste, le journaliste patient, le journaliste célèbre, le journaliste curieux, le vieillard pathétique, etc.)?

---

21. *Vous m'emmerdez!* (argot vulgaire) = vous m'ennuyez!

D. Pourquoi le titre «Au sud de Pékin»? Proposez d'autres titres pour cette nouvelle. Justifiez vos variantes.

Réactions personnelles

E. Quelles sont les deux grandes fautes commises par le vieux journaliste? Sont-elles très graves à votre avis? Quelle punition mérite-t-il?

Some possibilities to propose for the first part of Exercise F: **soumission à la routine? fantaisie (d'évasion, avec sa houppelande, avec ses calculs et sa martingale)? recherche d'autres intérêts en dehors de son travail?**

F. Comment le vieux journaliste réagit-il à une situation insupportable pendant dix ans? Quelles options a-t-on quand on mérite un travail plus intéressant que celui qu'on a? Auriez-vous fait comme le vieux journaliste?

La Grotte

AHMED SÉFRIOUI

Ahmed Séfrioui (né à Fès au Maroc en 1915) a fait ses études à l'école musulmane, à l'école française et au collège de Fès. Il est parmi le nombre important de Maghrébins[22] de culture arabe et d'éducation française, qui se servent du français comme langue littéraire. La critique en France l'a reconnu dès son premier roman, *La Boîte à merveilles*.

Le court récit suivant fait partie d'un recueil de 1964 intitulé *Le Chapelet d'ambre*. Comme chez Sembène (voir page 131), on sent à quel point cet auteur est proche des gens du peuple et de leur pays. Cependant, Séfrioui ne s'engage pas ici au nom d'une cause sociale mais plutôt d'une recherche spirituelle. Son personnage tourmenté se retire loin des hommes dans une grotte d'où il aperçoit un paysage idyllique. Mais quand il décide de la quitter il rencontre un obstacle terrible. Le narrateur pourra-t-il sortir du refuge de sa grotte?

---

22. *Maghrébins* (m. pl.) = Algériens, Marocains et Tunisiens.

Avant de lire «La Grotte»

Préparation du vocabulaire

This exercise can be done in small groups or in pairs. Encourage students to use whatever strategies have been successful in determining meaning: part of speech, recognition of similar roots, similarity to English words, past experience, etc., with the dictionary as a last resort.

A. Déterminez si chacun des mots suivants appartient au vocabulaire des animaux ou des hommes. S'il appartient à un animal, auquel? Employez le dictionnaire si nécessaire.

verbes	*noms*	*noms*
aboyer	**une aile**	**une gueule**
hurler	**l'amitié**	**un humain**
paître	**des babines**	**une jambe**
	un bras	**un mendiant**
	une chèvre	**une meute**
	un croc	**un museau**
	une griffe	**la pitié**

B. Remarquez le vocabulaire suivant, particulièrement important dans ce texte de Séfrioui.

1. L'expression **donner sur** signifie «avoir accès ou vue sur». (Mon balcon *donne sur* la mer, ce qui me donne une très jolie vue.)

   a. *Sur* quoi *donne* votre chambre?
   b. Quel appartement serait plus cher, celui qui *donne sur* un garage ou celui qui *donne sur* la mer?

2. Le verbe **soulager** veut dire «calmer» ou «réduire une souffrance». (Quand on attrape un coup de soleil, une crème hydratante peut *soulager* la peau.)

   a. Comment faites-vous pour *soulager* la peine d'un(e) ami(e) qui souffre pour des raisons psychologiques (rupture avec un(e) ami(e), conflit avec ses parents, etc.)?
   b. Comment *soulage*-t-on la douleur causée par une piqûre de moustique?

3. Le mot **cerné** est le participe passé du verbe régulier **cerner,** qui veut dire «entourer» ou «encercler». (Nous ne pouvions pas échapper; on nous *cernait* de partout.)

   a. Que devrait faire un soldat s'il était *cerné* de soldats ennemis?
   b. Dans quelles circonstances a-t-on les yeux *cernés?*

Pour mieux lire

C. L'examen du début de chaque paragraphe peut permettre d'aborder ce texte plus facilement. Ecrivez sur une feuille de papier les phrases qui commencent chaque paragraphe. Après les avoir écrites, avez-vous une idée générale du thème de cette histoire? En utilisant la première phrase de chaque paragraphe, écrivez une histoire selon votre imagination.

D. Cette narration se fait en trois temps. En lisant, remarquez ces trois temps et à quels aspects du récit correspond leur emploi—souvenirs et réflexions sur le passé? circonstances récentes et actuelles? actions et décisions présentes? buts[23] immédiats? lointains?

La Grotte

Je me réveille dans la grotte. Le soleil entre par une grande ouverture pratiquée dans la paroi. Par cette ouverture, je vois s'étendre une vallée plantée de minuscules oliviers. La veille, lorsque j'avais choisi ce trou pour me protéger de la nuit, cette fenêtre donnait sur la mer, une
5   mer étrangement calme, étrangement silencieuse. Les étoiles s'y reflétaient par milliers. Ce matin, le soleil, prince des déshérités, éclabousse ma grotte de sa splendeur. Cela me donne envie de ne jamais plus quitter ces lieux. Je reste et me voici riche et délivré. Je niche entre ciel et terre. Je vois les humains ridiculement réduits à
10   l'échelle de leurs oliviers, s'agiter au fond de la vallée. Je possède un morceau de ciel comme aucun être n'en a possédé avant moi. Adieu mon douar,[24] derrière tes haies de cactus, tes habitants me sont étrangers. Les habitants de mon douar voulaient me confier leurs chèvres pour les mener paître. Ils me les auraient reprises un jour ou
15   l'autre. J'ai refusé. Pourquoi accepter le transitoire? Et puis que chacun garde[25] ses propres chèvres.

J'ai marché longtemps avant de découvrir ce refuge. J'y suis bien. De temps à autre, je sortirai, j'irai au bord de la route et demanderai aux passants de partager leur pain avec moi. Certains refuseront. Ils
20   craignent d'épuiser leurs provisions avant le terme du voyage. D'autres, pour atteindre le but au plus vite, soulageront leurs épaules d'un viatique[26] inutile. Je rentrerai dans ma caverne et me nourrirai de l'amitié

---

23. *But* (m.) = objectif.
24. *Douar* (m.) = village nord-africain.
25. ... *que chacun garde* = un ordre à la troisième personne: *Il faut que chacun garde...*
26. *Viatique* (m.) = provisions de voyage.

des hommes. Car je crois en leur amitié lorsqu'ils offrent le pain au mendiant. Ceci me rattache à leur monde, ceci et un lien d'une nature mystérieuse, pour moi encore inexplicable. Il me semble que sur ce théâtre de l'éphémère, où se jouent des pièces dont l'action commence ailleurs et se termine sur d'autres plans de l'existence, je dois rencontrer quelqu'un. Ma naissance et ma mort perdraient toute signification si nous prenions des sentiers parallèles.

Je comprends maintenant que cette rencontre devient urgente, essentielle et réclame une quête passionnée. Aucune halte ne doit jalonner[27] mon chemin. Je dois quitter la grotte, elle est trop hospitalière.

Ma résolution prise, je m'engage dans la galerie qui conduit vers l'extérieur. J'aperçois la sortie et l'herbe sur ses bords. La couleur de l'herbe me désaltère. Quand j'émerge en pleine brise, face au ciel, je me trouve cerné au levant comme au couchant, au zénith comme au nadir, par des museaux luisants et des yeux d'or terne. Des babines roses laissent à découvert l'ivoire des crocs. Les gueules béent.[28] Toute cette meute se tient calme, concentrée, prête à me refouler dans mon trou ou bien à me déchirer en lambeaux. Je regarde tous les chiens un à un, du moins les plus proches de l'ouverture. Leurs regards ignorent toute pitié. Je me souviens que je suis un homme avec deux bras et deux jambes, le moyen d'étreindre et le moyen de courir. Avec mes ennemis, j'aurais besoin de griffes et de dents. Je me sens battu d'avance.

Ai-je donc marché des jours et des nuits pour finir charogne puante et servir de repas à des chiens? Ces animaux, je commence à le croire, appartiennent à la race des chasseurs et je suis tombé dans leur piège. Pour ne pas attirer à leur festin d'autres chiens du voisinage, ils n'aboient pas, ne hurlent pas, ne se jettent pas sur la victime avec des cris de triomphe. Ils attendent. Ils montent une garde vigilante à la sortie de la grotte et quand je serai mort de soif et de faim, ils se partageront ma dépouille, comme les humains la récolte d'un champ. D'autres avant moi ont dû subir ce sort. Ils avaient deux solutions: accepter cette fin ou se jeter dans la vallée.

Les humains là-bas continuent à circuler parmi les oliviers. Jamais ma voix de détresse ne pourrait les atteindre. Non, je ne crie pas, je n'agite pas en vain mes bras pour attirer leur attention. Je me mets face au ciel; la nuit, je suis le tracé des étoiles et le jour, le tourbillon d'ailes des myriades d'anges. J'oublie les hommes et leurs olives, la grotte et les chiens qui attendent ma mort pour s'en nourrir.

Quand viendra-t-il me rejoindre Celui que j'ai tant cherché?

---

27. *Jalonner* = marquer.
28. *Béer* = avoir la bouche grande ouverte.

A propos du texte

A. Parmi les choix indiqués, que fait le narrateur?

> Il quitte son douar.
> Il se réfugie dans une grotte.
> Il s'occupe des chèvres des habitants de son douar.
> Il pense qu'il sortira trouver des hommes.
> Il trouve des amis qui soulagent ses épaules.
> Il comprend qu'il doit rencontrer quelqu'un.
> Il trouve des chiens affamés autour de la sortie de la grotte.
> Il trouve qu'il est isolé des hommes et destiné à mourir.

B. Résumé

1. Résumez ce récit en le réduisant à cinq événements ou aspects principaux.
2. Indiquez lesquels de ces événements correspondent à ces temps verbaux: le passé, le présent, le futur.

Appréciation littéraire

C. Comment interprétez-vous les phrases suivantes?

1. «Ce matin, le soleil, prince des déshérités, éclabousse ma grotte de sa splendeur.» (lignes 6–7) Que signifie le terme *prince des déshérités*?
2. « ... je dois rencontrer quelqu'un. Ma naissance et ma mort perdraient toute signification si nous prenions des sentiers parallèles.» (lignes 27–29) A qui est-ce que le mot *nous* se rapporte?
3. «Je dois quitter la grotte, elle est trop hospitalière.» (ligne 32) Cette grotte est *trop hospitalière* pour quoi?
4. «Avec mes ennemis, j'aurais besoin de griffes et de dents. Je me sens battu d'avance.» (lignes 43–45) A qui est-ce que le mot *ennemis* s'applique?
5. «Quand viendra-t-il me rejoindre Celui que j'ai tant cherché?» (ligne 62) Pourquoi y a-t-il un C majuscule à *Celui?* Qui est *Celui que j'ai tant cherché* ?

D. Précisez les rapports entre le narrateur et...

1. les autres hommes: trouvez des mots dans le premier paragraphe qui indiquent l'attitude du narrateur, puis dans le deuxième paragraphe.
2. la nature: trouvez des mots qui indiquent l'attitude du narrateur dans le premier paragraphe et dans la suite du texte.

Réactions personnelles

E. A votre avis, est-ce une expérience religieuse? mystique? existentielle? Pour quelle raison cet homme est-il seul? Pourquoi a-t-il quitté son douar?

F. Le narrateur, qui semble s'être aliéné du monde, est-il jeune? vieux? Expliquez. Pensez-vous que l'aliénation de la société est un problème général de la culture contemporaine? Dans quel pays ou quel milieu? Vous êtes-vous jamais senti(e) aliéné(e)?

In Activity G, students need not imitate Séfrioui's style but rather his strategy for expressing his attitude. Possible titles: **Le Lac, Le Grenier, Le Parking...**

G. Que pensez-vous de votre place dans la société? Exprimez votre attitude en basant votre approche sur celle de Séfrioui—pensez à un endroit qui vous semble représenter cette attitude, situez-vous dans ce lieu, exprimez vos pensées, vos sentiments, vos choix pour en sortir (si ce n'est pas une situation favorable) et votre décision finale d'y rester ou d'en sortir.

Mise en perspective

1. *Composition.* L'individu par rapport à la société est un thème commun aux deux textes de cette leçon: faites-en la synthèse en apportant votre conclusion.

2. *Rédaction.* Dans «La Grotte» Séfrioui fait une sorte de monologue sur son exil, en exprimant sa réaction, ses réflexions, ce qu'il imagine, ce qu'il fait, et comment il interprète son exil. Imaginez une rédaction analogue que le vieux journaliste aurait pu écrire après son départ à la fin de «Au sud de Pékin», ou même ce qu'il aurait pu écrire pendant le temps où cette histoire se déroule, si vous pensez qu'il est déjà exilé au milieu de ses contemporains.

8 Contredire

S i un Français ne se vante pas toujours de son esprit de contradiction, il sait que c'est une des caractéristiques de la mentalité française. Certains pensent que cet esprit de contradiction n'est qu'un aspect du cartésianisme. René Descartes, philosophe français du dix-septième siècle, a en effet enseigné dans son *Discours de la Méthode* à tout mettre en question, à tout analyser, avant d'arriver à une synthèse ou à une conclusion.

Le jeu de la négation ou de l'affirmation ne se joue pas de la même manière en France qu'en Amérique ou en Angleterre et se joue même très différemment dans les divers pays francophones. Il faut donc savoir quand et comment dire oui ou non, quand et comment affirmer ou contredire.

Live Trigger: Ask students to look at the picture in their book. Say you will describe the picture but do not look at the picture (make a point of this). The class must agree if you are right, contradict you if you are wrong. As students use structures that are taught in this lesson, have them write their sentences on the board.

MINELLI *signe* L'HARMONIE
CHAUSSURES · MAROQUINERIE · PARFUMS.
36 bis bd Haussmann 75009 Paris Galerie Rond Point · Rond-Point des Champs-Élysées 75008 Paris

—Regarde un peu ce couple... ils jouent aux cartes tout en prenant un pot...[1]

—Comment? Ils prennent un pot? Ils ne boivent même pas!

—Mais si, idiot! C'est bien un verre et une tasse devant eux! Tu vois ce qui se passe: le type qui tient la carte derrière lui... en souriant! le salaud![2]

—Au contraire. Il n'a pas de carte! C'est elle qui lui tend une carte! Et puis il n'y a ni tasse ni verre. Il y a trois pommes!

—Mais pas du tout! Tu te trompes complètement... je parle de la fille et du mec[3] à côté du mur... pas de la fresque sur le mur!

---

1. *Prendre un pot* = prendre une boisson, boire.
2. *Salaud* (m.) (fam.) = "jerk, dirty rat, bastard."
3. *Mec* (m.) (fam.) = type, homme, "guy, dude."

1 La négation

A. Le principe de la négation

La négation en français se compose de deux parties: **ne** + *un autre élément négatif*. La négation la plus commune et la plus générale est **ne... pas**. D'autres négations ont des connotations plus précises—**personne, rien, jamais, plus, pas encore, nulle part, guère, pas du tout, point, aucun(e), ni... ni...** , etc.

1. Pour les verbes simples, la négation se forme généralement avec:

$$\textit{(sujet)} + \textbf{ne} + \textit{(pronoms)} + \textit{verbe} + \begin{cases} \textbf{pas} \\ \textbf{jamais} \\ \textbf{plus} \\ \text{etc.} \end{cases}$$

Les Américains... **ne** sont **pas** formalistes comme les Latins...
 (Rodgers)
Vous **ne** discuterez **pas** la valeur des informations du *Times* de
 Londres... (Grenier)
Ne me dis **pas** cela!
Elle a déjà mon fils, ça **ne** lui suffit **pas**?
... il est venu moins souvent; il **ne** s'asseyait **plus**... (Arland)

2. Pour les verbes composés:

$$\textit{(sujet)} + \textbf{ne} + \textit{(pronoms)} + \textit{auxiliaire} + \begin{matrix} \textbf{pas} \\ \textbf{plus} \\ \textbf{jamais} \\ \text{etc.} \end{matrix} + \textit{participe passé}$$

Je **ne** suis **pas** allé en Belgique.
L'homme **n**'avait **pas** réussi à voler avant le vingtième siècle.
Je **ne** lui ai **pas** téléphoné.

The exceptions to this order, **personne** and **nulle part**, are taught on pages 307 and 308. The position of **aucun** is not analyzed; essentially an adjective, it goes with its noun, maintaining the same position even when it replaces the noun and becomes a pronoun.

B. L'article avec la négation

L'article indéfini (**un**, **une**, **des**) et l'article partitif (**du**, **de la**, **de l'**, **des**) deviennent **de** (**d'**) devant un objet direct dans une phrase négative. L'article défini (**le**, **la**, **l'**, **les**) ne change pas.

affirmatif	*négatif*
Il y a **une** trace de vie intelligente ici.	Il n'y a **pas de** trace de vie intelligente ici.
Mets **de la** moutarde sur les œufs.	Ne mets **pas de** moutarde sur les œufs.
Nous avons vu **des** ruines.	Nous n'avons **pas** vu **de** ruines.

Mais: J'aime **les** épinards à la crème.   Je n'aime **pas les** épinards à la crème.

1. L'article indéfini peut désigner une notion de quantité (*j'ai un stylo; je n'en ai pas deux*) ou une notion d'identité (*j'ai un stylo... plutôt qu'un crayon*). Quand il s'agit d'identité, l'article indéfini ne change pas après une négation.

> Je ne porte **pas un** costume noir (je porte un costume gris).
> Vous ne demandez **pas une** enquête sur votre vie privée... (vous demandez un crédit).

2. **Pas un** (= pas un seul) sert à accentuer un nom.

> On ne discernait **pas un** mouvement, **pas un** geste.
> Il n'y a **pas une** seule objection.

"Vous demandez un crédit, pas une enquête sur votre vie privée..."

BANQUE SOFINCO
GROUPE **SUEZ**

Le prêt bancaire :
est un prêt spécialement conçu pour les dépenses importantes de 10 000 F à 150 000 F de 36 à 84 mois.
T.E.G. de 12,91 à 17,30 % l'an (à la date d'édition).
Sans obligation d'ouvrir un compte de chèques.

3. Les verbes ou expressions verbales qui sont intransitifs, comme **être**, **devenir**, **sembler**, **paraître**, **avoir l'air d'un(e)**, ne prennent pas d'objet direct. Au négatif, l'article indéfini ou partitif qui les suit ne change pas.

> Ce n'*était* **pas une** étoile, mais une planète.
> Si on mélange du plomb avec du cuivre, cela ne *devient* **pas de l'**or.
> Ça ne me *paraît* **pas un** problème.

C. Autres négations

Dans d'autres négations, **pas** est remplacé par un autre mot qui précise la qualité de la négation.

1. **Ne... personne** ≠ *quelqu'un, tout le monde*

   a. **Personne** peut être sujet de la phrase, objet direct ou indirect ou objet de la préposition. Quand **personne** est sujet, le verbe est toujours au singulier et précédé de **ne**.

   > Tout le monde se plaint de sa mémoire, et **personne ne** se plaint de son jugement. (La Rochefoucauld)
   > Le film **n'**intéresse **personne.**
   > Je **ne** veux parler à **personne.**

   b. Aux temps composés, **personne** objet direct suit le participe passé.

   > L'inspecteur **n'**a trouvé **personne** dans le bâtiment.

   c. Quand **personne** est suivi d'une proposition relative, le verbe de la proposition relative est normalement au subjonctif.

   > Nous **ne** connaissons **personne** qui *sache* si bien danser.
   > Il **n'**y a **personne** que je *connaisse* mieux que toi.

2. **Ne... rien** ≠ *quelque chose, tout*

   a. **Rien** peut être sujet de la phrase, objet direct ou indirect ou objet de la préposition. Quand **rien** est sujet, le verbe est toujours au singulier et précédé de **ne**.

   > Pendant tout le film, **rien n'**est arrivé.
   > Cet homme **ne** connaissait **rien** aux choses de l'art.
   > Il **ne** pense à **rien**, mais il **n'**a peur de **rien** non plus.

   b. Aux temps composés, **rien** objet direct précède le participe passé.

   > Il **n'**a **rien** *vu*, il **ne** s'est **rien** *acheté.*

Although the logical rule calls for the subjunctive when there might be some doubt (**Je ne connais** *personne* **qui sache ce que vous pensez**), actual usage allows the subjunctive even in cases of objective fact (**Il n'y a** *personne* **ici qui sache parler sanskrit**.)

   c. Comme objet d'infinitif, **rien** précède normalement l'infinitif.

> Je pense **ne rien** *faire* aujourd'hui. Je me sens paresseux.
> Il préfère **ne rien** *dire*.

   d. Quand **rien** est suivi d'une proposition relative, le verbe de la proposition relative est normalement au subjonctif.

> Il n'y a **rien** que je *veuille* davantage.
> Je ne vois **rien** qui *soit* si difficile.

3. Ne... jamais ≠ *toujours, souvent, parfois, quelquefois, de temps en temps*

> Marcel **ne** ment **jamais.**
> On peut trouver des femmes qui **n'**ont **jamais** eu de galanterie,
>   mais il est rare d'en trouver qui **n'**en aient **jamais** eu qu'une.
>   (La Rochefoucauld)

Remarquez: **Jamais** peut avoir un sens positif quand il n'y a pas de **ne** devant le verbe. Dans ce cas, **jamais** = *à n'importe quel moment, un jour* (sans qualité particulière).

> Il a perdu le peu de talent qu'il avait **jamais** possédé.
> Avez-vous **jamais** pensé aux implications de cette théorie?

4. Ne... plus ≠ *encore*

> Après son accident, elle **ne** pouvait **plus** marcher.
> Mon petit frère croit *encore* au père Noël, mais moi, je **n'**y crois
>   **plus.**
> **Ne** me parlez **plus** de ça.

5. Ne... pas encore ≠ *déjà*

> Nous avons bien commencé, mais nous **n'**avons **pas encore** ter-
>   miné notre travail.
> Pardon, je **ne** suis **pas encore** prête.
> Ils **n'**étaient **pas encore** guéris.

6. Ne... nulle part ≠ *partout, quelque part*

> On peut chercher *partout,* mais on **ne** le trouvera **nulle part.**

Remarquez: Aux temps composés, **nulle part** suit le participe passé.

> Je **ne** l'ai *vu* **nulle part.**

7. Ne... guère (style soigné) = *pratiquement pas, presque pas* ou *à peine.*

> Ils se connaissent, mais ils **ne** sont **guère** amis!
> Nous **n'**avons **guère** eu le temps de nous connaître mieux.
> Les bruits de la rédaction **ne** l'atteignaient **guère.** (Grenier)

8. Ne... pas du tout (style ordinaire) = *certainement pas.*

> Je ne cherche **pas du tout** à vous contrarier!
> Un jour, il y avait un jeune dromadaire qui n'était **pas** content **du tout.** (Prévert)
> ... un copain avec des Reebok, c'est **pas** bien **du tout.**

9. Ne... point (style élégant) = *certainement pas, pas du tout.*

> ... il voulut embrasser sa femme qu'il **n'**avait **point** vue depuis une
> semaine... (Maupassant)

Un copain, c'est bien. Des Reebok, c'est bien.

Mais un copain avec des Reebok, c'est pas bien du tout.

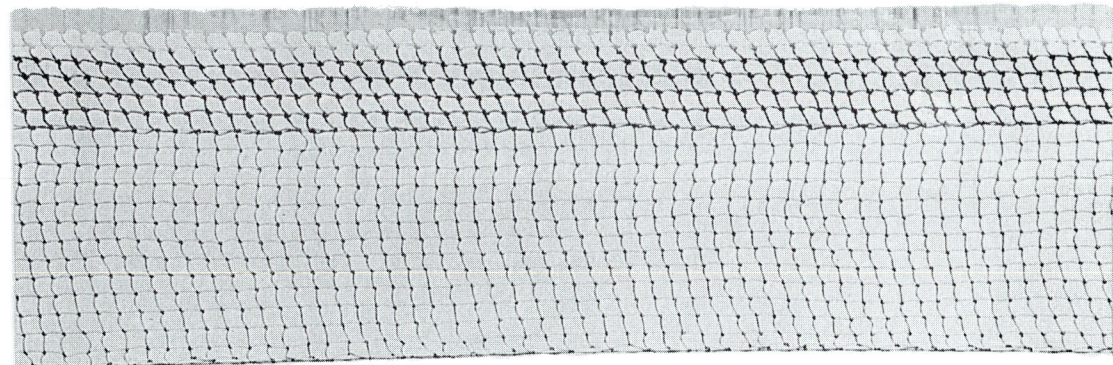

 **It's time to play.***

10. **Ne... aucun(e)** ≠ *quelques, beaucoup de* et *tous/toutes les*

   a. Employé comme adjectif, **aucun(e)** signifie **pas un** et s'emploie donc toujours au singulier. Il s'accorde en genre avec le nom qu'il modifie. Quand **aucun(e)** sert de sujet de la phrase, le verbe est au singulier.

> **Aucune** distraction **ne** lui *plaisait.*
> **Aucun** bruit **ne** se *fit* autour de ces essais. (Maupassant)

   b. Employé comme pronom, **aucun(e)** peut être sujet de la phrase, objet direct ou objet de la préposition. **Aucun(e)** est au singulier et s'accorde avec le genre du groupe qu'il représente.

> Elle a essayé plusieurs remèdes mais **aucun** ne l'a aidée.
> Je ne vois **aucune** *des difficultés dont tu parles.*
> Il n'a voulu danser avec **aucune** *de ces jeunes filles.*
> J'ai des raisons, mais je **ne** veux *en*[4] expliquer **aucune.**

11. **Ne... ni... ni...** ≠ *et, et... et, soit... soit, ou... ou*
   Ni... ni... est la négation de deux (ou de plusieurs) éléments semblables (sujets, objets directs, objets indirects, objets de préposition, adjectifs, adverbes, verbes, propositions subordonnées, etc.). **Ne** précède le verbe.

> Son frère **n'**est **ni** *beau* **ni** *grand.*
> Elle **ne** l'a fait **ni** *vite* **ni** *lentement.*
> Mais ce zèle **n'**avait été apprécié **ni** *des gendarmes,* **ni** *de la direction du journal.* (Grenier)

Remarquez: S'il apporte une idée ajoutée après réflexion, **ni** peut suivre une négation avec **pas.**

> Je ne veux **pas de** glace... **ni de** gâteau, **ni de** fruits.

   a. Pour la négation de deux sujets d'une phrase, le verbe est au pluriel. N'oubliez pas le **ne** devant le verbe.

> **Ni** elle **ni** moi **n'**osions lui téléphoner.
> **Ni** l'un **ni** l'autre **ne** savent pourquoi ils ont réussi.
> **Ni** toi **ni** Pierre **ne** croyez plus au père Noël?

   b. Pour la négation de deux objets directs, l'article indéfini et l'article partitif sont éliminés, mais l'article défini reste.

> Etant végétariens nous **ne** mangeons **ni** *viande* **ni** *poisson.* ≠ Nous mangeons et de la viande et du poisson.
> Elle **n'**a **ni** *mère* **ni** *père,* la pauvre. ≠ Elle a et une mère et un père.

Mais: Je **n'**aime **ni** *les* escargots **ni** *le* foie.

Point out that **aucun(e)** always refers to a particular group, stated explicitly or implicitly. The group can be named as an antecedent or in the expression *aucun(e) de* + **nom du groupe.**

---

4. *En* représente le groupe référent (*de mes raisons*).

c. Pour la négation de deux mots précédés d'une préposition, mettez **ni** avant la préposition. La préposition est répétée.

> L'éducation **ne** finit **ni** *avec* le premier diplôme **ni** *avec* le premier travail.
> On **n'**avait été au marché **ni** *pour* vendre **ni** *pour* acheter.

d. Pour la négation de deux propositions subordonnées, **ni** précède la conjonction subordonnée. La conjonction subordonnée est répétée.

> Il **ne** l'a fait **ni** *parce qu'*il le voulait **ni** *parce qu'*il le devait.
> Je **ne** sais **ni** *si* elle voudra **ni** *si* elle pourra.

e. Pour la négation de deux verbes simples, **ne** précède chaque verbe et **ni** fonctionne comme conjonction entre les deux verbes.

> Jacqueline **ne** *comprend* **ni** **ne** *veut* comprendre.
> Tu **ne** *danses* **ni** **ne** *nages* assez bien.

f. Aux temps composés de deux verbes qui ont le même auxiliaire, **ne** précède l'auxiliaire et **ni** se place avant chaque participe passé:

> **ne** + *auxiliaire* + **ni** + *participe passé* + **ni** + *participe passé*

> Ils **n'**ont **ni** souri **ni** applaudi.
> Tu **n'**as **ni** compris **ni** essayé de comprendre.
> Nous **ne** sommes **ni** arrivés **ni** partis en avance.

D. Considérations générales sur la négation

1. La négation multiple

Contrairement à l'anglais, en français on peut avoir plusieurs éléments négatifs dans la même phrase. Dans ce cas, **pas** est éliminé.

> Je **n'**ai **plus** le cœur à **rien** de beau.
> **Personne ne** savait **plus** quoi faire.
> Je **n'**ai **jamais** rencontré **personne** comme toi dans **aucun** autre pays.
> On **ne** le revit **plus jamais.** (Grenier)
> Ecoute ce que je **ne** te pardonnerai **jamais**, **ni** dans ce monde **ni** dans l'autre. (Arland)

En combinaison avec un autre terme négatif, **pas** est éliminé dans les expressions **pas encore** et **pas du tout.**

> Je n'ai **pas encore** tout fini. + Je n'ai **rien** fini. = Je n'ai **encore rien** fini.
>
> Vous ne buvez **rien.** + Vous ne buvez **pas du tout.** = Vous ne buvez **rien du tout.**
>
> **Personne** n'est arrivé. + On n'est **pas encore** arrivé. = **Personne** n'est **encore** arrivé.

2. Circonstances où on peut supprimer un des éléments négatifs

a. Dans une phrase elliptique où il n'y a pas de verbe, le **ne** est éliminé.

> ... **rien** d'étonnant à cela... (Rodgers)
> **Jamais** de théorie, ils avancent à tâtons.[5] (Rodgers)
> **Pas de** problème!
> **Plus de** pain.

Give the mnemonic device COPS for remembering these four verbs.

b. Dans la langue élégante, il est permis d'omettre le **pas** d'une négation simple des verbes **cesser, oser, pouvoir** et **savoir.**

> Il **n'osa** nous le dire.
> Et je **ne puis** cesser de regarder ce clair de lune intérieur. (Proust)
> Mais il **ne savait** comment s'y prendre. (Maupassant)

This example from "Chaïba" shows that the author seeks to convey an impression of spoken discourse.

c. Dans la langue parlée, on supprime quelquefois le **ne.**

> Je sais pas.
> C'est pas nécessaire!
> J'ai jamais su pourquoi d'ailleurs. (Sembène)

Exercices

*Of course, these are merely broad generalizations and many exceptions can be found in each country. Encourage students to add qualifying adverbs such as **d'habitude** and **généralement**.*

1a. Finissez les phrases suivantes en employant la négation pour exprimer des généralités sur les façons de manger en France et en Amérique.

Modèle: Au petit déjeuner en Amérique on mange des œufs. D'habitude en France... *D'habitude en France on ne mange pas d'œufs au petit déjeuner.*

1. En Amérique on prend une omelette au petit déjeuner. En France...
2. En Amérique on prend du lait dans son café après les repas. En France...
3. En France on mange du lapin. En Amérique...
4. Les Français mangent des escargots. Les Américains...

---

5. *Ils avancent à tâtons* = "They grope along."

5. Les Français prennent du vin au déjeuner. Les Américains…
6. Les Français utilisent une cuillère pour manger du gâteau. Les Américains…
7. Les Américains mettent du ketchup sur beaucoup de plats. Les Français…
8. Les Américains boivent du Coca avec leur dîner. Les Français…
9. Les Américains mangent du beurre de cacahuètes dans leurs sandwichs. Les Français…
10. Le matin, un Français boit du café au lait dans un bol. Un Américain…

Have students play the roles of chef and kitchen worker in front of the class. If necessary, remind them that they need only use the negation **ne... pas** at this point in the lesson.

1b. Vous avez trouvé un travail dans la cuisine d'un restaurant français. Le chef, de mauvaise humeur, répond négativement à chacune de vos questions.

Modèle: Est-ce que nous allons faire une sauce maintenant?
Non, nous n'allons pas faire de sauce maintenant. Plus tard, peut-être.

1. Est-ce que c'est du vinaigre?
2. Est-ce que vous allez faire des crêpes?
3. Est-ce que les casseroles sont à côté des marmites?
4. Est-ce qu'on va faire de la soupe ce soir?
5. Est-ce que cette crème deviendra de la glace?
6. Est-ce que vous m'avez écrit des suggestions?
7. Est-ce qu'il y a de la mayonnaise dans cette salade?
8. Est-ce que les clients aiment le gâteau au chocolat?
9. Est-ce que vous allez préparer du bœuf bourguignon?
10. Est-ce que j'ai l'air d'un futur chef?

1c. Demandez à quelqu'un les choses suivantes. Cette personne va répondre avec des négations appropriées.

Modèle: s'il (si elle) fouille[6] quelquefois dans votre sac ou votre portefeuille
—*Fouilles-tu quelquefois dans mon sac?*
—*Non! Je ne fouille jamais dans ton sac!*

1. s'il (si elle) nage quelquefois dans la fontaine
2. si le cheval est encore le mode de transport le plus commun
3. si nous avons déjà réussi à guérir le SIDA
4. s'il (si elle) veut se disputer avec quelqu'un
5. où sa voiture irait sans essence
6. s'il y a quelque chose de prétentieux dans votre comportement
7. s'il (si elle) a souvent acheté le journal *Le Canard enchaîné*[7]
8. ce qu'il (elle) mange le matin s'il (si elle) se réveille en retard
9. qui va l'épouser ce soir
10. qui il (elle) insulte d'habitude

1d. On frappe à la porte. Vous ouvrez. Voici deux jeunes membres de la Société Mondiale pour l'Union des Galaxies. Ils cherchent à vous persuader de l'importance de leur cause. Découragez-les en répondant à leurs questions avec *aucun(e)*.

Modèle: Laquelle des calamités mondiales vous cause des cauchemars?
Aucune calamité mondiale ne me cause de cauchemars.

1. Quels vices vous attirent le plus?
2. Pour quelle catastrophe vous préparez-vous à présent?
3. Contre quelles oppressions luttez-vous activement?
4. A quelle organisation voulez-vous appartenir?
5. De quel parti politique êtes-vous membre?
6. Comprenez-vous toutes les raisons importantes d'essayer d'unifier les galaxies?

1e. Employez une forme de *ne... ni... ni...* dans votre réponse.

Modèle: Paul Newman est-il marié avec Barbara Walters ou avec Brooke Shields?
Paul Newman n'est marié ni avec Barbara Walters ni avec Brooke Shields.

1. Prenez-vous l'avion ou le bateau pour aller de Versailles à Paris?
2. Walter Mondale et Ted Kennedy sont-ils devenus présidents?
3. Sert-on des escargots et du caviar au restaurant universitaire?
4. Peut-on chanter et danser dans une bibliothèque?
5. Est-ce qu'on devient moine[8] pour l'argent ou pour le pouvoir?
6. Vos parents ont-ils souffert et pleuré le jour de leur mariage?

---

6. *Fouiller* = explorer, chercher, retourner avec les mains ou avec un instrument.
7. *Le Canard enchaîné* (m.) = journal hebdomadaire satirique.
8. *Moine* (m.) = homme religieux qui habite dans un monastère.

7. Est-ce qu'il pleut parce que c'est la pleine lune ou parce qu'on a dansé une danse spéciale?
8. Un joueur de basket-ball doit-il être petit et faible?

This is a good exercise to have students prepare in pairs, then perform for the class as a dialogue. It might also be worthwhile to assign it as written homework.

1f. Votre voiture (qui n'était pas du tout stationnée en zone interdite) a été emportée à la fourrière[9] par la police. Vous êtes furieux (furieuse) et vous allez vous plaindre au commissariat de police. Employez les constructions suivantes pour parler à l'agent de police.

Modèle: ne… guère
On ne peut guère comprendre pourquoi ma voiture a été emportée.

1. ne… plus
2. aucun(e)… ne
3. ne… ni… ni…
4. personne… ne
5. ne… rien
6. ne… pas encore
7. ne… nulle part
8. ne… jamais

1g. C'est dimanche. Comme vous n'allez pas très bien, vous voulez simplement vous reposer. Refusez ces propositions en employant une expression négative dans la première réponse, puis, quand l'autre personne insiste, employez deux expressions négatives.

Modèle: —Viens chez moi et on jouera au tennis.
Vous: *Oh, merci, je n'ai envie d'aller nulle part.*
—Mais, j'insiste. Viens chez moi et on jouera au tennis.
Vous: *Oh, je n'ai aucune envie d'aller nulle part. Je suis malade.*

1. —Veux-tu m'accompagner au cinéma?
Vous:
—Mais j'insiste! Allons au cinéma!
Vous:
2. —Viens chez nous; on fera un dîner super.
Vous:
—Mais quand même, il faut manger!
Vous:
3. —Dis, j'ai quelqu'un à qui je veux te présenter; tu vas l'adorer!
Vous:
—Ecoute, c'est une très bonne idée!
Vous:
4. —Tiens, j'aimerais bien que tu m'aides à choisir un nouveau couvre-lit cet après-midi, d'accord?
Vous:
—Mais j'ai vraiment besoin de toi.
Vous:
5. —Tu veux aller boire quelque chose?
Vous:
—Oh, j'insiste! Tu t'amuseras!
Vous:

9. *Fourrière* (f.) = l'endroit où la police retient des voitures (ou des animaux) saisis pour infraction aux règlements.

2 Le subjonctif avec les expressions d'incertitude ou de doute

Quand on veut réfuter une idée, on exprime souvent le doute par une structure à sens négatif ou avec le verbe **douter**. Ces structures prennent le subjonctif dans la proposition subordonnée quand il y a un sujet différent dans la proposition principale.

A. Les structures suivantes prennent le subjonctif dans toutes les circonstances.

> **douter que**
> **il est possible que**
> **il semble que** (sans objet indirect)
> **il est improbable que**
> **il est impossible que**

Les Français **doutent que** les pays voisins *aient* une qualité de vie meilleure que la leur.
Je **ne doute pas que** tu *sois* sincère.
Il est possible que le mécanicien *puisse* réparer ma voiture.
Il semble que la crise économique *puisse* s'aggraver.

B. Les verbes et expressions suivants prennent le *subjonctif* quand ils sont employés au négatif ou à l'interrogatif. A l'affirmatif, ils prennent l'*indicatif.*

> **penser que**   **il semble (à quelqu'un) que**
> **croire que**   **il est probable que**
> **trouver que**
> **être sûr que**
> **être certain que**

Il n'est pas probable que le prix Nobel *soit* décerné à un astrologue. Mais **il est probable qu'**il *sera* décerné à un chimiste.
Crois-tu qu'on *puisse* fumer ici? Non, **je ne pense pas que** ce *soit* une bonne idée.
Mais: **Je ne pense pas que** vous *ayez* raison.
            Je pense que vous *avez* raison.

Exercices

This exercise helps prepare for the reading selection «Latins et Anglo-Saxons» on page 330.

2a. Un journaliste français du *Nouvel Observateur* vous pose des questions sur le comportement des industriels américains. Commencez votre réponse par un des deux termes entre parenthèses. Attention à l'emploi approprié de l'indicatif ou du subjonctif.

Modèle: Est-ce que les employés de bureau sont particulièrement cérémonieux?
(Je trouve / Je ne crois pas)
Je trouve qu'ils ne sont pas particulièrement cérémonieux. ou
Je ne crois pas qu'ils soient particulièrement cérémonieux, mais ils observent quand même certaines conventions.

1. En Amérique les diplômes ont-ils beaucoup d'importance? (Personne ne pense… / Il est certain…)

Practice pronunciation of **hiérarchie** with your class.

2. La hiérarchie sociale a-t-elle un rôle important dans les affaires? (Il semble que… / Je doute…)
3. Les Américains sont-ils prêts à appeler les gens par leur prénom? (Il est probable… / Je ne trouve pas…)
4. Accomplit-on facilement le travail qu'on doit faire après trois ou quatre martini drys[10] au déjeuner? (Je ne crois pas que… / Je suis sûr(e)…)
5. Les banques américaines font-elles facilement des prêts à n'importe qui? (Il n'est pas probable… / Il me semble…)

2b. Employez une construction avec le subjonctif pour contredire les déclarations suivantes. Variez les constructions.

Modèle: Il va faire beau demain.
Je ne crois pas qu'il fasse beau demain!

1. *La Joconde* a une moustache.
2. Les glaces avec une sauce au chocolat chaud font maigrir.
3. Toutes les femmes ont horreur de Tom Cruise.
4. Le mariage est très facile.
5. Vous êtes né(e) dans un chou; votre sœur est née dans une rose.
6. Darth Vader est le héros de *E.T.*
7. Dans une partie d'échecs chaque joueur a deux rois.
8. Un ours dort pendant tout l'été.
9. Les dinosaures ont réalisé une civilisation avancée.
10. Il n'y a pas de chevaux en Chine.

---

10.   *Martini dry* (m.) = "martini." *Martini* (m.) = "sweet vermouth."

2c. Doit-on tester pour les drogues? Demandez à un(e) camarade...

1. ce qu'il (elle) pense des tests pour les drogues.
2. s'il (si elle) doute que les tests aient des résultats très valables.
3. s'il (si elle) croit que dans certaines professions on doit être testé pour l'emploi des drogues.
4. ce qu'il (elle) pense du droit du gouvernement de tester les individus pour l'emploi des drogues.
5. s'il (si elle) lui semble que le gouvernement prend un rôle trop important dans la vie privée des gens.

3 Conjonctions et adverbes

Dans une discussion on reconnaît souvent deux faits contraires. Il est possible d'exprimer la contradiction en opposant un élément à un autre. On peut aussi accepter une partie d'une affirmation mais contredire l'autre partie. Ce qu'on dit indique alors une concession.

A. Pour indiquer l'opposition

1. Deux oppositions parallèles

> **dans un sens... dans l'autre (dans un autre sens)...**
> **d'un côté... de l'autre (d'un autre côté)...**
> **d'une part... d'autre part...**

Dans un sens je suis content, **dans l'autre** je ne sais pas pourquoi.

D'un côté votre argument m'intéresse, **d'un autre côté,** il ne me semble pas très bien construit.

D'une part tout le monde apprécie beaucoup les contributions du sénateur à cette cause, mais **d'autre part** ces contributions ne semblent pas venir de son cœur.

2. Les adverbes et les conjonctions suivants aident à contraster deux situations ou deux idées.

cependant (adverbe et conjonction)	**par contre**
d'autre part	**pourtant** (adverbe)
mais (conjonction)	**quand même**
néanmoins (adverbe)	**tout de même**

> **D'autre part,** continua Albert, c'était un râleur ce type. (Queneau)
> Je comprends assez bien le foot-ball; **par contre** je ne comprends rien au rugby.
> Rien ne manque à *la Joconde,* **pourtant** elle n'a pas de sourcils.
> Il n'avait même pas lu mon livre. **Néanmoins** il essayait d'en dire du bien.

3. Les conjonctions de subordination suivantes opposent une proposition à une autre. Le contexte peut indiquer si une proposition est plus importante qu'une autre. Elles sont suivies de l'indicatif.

alors que	**tandis que**

Alors que and **tandis que** can also indicate simultaneity. See Lesson 7, *Indiquer la chronologie*, page 278.

> ... les Italiens sont toujours prêts à négocier, **alors que** les Nordiques... n'acceptent qu'une marge de manœuvre très faible. (Rodgers)
> Il disait toujours oui **alors qu'**il voulait vraiment dire non.
> Vous êtes heureux **tandis que** votre frère est malheureux.

B. Pour indiquer la concession

1. Conjonctions qui prennent toujours le subjonctif

$$\left.\begin{array}{l} \textbf{bien que} \\ \textbf{quoique} \end{array}\right\} + \textit{proposition au subjonctif}$$

> ... **bien qu'**elle *soit* libre, elle marche sans souliers. (Baudelaire)
> **Bien que** vous me *juriez* que c'est vrai, je ne vous crois pas.
> **Quoique** les Viroslav *aient fait* leur demande, le gouvernement soviétique ne leur a pas permis de partir.

You may wish to point out that this structure avoids using the subjunctive.

2. La préposition **malgré** + *nom* ou *pronom*

> Je l'aime **malgré** tout.
> **Malgré** ce que vous pensez, je suis innocent.
> **Malgré** le fait que ses notes ne sont pas très bonnes, Laurence va faire une demande d'admission à l'école de médecine.
> Je suis nerveuse **malgré** moi.

Exercices

3a. Employez une des expressions d'opposition pour indiquer la contradiction. Employez l'expression indiquée.

Modèle: (pourtant) Scrooge était avare et méchant…
Scrooge était avare et méchant, et pourtant il a fini par devenir généreux.

1. (néanmoins) Einstein avait de mauvaises notes quand il était jeune…
2. (cependant) Coco Chanel a eu une enfance très pauvre…
3. (par contre) Thomas Edison ne dormait guère…
4. (d'une part… d'autre part) Jeanne d'Arc était une simple paysanne…
5. (pourtant) Napoléon était petit…
6. (alors que) Beethoven est devenu sourd…
7. (d'un côté… de l'autre) Ronald Reagan était un acteur de cinéma…
8. (mais) Edith Cresson est une femme…

3b. Vous avez acheté un canari qui ne chante pas. Vous l'emmenez chez le vétérinaire et vous essayez de savoir pourquoi il ne chante pas. Voici les questions du vétérinaire. Expliquez-lui le problème en employant une des expressions qui annoncent une concession pour finir les phrases. Employez *bien que*, *quoique* ou *malgré* dans votre réponse.

Modèle: Vous l'avez mis dans une cage assez grande?
Oui, mais bien que je l'aie mis dans une jolie cage assez grande, il refuse de chanter.

1. Vous lui donnez à manger et à boire chaque jour?
2. A-t-il assez d'espace dans sa cage?
3. Vous ne faites pas trop de bruit?
4. J'espère que vous ne le mettez pas à côté d'une fenêtre ouverte?
5. Vous ne l'avez pas laissé tomber?
6. Y a-t-il assez de lumière dans la pièce où est sa cage?

3c. Pensez à quelqu'un avec qui vous ne vous entendez pas. Finissez les phrases suivantes et faites une phrase équivalente avec *bien que* ou *quoique*.

Modèle: Je lui dis seulement des choses gentilles, mais…
Je lui dis seulement des choses gentilles, mais il (elle) me répond toujours avec insolence.
Bien que je lui dise seulement des choses gentilles, il (elle) me répond toujours avec insolence.

1. Nous sommes quelquefois d'accord, pourtant il (elle)…
2. Je fais des efforts extraordinaires. Cependant je…
3. Je l'écoute toujours, mais il (elle)…
4. Il (elle) me sourit chaque fois qu'il (elle) me voit. Néanmoins je…
5. Je connais ses réactions, mais je…

4 Allons plus loin

A. *Non, oui* et *si*

B. Adjectifs qui indiquent qu'une chose ou une idée est correcte ou incorrecte

C. Verbes qui portent sur le jugement d'une personne

D. Prépositions

A. Non, oui et si

1. La réponse négative est **non.**

> —As-tu froid?
> —**Non**, j'ai chaud.

2. La réponse affirmative est **oui.**

> —Tu as vraiment chaud?
> —**Oui,** j'ai chaud.

3. La réponse affirmative à une question négative ou à une déclaration négative est **si**.

> —Non. Je ne crois pas que tu aies chaud.
> —Mais **si**, j'ai chaud! Je te l'ai déjà dit!
>
> —N'as-tu pas chaud?
> —**Si**, j'ai chaud.
>
> —Y a pas que le Kiri dans la vie? (= Il n'y a pas seulement le Kiri dans la vie?)
> —**Si.**

-Y a pas que le Kiri dans la vie? Si.

KIRI. LE FROMAGE DES GASTRONOMES EN CULOTTE COURTE. à la crème

4. **Non, oui** et **si** sont souvent renforcés par **mais.**

> —Je crois qu'il va pleuvoir.
> —**Mais non**! Ce n'est qu'un petit nuage qui passe.

> —Ah! la jeunesse! Qu'elle est difficile à comprendre!
> —**Mais oui**! Nous la comprenons si mal!

B. Adjectifs qui indiquent qu'*une chose* ou *une idée* est correcte ou incorrecte

Les adjectifs suivants modifient *une chose* ou *une idée*.

incorrect ≠ **correct**	**mauvais** ≠ **bon**[11]
inexact ≠ **exact**	**faux** ≠ **vrai, juste**

> Votre réponse est **incorrecte.**
> Vous avez dit que Louis XV était le fils de Louis XIV. C'est **inexact**: c'était son arrière-petit-fils.
> J'ai composé le **mauvais** numéro de téléphone.
> Dites si chaque phrase est **vraie** ou **fausse.**

C. Verbes qui portent sur le jugement d'*une personne*

Le sujet des verbes suivants est *une personne*.

avoir tort	**mentir**
avoir raison	**être d'accord**
se tromper	

1. **avoir tort, se tromper** ≠ **avoir raison**

> Si tu dis que $2 + 2 = 5$, **tu te trompes, tu n'as pas raison.**
> **Vous vous trompez**: il y a vingt exercices à faire, pas six.
> (= **Vous avez tort**...)

a. **Avoir tort, avoir raison + de + *infinitif***

> **Je n'avais pas tort d'**être étonné.
> Vous **avez tort de** me *faire* des reproches.

b. **Se tromper de + *nom (sans article)* = faire un mauvais choix.**

> **Je me suis trompé de** salle. (= Je suis allé dans la mauvaise salle.)
> **Vous vous trompez de** jour. (= Vous avez choisi le mauvais jour, la mauvaise date.)

---

11. Ici, *mauvais* = incorrect; *bon* = correct.

2. Mentir ≠ *dire la vérité*

> **Tu mens**! C'est toi qui as pris l'auto de Philippe!
> Quand Pinocchio **ment**, son nez devient très long.

3. Une personne peut **être d'accord** ou **ne pas être d'accord avec**
une autre personne, une idée ou une action d'une autre personne.

Point out if you wish that it
is also possible to use the
subjunctive in the second
example.

> **Je ne suis pas d'accord avec** vos idées sur l'économie interna-
> tionale.
> **Je ne suis pas d'accord** que c'est le moment d'agir.

D. Prépositions

1. Prépositions qui indiquent l'exception

à part	excepté	sauf

> **A part** toi, tout le monde est d'accord pour faire du camping ce
> week-end.
> Nous avons gagné tous nos matchs de foot-ball, **excepté** le
> dernier.
> Il a pensé à tout **sauf** à son argent.

2. La préposition **au lieu de** indique le remplacement.

> **Au lieu de** + *nom* ou *infinitif*

> **Au lieu de** terminer rapidement une négociation, ils [les Français]
> cherchent la petite bête... (Rodgers)
> Tu m'as fait du thé **au lieu de** café? Quel dommage.

Exercices

4a. Vous rencontrez un Français qui a des conceptions stéréotypées sur les Etats-
Unis et les Américains. Répondez à ses remarques en commençant par *non,
oui* ou *si*. Si vous voulez renforcer votre réponse, ajoutez *mais*.

Modèle: On ne va pas à l'école primaire avant l'âge de sept ans, n'est-ce pas?
*Mais si! On commence l'école primaire à cinq ans (ou à six ans dans
certaines écoles).*

1. Est-ce que toutes les maisons en Californie et en Floride ont une piscine?
2. Il paraît que les familles américaines ont presque toutes la télé.
3. Les Américains ne savent pas grand-chose en politique, n'est-ce pas?
4. Est-ce qu'il n'y a pas d'Américains qui parlent d'autres langues que l'anglais?
5. Est-ce que tous les Américains mangent souvent de la tarte aux pommes?
6. Mais, de toute façon, on mange de la viande à chaque repas, j'en suis sûr!

Explain that **grand-chose**
(m.) is an invariable noun
most often used with a
negative.

4b. Réagissez aux situations suivantes. Finissez les phrases suivantes en employant les adjectifs *bon* ou *mauvais* ou le verbe *se tromper*.

Modèle: Vous répondez au téléphone. On demande à parler avec Solange. Vous ne connaissez pas de Solange, et aucune Solange n'habite chez vous.
Vous dites:—Je suis désolé, vous…
Vous vous trompez de numéro. ou
Vous avez le mauvais numéro.

1. Vous recevez un cadeau d'anniversaire, mais ce n'est pas votre anniversaire aujourd'hui.
Vous dites: —Oh! c'est très gentil, mais…

2. On entre dans votre classe de français en disant: —C'est bien la classe de japonais ici?
Vous répondez: —Non, pardon, vous…

3. *Quelqu'un déclare:*   —J'admire George Washington! Sa femme Dolley était si intéressante!
Vous répondez: —Euh… vous…

4. Un copain vous invite à regarder des planètes dans son téléscope. Il dit: —Je crois qu'on pourra regarder les anneaux[12] de Vénus ce soir.
Vous répondez: —Ecoute, tu…

5. *Un camarade de classe déclare:*   —J'aime beaucoup «La Belle Dorothée» et tous les autres poèmes de Queneau.
Vous le corrigez gentiment en disant: —Il me semble que tu…

4c. Voici des faits ou des opinions exprimés par des personnages bien connus. Indiquez si vous n'êtes pas d'accord avec leurs remarques en employant les expressions **avoir tort, ne pas avoir raison, se tromper, mentir, ne pas dire la vérité** ou **ne pas être d'accord.** Si vous êtes d'accord, employez une expression appropriée.

Modèle: Sigmund Freud a observé: «Les jeunes garçons sont sexuellement attirés par leur mère.»
Il se trompait. La théorie est démodée. ou
Je ne suis pas d'accord. ou
Il avait parfaitement raison. C'était un vrai génie.

1. Richard Nixon a dit: «Je ne suis pas un escroc.»[13]
2. Les Grecs disaient: «La terre est plate.»
3. Louis XIV a dit: «L'Etat c'est moi.»
4. Martin Luther King a chanté: «Nous triompherons un jour.»
5. Albert Einstein a trouvé: «$e = mc^2$.»
6. Napoléon a dit: «*Impossible* n'est pas français.»
7. Neil Armstrong a dit: «Un petit pas pour l'homme et un pas de géant pour l'humanité.»
8. René Descartes[14] a écrit: «Je pense, donc je suis.»

---

12. *Anneau* (m.) = "ring."
13. *Escroc* (m.) = personne coupable de fraude.
14. Voir page 302.

Most of the vocabulary in this exercise comes from readings. If any words are unfamiliar to your class (i.e., because they may come from selections you have not read), make appropriate substitutions.

4d. Révision de vocabulaire. Dans les groupes suivants, presque tous les éléments entrent dans la même catégorie. Précisez le rapport entre les éléments en ajoutant *sauf, excepté* ou *à part* pour indiquer ce qui n'appartient pas à la catégorie.

Modèles: un dromadaire, un chien, une brosse à dents, un chameau
Ce sont tous des animaux sauf la brosse à dents.

dire «maman», pleurer, boire du lait de son biberon, écrire des lettres
Ce sont des actions d'un bébé excepté écrire des lettres.

1. un ragoût de crabes, un pot à eau, du riz au safran, une omelette
2. un gamin, une gueule, un garçon, un gosse
3. l'aube, l'aurore, le crépuscule, le lever du soleil
4. un manteau, un pardessus, une redingote, une cravate
5. sourire, se réjouir, se plaindre, rire
6. se serrer la main, s'embrasser, se gifler, se dire bonjour

A VOUS DE JOUER

1. *Echanges*. Inventez une affirmation impossible. Chacun dira son mensonge et les autres doivent le contredire en employant les diverses structures de la leçon.

Modèle: —*Alfred Hitchcock tournera bientôt un nouveau film.*
—*Ah non! Il ne tournera jamais plus!* ou
—*Mais non, tu te trompes, il est déjà mort.*

2. *Echanges*. Proposez qu'on fasse quelque chose de ridicule ou d'impossible. Chacun dira sa proposition et les autres réagiront en employant les diverses structures de la leçon.

Modèles: —*Je propose que nous essayions tous d'entrer dans une seule cabine téléphonique.*
—*Je ne pense pas que ce soit une très bonne idée.*

Be sure students prepare stories for Activity 3 in advance.

3. *Histoire déformée*. Une personne raconte un conte de fées en ajoutant des éléments faux. La classe doit contredire les mensonges en employant les techniques de la leçon. Quelques exemples: l'histoire de «Cendrillon», «La Belle et la Bête», «Les Trois Petits Cochons»...

4. *Rôles à jouer—trois personnes*. Deux témoins du même incident (accident de voiture, vol, assassinat, etc.) essaient en même temps de raconter à une troisième personne leurs points de vue contradictoires. Employez autant de techniques verbales que possible.

5. *Rôles à jouer—deux personnes*. Vous êtes à Paris avec des amis dans un taxi. Le chauffeur vous demande un prix exorbitant. Vous vous disputez.

Modèle:
 —*Vous vous trompez! Il ne me semble pas que ce parcours fasse dix kilomètres!*
 —*Malgré ce que vous pensez, vous avez tort.*

Compositions écrites

1. *Essai*. Réfutez une critique (de cinéma, de livre, de théâtre, de musique, de restaurant, etc.) avec laquelle vous n'êtes pas d'accord.

2. *Essai*. La célébrité est-elle toujours méritée? Parlez d'une personne célèbre dont vous ne voyez pas les mérites. Réfutez les louanges que les gens font à propos de cette personne. (Ou: défendez un individu qui est attaqué par la presse ou peu aimé par le public. Par exemple, le Président, Madonna, Joan Crawford, Benedict Arnold, etc.)

3. *Lettre.* Vous lisez dans le journal un article dans lequel il s'agit de vous! Et c'est tout à fait faux! Rédigez une lettre à l'éditeur dans laquelle vous niez le contenu de l'article, vous corrigez les erreurs, vous menacez de le poursuivre en justice (ou peut-être simplement de ne plus lire son journal...)

LECTURES

Les différences de classes, du milieu et de culture. Peut-on comprendre les autres? Que faire quand la communication est difficile ou impossible?

Dans le premier texte, «Latins et Anglo-Saxons,» on aborde le problème des différents comportements sur le plan pratique du monde des affaires quand une culture s'oppose à une autre. Les personnes de nationalités différentes doivent se rendre compte de l'importance pour l'autre de tel ou tel détail, de telle ou telle habitude, pour réussir à négocier.

Le deuxième texte, «Imprécations», est le monologue d'une personne enfermée dans les souvenirs d'un passé sévère et modeste et qui est incapable de comprendre les autres, de s'adapter à un autre milieu et à une nouvelle situation.

Latins et Anglo-Saxons

IRENE RODGERS

L'Expansion, sans doute la revue la plus lue par le monde des affaires en France—une sorte de *Fortune* français—propose à ses lecteurs non seulement des articles portant sur l'industrie, le commerce, la bourse[16] et les finances, mais aussi des articles d'ordre sociologique, psychologique, artistique et littéraire. L'industrie en France vise surtout l'exportation. Un homme ou une femme d'affaires a donc souvent les yeux fixés sur le grand marché anglo-saxon (= anglo-américain) et c'est à eux que s'adresse ce texte précisant la nature culturelle d'un certain comportement apparemment caractéristique de l'Américain ou de l'Anglais. Le danger de ce genre de conseil, bien entendu, réside dans le stéréotype lorsqu'un étranger observe une autre culture. Mais les analyses de l'auteur, Irene Rodgers, sont peut-être, après tout, assez justes.

Avant de lire «Latins et Anglo-Saxons»

Préparation du vocabulaire

A. Petit lexique de la langue des affaires

Some comment might be appropriate here about the current invasion of French by English terms, almost to be expected in a magazine article of this nature.

un cadre: un employé chargé de la direction, de l'administration d'une entreprise ou qui dirige ou contrôle le travail d'autres employés. On pourrait aussi dire **un manager, un directeur** ou **un chef de section.**

un job: (1) une situation, un poste; (2) contrat, travail ou ensemble des travaux

marchander: négocier en cherchant à faire baisser le prix

un P.D.G.: président-directeur général = patron

un prêt (prêter), un emprunt (emprunter): Vous demandez de l'argent à une banque pour acheter une voiture. Vous demandez **un emprunt.** Vous demandez que la banque vous **prête** de l'argent. Vous **empruntez** de l'argent à la banque. Elle vous accorde **un prêt.** Dans le monde des finances, **prêt** est le terme généralement employé.

---

16. *La bourse* = "the stock market."

une relation: rapport avec une personne bien placée avec laquelle on a un bon rapport et qui est susceptible de vous aider à réussir dans le monde des affaires, du gouvernement, des arts, du spectacle... ou simplement à améliorer votre position sociale

Les personnes suivantes travaillent pour la même banque. Finissez leurs phrases.

1. Monsieur Trocard: «Mon père a fondé cette banque il y a cinquante ans. Je dirige tout, je suis responsable de tout. Je suis le...»
2. Monsieur Laplage: «Je dirige les relations publiques de la banque. Je suis... »
3. L'actrice qui paraît sur la publicité de la banque: «Vous avez besoin d'argent? Venez chez nous demander un... »
4. Le chef du personnel: «Nous cherchons un employé de bureau. Il faudra mettre une annonce dans le journal pour avoir des candidats pour ce... »

B. Cherchez les termes suivants dans votre dictionnaire. Puis répondez aux questions en employant un des termes entre parenthèses.

noms	adjectifs / adverbes	verbes
connivence	**efficace**	**gérer**
convenance	**flou**	**se déculpabiliser**
gestion	**à tâtons**	**s'insurger**
matériel ferroviaire		**marchander**
		tirer une leçon

1. Qu'est-ce qu'on vend à l'acheteur de la SNCF? (connivences / matériel ferroviaire / convenances)
2. Quand vous allez acheter une voiture d'occasion, comment faites-vous? (marchander / s'insurger / tirer une leçon)
3. Comment avance-t-on quand il n'y a pas de lumière? (d'une manière efficace / à tâtons / d'une manière floue)
4. Qu'est-ce que le peuple américain a fait pour protester contre le gouvernement anglais en 1776? (s'insurger / tirer une leçon / se déculpabiliser)
5. Pour apprendre à gérer une firme, où fait-on ses études? dans une école de... (connivences / gestion / convenances / matériel ferroviaire)

Préparation culturelle

C. Imaginez de quels pays on parle dans cet article. Nommez quatre pays anglo-saxons et quatre pays latins.

Préparation du style

D. Le style journalistique et le style de la langue des affaires sont souvent caractérisés par des ellipses, c'est-à-dire l'omission d'un ou plusieurs éléments de la phrase (sujet, verbe, etc.), parce que cela paraît plus «vrai», plus «authentique» ou même plus pratique et ressemble davantage au discours de la langue parlée. Complétez les phrases suivantes (tirées du texte) en ajoutant l'élément supprimé, ou en élaborant la formule raccourcie.

Modèle: Et, *faute de savoir* décoder leur comportement, on s'expose à de grandes déceptions.
Et, parce qu'on ne sait pas décoder leur comportement,...

1. *Autre comportement à décoder:* un sens très différent de la hiérarchie.
2. En France, l'attitude est différente selon qu'on est reçu par le président ou un collaborateur. *Pas outre-Atlantique.*
3. Le statut d'un directeur ne l'empêche pas de traiter d'égal à égal avec un subordonné. *Ni de porter lui-même sa valise à l'hôtel.*
4. *Rien d'étonnant* à cela.
5. *Quelle différence de comportement dans les rapports* avec l'argent.
6. *Mieux vaut le savoir.*

Pour mieux lire

E. En lisant ce texte, rédigez une liste écrite ou mentale de chacune des différences culturelles mentionnées.

Latins et Anglo-Saxons: Règle d'or avec les étrangers—connaître leurs modèles culturels et savoir s'y adapter

«Les Américains sont très ouverts en affaires, ils ont une approche directe, ils vous appellent par votre prénom... Cela ne veut pas dire qu'ils vont signer!» Jean-Henri Lemoussu, directeur général de Stedef, une société exportatrice de matériel ferroviaire, tire ainsi la leçon de sa
5 longue pratique des Etats-Unis. «C'est vrai, les Anglo-Saxons, les Américains par exemple, ne sont pas formalistes comme les Latins, et notamment les Français. Nous avons ainsi l'impression qu'ils créent tout de suite une relation privilégiée. Or il n'en est rien. Et, faute de savoir décoder leur comportement, on s'expose à de grandes décep-
10 tions.»

C'est que les Anglo-Saxons font la différence entre la relation et le job. Il est rare, dans les affaires, qu'ils acceptent d'ignorer cette frontière, beaucoup moins nette en pays latin. Ce qui relève du job n'implique pas de sentiment particulier. «Si les Américains nous semblent hyperefficaces, poursuit M. Lemoussu, c'est qu'ils ne font pas, comme nous, intervenir le passionnel.»

Autre comportement à décoder: un sens très différent de la hiérarchie et des convenances. «En France—nous dit Raphaël L. Rossello, PDG de Tubix, une entreprise fabriquant du matériel médical—, selon que vous êtes reçu par le président ou par un collaborateur, l'attitude des interlocuteurs sera très différente. Pas outre-Atlantique. Pour les Américains, le pouvoir n'est pas une raison de se distancer de l'homme ordinaire, et le statut d'un cadre supérieur ne l'empêche pas de traiter d'égal à égal avec un subordonné.» Ni de porter lui-même sa valise à l'hôtel, ajouterons-nous, parfois à la grande honte de son hôte latin.

De même, l'origine sociale compte peu lorsqu'il s'agit de choisir un collaborateur. Au pays des «self-made men», rien d'étonnant à cela: un Américain préfère être jugé d'après le poids de son carnet de rendez-vous! Dans une société latine, au contraire, statut et pouvoir sont au moins autant existentiels (ce que l'on est, d'où l'on vient...) que fondés sur les réalisations concrètes. Ils provoquent aux Etats-Unis une admiration ouverte, plutôt de la méfiance chez les Latins.

Quelle différence de comportement, aussi, dans la relation à l'argent! Les Latins, imprégnés de culture catholique, échappent difficilement à un sentiment de culpabilité, que le protestantisme

This illustration actually accompanied this article in *L'Expansion.* Discuss the message it conveys and how the picture adds another dimension to the article.

YAN NASCIMBENE

épargne aux Anglo-Saxons. D'où une transparence exempte de complexes, introuvable chez nous. On savait cela, mais les conséquences vont très loin. «Les Anglo-Saxons, explique M. Rossello, ont un avantage incroyable: chez eux, il n'existe pas de relations coupables a priori. Et pour vous déculpabiliser complètement, on vérifie tout. J'ai reçu une offre de prêt d'une banque canadienne: le questionnaire occupe quatre pages. Celui d'une banque française tient en un paragraphe. Mon interlocuteur français est, de surcroît,[17] gêné de me poser des questions indiscrètes, alors qu'au Canada cela se fait avec un naturel total.»

Faut-il marchander, et comment? Encore une source d'incompréhension! Jean-Charles Eckert, directeur international de Matra Data System, remarque que les Italiens sont toujours prêts à négocier, alors que les Nordiques, une fois un prix annoncé, n'acceptent qu'une marge de manœuvre très faible. Quant aux Français, ils aiment par-dessus tout le débat d'idées. Au lieu de terminer rapidement une négociation, ils cherchent la petite bête,[18] non pas pour rabaisser leur partenaire, mais pour le plaisir de découvrir, en véritables cartésiens, une faiblesse dans son argumentation.

Aux Etats-Unis, au contraire, on joue tout de suite cartes sur table. La négociation n'est pas considérée comme l'occasion d'une rencontre agréable: on essaie de résoudre les différents rapidement au risque de paraître inconsistant, voire de gêner le partenaire.

Et les Anglais? «J'adore négocier avec eux, dit un Français. Ils m'amusent énormément. Ils sont toujours totalement flous, mais ont une intuition énorme. Jamais de théorie, ils avancent à tâtons.»

Refer students to the Banque Sofinco ad on page 306.

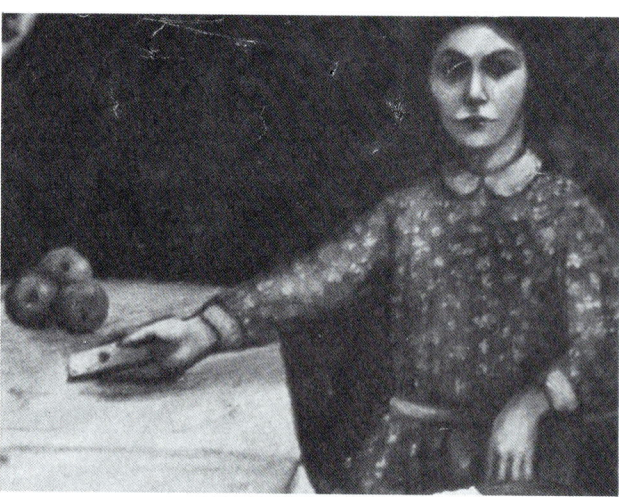

Aux Etats-Unis, au contraire, on joue tout de suite cartes sur table.

17. *De surcroît* = en plus.
18. *Chercher la petite bête* = être excessivement attentif aux détails.

Qui dira combien d'accords ont échoué faute d'une bonne compréhension de ces détails essentiels? Pour réussir dans les activités internationales, conclut Raphaël Rossello, la meilleure attitude, c'est encore la complicité. «Dans l'Ontario, un bon client qui dit payer à 45 jours paie effectivement à 45 jours. En France, les 45 jours peuvent devenir 60, ou 120... » A quoi bon s'insurger? Mieux vaut le savoir et en tenir compte. «L'homme d'affaires américain averti comprend parfaitement ce que cela signifie quand un Mexicain lui dit «Je t'appelle demain» ou «Je te paie à la fin du mois». Le lendemain, c'est lui qui téléphonera et c'est lui, à la fin du mois, qui passera chercher son chèque.»

En faisant de même, vous rencontrerez bien des situations agaçantes, voire contraires à vos habitudes et à vos propres normes. Mais pour un manager international, c'est le résultat qui compte. Et l'on n'y parvient qu'au prix d'une certaine connivence, d'une aptitude à accepter les systèmes culturels et les mentalités d'autrui.

dans *L'Expansion*, 24 janvier/6 février 1986
Irene Rodgers est directeur associé chez ICM,
Intercultural Management Associates, Paris.

A propos du texte

A. Précisez l'idée essentielle de cet article. Etes-vous d'accord?

B. Vrai ou faux? Si une phrase est vraie selon le texte, dites que c'est vrai ou que vous êtes d'accord avec une preuve tirée du texte. Sinon, dites que ce n'est pas vrai ou que vous n'êtes pas d'accord et corrigez la phrase.

Modèle: Les Américains ne vous appellent jamais par votre prénom.
Je ne suis pas d'accord, ils vous appellent souvent par votre prénom.

1. Les Français font toujours une distinction entre le job et les sentiments.
2. En Amérique on parle de la même manière à son PDG qu'à un collègue.
3. Pour les Américains, l'origine sociale est aussi importante que le succès matériel.
4. Poser à quelqu'un des questions sur l'état de ses finances est considéré comme indiscret en France.
5. Les Français prennent leur temps pour négocier parce qu'ils veulent toujours gagner autant d'argent que possible.
6. On devrait essayer de changer les habitudes de ses partenaires étrangers dans les affaires internationales.

Appréciation du style

C. En style journalistique on vise surtout la clarté. On peut voir l'organisation de cet article en regardant le début de chaque paragraphe. Faites une liste de la première phrase de chaque paragraphe pour avoir une idée de cette organisation. A votre avis est-ce un procédé désirable? L'article est-il clair? Y aurait-il d'autres façons possibles d'organiser cette sorte de texte? La structure d'article utilisée ici rend-elle la lecture plus facile ou moins intéressante?

Réactions personnelles

D. Etes-vous d'accord avec les généralités faites ici sur les Anglo-Saxons et sur les Américains en particulier? Précisez.

E. Vous travaillez pour une société américaine implantée en France. Vous êtes chargé(e) d'engager un Français ou une Française. Quels aspects de votre comportement ou de votre attitude, selon vous, pourraient leur sembler difficiles à comprendre ou à accepter? Dites pourquoi.

votre manière de vous habiller
vos rapports avec vos supérieurs
votre attitude envers l'argent
votre attitude envers eux
votre notion du temps
vos heures de travail
vos rapports avec votre secrétaire
votre confiance
la manière dont vous négociez les affaires

F. Quelles seraient les caractéristiques des industriels français qui négocieraient avec vous en tant qu'homme ou femme d'affaires américain(e)? Comment adapteriez-vous votre comportement pour ne pas les gêner?

Imprécation

MARCEL ARLAND

Marcel Arland (1899–1986), critique français, grand prix de littérature de l'Académie française, romancier et auteur de nouvelles, s'apparente à Maupassant (voir page 173) par une certaine disposition d'esprit qui le porte à mettre en relief les mauvais tours du destin, et à Baudelaire, car les nouvelles de Marcel Arland se rapprochent parfois du poème en prose.

Si «Imprécation» tient du poème, cette impression dérive de sa force psychologique soutenue par une structure toute simple: une vieille femme se souvient de sa vie. Ses sentiments terrifiants s'expriment non seulement par les malédictions qu'elle lance contre celle qu'elle tient responsable de ses malheurs, mais surtout par les détails choisis pour nous faire sentir son amertume.[19]

Il faut d'abord comprendre que cette femme d'origine modeste, d'un petit village isolé des Ardennes[20] au climat rude et désolant, est imbue de[21] ses racines. Quand elle va vivre à Lyon, une grande ville bourgeoise, elle passera ses dimanches dans un «bel appartement sur le Rhône» et n'oubliera ni sa formation religieuse, ni ses «terres abandonnées». Dans ses imprécations, elle alterne ses condamnations avec des bouts de prière («Au nom de Dieu le Père... au nom du Fils... »), de sorte que son histoire résonne comme une litanie.

Avant de lire «Imprécation»

Préparation du vocabulaire

A. Le titre de cette histoire, «Imprécation», signifie «souhait de malheur contre quelqu'un». Donnez quelques exemples de raisons suffisantes pour avoir envie de proférer des imprécations.

---

19. *Amertume* (f.) = douleur pleine de ressentiment.
20. *Les Ardennes* = région de l'est de la France et du sud de la Belgique.
21. *Imbu de* = profondément pénétré de.

B. Vous savez déjà chercher des mots dans le dictionnaire. Cette fois-ci, exceptionnellement, nous commençons par vous indiquer la signification d'un certain nombre de mots, souvent nouveaux, difficiles ou peu fréquents, dans une histoire dont le vocabulaire est particulièrement dense et varié.

arracher   to snatch away; to pull
avoir des vapeurs   to be hysterical, on the verge of fainting
bafouer   to ridicule
la boue   mud
se brouiller   to become muddled
causer   to chat; (*also* to cause)
un caveau   tomb
chavirer   to capsize; to overwhelm
cracher   to spit
crever   to pierce, burst; to die (argot)
se détourner   to turn away
une fanfreluche   trinket
les fesses   buttocks
une gâterie   treat, goody
un hameau   hamlet
maudire   to curse
un peloton d'épingles   pincushion
prendre des mines   to put on airs
se saigner aux quatre membres   to bleed oneself dry, sacrifice oneself, work one's fingers to the bone
un seau   bucket
singer   to ape, imitate
tâtonner   to grope (in the dark)
une tombe   tomb, grave
traîner   to drag
tricoter   to knit

Remplacez les tirets par ces mots pour raconter la triste histoire de Sophie.

Quand Sophie était petite elle ____ souvent une poupée derrière elle mais parfois elle aimait jouer dans la ____ et devenait sale. Elle allait quelquefois à la plage en été, et avec un ____ et une pelle elle jouait dans le sable. Elle ____ parfois les adultes en mettant des bijoux et d'autres ____. Elle se régalait quand sa mamie lui apportait des ____. D'autres fois elle prenait une épingle du ____ de sa maman et elle essayait de faire ____ un ballon pour voir ses parents sursauter. C'était une petite fille heureuse, un peu gâtée et normale.

A l'âge de vingt-deux ans elle s'est mariée avec un marin. Elle allait avoir son premier enfant, elle____ de petits pull-overs, elle restait des jours entiers à ____ avec des amies. Mais un jour elle a reçu un télégramme qui a changé sa vie. On lui a annoncé que le bateau de son mari avait ____. Sophie a eu ____. Elle a décidé d'enterrer son mari dans la ____ de sa famille. Elle a ____ la mer qui lui avait ____ son mari dans sa plus belle jeunesse, et elle s'est ____ de la société pour vivre seule avec son enfant.

C. Expressions de cause et d'effet. La relation de cause à effet peut s'exprimer de plusieurs façons. Vous connaissez déjà *parce que* + proposition. D'autres expressions permettent de varier le style.

1. **comme**
   puisque } + proposition à l'indicatif

2. Devant un nom ou un pronom on peut employer les prépositions
   à cause de (connotation négative ou neutre)
   grâce à (connotation positive)

3. Expressions qui indiquent le but
   prépositions
   pour
   afin de } + infinitif

   conjonctions
   pour que
   afin que } + proposition au subjonctif

Remplacez les tirets par une des expressions de cause et d'effet.

Personne n'oubliera jamais le jour du mariage de Marcel et Isabelle. D'abord il y a eu un orage. ____ il faisait si mauvais, on avait peur que personne ne vienne à la cérémonie. Mais ____ il n'y avait rien à faire, on était bien obligé de continuer néanmoins. En route, la voiture d'Isabelle s'est arrêtée, ____ le chauffeur avait oublié de prendre de l'essence. La moitié des invités est pourtant arrivée, ainsi qu'Isabelle et la noce a commencé. Mais au moment où on les déclarait mariés, il y a eu un tremblement de terre si terrible que nous sommes tous sortis en courant ____ échapper.

Préparation culturelle

D. Vous trouverez dans «Imprécation» une douzaine de termes d'injure assez violents et vulgaires: plusieurs sont dérivés du monde animal pour dénoter l'aspect inhumain et laid d'une personne (*chienne, guenon, museau*), plusieurs sont synonymes de *prostituée* avec des nuances différentes de vulgarité ou d'obscénité (*fille de rien, garce, gaupe, gueuse, roulure*) et d'autres indiquent la monstruosité ou la saleté dégoûtante (*monstre, saleté, merdeuse*). Il faut bien reconnaître ces mots, mais leur emploi n'est pas à recommander!

Suggest students look at the opening dialogue, page 339. If the number of examples given wanes, suggest **imbécile, stupide, farceur, blagueur, sot, sotte,** etc. You might even want to point out others much stronger.

1. Certains termes d'injure en français sont-ils moins vulgaires et moins forts que leur équivalent apparent en anglais? En connaissez-vous? Par exemple?
2. Pourquoi ces injures viennent-elles de ces domaines lexicaux particuliers (animal, anatomie, fonctions du corps, prostitution)? De quel domaine viennent les pires injures en anglais? Les plus banales? Savez-vous si ce sont les mêmes en Angleterre et au Canada qu'aux Etats-Unis?

Pour mieux lire

E. Pour avoir une idée de la façon dont est fait ce texte, lisez le premier paragraphe.

1. Précisez le moment où la vieille commence à parler.
2. A qui parle-t-elle?
3. Quelle est son attitude?

Brainstorm item 4 in class.

4. Quels aspects du premier paragraphe excitent votre curiosité?

Continuez à lire pour voir si, effectivement, vous trouvez la réponse à vos questions.

Imprécation

Discuss the importance of this ritualistic witch-like gesture in exorcizing the woman's malicious bitterness.

Au mur, près de la vieille, un peloton d'épingles, rouge, en forme de cœur. Et c'est le soir sur le hameau, ce qui veut dire que les yeux, qui n'y voient qu'à peine en plein jour, ne sont plus qu'ombre. Mais les mains tâtonnent, et celle qui tient l'aiguille, la longue aiguille à tri-
5   coter, si elle tremble, a reconnu le cœur de velours. Attends, garce; et juste au milieu tu l'auras, où ça se gonfle, comme se gonflent tes seins qui n'ont jamais eu d'enfant, et ton museau, et ton ventre, et tes fesses, qui m'ont arraché mon fils.

Ask what indications in the text show extreme possessiveness. Was Paul an only child? Is this relevant? 10

Ask what this sentence reveals about the old lady's concept of the relationship between a man and a woman. 15

What is shown by this **toi-vous** juxtaposition?

20

What does this statement reveal about the old lady's concept of motherhood?

25

Point out the significance of Sundays and Sunday meals in traditional French family life and the potential boredom this represents for a newer, urban generation. 30

Do these recollections reveal any generosity on the mother's part with respect to her son? 35

40

Ask students if the mother's opinion corresponds to their impression of the son. Ask how an author, while speaking through the voice of a single narrator, conveys two contradictory portraits. 45

Au nom de Dieu le Père, qui est juste...

Ce n'est pas seulement, guenon, parce que tu m'as pris mon Paul et que tu es devenue sa femme épousée. On sait bien que les enfants ne peuvent pas rester toujours près de leur mère, et que, l'âge venu, il leur faut une femme pour le lit, et une «dame»!, à cause de leur situation. Je l'ai accepté.

Et ce n'est pas seulement parce que tu as tout fait pour qu'il se détourne de moi et m'oublie. Je l'ai prévu dès les premiers jours, quand je me suis trouvée loin de nos Ardennes, à Lyon, dans cette chambre qui lui avait suffi jusqu'alors, où je suis venue pour son mariage, où je suis restée deux ans parce que j'avais peur de la suite. Il t'avait fallu un bel appartement sur le Rhône! Mais il me disait: «Tu déjeunes dimanche avec nous. —Je ne vous dérangerai pas? —Mais non. C'est entendu.» Et, comme en ce temps-là, je pouvais encore me traîner, j'y allais donc, dans votre bel appartement. Et toi: «Tiens! c'est vous!», avec ta farine et tes fanfreluches. C'était la mère de Paul, museau! Et trop heureuse tu aurais dû être que,[22] restée veuve avec un petit, je me sois saignée aux quatre membres pour te donner un homme, fille de rien, et un nom honorable. Et ça prenait des mines, ça ne disait mot, ça avait de ces vapeurs en voyant manger la vieille. Et la vieille, après le déjeuner, on la mettait dans un coin. C'étaient mes dimanches. Et puis il n'y a plus eu qu'un dimanche par mois. Et plus du tout. Mais j'avais encore mon fils, à ses heures, quand il passait le soir, en sortant de son bureau de la Préfecture, et qu'il m'apportait des oranges, des pommes, des gâteaux, des gâteries. Il s'asseyait dans le fauteuil, au demi-jour; je lui parlais des choses du pays, des gens qu'il avait connus, de nos terres abandonnées, de nos tombes; je sais bien que je lui en avais parlé cent fois, mais il m'écoutait toujours, sans bouger, à ne dire que: «Bon... , bon», parce qu'il n'a jamais été grand causeur; mais il était là. «Tu vas bien, Paul? —Ça va. —Et ta femme? —Mais oui. —Tu n'es pas malheureux, mon enfant? —Mais non.» Et la nuit venue, avec bientôt le moment de partir, je me taisais, nous restions encore là; et chaque fois, avant de me quitter, il m'embrassait. «A demain, maman. —A demain, mon enfant.» Mais saleté! jusqu'à ces visites, tu en étais jalouse; si bien qu'il est venu moins souvent; il ne s'asseyait plus; il regardait la porte, il parlait d'un dîner, d'une réception; je disais: «Oui, ne te fais pas attendre.» Peu à peu, des semaines ont passé sans que j'aie seulement à le dire. —Et même cela, je l'aurais accepté, si tu l'avais rendu heureux.

Au nom du Fils, sur sa croix...

Tu as été sa croix, roulure. De cœur, tu n'en as pas plus qu'une crotte. Et rouler, tu l'as fait partout. Une chienne en chaleur. Et mon garçon, un homme si bien, un homme respecté d'un chacun, tu l'as

---

22. *Et trop heureuse tu aurais dû être que...* = Et tu aurais dû être trop heureuse que... je me sois saignée...

trompé, bafoué, tais-toi, baisse les yeux, on me l'a dit, il l'a su, il te l'a
50 pardonné, l'innocent, et toi, le lendemain, le ventre ailleurs; un plein
seau d'eau entre les cuisses, gaupe, voilà ce que je t'aurais foutu, moi.

Au nom de la Vierge, qui a vu mourir son fils...

Le mien est mort. En as-tu eu pitié pendant ces longs jours? L'opération, le mieux (que tu disais!), la rechute, la chose dans les sangs, la
55 tête qui se brouille, la nuit qui monte, c'était comme s'il te faisait offense, merdeuse! Ah! cette pauvre petite femme, qu'est-ce qu'elle va
devenir? Pensez donc! Rien que la vue d'un malade, elle ne peut la
supporter, ça la trouble, ça la chavire. Et les soins, les odeurs, elle n'en
peut plus. Elle n'a pas de chance, elle est trop malheureuse. Laissez-la:
60 il faut qu'elle sorte; rien qu'un peu d'air. —A propos, a-t-il fait son tes-
tament?

«Il ne t'a pas suffi de me
l'arracher vivant... »

Et à propos, te rappelles-tu, quand j'ai appris qu'il était malade, et que moi, qui ne tiens pas debout, on m'a transportée près de mon enfant, te rappelles-tu, quand j'étais près de lui dans sa chambre, et que

65 cet homme que je n'avais jamais vu pleurer, il pleurait, le moins possible, mais un peu, faisait: «Ah!», et, un peu plus tard encore: «Ah!», te rappelles-tu, monstre! que toi, dans le salon voisin, tu t'es mise à taper du pied, en le singeant, en criant: «Ah! ah! ah! il me rend folle!»

J'aurais pu croire que la mesure était comble; c'est que je ne te
70 connaissais pas encore à ta valeur, chienne! Ecoute un peu, à présent que je te tiens là, au bout de l'aiguille. Ecoute ce que je ne te pardonnerai jamais, ni dans ce monde ni dans l'autre. Il ne t'a pas suffi de me l'arracher vivant; mort, tu me l'as volé pour toujours. C'était atroce de songer qu'il allait mourir avant moi, qui ai quatre-vingt-deux ans; mais
75 il me restait la consolation de le rejoindre dans quelques jours et d'être étendue près de lui. Nous avions nos tombes, toutes nos tombes dans le cimetière du village; il les a vues s'ouvrir et se fermer depuis son enfance; c'étaient les nôtres. Il y avait place pour nous tous. Mais tu n'as pas voulu qu'il repose parmi les siens, ceux de notre sang et de notre
80 terre. Tu l'as jeté en prison dans un caveau de la ville, où personne, jamais, n'ira le voir. Un inconnu. Et moi, je dormirai seule, sans mon enfant—sans mon enfant, gueuse! Je te maudis.

Que ce peloton soit ton cœur de garce; l'aiguille, pour que tu crèves, je te l'enfonce, et je crache sur ta boue, au nom des nôtres, au
85 nom de la terre où je vais descendre, au nom de tous les saints du Paradis—et tu me verras devant toi, gueuse! le jour de la Résurrection.

A propos du texte

A. Caractérisez la mère. Quel est son état d'âme? Que fait la mère en faisant ses imprécations?

B. Précisez toutes les raisons pour lesquelles la mère profère ces imprécations contre sa belle-fille. Les mots suivants pourront vous guider: *enfants, épouser, détourner, tromper, maladies, singer, tombe/caveau.*

C. On pourrait interpréter une imprécation comme un appel au destin ou à Dieu pour qu'il accomplisse la malédiction souhaitée. Cependant avez-vous l'impression que la vieille narratrice est disposée à attendre que Dieu fasse sa volonté? Pourquoi ou pourquoi pas? Justifiez votre réponse.

Could the mother's recollection of the daughter-in-law's behavior be interpreted differently? How so?

What psychological significance do you find in the mother's frustrated fantasy of being eternally beside her son?

Describe how different a French village churchyard is from a small-town American cemetery.

Is this a Christian or a **vaudou** *exercise? both? neither?*

Appréciation littéraire

D. Précisez l'effet des aspects suivants du texte.

1. Elle apostrophe sa bru: «Et ce n'est pas seulement parce que tu as tout fait... » (lignes 14–15)
2. Elle dit *tu* à sa bru qui lui disait *vous.* (ligne 22)
3. Elle emploie le pronom *ça* pour parler de sa bru: «Ça prenait des mines, ça ne disait mot, ça avait de ces vapeurs en voyant manger la vieille.» (lignes 26–27)
4. La vieille femme parle d'elle-même à la troisième personne: «Et la vieille... on la mettait dans un coin.» (lignes 27–28)
5. Juxtaposition d'expressions vulgaires avec un vocabulaire religieux: «Au nom du Fils, sur sa croix... Tu as été sa croix, roulure... » (lignes 45–46)
6. Emploi d'expressions vulgaires: «Tu as été sa croix, roulure. De cœur, tu n'en as pas plus qu'une crotte... un plein seau d'eau entre les cuisses, gaupe, voilà ce que je t'aurais foutu, moi.» (lignes 46–51)
7. Elle décrit sa bru à la troisième personne en l'apostrophant: «Ah! cette pauvre petite femme... » (ligne 56)

Réactions personnelles

E. A votre avis est-ce que cette mère méritait un peu ce qui lui est arrivée? Comment a-t-elle contribué à sa situation? Quels sont vos sentiments vis-à-vis d'elle?

F. Quelles réactions peut-on avoir devant la mort d'un fils, d'une fille, d'un parent, d'un époux? Cherche-t-on à blâmer quelqu'un?

G. Imaginez la réaction de la belle-fille devant cette imprécation. Quel discours, quelle tirade pourrait-elle faire? Comment pourrait-elle contredire sa belle-mère?

Mise en perspective

1. *Essai.* Comment peut-on réagir quand quelqu'un vous offense volontairement ou involontairement, en transgressant une règle d'étiquette ou le code culturel ou en ne faisant pas ce que vous souhaitiez? Basez vos commentaires sur les textes que vous venez de lire.

2. *Essai.* Dans les textes de cette leçon, il s'agit de rapports entre des gens qui ne sont pas d'accord ou qui ont des différences fondamentales. Dans quelle mesure faut-il faire attention aux rapports qu'on a avec les autres? Quand faut-il dire et quand ne faut-il pas dire que l'autre a tort?

3. *Essai.* Expliquez quel procédé est le plus efficace: disputer immédiatement un point contestable ou attendre pour écrire—à tête reposée et après réflexion—une lettre (ou un mémorandum, un article) pour démontrer son point de vue. Quels autres procédés peuvent marcher?

4. *Article.* Faites un article de journal qui explique les différentes manières dont on doit se comporter avec sa belle-mère ou avec sa bru.

LEÇON

9 Ordonner et interdire

Live Trigger: Hand out props (kazoo, gum, ball, etc.) and/or little cards designating a specific activity, e.g., **Commencez à chanter... , Allez écrire au tableau... , Ouvrez une discussion avec un(e) camarade... ,** etc., which students are to begin doing immediately. Assign two students the role of **gendarme;** they are to restore order. When this has been done, ask what was said to make students cease their activity. Elicit structures in the lesson by your questions. Have the responses written on the board.

VCR Trigger: Play the spots. Ask: **Quels sont les ordres implicites dans cette publicité? Qu'est-ce qu'on veut que le spectateur fasse?** Write the material treated in the lesson on the board.

La vie n'est pas toujours comme dans les rêves: on est souvent obligé de réclamer, quelquefois avec force, ce dont on a besoin. («*Passe-moi le pain, s'il te plaît!*»). Et quand il s'agit d'une chose importante, il faut insister. Tous les moyens sont bons. («*Envoie-moi d'urgence $200! Sinon…* »). Evidemment, on peut également exprimer ces exigences avec délicatesse («*Voudriez-vous bien, cher monsieur, avoir l'amabilité de répondre au plus vite à ma lettre?*»).

Si seulement il suffisait d'ordonner et de commander! Mais encore faut-il aussi se défendre contre les gens qui abusent de vous, envahissent votre territoire ou risquent de vous mettre dans une situation compromettante («*Ne prends surtout pas mon pull neuf!*» «*N'entre pas! Je suis occupé!*» «*Ne lui raconte pas où j'étais hier soir!*»).

L'homme est un animal social qui a besoin des uns et doit parfois se protéger contre les autres. Ordonner et interdire sont deux nécessités inhérentes à la condition humaine.

FOLIE'S. EST-CE BIEN RAISONNABLE?

LE LIEGEOIS FOLIE'S DANONE DE DANONE.

—Tu sais, je t'admire. Moi, je n'y comprends rien à la mécanique...

—Tais-toi![1] idiot! Laisse-moi tranquille! Je répare ta bagnole,[2] non?

—Un peu de calme, mon petit pigeon... tu ne veux pas goûter un peu de cette crème? C'est délicieux.

—Ne me distrais pas, je te dis! Mange ta crème plutôt! ...Quand est-ce que tu as fait réviser[3] le moteur la dernière fois?

—Oh!... ne me pose pas ce genre de question je t'en prie!... je ne sais pas, moi. Si ça se met en marche quand je mets le contact,[4] je ne m'occupe pas du reste.

—Arrête de te moquer de moi! ... Est-ce que tu as fait le plein?[5] Le carburateur me paraît bien réglé mais il n'y a pas d'essence.

—Tiens? En fait... non. J'ai dû oublier.

—Tu plaisantes... ou quoi? Tu ne sais même pas qu'il faut mettre de l'essence pour qu'une auto roule! Crétin! Ma robe est couverte de graisse et nous voilà au milieu de nulle part!

—Quel dommage!... Tu es sûre que tu ne veux pas goûter ça?

1. *Tais-toi! (se taire)* = reste sans parler.
2. *Bagnole* (f.) (argot) = voiture.
3. *Réviser* = "tune-up."
4. *Contact* (m.) = "ignition."
5. *Faire le plein* = remplir le réservoir d'essence.

1 L'impératif

A. L'impératif est le mode verbal de commandement (ordonner, défendre, interdire, exhorter, prier). Il existe seulement à trois formes (**tu, nous, vous**) dérivées du présent de l'indicatif.

> **Finis** tes courses tout de suite.
> **Eliminons** d'emblée[6] l'autobus. (Serreau)
> **Prenez** un journal. (Tzara)
> **Agitez** doucement. (Tzara)
> L'abus d'alcool est dangereux pour la santé. **Consommez** avec modération.

This warning now appears on all ads for alcoholic beverages in France.

> **L'ABUS D'ALCOOL EST DANGEREUX POUR LA SANTÉ.**
> **CONSOMMEZ AVEC MODÉRATION.**

LA FORMATION DE L'IMPÉRATIF

On construit l'impératif en éliminant le pronom sujet de la forme **tu, nous** ou **vous** de l'indicatif.

présent	impératif
tu dis	**Dis** á ta grand-mère ce que tu veux!
nous revenons	**Revenons** à nos moutons.[7]
vous comprenez	**Comprenez** ma situation!

---

6. *D'emblée* = tout d'abord.
7. *Revenons à nos moutons* = expression idiomatique qui signifie «Revenons au sujet de la discussion.»

1. Trois verbes sont irréguliers à l'impératif.

avoir	être	savoir
aie!	sois!	sache!
ayons!	soyons!	sachons!
ayez!	soyez!	sachez!

N'**ayez** pas peur.
Soyons parfaitement clairs.
Sachez que nous avons de très jolies fleurs.

Pour la fête des mères,
si vous vouliez offrir un bouquet à votre femme,
sachez que nous avons de très jolies fleurs
qui ne se fanent pas.

🏛 E.LECLERC Ⓛ

Et tant pis pour ceux qui aimaient l'or parce que c'était cher.

🏛 E.LECLERC Ⓛ

2. A la forme **tu**, on supprime le **-s** final des verbes en **-er** et des verbes comme **ouvrir** (**offrir, couvrir, souffrir,** etc.), mais on garde le **-s** de tous les autres verbes.

aller	tu vas	**Va** le voir si tu veux.
regarder	tu regardes	**Regarde** les gens.
offrir	tu offres	**Offre**-lui tes excuses.
Mais: **finir**	tu finis	**Finis** tes devoirs!
descendre	tu descends	**Descends** à la cave.
dormir	tu dors	**Dors** bien!

B. L'impératif avec des pronoms

1. A l'impératif affirmatif (contrairement à l'indicatif), les pronoms objets (y compris les pronoms réfléchis) suivent le verbe. Le pronom est attaché au verbe par un trait d'union.

> Notons-**le**!
> Allez-**y**!
> Asseyez-**vous**!
> Rassurons-**nous**!

a. Quand l'impératif est suivi d'un pronom qui commence par une voyelle on garde le **-s** final des verbes en **-er** (et des verbes comme **offrir**) à la forme **tu**.

Va!	**Mais:**	Va**s**-*y*!
Mange!	**Mais:**	Mange**s**-*en*!
Offre!	**Mais:**	Offre**s**-*en* à ton frère!

b. **Me** et **te**, en dernière position, deviennent **moi** et **toi**.

> Dessine-**moi** un mouton! (*Le Petit Prince* de Saint-Exupéry)
> Achetez-**moi** quelque chose de très cher!
> Lave-**toi** les mains.
> ... tais-**toi**, jure-**moi**... écoute... eh bien, tu es décoré! (Maupassant)

2. A l'impératif négatif, l'ordre des pronoms objets ne diffère pas de l'indicatif:

> **ne** + *pronom* + *verbe* + **pas** (**jamais, rien,** etc.)

> **Ne nous** regardez **pas!**
> **Ne me** promets **rien!**
> **N'en** parlons **plus!**
> **Ne me** parlez **plus** de ça.
> **Ne vous** exposez à **aucun** risque.

3. Avec deux pronoms objets à l'impératif affirmatif, tous les éléments, verbes et pronoms objets, sont reliés par des traits d'union dans l'ordre suivant:

> *verbe - pronom objet direct - pronom objet indirect - y - en*

Demandez-**le-moi**!
Allez-**vous-en**!

4. Avec deux pronoms objets au négatif, l'ordre des pronoms est le même que pour une phrase à l'indicatif.[8]

Ne me le demandez **pas!**
Ne m'en parle **pas!**
Ne t'en fais **pas!** (= Ne te préoccupe pas de cela!)
Ne nous y fions **pas.** (Serreau) (= Ne faisons pas confiance à cela!)

Exercices

1a. Votre ami(e) vous aide à déménager d'un appartement et à emménager dans un autre. En employant l'impératif familier (**tu**), dites-lui de…

Modèle: mettre votre valise dans votre chambre.
Mets ma valise dans ma chambre, s'il te plaît.

1. arranger un peu les chaises.
2. ranger les livres sur l'étagère.
3. transporter votre stéréo avec précaution.
4. ne pas ouvrir les fenêtres.
5. ne pas marcher sur les cartons marqués «fragile».
6. ne pas oublier votre canari.
7. aller chercher vos plantes.
8. fixer le miroir sur la porte.
9. faire attention à votre vase antique.
10. vous apporter un carton vide.
11. vous aider à pousser le canapé.
12. vous donner son avis pour placer les tableaux.
13. ne pas s'arrêter de travailler.
14. ne pas trop se dépêcher.
15. ne pas s'en aller sans boire quelque chose.
16. se reposer s'il (si elle) est fatigué(e).

Leadership.

CAST

Voilà pourquoi
Cast occupe toujours
sa position dominante
dans le transport
par conteneurs
sur l'Atlantique Nord.

CAST

Le Système "Blue Box" pour vos Transports en Conteneurs

---

8. Voir le tableau qui illustre l'ordre des pronoms objets, Leçon 1, page 19.

1b. Vous allez enseigner un cours de culture physique. Que direz-vous aux gens inscrits au cours? Choisissez parmi les ordres suivants.

respirer profondément	courir sur place
se détendre	se tâter le pouls[9]
sauter	se mettre par terre
se relever	lever les jambes vingt-cinq fois
plier les genoux dix fois	faire dix abdominaux
lever les bras dix fois	se reposer

Modèle: *Respirez profondément!*

1c. Vous et vos amis aimeriez bien passer une soirée agréable. Chaque personne a une idée et propose aux autres de…

Modèles: vous mettre d'accord.
Mettons-nous d'accord.

acheter le journal.
Achetons le journal.

1. regarder dans le journal les programmes de cinéma.
2. aller voir un film français.
3. sortir au restaurant.
4. faire une boum.[10]
5. aller dans une discothèque.
6. jouer aux cartes.
7. préparer un dîner gastronomique.
8. ne pas oublier vos cartes d'étudiant.
9. ne pas aller au bowling.
10. ne pas vous disputer.

1d. Nous sommes à table. Voici les désirs des gens autour de la table. Donnez des ordres avec le verbe indiqué et deux pronoms.

Modèles: Monique voudrait le sel. (passer)
Passez-le-lui.

Maurice ne veut pas de fromage. (servir)
Ne lui en servez pas.

1. Monique ne veut pas le poivre. (passer)
2. Virginie ne mange pas de tomates. (passer)
3. Marine voudrait encore du pain. (redonner)
4. Nicolas a demandé des pommes de terre. (passer)
5. Jacques veut savoir le secret de cette sauce. (expliquer)
6. Eric voudrait de l'eau. (servir)
7. Maurice adore la salade. (donner)
8. Les enfants adorent ces gâteaux. (donner)

---

9. *Se tâter le pouls* = compter le nombre de pulsations cardio-vasculaires par minute.
10. *Boum* (f.) = soirée.

2 Le subjonctif avec les expressions de nécessité et de volonté

A. Verbes et expressions + subjonctif

Les expressions de nécessité, d'obligation ou de volonté sont suivies d'une proposition au subjonctif si le sujet des deux propositions n'est pas le même. Les verbes et les expressions qui prennent le subjonctif peuvent avoir des connotations légèrement différentes.

1. Expressions de nécessité et d'obligation

> **il faut que**
> **il est nécessaire que**
> **il est indispensable que**
> **il est essentiel que**
> **il est préférable que**
> **il est souhaitable que**

Il fallait que *tu* le *voies* immédiatement.
Il faut que ta mission *soit* terminée. (Maupassant)
Il faut que *nous parlions* sérieusement.

Remarquez: **Il faut** peut être suivi d'un nom ou d'un pronom.

Faut-il *du sel?*
Oui, **il** *en* **faut**.

2. Expressions de suggestion et de recommandation

> **il vaut mieux que**
> **suggérer que**
> **recommander que**

Je suggère que *vous recommenciez.*
Il vaut mieux que *tu* le *laisses* tranquille.

3. Expressions de volonté

vouloir que[11]	**s'attendre à ce que**
insister pour que[12]	**tenir à**[13] **ce que**
désirer que	

Je veux que *vous parliez* franchement. (très fort)
J'insiste pour que *tu sois* à l'heure. (très fort)
Je désire que *vous veniez* tout de suite. (fort)
Je m'attends à ce que *vous finissiez* avant 8 heures. (fort)
Je tiens à ce que *vous* me *l'expliquiez.* (fort, mais très poli)

4. Indiquer la permission, l'autorisation[14]

permettre que
accepter que

Je permets que *tu* te *serves* de ma voiture.
Je n'accepte pas que *vous* me *traitiez* comme cela.

5. Ordres vigoureux
Selon leur intensité, en allant du plus fort au moins fort:[15]

ordonner que	**réclamer que**
commander que	**demander que**
exiger que	

J'ordonne que *tu fasses* la vaisselle ce soir! (très fort, ton absolu, impérieux)
Je commande qu'*on monte* sur les barricades! (très fort, digne d'un monarque ou d'un chef militaire)
J'exige que *vous* me *disiez* la vérité! (très fort, mais pas nécessairement monarchique ou militaire)
Je réclame que *le professeur* me *rende* mon devoir! (fort)
Je demande que *vous* m'*accompagniez.* (fort, mais poli)

---

11. **Vouloir** + nom permet d'éviter le subjonctif. **Je ne veux pas** *d'erreurs.*
12. **Insister sur** + nom permet d'éviter le subjonctif. **J'insiste sur** *la promptitude.*
13. *Tenir à (ce que)* = vouloir absolument (que).
14. **Permettre** ou **accepter** + nom ou pronom permettent d'éviter le subjonctif et une proposition complexe. **Je permets** *une certaine familiarité* dans mes cours. **J'accepte** *cette conclusion.*
15. Ces verbes peuvent prendre un nom ou un pronom afin d'éviter le subjonctif. **J'exige** *la perfection.* Les femmes **réclament** *leurs droits.* **Je vous demande** *votre attention absolue.*

6. Deux verbes synonymes expriment une interdiction.[16]

> **interdire[17] que**
> **défendre que**

> **J'interdis que** *vous entriez!* = Je ne permets pas que vous entriez.
>
> **Je défends que** *vous partiez!* = Je n'accepte pas que vous partiez.

B. Verbes et expressions + infinitif
Pour éviter le subjonctif, beaucoup de ces verbes sont suivis d'un infinitif quand le sujet des deux verbes est le même ou après une expression impersonnelle de sens général. De même, si on emploie un verbe de communication avec un objet indirect, le verbe est suivi d'un infinitif.

1. Expressions de nécessité et d'obligation suivies d'un infinitif

> | | |
> |---|---|
> | **il faut** | **il est essentiel de** |
> | **il est nécessaire de** | **il est préférable de** |
> | **il est indispensable de** | **il est souhaitable de** |

> «**Il ne faut** surtout **pas** *confondre* les dromadaires avec les chameaux... » (Prévert)
>
> **Il faudra** *faire attention* aux détails.
>
> **Il est nécessaire de** *déposer* la déclaration au commissariat de police.
>
> **Il est indispensable d'***avoir* un visa pour aller en Pologne.
>
> **Il serait préférable d'**y *aller* aujourd'hui.
>
> **Il était** plus **souhaitable de** *signer* le contrat que de risquer un délai.

Remarquez: On peut employer un objet indirect avec ces expressions pour indiquer que l'ordre est adressé à quelqu'un de spécifique.

> **Il** *vous* **sera indispensable de** *parler* directement au maire.
>
> **Il** *lui* **faudra** *remplir* ce formulaire.

---

16. **Défendre** et **interdire** + nom permettent d'éviter le subjonctif. **Je défends** *le chewing-gum* dans ma classe. **J'interdis** *les absences*. **Je te défends** *toute sortie*.

17. **Interdire** se conjugue comme **dire**, sauf à la forme «vous» du présent de l'indicatif: vous *interdisez*, mais vous *dites*.

2. Expressions de suggestion et de recommandation suivies d'un infinitif

il vaut mieux/mieux vaut suggérer (à quelqu'un) de	recommander (à quelqu'un) de conseiller (à quelqu'un) de

> **Il vaut mieux** le *laisser* tranquille.
> **Mieux vaut** *avoir* des décorations avec ses tennis,[18] que des tennis avec des décorations.
> **Mieux vaut** *prévenir* que guérir.

LES JOUEURS LE SAVENT BIEN. MIEUX VAUT AVOIR DES DÉCORATIONS AVEC SES TENNIS, QUE DES TENNIS AVEC DES DÉCORATIONS.

CHEZ TBS, NOUS PENSONS QU'UN TOURNOI NE SE GAGNE PAS AVEC DES TENNIS JOLIMENT CHAMARRÉES, MAIS PLUTÔT AVEC DES TENNIS POURVUES D'UN ALLÈGEMENT ET D'UN AMORTISSEMENT DU TALON PAR RÉSERVE D'AIR NOYÉE DANS LE POLYURÉTHANE AINSI QUE D'UNE SEMELLE SURBAISSÉE À «VOÛTE PLANTAIRE SUSPENDUE» ET D'UNE CAMBRURE DE 15 MM POUR LES FEMMES. ET APRÈS AVOIR GAGNÉ UN MATCH, SI VOUS JUGEZ QUE VOS TENNIS TBS MANQUENT DE DÉCORATIONS, SACHEZ QUE VOTRE CHEMINÉE NE PARTAGERA PAS VOTRE AVIS.

L'IMAGINATION TECHNIQUE

---

18. *Tennis* (f.pl.) = Chaussures de tennis.

Nous suggérons *à nos clients* **d'**arriver un quart d'heure à l'avance.

Je *vous* **recommande d'**aller chez Louis pour un repas succulent.

Nous *vous* **conseillons de** *chercher* un autre appartement.

3. Expressions de volonté suivies d'un infinitif

Quand le même sujet accomplit les deux actions de la phrase, on emploie l'infinitif.

> **vouloir**
> **désirer**
> **insister pour**
> **s'attendre à**
> **tenir à**

Je veux *partir*.

Elle a insisté pour *entrer* dans le club.

Ils ne s'attendaient pas à *réussir*.

4. Indiquer la permission, l'autorisation

> **permettre** (à quelqu'un) **de**
> **accepter de** ≠ **refuser de**

Je *te* **permets de** *te servir de* ma stéréo.

Je refuse de *livrer* mon ouvrage incomplet.

Il a accepté de *m'appeler* par mon prénom.

5. Ordres et interdictions vigoureux

> **demander** (à quelqu'un) **de**
> **ordonner** (à quelqu'un) **de**
> **commander** (à quelqu'un) **de**
> **défendre** (à quelqu'un) **de**
> **interdire** (à quelqu'un) **de**

Je *te* **demanderai de** *lire* à haute voix.

Je *vous* **ordonne de** *revenir* avant 5 heures.

Je *te* **commande de** *conduire* moins vite quand je suis dans ta voiture.

Je *te* **défends de** *quitter* la maison.

Je *vous* **interdis d'**entrer avec des chaussures si sales.

Exercices

2a. Vous devez partir en voyage et votre ami(e) a accepté de s'occuper de votre chien pendant une semaine. Donnez-lui vos instructions en finissant les phrases suivantes par un des choix proposés ou votre propre idée, à la forme correcte.

Modèle: Il n'aime pas l'eau, alors il faudrait que tu... (lui donner du lait? lui offrir du jus d'orange?)
Il faudrait que tu lui donnes du lait.

1. Il a peur du tonnerre. S'il y a un orage je suggère que tu... (lui parler doucement? être calme et gentil?)
2. Il est allergique au parfum, alors il est préférable que tu... (ne pas te parfumer? le mettre dehors si tu te parfumes?)
3. Il a tendance à être méchant avec le facteur. Je recommande vraiment que tu... (y faire attention? avertir ton facteur?)
4. S'il mange trop il grossira. Je voudrais que ses repas... (être petits? n'avoir que des protéines?)
5. Il sort normalement trois fois par jour, mais j'accepterais que tu... (le sortir deux fois? le faire un peu moins?)
6. Il s'entend assez bien avec les chats, mais il vaut mieux qu'il... (ne pas aller seul chez le voisin qui a un chat? rester dans la maison?)
7. S'il tombe malade, voici le numéro de téléphone de notre vétérinaire. Dans ce cas je préfère que tu... (lui téléphoner pour décrire les symptômes? emmener le chien le voir?)

2b. Julien, qui a du mal à s'endormir le soir, vous parle. Répondez-lui en commençant par les mots indiqués.

Modèles: Julien: Je bois du café express avant de me coucher.
Vous: Il vaut mieux *que tu ne boives pas de café le soir.*

Julien: D'habitude je n'éteins pas la lumière.
Vous: Je te conseille *de l'éteindre.*

1. *Julien:* J'écoute de la musique rock au lit.
   Vous: Il est préférable que...
2. *Julien:* Je ne lis jamais au lit.
   Vous: Je suggère que...
3. *Julien:* Je n'ai jamais compté de moutons.
   Vous: Il faut que tu...
4. *Julien:* Je ne sais pas me détendre.
   Vous: Je te recommande...
5. *Julien:* Si je ne peux pas m'endormir ce soir, je te téléphonerai...vers 3 heures du matin.
   Vous: Je te défends... !!

2c. Le roi parle. Que dit-il? Finissez les phrases suivantes.

Modèle: J'ordonne que…
              J'ordonne que vous m'obéissiez!

1. Je commande à tous mes sujets de…
2. J'interdis que…
3. Je tiens à ce que…
4. Je veux absolument que…
5. J'insiste pour que…
6. J'exige que…
7. Je défends à tout le monde de…
8. Je m'attends à ce que…

3 Autres façons de donner des ordres

A. L'infinitif

Dans la langue écrite, l'infinitif est souvent employé avec un sens impératif pour énoncer une règle ou une information générale et impersonnelle qui s'adresse à tout le monde.

> **Voir** la page 175. = Regardez la page 175.
> **S'adresser** à la concierge. = Adressez-vous à la concierge.
> **Téléphoner** aux heures de bureau. = Téléphonez aux heures de bureau.
> **Ne pas excéder** sept minutes... (Serreau) = N'excédez pas sept minutes.

Managers d'une agence en pleine expansion possédant dynamisme du tonnerre, rage de vaincre, physiques agréables, ainsi que sens irrésistible de l'humour, cherchent clients. Téléphoner aux heures de bureau.
Dimanche

To review forms of the future, see Lesson 6, *Raconter*, pages 222-223.

B. Le futur

Le futur est quelquefois employé comme impératif.

> **Vous ferez** ce travail pour lundi.
> **On se méfiera** également des rues désertes... (Serreau)
> **... vous ne discuterez pas** la valeur des informations du *Times* de Londres... (Grenier)

C. Autres structures avec le subjonctif: pour donner un ordre ou pour exprimer un souhait à la troisième personne

1. **Que** + *proposition au subjonctif*

On emploie cette formule pour donner un ordre à la troisième personne. Elle est utilisée également dans la langue parlée et littéraire.

> **Qu'elles viennent** me voir!
> **Que personne ne bouge!**
> **Qu'un sang impur abreuve** nos sillons. («La Marseillaise», Rouget de Lisle)
> Et puis **que chacun garde** ses propres chèvres. (Séfrioui)

2. Expressions fixes: **Vive... !/Vivent... !**

> **Vive** + *nom singulier*
> **Vivent** + *nom pluriel*

> **Vive** la France!
> **Vivent** les Américains!

Exercices

3a. Voici le mode d'emploi que vous trouvez sur le paquet de soupe que vous venez d'acheter. Pour chaque action, indiquez ce qu'il faut faire. Employez aussi les adverbes de transition (**d'abord**, **et puis**, etc.).

Modèle: Verser le contenu dans un litre d'eau froide.
D'abord, il faut que je verse le contenu de ce paquet dans un litre d'eau froide.

1. Verser le contenu dans 3/4 de litre d'eau bouillante.
2. Remuer à l'aide d'un fouet.
3. Laisser mijoter[19] à feu doux couvert 7 minutes en remuant de temps à autre.
4. Verser dans des assiettes creuses.
5. Garnir de persil.
6. Servir chaud.

---

19. *Mijoter* = "to simmer."

3b. En employant l'infinitif, écrivez une ou deux instructions qu'on pourrait trouver sur un paquet ou sur une boîte (médicaments, machine, café, thé, plat de cuisine, etc.). Lisez vos directives à un(e) camarade et demandez-lui d'imaginer quel est le produit.

Modèle: —*Ne pas prendre avec de l'alcool.*
—*Cela se trouverait sur un paquet de médicaments.*

3c. Vous êtes le patron (la patronne) d'une petite entreprise qui s'occupe du nettoyage et de la cuisine pour les couples qui travaillent. Vous donnez des ordres à vos employés en utilisant le futur.

Modèle: Il faut qu'ils nettoient la maison.
Vous nettoierez la maison.

1. Il faut qu'ils répondent au téléphone et qu'ils prennent les messages.
2. Il faut qu'ils fassent les lits.
3. Il ne faut pas qu'ils écoutent la radio en travaillant.
4. Il faut qu'ils lavent les fenêtres.

5. Il faut qu'ils promènent le chien.
6. Il faut qu'ils mettent le couvert.[20]
7. Il faut qu'ils préparent le dîner.
8. Il faut qu'ils fassent la vaisselle.
9. Il faut qu'ils passent l'aspirateur.[21]
10. Il ne faut pas qu'ils laissent la clé dans la maison.

Suggest students formulate their own wishes.

3d. Prière pour le bien-être du monde. Formulez un souhait pour chaque phrase en employant **que** + proposition au subjonctif.

Modèle: Tout le monde aura un logement convenable.
Que tout le monde ait un logement convenable!

1. Toutes les nations vivront en paix.
2. Les gens de toutes races s'entendront bien.
3. Les enfants de partout auront assez à manger.
4. L'homme trouvera un remède à toutes les maladies.
5. La pollution de la nature cessera.

4 *Devoir, avoir besoin de, avoir à*

A. Devoir

Devoir to indicate probability is treated in Lesson 10.

1. **Devoir** + *infinitif* peut exprimer l'obligation.

> **Tu dois** *partir* à midi.
> **Vous devez** *vous dépêcher.*
> **Je dois** *quitter* la grotte... (Séfrioui)
> **Nous devions** *faire* nos lits chaque jour.

Possibly supply other synonymous constructions of necessity to explain the meaning of **Tu dois partir à midi,** e.g., **Il faut que tu partes... Il te faut partir... Tu as besoin de partir... Tu es obligé de partir...**

2. **Devoir** *au conditionnel* + *infinitif* exprime une recommandation ou un conseil.

> Monsieur, **vous devriez** *goûter* la spécialité de la maison.
> «**Tu devrais** *faire* mettre un bouton supplémentaire à ton pardessus.» (Queneau)

The **conditionnel passé** is treated fully in Lesson 10, *Exprimer l'hypothèse.*

3. **Devoir** *au conditionnel passé*[22] + *infinitif* exprime une recommandation ou un conseil rétrospectifs. (Il est trop tard, mais...)

> Tu as faim maintenant? Eh bien, **tu aurais dû** *manger* avant!
> Je regrette de t'avoir offensé. **Je n'aurais pas dû** *parler* si franchement.

---

20. *Mettre le couvert* = mettre les assiettes, les verres, les couteaux et les fourchettes sur la table.
21. *Aspirateur* (m.) = "vacuum cleaner."
22. Le conditionnel passé de **devoir** est formé par l'auxiliaire **avoir** au conditionnel + le participe passé **dû.**

B. **Avoir besoin de**

L'expression **avoir besoin de** exprime la nécessité.

1. **avoir besoin de** + *infinitif*

J'ai **besoin d'***être* à Grenoble à 18 heures.
Vous avez **besoin de** *vous exprimer* très clairement.

2. **avoir besoin de** + *nom*

Avec mes ennemis, **j'aurais besoin de** *griffes* et **de** *dents.*
  (Séfrioui)
Toute chose qui **a besoin d'***une explication* ne la vaut pas.
  (Voltaire)

Remarquez: Pour exprimer la nécessité d'une chose *spécifique,* on emploie l'article défini après **avoir besoin de**. Pour exprimer la nécessité d'une chose *non spécifique*, on emploie l'article indéfini. Mais pour exprimer la nécessité dont la quantité est *indéterminée*, on n'emploie pas d'article.

J'ai besoin de *la* voiture qui est dans le garage. (une voiture spécifique)
J'ai besoin d'*une* voiture. (n'importe quelle voiture, mais *une* voiture suffit)

Mais: **J'ai besoin de** pain. (la quantité de pain n'est pas spécifiée)

C. **Avoir à** + *infinitif* = **être obligé de** + *infinitif*

Nous avons à *faire ce* travail. = **Nous sommes obligés de** *faire ce* travail.

Exercices

4a. Vous préparez une grande soirée. Employez le verbe *devoir* pour donner vos instructions au traiteur.[23]

Modèle: Je voudrais que vous prépariez une grande variété de hors-d'œuvre.
Vous devez préparer une grande variété de hors-d'œuvre.

1. Mettez le couvert avant 5 heures.
2. Il faut que nous nous mettions d'accord sur les desserts.
3. N'oubliez pas le champagne.
4. Il ne sera pas nécessaire que les invités montrent leur invitation.
5. Il faudra servir la soupe bien froide. («Vous… »)
6. Il faut que j'accueille moi-même chacun de mes invités.

---

23. *Traiteur* (m.) = "caterer."

4b. Vous présidez un comité qui prépare un pique-nique pour votre classe de français. Jugez les suggestions et les questions suivantes et répondez par une forme logique de l'expression **avoir besoin de** à l'affirmatif ou au négatif.

Modèles: Je peux préparer une salade de tomates.
Très bien, nous avons besoin d'une salade de tomates.

Je propose de chanter tous les vers de «La Marseillaise.»
Oh, tu n'as pas besoin de chanter tous les vers!

1. Je vais apporter des fruits.
2. J'ai douze Frisbees. Les voulez-vous?
3. Je peux faire une tarte aux pommes.
4. Je peux apporter mon cerf-volant.[24]
5. Qui veut des sandwiches?
6. A quelle heure faut-il arriver?
7. Quelles sortes de boissons y aura-t-il?
8. J'ai une guitare...
9. Faudra-t-il parler français au pique-nique?
10. Inviterons-nous le professeur?

5 Allons plus loin

A. Ordres et interdictions généraux

B. Pour atténuer la force de l'ordre

C. Pour indiquer la permission

D. Faire causatif

A. Il y a plusieurs formules fixes pour les ordres et les interdictions généraux.

> **défense de...**
> **il est interdit de... (Il est formellement interdit de...)** + *infinitif*
> **prière de...**
> **on est prié de...**

---

24. *Cerf-volant* (m.) = "kite."

Défense de *fumer.*
Il est formellement interdit de *marcher* sur la pelouse.
Prière de *faire suivre.*[25]
On est prié de *garder* le silence.

Remarquez: Les adjectifs correspondants sont **interdit** et **défendu**. N'oubliez pas de faire l'accord de l'adjectif avec le nom modifié.

Stationnement **interdit.**
Photographie **interdite.**

B. Pour atténuer la force de l'ordre
Diverses constructions permettent d'atténuer la force d'un véritable ordre.

1. Formules de politesse
Un ordre s'accompagne souvent d'une formule de politesse: **s'il te plaît (s'il vous plaît), si cela ne vous ennuie (dérange) pas** ou une autre tournure.

Passe-moi le pain, **s'il te plaît!**
S'il vous plaît, dites-moi à quel étage habite Madame Lanay.
Téléphonez-lui pour moi, **si cela ne vous dérange pas.**

―――――――――――――

25. *Prière de faire suivre* = envoyez à la nouvelle adresse, s'il vous plaît; "Please forward."

Other uses of the conditional are discussed in Lesson 6, *Raconter*, and Lesson 10, *Exprimer l'hypothèse.*

2. L'emploi du conditionnel (voir Leçon 6, page 232) dans une proposition simple, surtout à l'interrogatif, est plus délicat que l'impératif.

> **Auriez-vous** l'heure?
> **Voudriez-vous** me suivre?

3. L'emploi de **si** + *verbe à l'imparfait* indique une suggestion.

> **Si j'essayais** de me faire nommer officier d'Académie? (Maupassant)
> **Si on y allait?**

4. **Veuillez** + *infinitif* est une construction polie et plus soignée qui exprime un ordre.

> **Veuillez** *vous taire.* = Taisez-vous.
> **Veuillez** *sortir* par la porte de derrière. = Sortez par la porte de derrière.
> **Veuillez** *agréer* l'expression de mes sentiments distingués.[26]

5. **Prier** et **supplier** *quelqu'un* **de** + *infinitif*
Ces verbes expriment une supplication. Ils prennent un objet direct.

> **Je te prie de** *garder* le silence.
> **Je vous supplie de** *vous occuper* de ce pauvre petit garçon.
> Michel **a prié** Sara et Jules **de** venir chez lui. Il **les a suppliés de** venir chez lui.

6. Certaines autres tournures transmettent implicitement et très poliment un ordre tout en évitant l'impératif.

> **Tu serais gentil de** me prêter un stylo.
> **Vous seriez bien gentille d'**appeler un taxi.
> **Ça me ferait plaisir si** tu venais demain.
> **Je me permets de** vous demander de bien vouloir m'accorder un rendez-vous... (formule d'extrême courtoisie dans une lettre d'affaires)

C. Pour indiquer la permission: les verbes **laisser** et **pouvoir**

1. **Pouvoir** + *infinitif*

> **Tu peux** *prendre* un petit gâteau au chocolat si tu veux.
> **Vous pouvez** *garder* la porte ouverte.

---

26. Formule de clôture dans une lettre d'affaires, cette expression veut dire «Acceptez, s'il vous plaît, l'expression de mes sentiments distingués»; "Yours truly."

Remarquez: Le verbe **pouvoir** + *infinitif*, à l'interrogatif, est aussi une manière très polie de communiquer un désir ou une demande de service.

> **Peux-tu** *venir* jeudi?
> **Pourriez-vous** me *dire* le sens de ce mot?
> **Pouvons-nous** *rester* ici?

2. **Laisser** *quelqu'un* + *infinitif* = **permettre** *à quelqu'un de* + *infinitif*

Le verbe **laisser**, synonyme de **permettre**, prend l'infinitif sans préposition (**laisser** quelqu'un **faire** quelque chose).

> **Je vous laisserai** *partir* dans un instant. = **Je vous permettrai de** *partir* dans un instant.
> **Laisse** *parler* **le monsieur. Laisse-le** *parler.* = **Permets au monsieur de** *parler.* **Permets-lui de** *parler.*
> **Laissez** *passer* les personnes âgées. = **Laissez-les** *passer.*

D. **Faire** causatif (**faire** + *infinitif*)

Le sujet de la phrase peut causer une action accomplie par un *autre* sujet appelé l'*agent*. Dans ce cas, **faire** (dit *faire causatif*) est le premier verbe. Le sujet de la phrase cause l'action mais ne fait pas l'action, et le deuxième verbe, à l'infinitif, indique la véritable action ou l'effet.

> Je **fais construire** une maison. (Je ne construis pas la maison moi-même. Je donne des ordres à d'autres personnes, qui la construisent.)
> ... quel puissant motif **fait** donc **aller** ainsi la paresseuse Dorothée... ? (Baudelaire) (C'est à cause de ce motif que Dorothée va.)

1. Pour indiquer *l'agent* (la personne ou la chose qui effectue l'action), on emploie un objet direct, qui peut être un nom ou un pronom. Si c'est un pronom objet, il précède le verbe **faire**. Si c'est un nom, il est placé après l'infinitif.

> La reine fait venir **le premier ministre.**
> La reine **le** fait venir. (*C'est le premier ministre*—l'agent—qui vient.)

> La directrice fait écrire **sa secrétaire.**
> La directrice **la** fait écrire. (C'est *la secrétaire*—l'agent—qui écrit.)

2. Pour indiquer *l'objet* (la personne ou la chose sur laquelle agit le verbe), on emploie également un objet direct, qui peut être un nom ou un pronom. Si c'est un pronom objet, il précède le verbe **faire**.

> La directrice fait écrire **la longue lettre**.
> La directrice **la** fait écrire. (On écrit *la lettre,* l'objet de l'action.)
>
> Le chef des gangsters fait tuer **le banquier**.
> Le chef des gangsters **le** fait tuer. (On tue *le banquier,* l'objet de l'action.)

3. Pour indiquer dans la même phrase *l'agent* de l'action et *l'objet* de l'action, **à** ou **par** précède l'agent, ou on le représente par un pronom objet indirect.

> La directrice a fait écrire **la lettre par (à) sa secrétaire**.
> La directrice **lui** a fait écrire **la lettre**.
> La directrice **la lui** a fait écrire.
>
> Le médecin fait prendre **la potion au (par le) malade**.
> Il **lui** fait prendre **la potion**.
> Il **la lui** fait prendre.

4. Le **faire** causatif s'emploie à tous les temps.

> L'éditeur **a fait raccourcir** le manuscrit aux auteurs.
> Je te **ferai écouter** ce disque super.
> **Fais-nous devenir** grands!

Petits Filous,
fais-nous
devenir grands!

Pour bien grandir, il faut bien manger.
Dans Petits Filous aux fruits, il y a des protéines et l'indispensable calcium. Et les petits gourmands l'adorent pour son bon goût de fromage frais et de pulpe de fruits.
Avec Petits Filous de Yoplait, les filous se développent harmonieusement et grandissent en pleine forme.

Yoplait
une fleur, la vie.

Remarquez: Le participe passé du verbe **faire** ne s'accorde pas avec le pronom objet précédent.

Les impôts sont exorbitants. Le gouvernement **les** a **fait** payer quand même.

Exercices

5a. Voici des interdictions générales. Dites en employant une structure au subjonctif ce que vous ne pouvez pas faire, et indiquez à quel endroit on trouverait cette interdiction.

Modèle: Défense d'entrer.
Il ne faut pas que j'entre. On peut trouver cette interdiction peut-être sur la porte d'une centrale nucléaire.

Encourage students to make up their own prohibitions and to explain where they might post them.

1. Défense de fumer.
2. Prière de ne rien jeter par la fenêtre.
3. Il est formellement interdit de donner à manger aux animaux.
4. Défense d'afficher.
5. Ne pas se pencher au dehors.
6. Prière de ne pas toucher aux œuvres d'art.
7. Entrée interdite.
8. Défense de se baigner.
9. Défense de stationner.
10. Prière de ne pas descendre avant l'arrêt.

5b. Vous faites des visites guidées de votre campus. Donnez ces ordres à votre groupe de touristes français en les atténuant par l'emploi de *s'il vous plaît*, le conditionnel, *si* + imparfait, *veuillez* + infinitif, *prier* et *supplier*.

Modèle: Suivez-moi.
Je vous prie de me suivre.

1. Entrons dans la bibliothèque.
2. Eteignez vos cigarettes avant d'entrer.
3. Ne prenez pas de photos ici.
4. Regardez la collection de documents.
5. Visitons la piscine.
6. Ne tombez pas dans l'eau.
7. Allons dans cette amphithéâtre.
8. Ne parlez pas pendant la conférence.
9. Promenez-vous sur le campus.
10. Posez-moi vos questions.

5c. Vous avez un travail d'été dans une colonie de vacances. Vous êtes responsable d'un groupe d'enfants. Expliquez-leur les règles en utilisant l'expression appropriée.

Modèle: N'allez pas dans le lac sans moi. (Je ne vous permets pas de… / Vous pouvez…)
Je ne vous permets pas d'aller dans le lac sans moi.

1. Ne parlez pas après qu'on aura éteint les lumières. (Vous pouvez… / Je ne vous laisserai pas…)
2. Vous mangerez ce que vous voulez. (Vous pouvez… / Je ne vous laisserai pas…)
3. Téléphonez à vos parents une fois par semaine si vous voulez. (Vous ne pouvez pas… / Je vous permets…)
4. Comme vêtements portez ce que vous voulez. (Nous vous laissons… / Vous ne devez pas..)
5. Allez en ville une fois par semaine si vous voulez. (Vous pouvez… / Nous vous permettons de…)
6. Ecoutez la radio si vous voulez. (Vous pouvez… / Vous devez…)

To make choices in Exercise D students must take into account the context, the relationship of the interlocutors, and their intentions. If any of these elements are not clear, students can make their own assumptions.

In question 1, since this is someone the student likes, the first response is inappropriate.

In question 5, stress that **donne-moi** is inappropriate, as one would not use **tu** for a waiter.

5d. Dans les situations suivantes, réagissez en commençant par une des possibilités données (à votre choix).

1. Quelqu'un que vous connaissez depuis peu mais que vous aimez bien vous demande s'il peut prendre votre voiture. Comment lui refusez-vous? (Je te défends… / Ne préférerais-tu pas… ? / Je crois qu'il vaudrait mieux…)
2. Vous êtes exaspéré(e) parce que votre camarade de chambre n'arrête pas de jouer sa stéréo. (Je te prie de… / Je te défends de…)
3. Votre voisin se charge de prendre votre courrier et de le poser devant votre porte, service dont vous n'avez pas besoin. Vous en avez assez. (Monsieur Victor, j'en ai assez de… / Monsieur, je vous demande de…)
4. Vous allez dans un magasin acheter un nouveau pantalon. (Je voudrais… / Montrez-moi… / N'auriez-vous pas… ?)
5. Vous êtes au restaurant. (Garçon, je voudrais… / Donne-moi… / Auriez-vous…)
6. Vous ne voulez pas que votre père écoute son disque classique préféré pendant le dîner. (Papa, pourrais-tu… / Tu serais gentil de… / Je t'interdis de…)
7. Vous travaillez dans une boutique. Un client insiste pour que vous l'aidiez à trouver ce qu'il cherche. (Monsieur, vous devriez… / Il ne faut pas… / Allez-vous-en!)
8. Vous voulez que votre meilleur(e) ami(e) vous téléphone demain. (Pourrais-tu… / J'insiste pour que tu… / Veuillez avoir l'amabilité de…)
9. Vous demandez à un agent de police des indications pour aller quelque part. (Monsieur l'agent, s'il vous plaît… / Monsieur l'agent, j'exige que… / Monsieur l'agent, pourriez-vous…)
10. Vous vous êtes disputé(e) avec votre petit(e) ami(e) et vous ne voulez plus qu'il (elle) vous parle. (Je te défends de… / Je te prie de… / Veuillez…)

5e. Donnez les directives d'une recette en employant le *faire causatif*.

Modèles: Le beurre doit fondre.
Faites fondre le beurre.

Il faut que la sauce mijote.
Faites mijoter la sauce.

1. L'eau doit bouillir.
2. Il faut que les oignons brunissent.
3. Les œufs doivent cuire vingt minutes.

4. Il faut que la crème chauffe.
5. Le fromage doit fondre.
6. Il faut que la sauce revienne.[27]

5f. Vous avez oublié de payer votre loyer. Présentez vos excuses à votre propriétaire en expliquant les circonstances atténuantes. Employez le *faire causatif*.

Modèle: C'est à cause de mes examens que j'ai oublié que c'était le premier du mois.
Mes examens m'ont fait manquer la date.

1. A cause de la maladie de mon chien j'ai oublié tout ce que je devais faire.
2. A cause d'une erreur de la banque, j'ai été obligé(e) de retarder l'envoi du chèque.
3. J'ai manqué la date à cause des vacances.
4. Mon chèque est arrivé en retard parce qu'il y a eu une grève postale.
5. Inventez une autre excuse vous-même.

Laquelle de ces excuses vous semble juste? Si vous étiez le propriétaire que feriez-vous dans chaque cas?

A VOUS DE JOUER

1. *Rôles à jouer—deux personnes.* Quelqu'un essaie de vous vendre des magazines au téléphone. Vous ne voulez pas en acheter mais cette personne insiste. Employez ce que vous avez appris dans cette leçon pour continuer la conversation suivante.

—Allô.
—Bonjour, Monsieur/Madame, je voudrais savoir si vous êtes abonné(e) à *Jeune France*?
—Non, Monsieur/Madame, mais je refuse de m'occuper de ce genre de chose par téléphone!
—Ne raccrochez pas! Ecoutez, s'il vous plaît. Je peux vous offrir un tarif d'abonnement exceptionnel... etc.

---

27. *Revenir* = dorer, en général dans un corps gras (beurre, huile) = "brown."

2. *Conversation au téléphone—personnes.* Gigot d'agneau de lait rôti. Vous avez cette recette; votre mère ne l'a pas. En employant les structures de la leçon expliquez-lui au téléphone tout ce qu'elle doit faire pour préparer un gigot d'agneau de lait rôti.

Modèle: *Tu dois commencer par saler et poivrer le gigot. Puis il faut que tu le mettes dans un grand plat allant au four légèrement huilé...*

ÎLE-DE-FRANCE

GIGOTS D'AGNEAU DE LAIT RÔTIS

Pour 6 personnes :
2 gigots d'agneau de lait
12 gousses d'ail
18 petites pommes de terre
3 dl de vin blanc sec
huile d'olive
50 g de beurre
sel, poivre

Préparation : 20 mn
Cuisson : 40 à 45 mn

NOTRE CONSEIL : il est important de choisir des petites pommes de terre afin qu'elles soient cuites en même temps que la viande. Si vous les jugez trop grosses, coupez-les en deux dans le sens de la longueur.

Salez et poivrez les gigots, mettez-les dans un grand plat allant au four légèrement huilé. Mouillez avec le vin blanc, ajoutez les gousses d'ail non épluchées, arrosez les gigots d'un filet d'huile. Epluchez les pommes de terre, lavez-les, essuyez-les, rangez-les dans le plat autour de la viande, salez-les. Mettez à four chaud 240°(thermostat 8) pendant 40 à 45 minutes. Servez les gigots découpés sur le plat de service chaud entouré des pommes de terre et des gousses d'ail. Déglacez le plat de cuisson avec 5 cl d'eau chaude, grattez les sucs, ajoutez 50 g de beurre en parcelles. Servez en saucière.

LEXIQUE

une gousse d'ail = "a clove of garlic."
mouiller = mettre du liquide.
épluché = "peeled."
gratter les sucs = déglacer = diluer ce qui reste attaché au fond du plat.

3. *Discussion ou monologue.* Vous êtes invité(e) à une soirée. Vous ne voulez pas vraiment accepter. Quelles sont vos excuses pour ne pas y aller? Employez des mots et des structures de la leçon.

4. *Conversation au téléphone. Rôles à jouer—2 personnes.* Vous êtes à Nice. Vous téléphonez à un restaurant. Dites au maître d'hôtel que vous voulez réserver une table pour 2 (3, 4, etc.) personnes pour le dîner. Demandez-lui s'il y a des spécialités de la maison qu'il faut commander à l'avance et si on peut régler (l'addition) avec la carte American Express ou la carte bleue.[28] Dites aussi que vous aimeriez savoir où stationner près du restaurant. Demandez-lui jusqu'à quelle heure il pourra garder votre table.

Students should work out this activity on a separate piece of paper, using a copy of the chart shown in the text.

Variations on Activity 5: Assign students imaginary situations: (1) One comes from a wealthy banker's family, (2) One is studying on a full scholarship, (3) One plays in a jazz band and goes to school only part-time, etc.

5. *Rôles à jouer—2 personnes.* Vous faites votre budget pour l'année prochaine. Voici un tableau; remplissez-le en indiquant l'argent que vous aurez à votre disposition et l'argent qu'il vous faudra. Expliquez votre budget à un(e) camarade qui devra vous donner des conseils.

Modèle:　　　—*Tiens, j'aurai besoin de mille dollars par mois, tandis que je n'en aurai que huit cents.*
　　　　　　　　—*Tu pourrais trouver un travail ou bien dépenser moins d'argent pour tes vêtements, ...*

FRAIS MENSUELS		ARGENT DISPONIBLE (SOURCES)	
loyer	_____	travail	_____
nourriture	_____	parents	_____
téléphone, gaz, électricité	_____	bourses	_____
vêtements	_____	autres sources d'argent	_____
transports (voiture, essence, bus, etc.)	_____		
livres	_____		
sorties	_____		
divers	_____		
TOTAL DE FRAIS	_____	TOTAL D'ARGENT DISPONIBLE	_____

---

28. *La carte bleue* = l'équivalent français de Visa ou MasterCard.

Compositions écrites

Variations on Activity 3:
(1) You are obliged to invite someone you don't really like, and you are not very enthusiastic in your letter; (2) This is your French pen pal (**corre-spondant**) with whom you have been corresponding for several years but whom you have never met before in person; (3) You have just spent a week at this person's home and had a wonderful time; (4) You are inviting a high school friend to come to your university to spend a weekend.

As a basis for Activity 5, suggest that students thumb through *Liaisons* and use an intriguing object from one of the ads.

1. *Résolutions.* Faites une liste de vos résolutions pour la nouvelle année.

2. *Brochure.* Vous êtes volontaire dans une organisation d'accueil pour lycéens étrangers qui viennent étudier une année en Amérique. Une de vos responsabilités est de les renseigner sur les aspects pratiques de la vie américaine. Vous préparez une brochure à cet usage, en indiquant ce qu'il faut ou ne faut pas faire. Faites vos remarques en donnant des indications sur la vie sociale des jeunes Américains.

3. *Invitation.* Ecrivez une lettre dans laquelle vous inviterez un(e) ami(e) à passer le week-end chez vous. Expliquez pourquoi vous l'invitez, ce que vous feriez ensemble s'il (si elle) acceptait votre invitation. Ajoutez des formules qui demandent—d'une manière polie mais enthousiaste—que cette personne accepte votre invitation.

4. *Lettre.* Ecrivez une lettre en donnant des directives à un(e) invité(e) qui doit venir chez vous. Il faut expliquer tout ce qu'il doit faire pour arriver sain et sauf et de la manière la plus simple et la plus rapide.

5. *Mode d'emploi.* Rédigez le mode d'emploi d'un produit réel ou imaginaire.

Le rythme et le ton des lectures présentées ici illustrent bien les différentes nuances possibles dans l'emploi des tournures impératives: la suggestion modérée, parfois mêlée d'humour; le conseil ferme mais familier; ou le passage de l'exhortation à la provocation et à l'injonction.[29]

Par ces étapes, nous passons parallèlement du léger au sérieux, des considérations sur l'esthétique à des considérations sur la psychologie humaine. Nous commençons par des directives (qui ressemblent fort à une recette) pour faire un poème dadaïste et nous finissons par une sorte de rêverie pleine de «suspense» sur la vie quotidienne et sur les sentiments humains.

---

29. *Injonction* (f.) = action d'enjoindre, ordonner absolument.

Pour faire un poème dadaïste

TRISTAN TZARA

Comme son célèbre compatriote, Ionesco,[30] Tristan Tzara (1896–1963), né en Roumanie, est devenu écrivain français. En 1916, Tzara a fondé le mouvement dadaïste («dada,» mot fantaisiste composé d'une répétition de syllabes, comme de sons produits par un bébé qui essaie de parler). Par ce mouvement, lancé donc au moment de la première guerre mondiale (1914–1918), Tzara refuse la culture occidentale responsable de ce conflit monstrueux et, en même temps, cherche à détruire le langage traditionnel de cette culture. Se laissant guider par son subconscient, Tzara crée alors une nouvelle sorte de poésie qui se compose de chaînes de mots produits indépendamment de la raison et de la syntaxe normale. Le *dadaïsme* se confond vite avec le *surréalisme*, mouvement philosophique, artistique et politique de la même tendance, c'est-à-dire un «automatisme psychique pur par lequel on se propose d'exprimer, soit verbalement, soit par écrit, soit de toute autre manière, le fonctionnement de la pensée. Dictée de la pensée en l'absence de tout contrôle exercé par la raison, en dehors de toute préoccupation esthétique ou morale. Le surréalisme repose sur la croyance à la toute-puissance du rêve, au jeu désintéressé de la pensée. Il tend à ruiner définitivement tous les autres mécanismes psychiques et à se substituer à eux dans la résolution des principaux problèmes de la vie.»[31]

---

30. Eugène Ionesco (1912–), membre de l'Académie Française et auteur de pièces du «théâtre de l'absurde» comme, par exemple, *La Cantatrice Chauve*, comédie de réputation mondiale souvent jouée en anglais sous le titre de "The Bald Soprano."
31. André Breton, *Premier Manifeste du surréalisme* (1924). Malgré la rupture de Tzara et Breton, chef de file des surréalistes, le surréalisme a absorbé le dadaïsme et a connu une longue postérité dont beaucoup d'illustres adhérents tels que Jean Cocteau et le fameux peintre Salvador Dali, espagnol comme le cinéaste surréaliste Buñuel. En 1991, à Paris, le Centre National d'Art et de Culture Georges Pompidou a consacré une importante exposition à André Breton et ses amis.

Avant de lire «Pour faire un poème dadaïste»

Préparation du vocabulaire

A. Voici des mots qu'il faut savoir pour bien comprendre ce poème.

Des **ciseaux** servent à couper ou à **découper**.
agiter = secouer
encore que = bien que
incompris ≠ compris
le vulgaire = le commun

Répondez.

1. Avez-vous *des ciseaux?* Où sont-ils?
2. Quelle est la dernière chose que vous avez coupée avec des *ciseaux*?
3. *Découpez*-vous quelquefois des articles de journaux? Quelles sortes d'articles avez-vous *découpés*?
4. Lesquelles des choses suivantes est-ce qu'on *agite:* un paquet de Shake 'n Bake? un tube de dentifrice? une boîte de pop-corn? une bouteille de Pepto-Bismol? une bouteille de coca-cola?
5. Quand vous parlez à vos parents avez-vous le sentiment d'être *compris* ou *incompris*?

Adverb formation was covered in Lesson 3, *Décrire*.

B. Révision de la formation des adverbes
Vous savez que la majorité des adverbes sont formés en ajoutant **-ment** à la forme féminine de l'adjectif. Rappelez-vous que les adjectifs terminés par une voyelle restent au masculin pour la formation de l'adverbe.
Indiquez l'adverbe basé sur chacun des adjectifs suivants:

doux
consciencieux
infini
soigneux

Préparation littéraire

C. Décrivez la forme du texte que vous allez aborder.

1. Vous avez déjà vu plusieurs poèmes en prose. En poésie, une ligne de poésie s'appelle un vers. Regardez «Pour faire un poème dadaïste». Celui-ci est-il en prose ou en vers?
2. Dans un poème les vers peuvent être réguliers, c'est-à-dire qu'ils ont le même nombre de syllabes, donc la même longueur, ou ils peuvent être de longueur variable. Dans ce cas le poème serait en *vers libre*. Quelle sorte de vers voyez-vous dans «Pour faire un poème dadaïste»?

Pour mieux lire

D.

1. Comment croyez-vous qu'on écrit un poème? Selon un certain poète, par exemple, un vers du poème est «donné par les dieux» et tout le reste du poème s'élabore autour de ce vers. Qu'en pensez-vous? Est-il possible, finalement, de définir une méthode pour écrire un poème?
2. Un poème doit-il comporter «une surprise» à la fin? Sinon, pourquoi pas? Si oui, donnez-en un exemple.

Pour faire un poème dadaïste

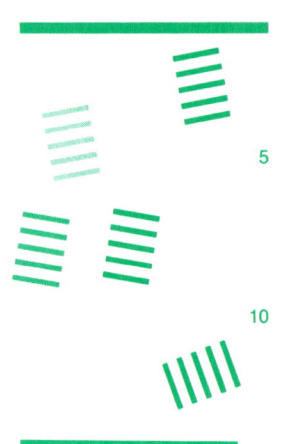

Prenez un journal
Prenez des ciseaux
Choisissez dans ce journal un article ayant la
longueur que vous comptez donner à votre poème.
5 Découpez l'article.
Découpez ensuite avec soin chacun des mots qui forment
cet article et mettez-les dans un sac.
Agitez doucement.
Sortez ensuite chaque coupure l'une après l'autre dans
10 l'ordre où elles ont quitté le sac.
Copiez consciencieusement.
Le poème vous ressemblera.
Et vous voilà «un écrivain infiniment original et d'une
sensibilité charmante encore qu'incomprise du vulgaire.»

A propos du texte

A. Finissez les phrases suivantes pour expliquer à quelqu'un comment faire un poème dadiste. Employez à la forme correcte le verbe indiqué entre parenthèses et ajoutez les autres mots nécessaires.

1. D'abord il faut que vous... (choisir)
2. Puis vous devez... (découper)
3. Ensuite, vous avez besoin de... (découper)
4. Je recommande après que vous... (agiter)
5. Puis je suggère que vous... (sortir)
6. Vous pouvez alors... (copier)
7. Le résultat... (ressembler)

Appréciation littéraire

B. Ce texte par Tristan Tzara s'appelle un poème. Pour quelles raisons peut-on le classer comme un poème?

1. Dans quelle mesure la forme est-elle poétique?
2. Le style est-il poétique? Précisez.
3. Est-ce que le sujet est poétique? Précisez.
4. Est-ce un poème dadaïste? Expliquez.

Réactions personnelles

C. Suivez les instructions proposées par Tristan Tzara pour faire votre propre poème. Puis indiquez vos réactions à votre création.

D. Que pensez-vous de cette façon d'écrire un poème? A votre avis Tristan Tzara l'a-t-il suivie pour écrire celui-ci?

Faire ça

GENEVIÈVE SERREAU

Geneviève Serreau est une romancière contemporaine qui a débuté comme actrice à Lyon, interprétant des rôles dans des pièces d'auteurs français et étrangers comme Tchekhov, Ibsen et Brecht[32] (duquel elle fait les premières traductions en français). Dans les années 50, elle travaille au Théâtre de Babylone à Paris qui présente une pièce insolite d'un auteur obscur, *En attendant Godot*.[33] Puis elle travaille dans une maison d'édition,[34] contribue à une revue littéraire, fait paraître des essais sur le théâtre, écrit des romans et des recueils de nouvelles dont *Ricercare* d'où est tiré «Faire ça».

Dans ces nouvelles de Serreau, on trouve des thèmes variés mais modestes de la vie quotidienne (par exemple, les positions qu'on prend pour dormir ou le rite obsédant de manger) qui, au premier abord, paraissent humoristiques. Cependant, l'humour re-

Ricercare is the Italian word for **rechercher** and refers to a musical form from the Italian Renaissance in which different themes were superimposed on one another somewhat in the form of a fugue.

---

32. Grands auteurs dramatiques (russe, norvégien, allemand respectivement).
33. Chef-d'œuvre de Samuel Beckett, romancier et dramaturge d'origine irlandaise mais dont une grande partie de l'œuvre est composée en français. Prix Nobel de littérature, 1969.
34. *Edition* (f.) = publication.

pose le plus souvent sur un élément potentiellement tragique. L'art de Serreau réussit à nous faire sentir cette tragédie sans «sombrer dans le pathétique».[35] L'auteur nous donne ce conseil parmi de nombreuses prescriptions souvent présentées sous forme d'impératif impersonnel («On se méfiera... », «Eviter... », «Ne pas excéder sept minutes... ») comme s'il s'agissait d'une recette de cuisine, d'un mode d'emploi de médicaments ou d'un décret ministériel. C'est sa façon de représenter la souffrance sans sentimentalité. Et interposées entre ces conseils, des observations et des analyses font de ce phénomène quelconque un poème... et son art rend beau et touchant un trait humain tout à fait banal.

Avant de lire «Faire ça»

Préparation du vocabulaire

A. Reconnaître les expressions suivantes facilitera la compréhension de «Faire ça».

1. **A l'improviste** = sans annonce préalable ou préparation.
   Allez-vous souvent voir vos amis *à l'improviste*?
   Que dites-vous si quelqu'un arrive *à l'improviste* chez vous?
   Que faites-vous quand quelqu'un vous demande *à l'improviste* de lui prêter de l'argent?

2. **Se débarrasser de** = se libérer de quelque chose ou de quelqu'un qu'on ne désire pas.
   Comment *se débarrasse-t-on* d'une voiture?
   Se débarrasse-t-on facilement *de* ses vieux livres?
   Voulez-vous *vous débarrasser de* vos vêtements démodés? Pourquoi (pas)?

Les heures d'affluence was discussed on page 30 and was found in the «Exercices de style».

3. **Les heures de pointe** = les heures d'affluence.
   Quelles sont *les heures de pointe* dans votre ville?
   Voyagez-vous chaque jour pendant les *heures de pointe*?
   Comment fait-on pour éviter de se déplacer aux *heures de pointe*?

---

35. *Sombrer dans le pathétique* = tomber dans l'émotion douloureuse de la pitié, de la tristesse, etc.

4. **Un clin d'œil** = mouvement rapide pour fermer et rouvrir l'œil et indiquer une connivence.
Que peut vouloir dire *un clin d'œil?*
Quand est-ce qu'on vous a fait *un clin d'œil?*
Quand et à qui faites-vous *un clin d'œil?*

5. **Se fier à** = avoir confiance en.
Se méfier de ≠ se fier à.
Quelle est votre attitude envers les personnes suivantes quand vous devez voyager? (*Vous fiez-vous à* eux ou *vous méfiez-vous d'*eux?)
—un pilote d'avion qui a vingt ans d'expérience
—votre copine Lucille qui n'a jamais eu d'accident
—votre copain Charles à qui on a retiré le permis de conduire
—un chauffeur de taxi

6. **Hocher la tête** = remuer la tête de haut en bas pour exprimer l'accord, ou de gauche à droite pour exprimer le désaccord.
Est-ce que vous *hochez* quelquefois *la tête*? En quelles occasions?

7. **S'en tenir à** = se limiter à.
Faut-il toujours *s'en tenir à* sa première intuition? Pourquoi (pas)?

8. **Pleurer sur** quelqu'un ou quelque chose = déplorer; pleurer à cause de quelqu'un ou de quelque chose.
En regardant un film, vous est-il arrivé de *pleurer sur* le sort[36] du héros ou de l'héroïne? Citez un cas précis.
Qui est-ce qui *pleure* le plus *sur* la condition humaine? les économistes? les politiciens? les poètes?

9. **N'importe comment** =sans faire attention à la manière.
N'importe quand = le moment n'est pas important.
Pourquoi certaines personnes s'habillent-elles *n'importe comment?*
Est-ce que vous avez le droit de remettre vos devoirs à vos professeurs *n'importe quand?* Expliquez.

B. Très souvent vous pouvez faciliter votre lecture si vous reconnaissez des mots qui ont un rapport avec l'anglais. Il faut toujours faire attention à ne pas être trompé par des *faux amis*, c'est-à-dire des mots qui ressemblent à un mot en anglais mais qui ont un sens différent. Le mot **éventuel**, par exemple, signifie «possible»; l'expression **sans doute** veut dire «probablement,» et le mot **sort** indique «ce qui arrive à quelqu'un.»

---

36. *Sort* (m.) = ce qui arrive à quelqu'un.

1. Voici une liste de quelques mots qui ont un équivalent similaire en anglais. Les reconnaissez-vous?

noms	*adjectifs*
un bassin	**décrié(e)**
une chimère	**défectueux (défectueuse)**
un court-circuit	**écarlate**
une crampe	**futile**
un quadrille	**garni(e)**
une trajectoire	**imprégné(e)**
une vertu	**marin(e)**
	motivé(e)
verbes	**perturbateur (perturbatrice)**
assaillir	**viscéral(e)**
émettre	
errer	*adverbes*
excéder	**chroniquement**
feindre	**momentanément**
percer	**odieusement**
repousser	
requiert (requérir)	
surgir	

2. Voici des mots pas nécessairement *faux amis*, mais qui ont un sens *principal* différent en français et en anglais.

   a. Un **amateur** peut dénoter quelqu'un qui aime quelque chose.
      Robert, *amateur* de sports, a passé toute la journée à jouer au foot.
   b. Une **place** peut signifier une partie dans une ville où plusieurs rues aboutissent.
      Le concert aura lieu à *la place* de la Concorde.
   c. **Prétendre** peut signifier affirmer ou aspirer à.
      Il *prétend* que son candidat gagnera.
      Vous ne *prétendez* pas m'accompagner!
   d. **Susceptible** peut signifier capable de.
      Si Paul étudie beaucoup il est *susceptible* de réussir à ses examens.

   Remplacez les tirets par les mots corrects de cette section.
   Je lisais le journal dans l'autobus. Un jeune homme au cou trop long s'est assis à côté de moi et ____ lire la même page que moi. Comme c'était la page des jeux j'ai compris qu'il était ____ de mots croisés et je lui ai donné cette page-là. Quand le bus s'est arrêté à la ____ de l'Etoile, il est descendu.
   De toute façon je ne fais pas bien les mots croisés et le croyais plus ____ de réussir que moi.
   (En effet, quand je l'ai revu deux heures plus tard devant la Gare Saint-Lazare il a ____ avoir tout terminé!)

C. Le vocabulaire de «Faire ça» est si riche que vous aurez probablement besoin d'un petit lexique. Pour rendre plus rapide votre compréhension les définitions suivantes sont en anglais.

une aiguille   needle
anéantir   to destroy
une âme   soul
un canif   penknife
caparaçonné   decked out
un car   bus
une cohue   mob
déclencher   to trigger
dépecer   to tear to pieces
enfiler   to thread
entraver   to impede
une fourmi   ant
le freinage   braking
le gazon   lawn
une gomme   eraser
impudique   shameless
une larme   tear
malsain   unhealthy
une mitraille   volley of machine-gun shots
un mulot   field mouse
un(e) nain(e)   dwarf
un os   bone
une outre   goatskin, leather bottle
en outre   besides, furthermore
une putain   whore
salé   salty
s'en passer (se passer de)   to do without
sombrer   to sink
une tare   defect, flaw
trouer   to pierce
un vacarme   a loud noise
une vanne   floodgate
la vergogne   shame
verrouillé   bolted

1. Quels mots ont un rapport avec les animaux et les personnes?
2. Quels mots ont un rapport avec la violence?
3. Quels termes ont un rapport avec les émotions?
4. Quels mots ne sont pas flatteurs?
5. Quels mots ont un rapport avec les transports?
6. Quels mots ont un rapport avec l'eau ou la mer?

Préparation du style

This embedding exercise is the inverse of the strategy exercise in «La Belle Dorothée». It should help students develop a more sophisticated writing style as well as appreciate Serreau's style.

This exercise could be done in teams with a time limit. Teams could compare results.

D. Vous avez déjà décomposé des phrases complexes en plusieurs petites phrases simples (dans «Maximes», «La Belle Dorothée», et «Comme à la lumière de la lune»). Essayez ici d'intégrer, dans une phrase plus complexe mais qui reste élégante, les idées simples.

Modèle: Inutile de décrire ce lieu viscéral à l'odeur grise, peuplé de survivants.
La fatalité entraîne les survivants.
L'âme des survivants, déconnectée, erre[37] librement sur le gazon des chimères privées.
Inutile de décrire ce lieu viscéral à l'odeur grise, peuplé de survivants que la fatalité entraîne et dont l'âme, déconnectée, erre librement sur le gazon des chimères privées.

1. A tout moment quelque humain peut surgir.
Il dit vous connaître.
Il n'hésitera pas à vous percer la peau avec son petit canif à questions.
2. On a vu certains amateurs de l'aube.
Ils sont incapables de mettre un terme à[38] cette expérience.
Ils sont incapables de la limiter à sa juste durée.
La durée ne doit pas dépasser sept minutes en tout état de cause.[39]

Préparation de la scène

E. La narratrice de cette nouvelle est sensible aux tensions de la vie urbaine moderne. Comment faites-vous pour faire face à la vie quotidienne? Considérez les questions suivantes.

1. Que faites-vous pour vivre avec les tensions de la vie?
2. Quelles sont les difficultés que vous rencontrez quand vous avez besoin de solitude?
3. De quelle façon la ville rend-elle la solitude difficile à trouver?
4. Que peut-on faire dans une ville pour retrouver sa solitude?
5. Que peut-on faire au cours d'une vie très active et pleine de responsabilités pour retrouver un moment de tranquillité? pour faire face à la tension?

---

37. *Errer* = aller sans objectif précis, vagabonder.
38. *Metter un terme à* = mettre fin à, terminer.
39. *En tout état de cause* = dans tous les cas.

Pour mieux lire

This is a good brainstorming activity for the class. Accept all infinitives proposed and write them on the board; as the text is read, see what the class wants to eliminate.

F. Le titre pose implicitement une question qui vient à l'esprit de chaque lecteur qui aborde ce texte: Qu'est-ce que c'est que *ça*?

1. Lisez la première phrase et proposez des infinitifs que *ça* peut signifier.
2. Lisez le deuxième paragraphe pour voir quels infinitifs vous semblent encore probables et lesquels vous pouvez éliminer.
3. En continuant votre lecture, vous trouverez de quoi confirmer certaines de vos hypothèses et vous trouverez des raisons pour en éliminer d'autres. A la fin vous devrez avoir une idée claire de ce dont l'auteur parle.

Faire ça

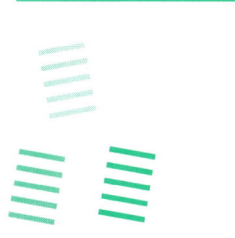

On n'a pas le droit de faire ça partout.

Chez soi ce n'est pas recommandé. Toujours quelqu'un surgit à l'improviste qui a besoin d'une gomme, d'une aiguille enfilée ou d'un renseignement sur la guerre des Boers.[40] Même si la maison pour une heure est déserte, comment se débarrasser de tous ces objets imprégnés

5 jusqu'à l'os de discours contradictoires et qui déclenchent leur vacarme sitôt que les vivants ont décampé?

Restent les lieux publics clos, tels que musée, bibliothèque, église, grand magasin. Fréquenté hélas par un public momentanément ou chroniquement spécialisé. Motivé. Tête garnie à l'intérieur.[41] Comme

10 aucune des activités commandées par les lieux ne vous requiert mais seulement celle, particulière et vague, odieusement futile, de faire ça, forcément on dépare, et déparant on est vu, et vu évalué, et évalué paralysé, anéanti. Certes, on peut tenter de feindre, s'installer devant un tableau, le fixer d'un œil ému et faire ça en se donnant l'air cul-

15 turel. Bref, introduire une fausse connection entre cause et effet. Mais un court-circuit est toujours à craindre qui détraque l'harmonie du lieu et fait de vous le point de mire[42] de curiosités malsaines. A ce compte-là, mieux vaut encore essayer entre la gomme, l'aiguille enfilée et la question sur les Boers.

---

40. *La guerre des Boers* = guerre en Afrique du Sud (1899–1902) entre les Anglais et les Boers (gens d'origine hollandaise).
41. *Tête garnie à l'intérieur* = préoccupé.
42. *Point de mire* (m.) = objet du regard.

20 D'autres lieux publics clos, non sur-déterminés, d'un accès facile et
doués d'étonnantes vertus se proposent naturellement à qui veut faire
ça: ce sont les transports en commun, si défectueux d'autre part, si dé-
criés—à juste titre si on les envisage sous l'angle spécifique, étroit, du
transport. Eliminons d'emblée l'autobus avec ses vis-à-vis[43] obligatoires
25 en figures de quadrille non dansant, pour ne retenir que le métro.
Dans la cohue des heures de pointe, bien entendu. Debout, bien entendu, et si possible le front appuyé contre une porte non ouvrante.
Inutile de décrire ce lieu viscéral à l'odeur grise, peuplé de survivants
que la fatalité entraîne et dont l'âme, déconnectée, erre librement sur
30 le gazon des chimères privées. Un des meilleurs endroits pour faire ça.

Quant aux lieux publics ouverts, tels que rues, places, carrefours,
avenues, marchés de plein air, leur diversité est si grande que seul un
ordinateur serait susceptible d'en classer les mérites avec rigueur. Eviter
en tout cas son propre quartier, affligé des mêmes tares que celles de
35 l'at-home. A tout moment quelque humain peut surgir qui dit vous
connaître et n'hésitera pas à vous percer la peau avec son petit canif à
questions. On se méfiera également des rues désertes, et surtout des
désertes à caractère misérable. Elles multiplient les clins d'œil et
s'offrent à l'amateur, telles des putains pauvres, sans la moindre ver-
40 gogne. Repoussez-les, vous sombreriez dans le pathétique. En outre, à
peine un passant vous surprend-il qu'il devient aussitôt un complice,
en raison de la nature du lieu, et le voilà qui prétend faire ça avec
vous. Horreur! c'en est fait de votre plaisir,[44] et comment se débarrasser de l'intrus? Ne choisissez pas non plus une rue exagérément
45 peuplée, qui entraverait votre marche, nécessiterait des calculs de trajectoire, des freinages brusques, des zigzags perturbateurs.

On n'a pas le droit de faire ça n'importe quand.
Seulement aux extrémités de la journée. Et encore. L'aube ne
serait pas mal, semble-t-il, par son aspect chancelant, pâle, informel.
50 Ne nous y fions pas. On a vu certains amateurs de l'aube incapables de
mettre un terme à l'expérience, de la limiter à sa juste durée—qui ne
doit pas dépasser sept minutes en tout état de cause. Mais la plupart du
temps, c'est le contraire qui se produit: au sortir de la nuit les bassins à
douleur risquent fort d'être vides ou les vannes trop solidement
55 verrouillées.

---

43. *Vis-à-vis* = places assises face à face.
44. *C'en est fait de votre plaisir* = votre plaisir est fini.

A peine un passant vous surprend-il qu'il devient aussitôt un complice, en raison de la nature du lieu, et le voilà qui prétend faire ça avec vous.

Ainsi c'est l'extrémité ouest du jour qui a notre préférence, le coucher du soleil. Encore faut-il qu'il ne soit ni écarlate ni glorieux, pour les mêmes raisons (danger de sombrer dans le pathétique) qui font proscrire les rues désertes et misérables. Une fois de plus notons-le, ce qui convient trop ne convient pas.

60

Midi, comme chacun sait, est le temps des sécheresses verticales et il est inutile de songer à faire ça à la mitan du jour[45] du jour tandis que de toutes parts vous assaillent amis, obligés, ennemis et clients en tous genres, caparaçonnés de projets, les dents luisantes d'avenir. A midi, il faut hocher la tête dans le sens horizontal et vertical en proportions

65

---

45. *La mitan du jour* = midi.

égales, émettre (des doutes, des chèques, des opinions), projeter une mitraille de mots, laisser la mitraille inverse vous trouer les oreilles, lever la main droite, jurer, commenter, se parjurer, couvrir de notes des calepins, s'étonner, s'indigner, s'exclamer, s'expliquer, bref donner
70   et recevoir des coups allégrement sous le soleil.

On n'a pas le droit de faire ça n'importe comment. Mais à quoi bon préciser davantage. Temps et lieu choisis avec soin, le reste va de soi. Tous les accessoires sont permis. On peut aussi s'en passer. Ah oui, la durée, attention à la durée. Ne pas excéder sept minutes, nous
75   l'avons dit. S'en tenir à cinq minutes, si possible.

Alors voilà que le soir vient, rassurons-nous, cahin-caha[46] finit toujours par venir, et c'est le moment et par des rues et places non familières et médiocrement peuplées, ou mieux le front contre la porte non ouvrante d'un métro bondé, je m'offre cinq minutes à pleurer,
80   cinq petites outres gonflées de larmes salées. Enfin dénouée la crampe que j'ai à l'âme et qui m'oblige à édicter sans fin des lois, ordonnances, règlements, interdits, furtivement, solitaire, impudique, je fais ça. Pleurer voilà. Sur le mulot écrasé dont les fourmis dépeçaient le ventre, sur le bouton perdu de mon manteau, sur l'Arabe dont la tête tordue
85   sortait par la vitre du car, sur la naine qui chaque matin prend son lait à la crémerie, sur la caresse ancienne d'une main, sur le vieux aux yeux roses. Indignement, sans bruit, j'ouvre les vannes, cinq minutes. Indignement, cinq minutes, je vide les bassins du jour, rendue fugitivement à l'élément marin d'où tous nous sommes issus.

Provide some background on ethnic minorities in big cities in France, particularly the Maghrébins (see the introduction to «La Grotte», page 296).

A propos du texte

A. Montrez que vous avez compris le texte en choisissant la réponse qui convient.

1. Lieu pour faire ça, d'après l'auteur.

   a. le gazon
   b. son propre quartier
   c. un métro bondé

---

46. *Cahin-caha* (familier) = péniblement, tant bien que mal.

2. Le meilleur moment pour le faire.

    a. à l'aube
    b. à midi
    c. au coucher du soleil

3. Le temps que cela doit prendre.

    a. plus de 7 minutes
    b. 5 minutes
    c. 2 minutes au plus

4. Ce que «ça» veut dire.

    a. obéir aux règlements
    b. prendre du lait à la crémerie
    c. pleurer

B. Quelle est l'idée essentielle de ce texte? Selon l'auteur, pourquoi est-ce une chose difficile à faire? Etes-vous d'accord? Expliquez pourquoi ou pourquoi pas.

Appréciation du style

C. Décomposez la phrase suivante en petites phrases simples: [Je pleure] sur le mulot écrasé dont les fourmis dépeçaient le ventre, sur le bouton perdu de mon manteau, sur l'Arabe dont la tête tordue sortait par la vitre du car, sur la naine qui chaque matin prend son lait à la crémerie, sur la caresse ancienne d'une main, sur le vieux aux yeux roses.

D. Comme vous avez déjà vu, on peut souvent avoir une idée de l'organisation d'un texte et de son contenu en regardant brièvement ses différentes parties. On peut quelquefois considérer les paragraphes comme signes d'organisation. Lisez la première phrase de chaque paragraphe de ce texte et répondez ensuite aux questions suivantes.

1. Lesquelles de ces phrases se ressemblent? Précisez.
2. Quelles seront les divisions principales de ce texte?
3. Faites le résumé d'autres idées importantes dans chacune des parties que vous avez indiquées.

This activity is similar to the Appréciation du style for «Latins et Anglo-saxons,» page 334.

Divide class into groups each to summarize a given section or paragraph of the text. A logical way to subdivide would be: **On n'a pas le droit de faire ça partout...des zigzags perturbateurs.** (lignes 1 à 46); **On n'a pas le droit de faire ça n'importe quand... bref donner et recevoir des coups allégrement sous le soleil**. (lignes 47-70); and **On n'a pas le droit de faire ça n'importe comment**... to the end.(ligne 71 à la fin du texte).

E. «Faire ça» comporte une heureuse alliance de style presque «populaire» (ellipses, formules, allusions et objets familiers) et de style «poétique» qu'on peut attribuer, au moins en partie, à une sorte de *préciosité*, le contraire même du discours parlé ordinaire. La préciosité, un extrême raffinement du langage, consiste surtout en euphémismes ou en une manière indirecte ou implicite de désigner les choses ou les personnes. Cette figure de rhétorique s'appelle *métaphore*. Il s'agit, la plupart du temps, d'une substitution du concret à la place de l'abstrait. Dans les citations suivantes, prises du texte de Serreau, identifiez les éléments métaphoriques et refaites ces phrases dans un langage plus simple.

Distribute items in this exercise to small groups, who then report to the entire class.

1. ces objets imprégnés jusqu'à l'os (lignes 4–5)
2. tête garnie à l'intérieur (ligne 9)
3. ce lieu viscéral à l'odeur grise (ligne 28)
4. l'âme... erre sur le gazon des chimères privées (lignes 29–30)
5. vous percer la peau avec son petit canif à questions (lignes 36–37)
6. les bassins à douleur risquent fort d'être vides (lignes 53–54)
7. une mitraille de mots (ligne 67)
8. enfin dénouée la crampe que j'ai à l'âme (lignes 80–81)

Réactions personnelles

F. Décrivez la vie de la narratrice comme vous l'imaginez. Qui est elle? A-t-elle une famille? A-t-elle un métier? Quelle sorte d'endroits fréquente-t-elle? Pourquoi a-t-elle besoin de pleurer? Citez des preuves tirées du texte. Eprouvez-vous de la sympathie pour elle? Avez-vous eu ces mêmes sentiments? ces mêmes besoins?

G. Faites votre propre essai «Faire ça» en parlant d'une autre chose que pleurer. Choisissez une autre action, un autre geste que vous trouvez nécessaire mais pas toujours facile à faire (par exemple, rire, chanter, danser, crier, bouger, se gratter,[47] dormir, manger, boire...).

---

47. *Gratter* = "to scratch."

Mise en perspective

1. *Essai.* Pour définir l'intention de l'auteur, il est nécessaire de considérer à qui il (ou elle) s'adresse. Tzara, par exemple, veut-il vraiment que chacun fasse un poème dadaïste ou est-ce un prétexte pour exposer son esthétique? Geneviève Serreau a-t-elle vraiment comme objectif de conseiller les gens tristes ou est-ce un prétexte pour bien raconter ses impressions à un public général capable d'apprécier son style? S'agit-il forcément de souvenirs ou d'expériences personnelles? Définissez et comparez les buts de «Pour faire un poème dadaïste» et «Faire ça». Expliquez pourquoi chaque style convient ou ne convient pas à l'objectif de chaque texte.

2. *Publicité.* Imaginez que Geneviève Serreau et Tristan Tzara devaient tous les deux faire des publicités pour le même produit. Qu'est-ce que les deux feraient?

3. *Recette.* Ecrivez la «recette» pour une création inattendue, par exemple: pour un château de cartes, une ville que vous aimez, une soirée, un château de sable, des vacances, etc.

LEÇON

10 Exprimer l'hypothèse

Live Trigger: Bring in an object whose use and identity are difficult to determine. Announce: **On vient de m'apporter ce cadeau. Mais quel mystère! Je ne sais ni qui me l'a offert ni ce que c'est. Qu'est-ce que cela peut bien être?** Accept all suggestions, and have students write the responses on the board when they contain the structures in the lesson. Elicit structures that may not occur in the volunteered responses.

VCR Trigger: Show publicity spots. Tell students you will be asking them to make hypotheses about the scene. Interrupt the tape to ask: **Où sommes-nous? Qu'est-ce qui se passe?** Ask students to watch for hypotheses and suppositions made by the main character(s).

Chercher l'explication ou la solution d'un problème nous conduit à faire appel aux fonctions supérieures de notre intelligence et de notre imagination. Ce processus consiste surtout à faire des hypothèses, des suppositions, pour trouver sinon la vérité absolue, du moins une explication vraisemblable.

Ces hypothèses peuvent être facilement vérifiables («*Si j'ouvre cette porte, je trouverai la cuisine*») ou rester à l'état de conjecture («*Il se peut qu'il y ait eu un autre univers avant la création de celui-ci*»).

Une attitude scientifique n'exclut pourtant pas l'imagination. De nombreux savants, en essayant de formuler des hypothèses scientifiques, ont eu une illumination ou une inspiration inattendue.

This photo is actually a close-up of a portion of the grill-work of the Eiffel Tower, as seen from below.

In-Text Trigger: Use the photo in the book as the basis for a discussion similar to the one described for the Live Trigger. (**Qu'est-ce que c'est? A quoi cela pourrait-il servir?** etc.) Present the dialogue.

—Mais si c'est la silhouette d'une robe en dentelle, pourquoi est-ce qu'il y a deux trous au milieu? C'est pour les bras? Moi, j'imagine que c'est peut-être le masque tragique d'un acteur.

—Ça se peut. Si c'était un masque, les trous seraient pour les yeux... et le haut, alors? C'est possible que ça couvre le front... Non, franchement, ce doit être un derrick dans un gisement pétrolifère.

—D'accord, mais en admettant que ce soit un derrick, il faudrait éventuellement que le pétrole monte par les deux trous?

—Non, je soupçonne que c'est sans doute une vue microscopique de cristaux de neige.

—A moins que ce ne soit deux toiles d'araignée.[1]

—Et si c'était l'infrastructure d'un fuselage d'avion?

---

1. *Toile d'araignée* (f.) = "spider web."

1 Comment exprimer la possibilité

A. Peut-être

1. Il est toujours correct de mettre l'adverbe **peut-être** après le verbe.

> C'est **peut-être** Eric le coupable.
> Lee Harvey Oswald n'a **peut-être** pas tué John F. Kennedy.

2. **Peut-être** est également correct au début de la phrase.

a. **Peut-être que** + *ordre déclaratif normal* est plutôt employé dans la langue courante.

> **Peut-être que** *vous avez* des questions.
> **Peut-être que** Lee Harvey Oswald *n'a pas tué* John Kennedy.
> **Peut-être qu'***il y aura* un meilleur candidat aux élections.

Point out that **peut-être que** does not take the subjunctive.

b. **Peut-être** + *inversion* est employé dans le style soigné.

> **Peut-être** Lee Harvey Oswald *n'a-t-il pas tué* John Kennedy.
> **Peut-être** *a-t-elle* un rendez-vous avec quelque jeune officier...
> (Baudelaire)

B. Quelques structures expriment la possibilité ou l'impossibilité.

1. **Il se peut que...** et **il est possible que...** + *subjonctif*

> **Il se peut que** l'URSS *établisse* un jour de bons rapports avec le Japon.
> **Il est possible que** ce monsieur *n'ait pas compris* votre question.

2. Le négatif de ces expressions prend également le subjonctif.

> **Il ne se peut pas que** *vous soyez* mon frère!
> **Il n'est pas possible que** *nous nous soyons déjà vus!*
> **Il est impossible que** *je te connaisse!*

3. D'autres variantes qui indiquent également la possibilité:

> **il est possible de / il est impossible de** + *infinitif*
> **la possibilité de / l'impossibilité de** + *infinitif* ou *nom*
> **la possibilité que / l'impossibilité que** + *subjonctif*

Il est possible maintenant **de** *changer* le caractère génétique de la matière vivante.

Il est impossible de *savoir* à l'avance quel peut être le résultat de ces tests.

La possibilité de *ne pas savoir* l'espagnol tout en vivant en Californie m'est inconcevable.

Le gouverneur considère **la possibilité d'**un pardon.

Je regrette de vous annoncer que je suis dans **l'impossibilité de** *répondre* à vos accusations.

Je crois à **la possibilité qu'**il y ait des êtres intelligents sur d'autres planètes.

C. Le verbe **pouvoir** + *infinitif* indique souvent la possibilité.

A tout moment quelque humain **peut** *surgir* qui dit vous connaître... (Serreau)

Ce film **pourra** *réussir* aux Etats-Unis.

Vous **pouvez** *avoir déjà vu* cette photo de la tour Eiffel.

Note that the infinitif *passé can be used as well.*

Exercices

1a. Les animaux ont-ils un langage? Variez la forme des affirmations hypothétiques suivantes en plaçant **peut-être** à l'intérieur de la phrase.

Modèle: Peut-être avez-vous un animal.
Vous avez peut-être un animal.

1. Peut-être certains animaux ont-ils leur propre langage.
2. Peut-être avez-vous déjà écouté le cri des dauphins.
3. Peut-être y a-t-il un aquarium près d'ici.
4. Peut-être découvrira-t-on demain le secret de la communication des animaux les plus intelligents.
5. Peut-être les philosophes ont-ils raison: l'homme est le seul animal qui «parle».

1b. Quand Marcel se réveille, il a mal à l'estomac et ne peut pas se lever. En commençant par **peut-être que...** complétez chaque phrase.

Modèle: Il est peut-être...
            Peut-être qu'il est malade.

1. Il a peut-être mangé des...
2. Il a peut-être besoin de...
3. Sa condition lui cause peut-être...
4. Sa mère lui préparera peut-être...
5. Demain il ira peut-être...

1c. Employez les expressions **il se peut que...** ou **il est possible que...** pour répondre aux questions suivantes.

Modèle: Qui a découvert l'Amérique?
            Il se peut que ce soient les Vikings. Mais il est possible aussi que ce soit Christophe Colomb.

1. Où serez-vous dans dix ans?
2. Y a-t-il des êtres vivants en dehors de la Terre?
3. Pourquoi est-ce que tant d'enfants ont peur de la nuit?
4. Pourquoi les terroristes kidnappent-ils des gens?
5. Pourquoi partirait-on en safari?
6. Qui a vraiment écrit les pièces de Shakespeare?

1d. Vous voulez surprendre votre père en organisant une «boum» le jour de son cinquantième anniversaire. En faisant vos projets, quelles possibilités faut-il considérer? Finissez les phrases suivantes.

1. Je dois considérer la possibilité que mon père...
2. Je compte sur la possibilité de...
3. Il est possible que les invités...
4. Je ne sais pas s'il sera possible de...
5. Mais il y a toujours la possibilité que...

1e. Le jury délibère avant de prononcer un jugement sur l'accusé d'un meurtre. Formulez les pensées de quelques membres du jury en employant le verbe **pouvoir.**

Modèle: Il a peut-être tué sa femme au moment où il prétend avoir été chez sa mère.
            Il peut avoir tué sa femme au moment où il prétend avoir été chez sa mère.

1. Sa mère a peut-être menti pour le protéger.
2. Si nous le trouvons innocent, il tuera peut-être quelqu'un d'autre!
3. Le trouver coupable quand il est innocent sera peut-être une des plus grandes injustices de l'histoire!
4. Il a l'air si doux, les autres prisonniers lui feront peut-être du mal.
5. Nous déciderons peut-être qu'il est innocent.

2 Comment exprimer la probabilité

A. Les adverbes **probablement**, **sûrement** et **sans doute**[2] peuvent exprimer la probabilité.

1. La place de l'adverbe après le verbe est toujours correcte quand il modifie le verbe.

> On *réglera* **probablement** l'addition à la fin du repas.
> ... il *arrivera* **sûrement** avant nous... (Michaux)
> Elle *réussira* **sans doute**, la bonne Dorothée... (Baudelaire)
> Le dromadaire *est* **sans doute** le seul animal capable de parcourir 500 kilomètres dans le désert à une vitesse moyenne de 130 km/h.

Le dromadaire est sans doute le seul animal capable de parcourir 500 km dans le désert à une vitesse moyenne de 130 km/h.

TOYOTA

MA TOYOTA EST FANTASTIQUE

---

2. Attention: *Sans aucun doute* = assurément, certainement.

2. L'adverbe peut aussi précéder l'adjectif ou le participe passé qu'il modifie.

> Le garçon **sans doute** *préoccupé* n'a pas cherché plus loin... (Michaux)

3. Sans doute peut aussi venir en tête de phrase avec les changements suivants:

a. Sans doute que + *phrase sans inversion*

> **Sans doute que** Daniel *a oublié* notre rendez-vous.

b. Sans doute + *inversion* est employé dans le style soigné.

> **Sans doute** *explorerons-nous* un jour d'autres planètes.

B. Expressions impersonnelles avec **probable** (ou **improbable**) + *proposition subordonnée.*

Remind students of the difference between **il est possible que** + subjonctif and **il est probable que** + indicatif.

1. Il est probable que... + *indicatif*

> **Il est probable qu**'elle *finira* avant minuit.
> **Il est probable que** le premier ministre *viendra* ce soir.
> **Il est probable que** tu le *sais*.

2. Les expressions suivantes indiquent l'improbabilité:

> **Il n'est pas probable que...**
> **Il est peu probable que...**   } + *subjonctif*
> **Il est improbable que...**

> **Il n'est pas probable qu**'elle *finisse* avant minuit.
> **Il est peu probable que** le premier ministre *vienne* ce soir.
> **Il est improbable que** tu le *saches*.

C. Devoir

Le verbe **devoir** (au *présent* ou *au passé*) + *infinitif* peut signifier *probablement.* (Pour d'autres usages de **devoir**, voir Leçon 9, page 360.)

> Ils **doivent** sûrement *servir* du café de Colombie. (= Ils servent probablement du café de Colombie.)
> Vos plantes sont tellement jolies! Vous **devez** leur *parler* très gentiment tous les jours. (= Vous leur parlez probablement très gentiment tous les jours.)
> Comme tu as maigri! Tu **as dû** *faire* un régime. (= Tu as probablement fait un régime.)
> Elle **dut** *avoir* grand'peur... (Maupassant) (= Elle eut probablement grand'peur.)

Ils doivent sûrement servir

du Café de Colombie.

Café de Colombia

Exercices

2a. Votre ami(e) va se faire arracher les dents de sagesse par un chirurgien dentiste. Comme il (elle) est inquiet (inquiète) vous essayez de le (la) calmer. Employez **sans doute, probablement** ou **sûrement** dans votre réponse.

Modèle: Le dentiste enlèvera-t-il toutes les quatre dents en même temps?
Il te le dira sans doute. ou
Il le discutera sûrement avec toi avant de commencer.

1. Me donnera-t-il une anesthésie locale?
2. Est-ce que cela me fera mal?
3. Est-ce que je pourrai manger après?
4. Y aura-t-il beaucoup de sang?
5. Est-ce que je m'évanouirai?[3]
6. Est-ce que j'aurai de la peine à parler après?

You can turn this into a dialogue by having one student act as a police officer, responding to each of the concerns expressed by the worried roommate.

2b. Votre camarade de chambre n'est pas rentré(e) hier soir. Vous vous inquiétez.
Téléphonez à la police pour exprimer votre inquiétude en finissant les phrases
suivantes.

1. Il est peu probable que…
2. Il n'est pas probable que…
3. Il (Elle) a sûrement…

4. Il est probable que…
5. Il est improbable que…
6. Sans doute…

---

3. *S'évanouir* = perdre conscience brusquement, résultat d'un choc émotionnel ou
physique.

2c. En partant des indices donnés, quelle est la déduction? Utilisez la forme appropriée du verbe **devoir** pour indiquer une probabilité.

Modèle: Marianne dort beaucoup.
Elle doit être fatiguée. ou
Elle doit avoir la mononucléose.

1. Sophie et Paul ont la gueule de bois.[4]
2. Woody Allen a reçu un Oscar.
3. Voilà un arc-en-ciel.[5]
4. Stéphane a très peur des araignées.
5. Personne ne répond quand je téléphone au restaurant «Chez Jules».
6. La famille Thivel a déménagé la semaine passée.
7. Monique ne veut pas nous accompagner au concert de Janet Jackson.
8. J'ai vu des agents de police devant votre maison ce matin.

3 | Le futur, le conditionnel, le conditionnel passé

L'emploi du futur, du conditionnel ou du conditionnel passé permet à tous les verbes d'exprimer une hypothèse.

A. Le futur avec **si** + *présent*
Pour exprimer une condition susceptible de se réaliser à l'avenir, on introduit l'hypothèse par **si** + *présent*. On exprime la conséquence probable au *futur*.

> **Si** un jour **j'ai** assez d'argent, **j'achèterai** une première édition de *Madame Bovary*.
> **Nous irons** à la plage **s'il fait** beau.

1. Dans la langue parlée, pour accentuer la conséquence immédiate, on peut employer le présent (au lieu du futur) dans la proposition principale.

> **Si on** le **découvre**, sa carrière **est** finie.
> **Si je ne** vous **entends pas**, **je cogne**.[6] (Michaux)

---

4. *Gueule* (f.) *de bois* (argot) = état, le lendemain, de quelqu'un qui a trop bu d'alcool la veille.
5. *Arc-en-ciel* (m.) = arc dans le ciel composé de rouge, jaune, vert, bleu, violet, etc.
6. *Cogner* = frapper; dans ce cas, «Je vous frapperai».

2. L'impératif peut aussi s'employer dans la proposition qui indique la conséquence.

> **Si vous voyez** vos amis, **dites**-leur bonjour de ma part.
> **Si tu as** besoin de moi, **téléphone-moi** avant midi.

Other uses of the conditional are discussed in Lesson 6, *Raconter*, page 232, and Lesson 9, *Ordonner et interdire*, page 364.

B. Le conditionnel[7] avec **si** + *imparfait*[8]

Pour exprimer l'idée d'une condition hypothétique dans un contexte présent, on emploie **si** + *imparfait*. On indique la conséquence au *conditionnel présent*.

> **Si j'avais** assez d'argent, **j'achèterais** une première édition de *Madame Bovary*.
> **Nous irions** à la plage **s'il faisait** beau.
> **Si tu** en **parlais** au député Rosselin, **il pourrait** me donner un excellent conseil? (Maupassant)
> **Si vous vouliez** essayer d'arranger cette affaire, **vous seriez** bien gentil. (Michaux)

C. Le conditionnel passé avec **si** + *plus-que-parfait*

Quand on fait une supposition à propos d'une situation hypothétique passée, on emploie **si** + *plus-que-parfait* pour exprimer l'hypothèse et le *passé du conditionnel* (*conditionnel de l'auxiliaire + participe passé*) pour en exprimer la conséquence. (Voir Leçon 7, *Indiquer la chronologie*, page 265, pour la formation du plus-que-parfait.) Il est impossible que l'hypothèse devienne une réalité puisque le point de référence est passé.

> **Si j'avais eu** assez d'argent, **j'aurais acheté** une première édition de *Madame Bovary*.
> **Nous serions allés** à la plage **s'il avait fait** beau.
> **Si j'avais su**, **j'aurais** volontiers **choisi** une autre viande ou simplement un œuf... (Michaux)

Remarquez: Si les conséquences de l'hypothèse sont ressenties au présent, il est acceptable d'employer le *conditionnel présent* au lieu du conditionnel passé.

> Si mes parents ne s'étaient jamais rencontrés, je **ne serais pas** ici maintenant.
> **Nous comprendrions** mieux aujourd'hui si nous avions mieux étudié hier soir.
> Si les Anglais avaient gagné la guerre de 1776, **nous aurions** une reine aujourd'hui.

---

7. Formation du conditionnel, voir Leçon 6, page 232.
8. Formation de l'imparfait, voir Leçon 2, page 56.

D. La conjecture—la proposition introduite par **si**—peut être simplement implicite.

> **Je voudrais** être comme vous.
> Avec mes ennemis, **j'aurais** besoin de griffes et de dents. (Sé-frioui)
> Cela **pourrait** être le plus banal des mercredis, sans cette sublime odeur de tarte.
> **Personne n'aurait pu** prévoir le tremblement de terre.
> **Elle aurait préféré** que ce soit plus cher.

TABLEAU RECAPITULATIF

	PROPOSITION HYPOTHÉTIQUE	PROPOSITION CONDITIONNELLE
(possible)	**si** + présent	futur
(moins possible)	**si** + imparfait	conditionnel
(impossible)	**si** + plus-que-parfait	conditionnel passé

Cerises sur pâte prête à dérouler Herta.

C'est mercredi. Cela pourrait bien être le plus banal des mercredis, sans cette sublime odeur de tarte.

Sans ce parfum magique qui depuis un instant flotte au-dessus des jouets qui ont de moins en moins d'attrait. C'est le miracle des recettes simples. Comme toutes les recettes Herta.

De la pâte brisée roulée Herta, une poignée de fruits frais et une maman toujours pressée qui trouve le temps de vous étonner.

Brisées ou feuilletées, les pâtes prêtes à dérouler Herta sont toujours d'un délicieux secours.

Herta c'est aussi du jambon, des croque-monsieur, des knacki...

Pâte à tarte roulée.

Exercices

3a. Répondez aux questions suivantes en choisissant la réaction ou le résultat les plus probables. Employez le verbe de votre choix au temps qui s'impose.

1. Que ferez-vous si le service militaire universel devient obligatoire pour les hommes et les femmes? (servir volontiers dans les forces armées? refuser de servir? aller vivre dans un autre pays sans obligation militaire? organiser des manifestations contre? écrire des lettres aux représentants du gouvernement?)
2. Comment réagirez-vous si votre université annonce une augmentation de dix pourcent des frais d'inscription? (la payer avec plaisir? la payer en protestant? abandonner vos études? cambrioler une banque? être indifférent(e)?)
3. Que ferez-vous de votre dernier diplôme universitaire s'il n'y a plus de débouchés[9] dans la profession que vous avez choisie? (chercher un travail dans un autre secteur? devenir ermite? entrer dans la politique pour changer la situation? pleurer jour et nuit?)
4. Quelle sera votre réaction si on vous dit que vous n'avez plus besoin de venir en classe? (partir immédiatement? ne pas le croire? ne pas comprendre pourquoi? venir quand-même?)
5. Quelle sera votre réaction si votre professeur gagne le prix Nobel? (être surpris(e)? vous demander pourquoi? le féliciter chaleureusement? organiser une fête en son honneur?)
6. Que ferez-vous si l'université élimine complètement tout système d'évaluation des étudiants? (féliciter l'administration? penser que les professeurs sont paresseux? vous demander comment savoir si votre travail est bon ou mauvais? travailler moins dur?)

3b. Répondez aux questions suivantes en choisissant la réaction ou le résultat les plus probables. Employez le verbe de votre choix au temps qui s'impose.

1. Que feriez-vous si on vous arrêtait pour un crime dont vous n'étiez pas coupable? (protester? téléphoner à votre avocat? appeler votre pasteur? prêtre ou rabbin? vous défendre?)
2. Que feriez-vous s'il y avait un incendie dans votre maison, appartement ou résidence? (vous allonger sur le plancher? chercher la sortie? sauter par la fenêtre? chercher votre manteau de fourrure? aller chercher vos cassettes?)
3. Comment réagiriez-vous si je vous félicitais? (pleurer? sourire? rester indifférent(e), me dire que vous ne le méritez pas?)
4. Comment résoudriez-vous le dilemme si vous receviez deux invitations extraordinaires en même temps? (écrire une liste «du pour et du contre»? aller demander conseil à une tireuse de cartes? décider selon les avantages pour votre vie sociale à long terme? choisir selon les avantages pour votre carrière?)
5. Que diriez-vous si on vous proclamait le gagnant d'un million à la loterie? (dire que vous avez de la chance? dire qu'il y a une erreur? dire que vous avez besoin de cet argent? dire que vous allez donner votre fortune à des organisations philanthropiques?)

---

9. *Débouché* (m.) = ouverture, situation, travail.

**L'ASSURANCE
AUTO INTÉGRALE®**

**Une
Assurance Auto
qui vous
en offre plus.**

L'Assurance Auto Intégrale®
est une exclusivité de GMF Assurances

3c. Vous devez souscrire à une police d'assurance personnelle, santé et automobile. Vous voudriez savoir ce qui se passerait dans certaines circonstances. Pour chaque condition, formulez une question qui convient en finissant la phrase.

Modèle: Si un automobiliste non assuré vous rentrait dedans, comment…
Si un automobiliste non assuré me rentrait dedans, comment est-ce que je réclamerais l'indemnité?

1. Si j'avais besoin d'une opération, est-ce que la compagnie…
2. Si j'étais blessé(e) dans un accident de voiture, qui…
3. Si un cambrioleur volait tous mes appareils électroniques, que…
4. S'il y avait le feu chez moi, comment…
5. S'il y avait un tremblement de terre ou une inondation, est-ce que…

3d. Répondez aux questions suivantes en choisissant la réaction ou le résultat les plus probables. Employez le verbe de votre choix au temps qui s'impose.

1. Si vous aviez été passager (passagère) à bord du *Titanic*, qu'est-ce que vous auriez fait pour survivre? (trouver un bateau de sauvetage? attendre qu'on vienne à la rescousse? nager?)
2. Qu'auriez-vous fait si vous vous étiez trouvé(e) à Berlin en novembre 1989 quand le mur a commencé à tomber? (danser sur les ruines du mur? chanter toute la nuit? prendre beaucoup de photos? crier «Vive la liberté!»?)
3. Quelle aurait été votre réaction si vous aviez été le président d'une grande banque le 29 octobre 1929? (danser dans la rue? sauter par la fenêtre? partir pour le Pôle Nord? alerter tous vos clients?)
4. Comment auriez-vous réagi si vous aviez été présent(e) sur la lune lorsque les premiers cosmonautes y sont arrivés? (leur dire «bonjour!»? être très ému(e)? leur demander ce qu'ils y faisaient? penser que vous préfériez la solitude?)
5. Qu'auriez-vous fait à la place de la reine Marie-Antoinette quand on lui a dit que le peuple de Paris n'avait plus de pain? (engager 1000 boulangers pour faire du pain? vendre le château de Versailles pour acheter du blé? commencer à préparer un banquet pour le peuple? inviter tout le monde à un pique-nique dans le parc?)
6. Si vous aviez vu la pomme tomber sur la tête de Newton, quelles hypothèses auriez-vous formulées? (supposer que Newton a eu mal à la tête? penser que les pommes de cet arbre étaient bien mûres? inventer une autre théorie de la gravité? conclure que cette pomme n'était pas comestible?)

4 Autres façons d'exprimer l'hypothèse

A. Conjonctions

1. Les conjonctions suivantes sont toutes suivies d'une proposition au subjonctif.

> à supposer que
> en supposant que } = si
> en admettant que
>
> pourvu que
> à condition que } = seulement si
>
> **à moins que** (le plus souvent avec un **ne** pléonastique) = "unless"

A supposer que l'avion *soit* à l'heure, nous devrons tout de même attendre à cause de la douane.

Je te dirai mon secret **pourvu que** tu ne le *dises* à personne.

On peut aller à Monte-Carlo par l'autoroute **à moins que** vous **ne** *préfériez* la route de la mer.

Remarquez: Si le sujet des propositions principale et subordonnée est le même, on emploie **à condition de** ou **à moins de** + *infinitif*.

Nous survivrons **à condition que** nos ressources naturelles soient renouvelées.

Mais: Nous survivrons **à condition de** *renouveler* nos ressources naturelles.

Nous irons manger dans ce restaurant **à moins qu'**il (ne) soit trop cher.

Mais: Nous irons manger dans ce restaurant **à moins d'**être fauchés.[10]

---

10. *Etre fauché* (fam.) = ne pas avoir d'argent.

2. La conséquence dépend quelquefois d'une de deux hypothèses proposées.

   a. Si le choix est entre deux propositions complètes, chaque proposition hypothétique est introduite par une des conjonctions suivantes. Les verbes des propositions subordonnées sont au subjonctif.

> **Soit que... soit que...**
> **Soit que... ou que...**
> **Que... ou que...**

> **Soit qu'**il ne m'*ait* pas *écouté*, **soit qu'**il n'*ait* pas *compris*, Jules est parti en claquant la porte.
> Martin ne m'adresse plus la parole, **soit qu'***il me déteste,* **ou qu'***il attende* que je lui parle le premier.
> **Que** *nous le voulions* **ou que** *nous ne le voulions pas,* ce budget sera adopté par le conseil municipal.

   b. Si l'alternative est entre deux éléments dans une même proposition, on introduit le premier élément par **que...** et le deuxième par **ou...** Le verbe est toujours au subjonctif.

> **Qu'elles** *soient* belles **ou** laides, Don Juan aimait toutes les femmes.
> C'est toujours passionnant de parler de son propre pays, **qu'il** *s'agisse* de son prestige, de sa politique **ou** de son caractère national.

   c. Si le choix entre deux possibilités porte sur des noms, on peut employer **soit** (comme synonyme de **ou**) devant chaque élément.

> On soupçonne cet homme d'être **soit** un pickpocket, **soit** un voyeur.
> Achetez **soit** des pommes **soit** des pêches.

B. Le conditionnel
L'emploi du conditionnel indique aussi le caractère incertain d'une hypothèse.

> Maurice dit que Louisette ne viendra pas. Elle **serait** malade.
> Selon l'agence France-Presse, la France **aurait vendu** des armes à l'Irak.

C. Pronom relatif + subjonctif

Pour exprimer l'existence hypothétique d'une chose ou d'une personne dont on a besoin ou qu'on cherche, on emploie *un pronom relatif* (**qui, que, où, dont, *préposition* + lequel**) + *subjonctif*.

> J'ai besoin de quelqu'un **qui puisse** me conduire à l'aéroport dans une heure. (Je ne sais pas si une telle personne existe.)
> Mme Lamvel-Kornov cherche une secrétaire **qui sache** le russe. (Son existence n'est que probable.)
> Un vrai 4 x 4 **qui ne soit pas** un poids lourd, c'est nouveau.

Remarquez: Quand l'existence de la chose ou de la personne n'est pas hypothétique mais certaine, on emploie le pronom relatif avec l'indicatif.

> C'est Jacques **qui peut** me conduire à l'aéroport dans une heure. (Il me l'a déjà promis.)
> Où est la secrétaire **qui sait** le russe? Je la cherche. (Elle travaille dans notre bureau depuis quinze jours.)

Exercices

4a. Finissez les phrases suivantes.
1. Le concert aura lieu dans le parc, à supposer que...
2. On peut acheter des billets à condition de...
3. Pierre refuse d'y aller, soit que... soit que...
4. Nous devons arriver cinq heures à l'avance, que... ou...
5. Tu pourrais emmener trois personnes dans ta voiture à moins de...
6. Moi, j'irai avec Denise à moins que...
7. Nous allons bien nous amuser, que... ou...

4b. Reportage radiophonique. Récemment, dans un débat sur l'abolition des cigarettes, les personnes suivantes ont fait des remarques sur l'effet des cigarettes. Vous en ferez le reportage en commençant par *selon*... et en employant le conditionnel ou l'indicatif pour montrer ce que vous considérez comme incertain et ce que vous croyez sûr.

Modèle: M. Gordon Bleu, chef et restaurateur: «On ne peut guère savourer la bonne cuisine dans une atmosphère imprégnée de fumée de cigarettes.»
Selon M. Gordon Bleu, chef et restaurateur, on ne peut guère savourer la bonne cuisine dans une atmosphère imprégnée de fumée de cigarettes.
ou
Selon M. Gordon Bleu, chef et restaurateur, on ne pourrait guère savourer la bonne cuisine dans une atmosphère imprégnée de fumée de cigarettes.

1. M. Maurice Philippe, président d'une compagnie de tabac: «Les cigarettes ne font aucun mal à personne.»
2. Le ministre de la santé publique: «Les cigarettes causent le cancer.»
3. Mme Dupont, veuve: «Mon mari est mort du cancer des poumons après avoir fumé deux paquets par jour pendant trente-huit ans.»
4. M.O. Bourgeois, propriétaire d'une plantation de tabac en Virginie: «Ce n'est qu'une conspiration des communistes pour nuire à notre système économique capitaliste.»

4c. Vous parlez avec l'architecte de la maison que vous voulez faire construire. Si vous mentionnez une situation ou une personne hypothétiques, finissez la phrase avec le subjonctif, mais s'il s'agit d'une situation ou d'une personne qui existent réellement, employez l'indicatif.

Modèles: Je voudrais trouver un site qui...
Je voudrais trouver un site qui soit tranquille et qui ait une vue panoramique sur des collines.

Je connais un endroit qui...
Je connais un endroit qui est presque parfait mais qui est situé un peu trop près de l'autoroute.

1. J'ai passé mon enfance dans une maison où...
2. Y a-t-il des maisons qui... ?

3. Que pensez-vous des fenêtres qui… ?
4. Avez-vous déjà utilisé ces nouveaux matériaux dont… ?
5. Je voudrais un système de chauffage[11] qui…
6. J'adore les cuisines européennes où…
7. Pourriez-vous dessiner une maison qui… ?
8. Je voudrais trois chambres où…

5 Allons plus loin

A. Admettre

B. Soupçonner

C. Se douter

D. Imaginer

E. S'imaginer et **se figurer**

F. Supposer

G. L'impératif dans une expression de conjecture

You may also wish to point out other such verbs that are not uncommon: **conjecturer, pressentir, présumer, prévoir.**

Certains verbes expriment l'idée d'une chose seulement possible, d'une conjecture provisoire ou d'une explication plausible.

A. Admettre peut être suivi de l'indicatif ou du subjonctif.

> Le patron veut bien **admettre que** l'inflation *diminuera* le pouvoir d'achat des employés.
> Sophie **admet que** l'argument de fond *soit* mal fondé.

Remarquez: On peut utiliser admettre avec un nom ou un pronom.

> **J'admets** *votre position.* (Je *l'*admets.)

Attention: Ce verbe n'est pas synonyme **d'avouer** (révéler, reconnaître sa responsabilité). **Admettre** signifie *reconnaître comme admissible.*

---

11. *Chauffage* (m.) = production de chaleur.

B. Soupçonner + *complément d'objet direct* (+ **de** + *infinitif*) ou soupçonner + *proposition subordonnée à l'indicatif*

> **Je le soupçonnais** fort **de** *n'avoir même pas vu* le film qu'il avait critiqué.
> Ariane **soupçonne que** Thierry *va* la quitter.

C. **Se douter** signifie *soupçonner*.

Attention: Le sens de cette expression est vraiment le *contraire* du verbe **douter.**

1. Se douter de + *nom* ou *pronom indéfini*

> **Je me doute de** *quelque chose.* = Je soupçonne qu'il y a quelque chose.
> **Je me doute de** *son incompétence.* = Je soupçonne qu'il est incompétent.
> **Nous ne nous serions jamais doutés du** *talent* de Chantal. = Nous ne soupçonnions pas son talent.

2. Se douter que + *proposition à l'indicatif* ou *au conditionnel*

> **Je me doute** bien **que** *vous allez* travailler dur. = Je soupçonne que vous allez travailler dur.
> **On ne se doutait pas que** *Jean-Luc serait* si difficile. = On est surpris que Jean-Luc soit très difficile.
> **Elle ne se doutait pas qu**'*il était* déjà minuit. = Elle ne croyait pas qu'il fût déjà minuit.

D. Imaginer

Comme ses synonymes approximatifs **concevoir** et **envisager,** **imaginer** est suivi de *l'indicatif* si l'éventualité[12] est certaine et du *subjonctif* si l'éventualité reste incertaine. On peut le faire suivre aussi d'un nom ou d'un pronom.

> **J'imagine que** *le progrès technologique ne fera que* s'accélérer.
> **Madame Letessier n'imagine pas qu**'*on puisse* démolir cet immeuble.
> **J'ai imaginé** *leur conversation* et j'ai ri.

---

12. *Éventualité* (f.) = possibilité.

Lanson. L'enchanteur.

La jeune demoiselle ne s'ennuyait point, et oublia ce que sa Marraine lui avait recommandé : de sorte qu'elle entendit sonner le premier coup de minuit, lorsqu'elle ne croyait pas qu'il fût encore onze heures.

Depuis 1760, Champagne Lanson, Reims.

Elle ne se doutait pas qu'il
était déjà minuit.

E. **S'imaginer** et **se figurer** + *nom, adjectif,* ou *infinitif*

> Le vieux professeur **s'imaginait** *un génie.*
> Georges **s'imagine** *beau*, mais il est vraiment tout à fait ordinaire.
> Ce pauvre idiot **se figure** *pouvoir* réussir.

F. **Supposer** + *complément d'objet direct modifié* ou *proposition subordonnée à l'indicatif*

> **Nous supposons** *cette hypothèse vérifiée.*
> **Je suppose que** *vous m'avez compris.*

G. Pour suggérer que l'on considère une hypothèse, on peut employer l'*impératif* (la forme **nous** est la plus commune) de beaucoup de ces verbes: **admettons que... , imaginons que... , imaginez-vous que... , figurez-vous que... , suppose que... ,** etc., comme aussi les expressions familières **mettons que...** et **disons que...** Tous ces verbes, à l'impératif, peuvent exprimer des degrés différents de conjecture. S'il est probable que la situation se produira (ou s'est déjà produite), on emploie *l'indicatif*. Autrement on emploie le *subjonctif*.

> **Mettons que** Jean *veut* le faire, qui va le contrarier?
> **Disons que** je *reviendrai* vers 11 heures.
> **Supposez qu'**on *saura* dans un an comment produire la fusion thermonucléaire et en bénéficier.
> **Supposons qu'**une véritable union politique européenne *existera* bientôt.

> **Admettons que** cette théorie *soit* vraie.
> **Imagine que** nous n'*ayons* plus de guerres, comment serait la vie?
> **Supposez que** la troisième guerre mondiale *fasse* périr l'humanité entière.
> **Mettons qu'***il y ait* une vie après celle-ci.

Emphasize that ***s'imaginer*** *and* ***se figurer*** *are used in this sense with facts.*

Remarquez: A l'impératif, **s'imaginer** et **se figurer** expriment une connotation plus proche du sens d'**imaginer.**

> **Imaginez-vous** que je vais hériter d'un Cézanne! (= Représentez-vous le fait que...)
> **Figurez-vous** qu'on a construit un tunnel sous la Manche! (= Représentez-vous le fait que...)

Exercices

5a. Répondez aux questions suivantes en employant les verbes **se douter, imaginer, soupçonner** et **supposer.**

Modèle: Comment devait être la vie au dixième siècle?
J'imagine que les gens avaient des difficultés, qu'ils n'avaient pas beaucoup de confort, qu'ils vivaient sous le système féodal…

Alternate questions for item 1 might involve Louis XVI and Marie-Antoinette or Napoléon and Marie-Louise d'Autriche. Or you could ask: **Pourquoi Napoléon a-t-il répudié l'Impératrice Joséphine?**

Item 3 is actually a joke. Many students may know it: «**Voilà les éléphants!**»

1. Pourquoi Jacqueline Kennedy a-t-elle épousé Aristote Onassis?
2. Que mangerez-vous ce soir?
3. Qu'est-ce que Tarzan a probablement dit quand il a vu les éléphants?
4. Pourquoi Harpo Marx ne parlait-il pas?
5. Quand un enfant pense à sa naissance, quelles suppositions fait-il (d'où vient-il selon lui)?
6. Pourquoi Marie Curie voulait-elle découvrir l'origine de la radioactivité?

5b. Voici des idées et des opinions tenues pour vraies par certaines personnes. Formulez des suppositions à propos de chaque idée, puis continuez la phrase sous forme de question. Commencez chaque phrase par **disons que, supposons que** ou **mettons que**.

Modèle: Un enfant croit qu'il n'y a pas de père Noël.
Mettons qu'il n'y ait pas de père Noël, alors qui te donne des cadeaux le jour de Noël?

1. On pense que les hommes sont supérieurs aux femmes.
2. Il paraît que Marilyn Monroe ne s'est pas suicidée.
3. Beaucoup de personnes pensent que les Américains veulent dominer le monde.
4. Il y a des gens qui pensent que ce sont les Russes qui veulent dominer le monde.
5. Certains pensent que l'an 2000 sera la fin du monde.

A VOUS DE JOUER

1. *Discussion.* Employez les expressions et les formules de la leçon pour parler des phénomènes suivants ou d'autres phénomènes de votre choix. Essayez de les expliquer en formulant des hypothèses.

Modèle: Jimmy Hoffa a disparu.
Je suppose qu'il a été assassiné. ou
S'il avait été assassiné, on aurait retrouvé son corps. ou
A supposer qu'il ait été assassiné, on aurait retrouvé son corps.

L'Atlantide est un continent perdu.
Des gens ont observé des OVNI (objets volants non identifiés).
Rimbaud n'a plus écrit de poésie après l'âge de dix-neuf ans.
On n'a jamais trouvé qui était Jack l'Eventreur.[13]
L'aviatrice Amelia Earhart a disparu.
Qui a kidnappé le fils de Charles Lindbergh?
Un magicien coupe en deux la boîte qui contient une femme.

---

13. *Jack l'Eventreur* = célèbre criminel à Londres en 1888 qui a commis plusieurs meurtres.

Activity 2 can serve as the basis for small group discussion or for short speeches in front of the class.

2. *Discussion ou exposé.* Commentez les nombreux effets de chacune des conditions suivantes sur votre vie.

Modèle: si vous n'aviez pas de réfrigérateur
D'abord, je serais obligé(e) d'acheter de la glace tous les jours...

si toute votre famille (parents, grands-parents, frères, sœurs) habitaient dans le même appartement que vous
si vous aviez des robots pour vous servir
s'il faisait toujours aussi froid chez vous qu'au Pôle Sud
si vous aviez un petit perroquet qui vous accompagnait toujours partout perché sur votre épaule
si on avait à sa disposition une hormone qui rendait tout le monde jeune

Two possibilities for Activity 3: **Pour ou contre un candidat politique particulier, Pour ou contre les transports en commun.**

3. *Débat.* Présentez vos arguments pour ou contre un problème suggéré soit par la classe soit par le professeur.

4. *Narration.* Devinez comment les situations suivantes se sont produites et proposez des moyens possibles de les résoudre.

5. *Conversation au téléphone—Rôles à jouer (deux personnes)*. Vous êtes en train de rédiger votre curriculum vitæ.[14] Vous téléphonez à un(e) ami(e) pour lui demander des conseils à propos de ce que vous devez dire ou ne pas dire. Que pourrait-on supposer, par exemple, si vous n'indiquez pas votre date de naissance? si vous ne mentionnez pas votre emploi ou votre école entre juin 1989 et mai 1991? etc.

Compositions écrites

1. *Essai*. Parlez d'un phénomène inexplicable ou mystérieux. Essayez des hypothèses diverses. (Par exemple: perception extra-sensorielle, le triangle des Bermudes; souvenirs d'une vie antérieure; impressions des gens qui resuscitent après être morts pendant quelques secondes; «Bigfoot», l'abominable homme des neiges; le monstre de Loch Ness; etc.)

Modèle: *Admettons que ce phénomène soit réel. Mais si c'était un être vivant… (Si un tel monstre… à moins que… , etc.)*

2. *Rédaction*. Un visage vous parle. Imaginez qu'en faisant la queue à la caisse du supermarché, dans une banque, au cinéma ou dans un autre endroit, vous regardez quelqu'un que vous ne connaissez pas mais qui vous semble intéressant. Formulez des hypothèses sur le passé, le présent et l'avenir de cette personne. Voudriez-vous faire la connaissance de cette personne? Comment pourriez-vous faire sa connaissance?

3. *Lettre*. Vous avez une idée ou une invention qui pourraient vous aider à lancer une affaire lucrative. Vous avez besoin de fonds et vous écrivez une lettre pour intéresser des investisseurs à votre affaire et pour leur demander de l'argent. Expliquez les possibilités prometteuses de cette affaire (ou de votre invention, de votre découverte, etc.).

---

14. *Curriculum vitæ* = résumé de l'éducation et des activités professionnelles.

Dans les lectures que nous vous proposons les hypothèses sont de deux espèces. Les deux premiers textes modernes décrivent l'absurde comique de l'existence de tous les jours où, à partir d'une réalité familière, un curieux personnage crée une irréalité hypothétique. Ici les mots permettent de représenter un monde irrationnel et incompréhensible. Dans le troisième texte, d'un écrivain romantique, les mots de la poésie expriment une hypothèse aussi fantasque mais, grâce au langage métaphorique, le passage du réel à l'imaginaire est plus léger.

Un Homme paisible; Plume au restaurant

HENRI MICHAUX

Henri Michaux, né à Namur en Belgique (1899–1984), peintre et écrivain, se rapproche du surréalisme par ses dessins et par ses écrits où le vraisemblable[15] se combine à l'invraisemblable: essais, poèmes en prose, journal de voyages et une fiction délicieuse, celle de Plume, personnage imperturbable, face à divers incidents incongrus. Plume représente-t-il une sorte d'auto-analyse[16] par le monde de l'imagination ou est-ce plutôt un clown dont le calme contraste avec ses expériences étranges? L'humour de ces situations est pourtant réel. Plume nous amuse justement parce qu'il part d'une réalité familière qui se transforme curieusement sous la plume créatrice de son auteur.

Vous allez d'abord le voir comme «homme paisible». Puis il revient dans un deuxième texte révéler un autre aspect de son caractère: vous allez le voir comme «homme troublé». Ses accusateurs surgissent, un par un, pour l'accabler d'un sentiment de culpabilité. Mais que disent-ils? De quoi est-il coupable? Croit-il vraiment à son innocence? Et, finalement, est-il drôle ou est-il tragique?

---

15. *Vraisemblable* = ce qui semble vrai, plausible.
16. *Auto-analyse* (f.) = analyse de l'inconscient pratiquée sur soi-même.

Avant de lire «Un Homme paisible»

Préparation du vocabulaire

A. Vous savez déjà qu'on peut deviner le sens d'un nouveau mot si on remarque sa parenté avec un autre mot qu'on connaît. Voici des mots que vous connaissez probablement déjà:

la paix
l'extension
dehors
s'endormir
faire
néant (= zéro)
désagréable
une partie
la perception

Etudiez-les pour voir s'ils peuvent vous aider à comprendre les nouveaux mots dans les phrases indiquées.

1. Plume est un homme *paisible*.
   Paisible veut dire... (a) tranquille (b) qui paie ses dettes (c) étranger.
2. *Etendant* les mains *hors* du lit, Plume fut surpris de ne pas rencontrer le mur.
   Etendre est le contraire de... (a) allumer (b) retirer (c) dormir.
   Hors de signifie... (a) dans (b) à l'extérieur (c) quelque chose à manger avant le repas
3. Et il *se rendormit*.
   Se rendormir veut dire... (a) recommencer à dormir (b) rendre son corps (c) se donner à l'ennemi.
4. Regarde, dit-elle, *fainéant*.
   Un fainéant est quelqu'un qui... (a) feint (b) ne fait rien (c) est très petit.
5. Avec le sang il arrive beaucoup de *désagréments*.
   Un désagrément est quelque chose de... (a) formidable (b) gris (c) peu agréable.
6. On l'a trouvée *partagée* en huit morceaux.
   Partagé veut dire... (a) trouver un appartement (b) divisé (c) marié.
7. Comment est-ce que *vous ne vous en êtes pas aperçu?*
   S'apercevoir veut dire... (a) remarquer (b) percer (c) dire.

Remind students of the three **fainéants** in «Fiesta» in Lesson 6.

Réponses: 1 (a), 2 (b, b), 3 (a), 4 (b), 5 (c), 6 (b), 7 (a)

Préparation des structures

Pronouns are reviewed in Lesson 1, *Interroger*, pp. 17–23.

B. Révision des pronoms. Remplacez les mots en italique par le pronom correct. N'oubliez pas que Plume est le nom du personnage principal.

1. «Tiens, pensa Plume, les fourmis ont probablement mangé *le mur.* »
2. Sa femme attrapa *Plume* et secoua *Plume*.
3. Le froid réveilla *Plume*.
4. Plume ne put pas faire un geste pour empêcher *sa femme d'être blessée*.
5. Sa femme se blessa au point qu'on trouva *sa femme* partagée en huit morceaux...
6. «Si ce train pouvait n'être pas passé, pensa Plume, je serais fort heureux *de cela*. »
7. Plume ne s'aperçut pas *de tout cela*.
8. —Je ne peux pas aider *le juge*, pensa Plume.

Note that **blesser** is a faux ami. Have students consider item 5 to determine what **se blesser** could mean.

If you wish to review the literary past, have students redo their responses to Exercise B in everyday French.

Pour mieux lire

This approach has been used in pre-reading exercises for «Fiesta» in Lesson 6.

C. Vous avez déjà vu que le début peut vous donner une idée immédiate du thème ou de la nature du texte.

1. Lisez le premier paragraphe de ce texte.
2. Qu'est-ce qui vous frappe particulièrement dans ce paragraphe?
3. En lisant la suite, remarquez les effets déroutants ou inattendus.

Brainstorm and/or discuss item 2, limiting the discussion to 5 minutes.

Un Homme paisible

Etendant les mains hors du lit, Plume fut étonné de ne pas rencontrer le mur. «Tiens, pensa-t-il, les fourmis[17] l'auront mangé... »[18] et il se rendormit.

Peu après, sa femme l'attrapa et le secoua: «Regarde, dit-elle,
5 fainéant! Pendant que tu étais occupé à dormir, on nous a volé notre maison.» En effet, un ciel intact s'étendait de tous côtés. «Bah, la chose est faite» pensa-t-il.

Peu après, un bruit se fit entendre. C'était un train qui arrivait sur eux à toute allure. «De l'air pressé qu'il a, pensa-t-il, il arrivera sûre-
10 ment avant nous» et il se rendormit.

---

17. *Fourmi* (f.) = "ant."
18. *Les fourmis l'auront mangé* = les fourmis l'ont probablement mangé.

En effet, un ciel intact s'entendait de tous côtés.

Ensuite, le froid le réveilla. Il était tout trempé de sang. Quelques morceaux de sa femme gisaient[19] près de lui. «Avec le sang, pensa-t-il, surgissent toujours quantité de désagréments; si ce train pouvait n'être pas passé, j'en serais fort heureux. Mais puisqu'il est déjà passé... » et il
15   se rendormit.

—Voyons, disait le juge, comment expliquez-vous que votre femme se soit blessée au point qu'on l'ait trouvée partagée en huit morceaux, sans que vous qui étiez à côté, ayez pu faire un geste pour l'en em- pêcher, sans même vous en être aperçu. Voilà le mystère. Toute
20   l'affaire est là-dedans.

19. *Gisaient* (imparfait de *gésir*) = étaient sur le sol.

—Sur ce chemin, je ne peux pas l'aider, pensa Plume, et il se rendormit.

—L'exécution aura lieu demain. Accusé, avez-vous quelque chose à ajouter?

—Excusez-moi, dit-il, je n'ai pas suivi l'affaire. Et il se rendormit.

A propos du texte

Analyse et interprétation du texte

A. Discutez les questions suivantes.

1. Où est Plume et qu'est-ce qu'il fait juste avant d'étendre les mains vers les murs?
2. Après quels événements Plume se rendort-il?
3. Quelle est la réaction de Plume aux événements juste avant de se rendormir?
4. Quelle sorte de personne est Plume? Décrivez son caractère.

Appréciation littéraire

B. Est-ce une narration réaliste? surréaliste? fantaisiste? folklorique? humoristique? tragique? ou... ? Expliquez.

Ask students: **Qu'est-ce qu'une *plume*? un *nom de plume*?**

C. Pourquoi Michaux nomme-t-il son personnage «Plume»? Pourquoi choisit-il le titre «Un Homme paisible»?

Réactions personnelles

D. Comment réagiriez-vous, si vous étiez à moitié endormi(e), au moment d'un danger imminent?

Plume au restaurant

Avant de lire «Plume au restaurant»

Préparation du vocabulaire

A. Les mots suivants sont utiles pour la compréhension de «Plume au restaurant».

1. **Faire défaut** = manquer. («J'étais prêt à demander tout autre chose si les côtelettes *faisaient défaut.*»)
   Qu'est-ce qui *fait défaut* à la carte de Burger King?
   A votre avis, qu'est-ce qui *fait défaut* au système d'éducation américaine?
   A votre avis, qu'est-ce qui *fait défaut* à l'administration présidentielle actuelle?

2. **Volontiers** = avec plaisir. (—Me rendras-tu un service? —*Volontiers.*) A chacune des demandes suivantes, répondez avec une excuse ou en disant «*Volontiers*».
   Ma sœur vient me voir. Elle ne connaît pas beaucoup de gens ici. Voulez-vous dîner chez nous jeudi et faire sa connaissance?
   J'ai oublié mon portefeuille. Est-ce que tu me prêterais dix dollars jusqu'à demain?
   Voulez-vous bien m'aider à rédiger une lettre de demande d'emploi?

3. **Tendre** = présenter (dans la main). («Il lui *tend* un billet de cent francs.»)
   Quand *tendez-vous* votre permis de conduire à quelqu'un?
   Pour payer au restaurant, *tendez-vous* plutôt un billet ou une carte de crédit au garçon?
   Quand vous donnez à manger à un chien, qu'est-ce que *vous* lui *tendez?*

4. **La manche** = partie du vêtement qui couvre le bras. (Il voit tout à coup *la manche* d'un uniforme; c'est un agent de police.)
   Portez-vous aujourd'hui un vêtement à *manches* longues ou courtes?
   Quand vous retroussez-vous les *manches?*[20]
   Quand porte-t-on des vêtements sans *manches?*

Volontiers indicates enthusiastic agreement to perform an action or service and is very frequently used in French.

---

20. *Se retrousser les manches* = replier les manches vers le haut.

Préparation du style

This exercise might be done most effectively while the class is reading the text instead of beforehand.

B. Le style indirect libre est une variation sur le discours indirect. On peut rapporter ce que quelqu'un a dit mais, pour des raisons stylistiques, ne pas indiquer que c'est un discours rapporté. Les changements de temps et de pronoms sont les mêmes qu'au discours indirect (voir Leçon 6, page 236).

style direct J'ai demandé à Jean son explication. Il a dit: «Je ne t'ai pas bien vu. Autrement je t'aurais salué.»

style indirect J'ai demandé à Jean son explication. Il a dit qu'il ne m'avait pas bien vu et qu'autrement il m'aurait salué.

style indirect libre J'ai demandé à Jean son explication. Il ne m'avait pas bien vu. Autrement il m'aurait salué.

Le passage à la page 423, lignes 43 à 56 est au style indirect libre. Indiquez les mots que Plume a probablement prononcés d'après ce passage.

Modèle: Plume s'excusa aussitôt.
—Il avait pris un rendez-vous avec un ami. Il l'avait vainement cherché toute la matinée.
«J'avais pris un rendez-vous avec un ami. Je l'ai vainement cherché toute la matinée.»

Pour mieux lire

Have students discuss in small groups. Each group can report its ideas to the class.

C. Lisez les deux premiers paragraphes de ce texte, lignes 1–4.

1. Connaissant Plume, croyez-vous que cet état de choses s'améliorera ou empirera?
2. D'après ce début, quels développements seront possibles dans cette histoire?

Possible writing exercise: Before assigning the rest of the reading, ask the class to write the story as they might imagine it to continue.

Plume au restaurant

Plume déjeunait au restaurant, quand le maître d'hôtel s'approcha, le regarda sévèrement et lui dit d'une voix basse et mystérieuse: «Ce que vous avez là dans votre assiette ne figure pas sur la carte.»
Plume s'excusa aussitôt.

Ask students to guess
the meaning of
voisinage, based on
the word **voisin**.

Ask students to deter-
mine the meaning of
régler from the con-
text. Ask them to find a
synonym in the same
paragraph (**payer**).

Ask students to define
pince-nez from the
context and from the
meanings of **pincer**
and **nez**, or from their
knowledge of the En-
glish equivalent. Then
ask for opinions as to
what impression this
gives of the character.

5 —Voilà, dit-il, étant pressé, je n'ai pas pris la peine de consulter la carte. J'ai demandé à tout hasard[21] une côtelette, pensant que peut-être il y en avait, ou que sinon on en trouverait aisément dans le voisinage, mais prêt à demander tout autre chose si les côtelettes faisaient défaut. Le garçon, sans se montrer particulièrement étonné, s'éloigna et 10 me l'apporta peu après et voilà...

Naturellement, je la paierai le prix qu'il faudra. C'est un beau morceau, je ne le nie pas. Je le paierai son prix sans hésiter. Si j'avais su, j'aurais volontiers choisi une autre viande ou simplement un œuf, de toute façon maintenant je n'ai plus très faim. Je vais vous régler im-15 médiatement.

Cependant, le maître d'hôtel ne bouge pas. Plume se trouve atrocement gêné. Après quelque temps relevant les yeux... hum! c'est maintenant le chef de l'établissement qui se trouve devant lui.

Plume s'excusa aussitôt.

20 —J'ignorais, dit-il, que les côtelettes ne figuraient pas sur la carte. Je ne l'ai pas regardée, parce que j'ai la vue fort basse, et que je n'avais pas mon pince-nez sur moi, et puis, lire me fait toujours un mal atroce. J'ai demandé la première chose qui m'est venue à l'esprit, et plutôt pour amorcer[22] d'autres propositions que par goût personnel. Le garçon 25 sans doute préoccupé n'a pas cherché plus loin, il m'a apporté ça, et moi-même d'ailleurs tout à fait distrait je me suis mis à manger, enfin... je vais vous payer à vous-même puisque vous êtes là.

Cependant, le chef de l'établissement ne bouge pas. Plume se sent de plus en plus gêné. Comme il lui tend un billet, il voit tout à coup la 30 manche d'un uniforme; c'était un agent de police qui était devant lui.

Plume s'excusa aussitôt.

—Voilà, il était entré là pour se reposer un peu. Tout à coup on lui crie à brûle-pourpoint:[23] «Et pour Monsieur? Ce sera... ?» —«Oh... un bock»[24] dit-il. «Et après... ?» cria le garçon fâché; alors plutôt pour s'en 35 débarrasser que pour autre chose: «Eh bien, une côtelette!»

Il n'y songeait déjà plus, quand on la lui apporta dans une assiette; alors, ma foi, comme c'était là devant lui...

—Ecoutez, si vous vouliez essayer d'arranger cette affaire, vous seriez bien gentil. Voici pour vous.

40 Et il lui tend un billet de cent francs. Ayant entendu des pas s'éloigner, il se croyait déjà libre. Mais c'est maintenant le commissaire de police qui se trouve devant lui.

---

21. *A tout hasard* = juste au cas où...
22. *Amorcer* = commencer, mettre en train.
23. *A brûle-pourpoint* = brusquement.
24. *Bock* (m.) = verre de bière.

Plume déjeunait au restaurant, quand le maître d'hôtel s'approcha...

Plume s'excusa aussitôt.

—Il avait pris un rendez-vous avec un ami. Il l'avait vainement
45 cherché toute la matinée. Alors comme il savait que son ami en
revenant du bureau passait par cette rue, il était entré ici, avait pris
une table près de la fenêtre et comme d'autre part l'attente pouvait
être longue et qu'il ne voulait pas avoir l'air de reculer devant la dépense, il avait commandé une côtelette; pour avoir quelque chose de-
50 vant lui. Pas un instant il ne songeait à consommer. Mais l'ayant devant lui, machinalement, sans se rendre compte le moins du monde de
ce qu'il faisait, il s'était mis à manger.

Il faut savoir que pour rien au monde il n'irait au restaurant. Il ne
déjeune que chez lui. C'est un principe. Il s'agit ici d'une pure distrac-
55 tion, comme il peut en arriver à tout homme énervé, une inconscience
passagère; rien d'autre.

Mais le commissaire, ayant appelé au téléphone le chef de la
sûreté: «Allons, dit-il à Plume en lui tendant l'appareil. Expliquez-vous
une bonne fois. C'est votre seule chance de salut.» Et un agent le
60 poussant brutalement lui dit: «Il s'agira maintenant de marcher droit,
hein?» Et comme les pompiers faisaient leur entrée dans le restaurant,
le chef de l'établissement lui dit: «Voyez quelle perte pour mon établissement. Une vraie catastrophe!» Et il montrait la salle que tous les
consommateurs avaient quittée en hâte.

65 Ceux de la Secrète lui disaient: «Ça va chauffer,[25] nous vous prévenons. Il vaudra mieux confesser toute la vérité. Ce n'est pas notre première affaire, croyez-le. Quand ça commence à prendre cette tournure, c'est que c'est grave.»

Cependant, un grand rustre d'agent[26] par-dessus son épaule lui disait: «Ecoutez, je n'y peux rien. C'est l'ordre. Si vous ne parlez pas dans l'appareil, je cogne. C'est entendu? Avouez! Vous êtes prévenu. Si je ne vous entends pas, je cogne.»

70

A propos du texte

Analyse et interprétation du texte

A. Quelle est l'action principale de ce récit?

B. Précisez ce qui se passe entre Plume et chacun des personnages suivants:

1. le garçon
2. le maître d'hôtel
3. le chef de l'établissement
4. l'agent de police
5. le commissaire de police
6. le chef de la sûreté

Appréciation littéraire

Compare the use of repetition here to that in «Un Homme paisible».

C. Qu'est-ce qui est répété dans ce texte?

Give some hints, e.g., **Est-ce que cette sorte de résumé du discours accélère ou ralentit le rythme du récit? Est-ce que ce changement de rythme correspond à l'état d'âme de Plume?**

D. Quel est l'effet du style indirect libre (en particulier, lignes 44–56: «Il avait pris... » jusqu'à «rien d'autre»)?

E. Remarquez l'importance croissante[27] des personnages jusqu'à la fin. Comment les réactions de Plume changent-elles au cours de cette progression?

F. Résumez les différents moyens (avec un exemple de chacun) utilisés par l'auteur pour indiquer l'angoisse de Plume.

---

25. *Chauffer* = devenir une affaire grave, ou quelquefois violente.
26. *Un grand rustre d'agent* = un grand agent de police grossier et brutal.
27. *Croissante* = qui augmente.

G. Pourquoi Plume réagit-il ainsi? Avez-vous jamais eu l'impression qu'on vous traitait de cette manière? Vos réactions étaient-elles semblables à celles de Plume? Qu'est-ce que Plume aurait-il pu ou aurait-il dû faire?

This exercise could be written as a dialogue or students could play the roles in class.

H. Imaginez la scène entre Plume et son psychanalyste le lendemain de la scène au restaurant. Que dirait Plume? Et le psychanalyste?

A propos des deux textes de Plume

A. Ces histoires contiennent des aspects épouvantables et incroyables, mais n'y a-t-il pas quelque chose de Plume en nous tous? Quels sont les aspects de Plume que vous reconnaissez en vous? Que pensez-vous de Plume? Le trouvez-vous plaisant? Expliquez.

B. Imaginez Plume dans une autre situation. Racontez (oral ou écrit).

Mes vers fuiraient, doux et frêles

VICTOR HUGO

Qui n'a pas vu ou entendu parler des *Misérables*, roman de Victor Hugo publié en 1862 et adapté au vingtième siècle au cinéma, à la télévision et, finalement, transformé en comédie musicale? Si l'extraordinaire succès mondial de cette dernière version récente révèle au public moderne la puissance de la prose de l'auteur et ses préoccupations humanitaires et sociales, il ne faut pas oublier que Victor Hugo (1802–1885)—contemporain des grands romanciers anglo-saxons tels que Dickens, Thackeray ou Melville—était aussi et surtout un poète. Ce géant de la littérature française, qui est aussi un homme de théâtre, pratique toutes les formes de la poésie: épique, satirique, lyrique. Ses recueils lyriques seuls forment une œuvre poétique volumineuse. Dans ce vaste ensemble nous avons choisi un poème tout court et tout simple qui fait partie du célèbre recueil *Les Contemplations* (1856), écrit en éxil, et qui exprime un sentiment lyrique familier.

Avant de lire «Mes vers fuiraient, doux et frêles»

Préparation du vocabulaire

A. Voici des mots utiles pour comprendre le poème que vous allez lire.

une aile = chacun des organes du vol chez les oiseaux
accourir = venir en courant
une étincelle = fragment incandescent
un foyer = maison, domicile; cheminée
frêle = fragile, délicat
fuir = partir vite (pour échapper à une menace)

Préparation littéraire

These summary remarks are not intended to teach the scansion of French verse. They are meant to emphasize that French poetry, like English poetry, must be understood both for subject and for form, and that the latter depends on both rhythm and rhyme. Rhyme is more or less the same concept in both languages, but rhythm is definitely not. We suggest you demonstrate the underlying evenness or monotony of French metrics in contrast to the heavy-beat rhythm of some familiar verse in English ("HUMPty DUMPty SAT on a WALL... "). It is not important that students recognize the **heptamètre** of the poem given here. If you want to review quickly the rules of syllabification in French and the particular role of the **e muet** in poetry and song, then you could also point out the value of an "uneven" line (**vers impair**) as opposed to a more rhythmically balanced line with an even number of syllables.

La poésie lyrique a plusieurs formes (ode, ballade, chanson, complainte, sonnet, etc.) dont la définition peut dépendre du nombre de **vers**,[28] du nombre de **strophes**,[29] de la symétrie des strophes et des vers (nombre variable ou invariable des syllabes) et enfin du **thème** du poème (amour, amitié, joie, mort). L'aspect le plus remarquable de la poésie française—par rapport à la poésie anglaise—est la quasi-absence d'accent.[30] Le rythme de la poésie française est déterminé tout d'abord non pas par des alternances de syllabes accentuées ("LISten my CHILdren and YOU shall HEAR of the MIDnight RIDE of PAUL ReVERE") mais simplement par le nombre total de syllabes dans un vers; ensuite, par la **rime** ou la répétition d'un ou plusieurs sons identiques à la fin de chaque vers. Ce poème de Victor Hugo est en «rimes croisées», un arrangement de rimes traditionnel. Moins traditionnel est le nombre de syllabes dans chaque vers, nombre impair dans ce cas, alors qu'un nombre pair est plus caractéristique de la poésie française.

B. Regardez le poème à la page 427.

1. Combien de vers y a t-il?
2. Combien de strophes y a t-il?
3. Quels sont les mots qui riment avec *ailes*?
4. Trouvez le mot qui rime avec *beau, rit, and jour.*
5. Quel est le refrain?

---

28. *Vers* (m.) = une ligne de poésie.
29. *Strophe* (f.) = "stanza."
30. *Accent* (m.) = "stress."

C. Ecrivez un vers qui serait le refrain d'un poème exprimant:

1. l'amour.
2. la joie.
3. la beauté de la nature.
4. la tristesse.
5. le désespoir.

Mes vers fuiraient, doux et frêles

Mes vers fuiraient, doux et frêles.
Vers votre jardin si beau,
Si mes vers avaient des ailes,
Des ailes comme l'oiseau...

5 Ils voleraient, étincelles,
Vers votre foyer qui rit,
Si mes vers avaient des ailes,
Des ailes comme l'esprit.

Près de vous, purs et fidèles,
10 Ils accourraient nuit et jour,
Si mes vers avaient des ailes,
Des ailes comme l'amour.

A propos du texte

Analyse et interprétation du poème

In all likelihood, this poem, published during Hugo's Guernsey exile, was intended for Juliette Drouet. Rather than focusing on Hugo's life, however, these questions aim at pointing out the general appeal of the poem, regardless of its specific inspiration.

A. Quel est le sujet de ce poème?

1. Quel semble être le rapport entre le poète et la personne à qui il s'adresse?
2. Expliquez la progression des lieux vers lesquels volent les vers du poète.
3. Que signifie le dernier vers?

Appréciation littéraire

B. Comment le refrain équilibre-t-il à la fois le *fond* et la *forme* du poème?

Réactions personnelles

C. Ce poème a été mis en musique par Reynaldo Hahn (1875–1947), compositeur, ami très proche de Marcel Proust. Connaissez-vous des poèmes ou des chansons populaires qui expriment l'idée d'une progression dans l'amour? Est-ce un phénomène exceptionnel?

Unless you have dealt with prosody to a greater degree than is covered here, we recommend you advise the use of free, blank verse.

D. Ecrivez un poème pour exprimer vos sentiments envers une personne qui vous est chère. Employez le conditionnel dans un refrain que vous répétez ou variez dans chaque strophe (vous pouvez utiliser le refrain que vous avez inventé pour l'exercice C à la page 427).

Mise en perspective

1. *Poème*. Imaginez un poème d'amour (ou d'une autre sorte) écrit par Plume. Employez un refrain dans ce poème.

2. *Narration*. Faites une narration intitulée «Plume amoureux».

3. *Essai*. Ne peut-on pas dire que Plume et Victor Hugo éprouvent tous les deux de la solitude et une sorte d'aliénation? Contrastez les différentes façons dont ils ressentent cette expérience. Expliquez la réaction de Plume et de Victor Hugo devant ces sentiments.

Dans le train

COLETTE

Voici encore un exemple d'un texte de Colette (voir p. 213) écrit pour un journal parisien. Pour apprécier le trait ironique de son style, il faut commencer par se représenter le décor et la situation: un compartiment de train en 1914 où deux braves dames s'interrogent...

Dans le train

Elles viennent de se recontrer, dans ce wagon qu'un voyageur inconnu et moi nous jonchons[1] de journaux,—ce sont deux bonnes dames un peu essoufflées[2]; je range mes paperasses[3] déployées pour qu'elles casent vingt paquets; je flaire,[4] issue de grands sacs craquants, une odeur de vanille et de pâtisserie fraîche; il y a des enfants à la maison, beaucoup d'enfants,—je ne puis d'ailleurs l'ignorer plus longtemps:

—Et vos quatre garçons, madame?

—Vous pouvez dire cinq; est-ce mon petit Maurice que vous oubliez?

—Mon Dieu... excusez, je ne sais plus comment je vis. Croiriez-vous qu'il y a des instants où, quand j'ai les miens autour de moi, je me dis: «Je n'ai pas mon compte, mais quel est celui qui me manque?»

5

10

---

1. *Joncher* = "to strew."
2. *Essoufflé* = qui ne peut pas souffler, "out of breath."
3. *Paperasse* (f.) = vieux papier.
4. *Flairer* = sentir.

Et ce mauvais hiver, avec toutes les maladies qu'il m'a apportées, m'a fait finir de perdre la tête. Enfin, les petites ont bien passé leur rouge-
15 ole,[5] mais les deux garçons tiennent bien de la place à la maison. Charles a des névralgies de travailler, et Georges n'est pas trop bien.

—La croissance?[6]

—Non, il a de la manie de suicide en ce moment.

—Lui aussi! Mon Dieu, que les enfants de maintenant sont
20 difficiles à tenir! Et comme ça court, cette manie de suicide! Chez nous, nous n'en avons pas. Mais les Hespel, ils ont un garçon comme le vôtre, un de onze ans. Il dit qu'il en a assez de vivre. Il dit qu'on ne voit que tristesse sur la terre. Il dit je ne sais combien de choses...

—Le nôtre n'en cherche pas tant. Mais il a bien chaussé son idée.
25 Son père lui commande: «Va à ton lycée, un garçon de douze ans doit travailler.—Ah! c'est comme ça? dit le petit, eh bien, je vais me tuer.» C'est un refrain. «On ne veut pas me donner du vin pur? Je me tue. On veut que je me lève à six heures? Je me tue.» Il nous fait marcher, c'en est honteux. J'en suis arrivée à transpirer rien que de lui voir un
30 couteau de table ou une corde à sauter dans les mains.[7] Et que faire?...

—C'est bien délicat. Voilà une mode qui n'est pas de notre temps! Les Hespel sont aussi embarrassés que vous. Mois vous savez, je n'ai pas une patience d'ange. Il me semble qu'à la fin je lui crierais: «Eh, tue-toi, mauvais gamin!» Il ne le ferait sûrement pas, dites?
35 La bonne mère poule hésite, et ses yeux bleus saillants question-nent tour à tour la plaine pluvieuse, moi, les sacs de meringues, le voyageur inconnu...

—Oui, dit-elle enfin. Et puis, si après ça je retrouve mon petit au bout de la corde à sauter, ou bien le couteau à dessert... Seigneur! ne
40 me parlez plus de ça, je voudrais déjà être à la maison pour savoir que tout va bien...

Le voyageur inconnu a laissé son journal et moi mon livre. Nous pensons certainement au petit maître chanteur[8] qui attend sa mère à la prochaine station: «Ah! tu m'as rapporté des meringues au lieu de
45 sablés?[9] Je me tue.»

Enfants qui s'allèrent noyer[10] pour une réprimande, qui burent le poison parce qu'on les avait privés de dessert ou qu'ils devaient re-tourner à l'école—qu'elle est longue, la théorie des petits fantômes! Mais je les imagine désolées et inconsolables les ombres de ces enfants
50 farouches,[11] chez qui l'excès indiscipliné de la vie—orgueil froissé,[12]

Explain that **burent = ont bu.**

---

5. *Rougeole* (f.) = "measles."
6. *Croissance* (f.) = "growth."
7. *J'en suis arrivée...* = "It's gotten so I perspire just to see him with a table knife or a jump rope in his hands."
8. *Maître chanteur* (m.) = "blackmailer."
9. *Sablé* (m.) = sorte de gâteau.
10. *S'allèrent noyer* = allèrent (sont allés) se noyer.
11. *Farouche* = insociable.
12. *Froissé* = offensé.

jalousie, larmes près de briser des poitrines trop frêles—s'exprime par le geste irrémédiable...

55 Soyez sûrs cependant qu'avant ce geste, l'enfant désespéré et vindicatif a songé à tout. Il a escompté, avec la vive poésie et le goût dramatique de son âge, l'effet de sa disparition. Il a disposé le décor de ses funérailles, les fleurs, les pleurs, la douleur paternelle qui le venge—il a vu la chaise vide à table, les jouets orphelins—il a pensé à tout, sauf à ce qui est trop grand et trop simple pour un enfant—il a tout imaginé... sauf qu'il ne vivrait plus.

dans Le Matin, 26 février 1914

La mère

Exercises and discussion topics to accompany this reading can be found in the Instructor's Manual.

OUSMANE SEMBÈNE

Les mythes, les légendes et l'histoire coïncident pour donner de nombreux exemples de monarques, de rois, d'empereurs, de dictateurs et de chefs divers qui deviennent symboles de l'injustice dans leur abus insensé du pouvoir (les empereurs romains, Caligula ou Néron; Attila, roi des Huns; etc.).

Ousmane Sembène, prenant parti pour les victimes d'une injustice générale, suscite la pitié et la résignation dans «Chaïba» (voir page 134). Ici, dans «La Mère», au contraire, l'auteur campe un personnage qui enfin tient tête à l'oppresseur, un despote épouvantable dont les caprices débauchés ravagent le royaume. Pour contredire le tyran, le personnage courageux qui se lève, c'est une femme, une mère—souvent vénérée dans la culture africaine («Mère, sois bénie!» dira Léopold Senghor,[1] compatriote sénégalais de Sembène).

La mère

Je t'ai parlé des rois et de leur façon de vivre, certes pas tous, mais quelques-uns. Ils se succédaient de père en fils, c'est-à-dire de mâle en mâle et par ordre de progéniture. Le présomptif recevait une éducation spéciale: les griots[2] lui vantaient les faits et gestes de ses aïeux; et une

---

1. «L'Enfance» de Senghor (1906–) poète, ancien président du Sénégal, inventeur de terme *négritude* et membre de l'Académie française.
2. *Griot* (m.) = en Afrique noire, sorte de troubadour (poète, musicien, oracle) qui apprend et récite l'histoire de son peuple.

5 fois couronné, absolu ne relevant de personne, il devenait un tyran...
(parfois). Autour de lui, les uns soutenaient des crachoirs[3] en argent
ciselé, travaillés avec art, d'autres des pipes de parade,[4] sculptés en
forme de têtes (ces bouffardes pouvaient avoir deux mètres de long).
On agitait l'air autour de lui avec des éventails faits de plumes
10 d'autruches et de paons, de couleurs rares. Ceux-ci chantaient ses
louanges, ceux-là dansaient pour le divertir: tous se mouvaient à
l'envi,[5] à l'envie[6] de le voir brûler vif, car il n'était pas un Dieu, mais
un despote ayant sur ses sujets le droit de vie ou de mort. Il n'était pas
rare de le voir condamner à mort quelqu'un qu'il ne trouvait pas assez
15 enthousiaste dans ses fonctions.

Le sort frappe ceux qui le conjurent! Quand c'est le peuple qui
opte pour une loi, on peut dire qu'elle est juste. Or, voilà que le roi
publia qu'«aucun homme n'épouserait une fille sans qu'il soit le premier à passer la première nuit avec elle». Une loi scélérate, bien sûr!
20 Mais on ne contredit pas un monarque.

Il commit de telles bassesses que les ministres s'en plaignirent aux
oracles, et vainement. Mais leurs filles y passèrent et aucune n'osait se
soustraire[7] à «SES» obligations. Le peuple s'était résigné. Tout allait
bien pour le roi. Voilà qu'un jour, un homme dont personne ne con-
25 naissait les origines vint à épouser la fille du roi. «Va-t-il agir de la
même façon?» se demandait le peuple. Le soir même il abrogea cette
maudite loi.

Pendant quelque temps, tout alla bien. Il se calma, ne pouvant
reprendre sitôt son penchant. De ce fait, une vive colère naquit en son
30 for intérieur[8]... «Les vieillards ont opposé un digue à mon plaisir.» se
dit-il.

Des jours durant, on avait battu les provinces soumises à son au-
torité, annonçant qu'il désirait voir ses sujets: malades comme infirmes
devaient être présents, sous peine de confiscation des biens. Voilà
35 pourquoi tout le peuple était là. Il ordonna de tuer tout homme ayant
atteint la cinquantaine. Aux paroles ordonnatrices, l'acte fut accompli.
La terre fut tachée de sang. Le soleil sécha le sang, le vent souffla
dessus, le léchant, et les pieds nus effacèrent les dernières traces: mais
les jours passant n'apportèrent pas l'oubli dans les cœurs... Nul[9] n'osait
40 braver ce dément.[10] Il reprit ses vices avec plus d'abondance: non
seulement les filles à marier, mais toutes ayant atteint l'âge... Quelques

---

3. *Crachoir* (m.) = "spittoon."
4. *De parade* = d'ornementation.
5. *À l'envi* = en rivalité les uns avec les autres.
6. *À l'envie* = avec le désir.
7. *Se soustraire* = échapper.
8. *Son for intérieur* = ses pensées intimes.
9. *Nul* = aucun.
10. *Dément* (m.) = personne d'une mentalité instable.

mères parvinrent à soustraire leur rejeton[11] au sadisme de ce maniaque...[12]

(Gloire à toi, femme, immense océan de tendresse, bénie sois-tu dans ton
effusion de douceur.)

Le roi, ivre, non rassasié par sa débauche, parcourait les provinces
à la recherche de nouvelles recrues. Celles de son chef-lieu[13] n'offraient
rien à sa vue. À l'orée d'un village, il s'arrêta, demanda à boire. Sa surprise fut si grande qu'elle étancha sa soif pour un moment. Sur ses ordres, la fille qui venait de lui donner à boire fut enlevée. Elle était
belle. À ses cris, sa mère sortit, venant lui porter secours. (Que pouvait
faire une femme devant des valets de deux mètres de haut?) Pourtant
elle se révéla indomptable par le maintien de ces bras vigoureux.

D'une gifle il la roula sur le sol. Promptement elle se releva et
s'agrippa. Sa lutte fut vaine...

Le lendemain, la mère se trouva à la place où le roi venait se reposer, entouré de sa suite. Elle n'attendit pas longtemps. À la vue de la
mère, vieille et laide, le roi dit:

—Vieille, si tu as une fille, sache que je ne reçois pas dans la
journée.

Elle fixa ses yeux dans ceux de l'homme. Son visage était calme et
passif. Pas un mouvement, pas un geste ne hacha son maintien.

—Sire, dit-elle, à te voir, on dirait que tu n'as pas de mère... De ta
naissance à ce jour, tu n'as combattu que la femme, parce qu'elle est
faible. La joie que tu en tires est plus ignoble que l'acte. Je ne t'en
veux pas[14] d'avoir agi ainsi: parce que tu es homme, et parce que la
femme est toujours femme, et que la nature le veut ainsi. Je ne t'en
veux pas, parce que tu as une mère, par elle, je respecte toute personne: fils de roi, fils d'esclave, la mère enfante dans l'amour, met
bas[15] dans la douleur, et chérit dans le plus profond de ses sentiments
ce déchirement d'elle-même. Par elle je te pardonne... Respecte la
femme, pas pour ses cheveux blancs, pour ta mère d'abord, puis pour
la femme elle-même. C'est d'elle, la femme, que découle[16] toute
grandeur, celle du maître, du brave, du lâche, du griot, du musicien...
Dans un cœur de mère, l'enfant est roi... Tous ces gens qui t'entourent
ont une mère, et dans leur détresse comme dans leur joie, elle ne voit
que son enfant.

—Tuez-la, hurla le roi.

---

11. *Rejeton* (m.) = "offspring."
12. *Maniaque* (m.) = personne obsédée.
13. *Son chef-lieu* = sa capitale.
14. *En vouloir à quelqu'un* = avoir quelque chose contre quelqu'un.
15. *Mettre bas* = donner naissance à, en parlant des animaux.
16. *Découler* = venir.

L'assistance n'obéit pas. Les paroles avaient touché. Le roi,
80 beuglant, hurlant de colère, infectait son amer fiel[17] dans un langage
vulgaire. La mère sans orgueil ni fierté, reprit:

—Vous fûtes témoins quand il se servit de vos sœurs, sur ses ordres
vos pères furent assassinés. Et maintenant il s'en prend à[18] vos mères
et vos sœurs... À vous voir, tous, on dirait que vous ne possédez plus
85 de dignité...

De plus en plus furieux, le roi se leva brusquement, d'un revers de
main, il envoya la vieille sur le sol. Mais ce geste ne fut pas renouvelé.
Le roi se sentit saisi par les poignets, soulevé. Pour la première fois, les
sujets armés de courage se révoltèrent et leur roi fut destitué...

90 *Gloire à ceux et à celles qui ont eu le courage de braver les calomnies.
Soyez louées, femmes, sources intarissables, vous qui êtes plus fortes que la
mort… Gloire à vous, coolies de la vieille Chine, tagala-coye du plateau du
Niger! Gloire à vous, femmes de marins dans l'éternel deuil! Gloire à toi,
petite, petite enfant, mais jouant déjà à la mère…*

95 *L'immensité des océans n'est rien à côté de l'immensité de la tendresse
d'une mère…*

L'enfant

JACQUES FERRON

La culture et la littérature du Québec représentent l'exemple par
excellence d'une tradition francophone à la fois diverse et origi-
nale. L'histoire de la littérature canadienne écrite en français est
volumineuse. Aujourd'hui les œuvres de beaucoup d'écrivains
canadiens sont publiées à Paris aussi bien qu'à Montréal ou à Québec. Elles sont reçues dans l'Hexagone[1] avec sympathie[2] et intérêt,
ce qui aide à assurer leur succès sur le vieux continent.

La sympathie que les Français ressentent à l'égard des Québécois s'est exprimée ouvertement et politiquement dans les années
soixante lors de la visite du général de Gaulle au Québec quand il a
lancé son célèbre appel, «Vive le Québec libre!» Depuis, la situation a changé. Le séparatisme québécois, mouvement qui semblait

---

17. *Infectait son amer fiel* = empoisonnait en laissant éclater ses sentiments acrimonieux.
18. *S'en prendre à* = s'attaquer à, accuser.

---

1. *Hexagone* (m.) = la France (par référence à sa forme géographique).
2. *Sympathie* (f.) = affinité de sentiments (Attention! ≠ pitié)

sur le point de bouleverser la structure de la fédération canadienne, s'est estompé[3] et n'existe qu'en veilleuse[4] pour le moment. Les réclamations des «séparatistes» ont trouvé une réponse au moins partielle à l'intérieur de cadre politique actuel ou dans les innovations constitutionnelles très récentes permettant finalement une quasi-autonomie à la Belle Province[5] sans qu'il y ait une séparation du reste du Canada.

Parmi les intellectuels canadiens concernés par l'évolution du Canada moderne, l'écrivain Jacques Ferron (1921–) s'est engagé dans la cause de l'indépendance québécoise. Après des études de médecine à l'Université de Laval, il exerce sa profession de médecin dans le milieu ouvrier de Montréal et dans la Gaspésie[6] où il découvre la tradition du conteur oral. Auteur de pièces de théâtre, de romans et de nouvelles, Ferron traite souvent des problèmes de la société québécoise, qui sont aussi les problèmes d'autres sociétés. Il méprise l'élitisme bourgeois, dénonce la corruption politique et religieuse, satirise les conventions de l'amour, du mariage et de la mode. Il expose les effets néfastes de la vie économique et industrielle et pose en surplus la question du rôle du médecin dans la société.

«L'Enfant» est tiré d'un recueil comportant trois séries de contes: *Contes du pays incertain* (publiés antérieurement), *Contes anglais et autres* et *Contes inédits*. «L'Enfant» évoque la condition d'un couple humble. Le sens de leur vie conjugale se réduit à la vision hallucinante de ces quelques pages à l'atmosphère surréelle et dans les ultimes illusions d'un père et de son «enfant».

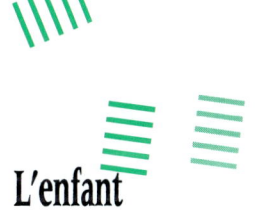

L'enfant

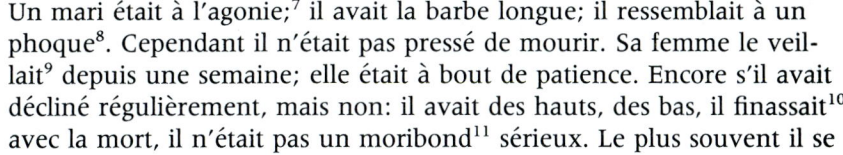

Un mari était à l'agonie;[7] il avait la barbe longue; il ressemblait à un phoque[8]. Cependant il n'était pas pressé de mourir. Sa femme le veillait[9] depuis une semaine; elle était à bout de patience. Encore s'il avait décliné régulièrement, mais non: il avait des hauts, des bas, il finassait[10]
5   avec la mort, il n'était pas un moribond[11] sérieux. Le plus souvent il se

---

3. *S'estomper* = devenir moins clair.
4. *En veilleuse* = en activité réduite.
5. *La Belle Province* = La province de Québec.
6. *La Gaspésie* = péninsule du nord-est du Québec, à l'embouchure du fleuve Saint-Laurent.
7. *À l'agonie* = dans les moments immédiatement avant la mort.
8. *Phoque* (m.) = "seal."
9. *Veiller* = surveiller pendant la nuit.
10. *Finasser* = "to finesse."
11. *Moribond* (m.) = mourant.

tenait sous l'eau, inconscient, cachant son jeu.[12] Lorsqu'il remontait, ouvrant soudain l'œil à la surface, c'était pour prendre sa femme en défaut;[13] elle n'avait pas le temps de se ressaisir; il l'apercevait dans toute sa lassitude[14], au moment d'espérer qu'il restât au fond. Elle met-
10 tait alors la main devant son visage: «Ah!» faisait-elle.

Ce n'était pas suffisant; elle lui demandait encore de ses nouvelles: Comment se sentait-il? Avait-il bien dormi? Lui pour toute réponse grognait[15]—il n'était guère obligeant—grognait, puis replongeait. Elle résolut, tant qu'à n'avoir qu'un phoque pour mari, d'être veuve[16].

15 Le médecin avait laissé des remèdes, qu'on pouvait ne pas donner. Elle les flaira et jugea plus prudent de les continuer; seulement elle força un peu la dose. Une fois qu'elle avait décidément exagéré, la main lui tremblait: «Prends, chéri», dit-elle; le mari détourna la tête, elle n'insista pas. Mais lorsque le médecin passa: «Ah, docteur, je n'en
20 puis plus: mon mari a perdu confiance.» Le bon médecin fit prendre la potion au malade: «Voyons, voyons, c'est pour votre bien.»

—Merci, docteur, dit la femme.

C'était une bonne femme, bonne épouse aussi longtemps que l'époux avait semblé bon homme. Ensemble ils avaient bâti une
25 maison, fait des économies et couvé[17] bien à leur aise le désir d'avoir des enfants. Ils n'en avaient pas eu, à qui la faute? Elle s'en accusa; ce sont toujours des innocents qui ont des aveux.[18] Grâce à quoi elle avait pu supporter durant dix ans et plus les coups de bec d'un coq inutile.

La potion fut efficace; il fallut appeler le curé[19] qui extrémisa[20] le
30 moribond. La cérémonie achevée, le curé alluma un cierge[21] et s'en alla. La femme resta seule avec son mari; elle s'assoupit[22] et rêva qu'elle tenait un enfant dans ses bras. Pendant qu'elle dormait ainsi, le pauvre homme remonta, il avait la vie dure, une bulle d'air creva[23] à la surface de l'eau, il aperçut sa femme, l'enfant et le cierge: sa femme
35 heureuse, l'enfant qui le regardait avec effroi et le cierge à demi con-sumé. Il ne sut que penser. Qui était-il? Un phoque, un coq mouillé? Il n'était sûrement plus le mari. Alors il eut la force de se soulever, d'éteindre le cierge, et de mourir.

---

12. *Cacher son jeu* = dissimuler, cacher son but ou son action.
13. *En défaut* = en erreur.
14. *Lassitude* (f.) = fatigue.
15. *Grogner* = témoigner son mécontentement par un bruit sourd; gronder.
16. *Veuve* (f.) = femme dont le mari est mort.
17. *Couver* = "to incubate, (of hen, etc.) to sit on (eggs)."
18. *Aveu* (m.) = action de reconnaître ce qui est pénible à révéler.
19. *Curé* (m.) = prêtre.
20. *Extrémiser* = donner l'extrême-onction, sacrement qu'on administre dans le culte catholique aux malades en danger de mourir, par l'application des saintes huiles.
21. *Cierge* (m.) = longue chandelle en usage dans les rites religieux.
22. *s'assoupir* = s'endormir.
23. *Crever* = s'ouvrir en éclatant.

accord (*agreement*): correspondence in gender, number, or person between words (**elle est** content**e, ils sont** content**s**, c'est **moi qui suis** en retard). Verbs agree with their subjects (je **suis**, tu **es**), adjectives usually agree with the nouns or pronouns they modify (la table rond**e**, elle est **belle**), articles and other determiners agree with their nouns (**des** élèves, **cette** liste), and past participles agree in some cases with their subjects (nous sommes allé**s**) and with preceding direct objects (les femmes que j'ai vu**es**). *See also* **genre; nombre**

adjectif (*adjective*): a word that modifies (describes, limits, specifies) a noun or a pronoun.
- **adjectif qualificatif** (*descriptive adjective*): an adjective that normally indicates qualities (**beau, rond**).
- **adjectif démonstratif** (*demonstrative adjective*): an adjective that points out ("demonstrates") the noun it modifies (**ce** livre, **cet** homme, **cette** stéréo, **ces** papiers).
- **adjectif possessif** (*possessive adjective*): an adjective that indicates the possessor of the noun it modifies (**mon** stylo, **ta** bicyclette, **ses** doigts).
- **adjectif interrogatif** (*interrogative adjective*): an adjective used to ask a question about the noun it modifies (**Quelle** date? **Quels** garçons?).
- **adjectif verbal** (*verbal adjective*). *See* **participe présent**

adverbe (*adverb*): a word that modifies either a verb (parlez **doucement**), an adjective (**très** enthousiaste), or another adverb (**énormément** bien).
- **adverbe interrogatif** (*interrogative adverb*): an adverb used to ask a question about the sentence in which it appears (**Où** vas-tu? **Pourquoi** ne m'a-t-on pas répondu?).
- **adverbe de manière** (*adverb of manner*): an adverb used to tell *how* something is done (Il a joué **délicatement**; Nous prononçons **bien** le français).
- **adverbe de temps** (*adverb of time*): an adverb that tells *when* something was done (Il est arrivé **hier**; Il partirà **le lendemain**).

antécédent (*antecedent*): the word or words that a pronoun represents (**La femme** *qui* est à la porte est ma sœur; **Il n'est jamais là**, *ce qui* me gêne; Puisque **Marcel** m'adore, *il* m'envoie toujours des fleurs.). The antecedent precedes the pronoun that replaces it.

apposition (*apposition*): (1) a construction in which the second of two contiguous clauses or terms defines the first (Louis XIV, **roi de France**, a dit: « L'état, c'est moi. »); (2) a construction in which an adjective set off by a comma stands for a whole clause (**Terrifiée**, la petite fille a cherché sa mère).

article (*article*): a word used to signal and specify a noun as to its gender and number and whether it is general or particular.

- **article défini** (*definite article*): an article used to designate specific nouns (Je prends **le** livre qui est sur **la** table) and nouns used as general categories (**La** vie est dure).
- **article indéfini** (*indefinite article*): an article that designates an unspecified noun or nouns (Vous apporterez **des** crayons et **un** stylo).
- **article partitif** (*partitive article*): an article indicating that the noun it designates is a part of a larger whole (Je voudrais **du** gâteau).

auxiliaire (*auxiliary*). *See* **verbe auxiliaire; verbe composé**

complément (*complement*): a word or words added, usually to complete the verb, such as an adverb, an adverbial phrase, an object, etc. (Viens **vite**; Nous allons **chez vous**; Il voit **la lune**). *See also* **objet direct; objet indirect**

conditionnel (*conditional*). *See* **mode**

conjugaison (*conjugation*): the form of a verb that reflects person, number, and tense through a combination of its stem (*radical*) and its ending (je parl**e**, tu parl**es**, il parl**e**, nous parl**ons**, vous parl**ez**, ils parl**ent**). *See also* **radical**

conjonction (*conjunction*): a word or expression that joins words, groups of words, or whole clauses.

- **conjonction de coordination** (*coordinating conjunction*): a conjunction that joins two identically constructed grammatical elements (Pierre **et** moi; Je l'ai vu **mais** je ne l'ai pas cru; Elle ne danse **ni** ne chante).
- **conjonction de subordination** (*subordinating conjunction*): a conjunction that introduces a dependent clause (Je ne l'aime pas **bien qu'**il soit riche; **Quand** elle pense à son enfant, elle pleure).

contraction (*contraction*): a word that is formed by fusing two other words (*de + le* = **du**; *à + lesquels* = **auxquels**).

déclaratif (*declarative*): term used to designate a clause or sentence making a statement as opposed to one asking a question (**Alice part pour Nice**). *See also* **interrogatif**

démonstratif (*démonstratif*). *See* **adjectif démonstratif; pronom démonstratif**

expression idiomatique (*idiomatic expression*): An expression peculiar to a given language that cannot necessarily be understood by a word-for-word translation. Idiomatic expressions may be clichés (Elle est **bête comme ses pieds**), proverbs (**tel père, tel fils**), grammatical structures (**Il y a** une maison là-bas; **Il a beau** travailler; **Il fait beau**), or fixed expressions (**comme ça; du pareil au même; de plus en plus**).

expression impersonnelle (*impersonal expression*): a verbal expression whose subject can never be a person but only the impersonal subject pronoun **il** (**il** faut, **il** s'agit, **il** vaut mieux que).

genre (*gender*): term used to designate whether a noun, pronoun, or adjective is masculine or feminine. Gender is applied in French to all nouns, whether persons, things, or ideas (**le** boulanger, **le** monde, **le** féminisme; **la** boulangère, **la** terre, **la** masculinité).

h aspiré (*aspirated h*): although the so-called aspirated *h* is not pronounced in modern French, all choices of modifiers to precede a word beginning with an aspirated *h* are made as if the word began with a consonant (**ce** héros, **la** honte, **je** hais). Liaison and elision never occur with a word beginning with an aspirated *h* (les/haricots verts, nous/haïssons, une/haute cuisine).

h muet (*mute h*): all choices of modifiers for a word beginning with a mute *h* are made as if the word began with a vowel (l'homme, **cet** hôtel). Liaison and elision occur when appropriate (deux habitants, les héroïnes, une longue histoire).

impératif (*imperative*). *See* **mode**

indéfini (*indefinite*). *See* **article indéfini; pronom indéfini**

indicatif (*indicative*). *See* **mode**

infinitif (*infinitive*): the verb form showing only the general meaning of the verb without reflecting person, tense, or number (**parler, finir, descendre**).

interrogatif (*interrogative*): a word or sentence construction that asks a question (**Alice part-elle pour Nice? Où** va Alice? **Quel** train prend-elle?). *See also* **adjecif interrogatif; adverbe interrogatif; pronom interrogatif**

intransitif (*intransitive*): *See* **verbe intransitif**

invariable (*invariable*): term used to designate words that do not change in form to follow rules of agreement (les cheveux **marron**).

inversion (*inversion*): a situation in which the normal declarative order is reversed so that the verb precedes the pronoun subject (**Parlez-vous** français? **Est-ce** vrai?) and in some cases the noun subject (Comment **va Suzanne**?).

mode (*mood*): a set of verb forms that theoretically indicate attitude toward the statement being made. The *indicative* mood generally relates facts or supplies information (Paris **est** en France); the *subjunctive* mood often indicates the emotional or subjective nature of a statement (Je doute qu'il **puisse** venir); the *imperative* mood articulates commands (**Venez** ici!); the *conditional* mood indicates the supposed result of a hypothetical situation (Si c'était mon anniversaire, j'**irais** dîner au restaurant L'Étoile).

nom (*noun*): a word designating a person, place, thing, or idea (**Marie, Marseille**, un **crayon**, la **frustration**).

nombre (*number*): term used to indicate whether a noun, pronoun, adjective, or verb is singular or plural.

objet direct or **complément d'objet direct** (*direct object*): a noun or pronoun that receives the action of a transitive verb (J'ai écrit **une lettre**). *See also* **verbe transitif**

objet indirect or **complément d'objet indirect** (*indirect object*): usually a person (or persons) toward whom or for whom an action is taken (J'ai écrit une lettre **à Julie**). A thing or idea may also be an indirect object (Il contribue **à la discussion**). The indirect object is indicated by **à**+noun. Persons may also be indicated by an indirect object pronoun (Je **lui** ai écrit une lettre) and things or ideas by **y** (Il **y** contribue).[1]

---

1. Note that French grammarians actually consider as indirect the object of a verb requiring *any* preposition (*Je me souviens **de Jean**; Je me souviens **de lui**; J'opte **pour la nationalité française***).

participe passé (*past participle*): form of a verb used with an auxiliary to form compound tenses (Nous avons **attendu**). It can also be used as an adjective (La mère **fatiguée** s'endort).

participe présent (*present participle*): form of a verb used to indicate simultaneity of action with the principal verb of the sentence (L'homme **fumant** une pipe attend ici depuis une heure). The present participle is often combined with **en** to form an adverb of manner (Michel est parti **en courant**). It can also function as a verbal adjective (Voilà une chaise **roulante**).

partitif (*partitive*). *See* **article partitif**

personne (*person*): Verbs and pronouns are designated as being in the singular or plural of one of three persons: *first* (**je, nous**), *second* (**tu, vous**), or *third* (**il, elle, on, ils, elles,** etc.).

phrase (*sentence*): a complete thought articulated in one or more clauses, containing at least a subject (implicit or explicit) and a verb (**Je ris.; C'était une bonne femme, bonne épouse aussi longtemps que l'époux avait semblé bon homme.**).

possessif (*possessive*): *See* **adjectif possessif; pronom possessif**

préposition (*preposition*): a word preceding a noun or pronoun to indicate position, direction, or time relative to another word in the sentence (Le bureau est **devant** moi; Nous allons **jusqu'à** Lyon).

pronom (*pronoun*): a word that substitutes for a noun or noun phrase.

- **pronom personnel** (*personal pronoun*): subject, object, and disjunctive pronouns.
- **pronom démonstratif** (*demonstrative pronoun*): a pronoun that replaces a noun and points it out (Regardez ces deux portraits. J'aime **celui-ci**, mais pas **celui-là**).
- **pronom possessif** (*possessive pronoun*): a pronoun that replaces a noun and also indicates the possessor of the noun (Cette chaussure est **la mienne!** Mais celles-là sont **les vôtres**). A possessive pronoun is always preceded by a definite article in French.
- **pronom relatif** (*relative pronoun*): a pronoun that refers ("relates") to an antecedent that precedes it. It unifies two independent clauses into a single sentence, making the one introduced by the relative pronoun into a subordinate clause (Je connais la femme **qui** est là; Voici la raison pour **laquelle** j'ai quitté l'Angleterre).
- **pronom réfléchi** (*reflexive pronoun*): a pronoun in a reflexive construction that refers to the subject and acts as either the direct or indirect object (Elle **se** promène; Elle **se** lave les mains; Ils **se** parlent).
- **pronom indéfini** (*indefinite pronoun*): a pronoun that refers to an indefinite or general person(s) or thing(s) (**on, chacun, celui, tout, quelque chose, rien, quelqu'un, personne**).
- **pronom interrogatif** (*interrogative pronoun*): a pronoun that introduces a question (**Qu'est-ce que** vous voulez? **Laquelle** de ces décisions est la meilleure?)

pronominal(-aux). *See* **verbe pronominal**

proposition (*clause*): a group of words containing a subject and a conjugated verb.

- **proposition principale** (*main clause*): a clause representing a complete thought that can stand alone (**Je vous invite** parce que je vous aime).
- **proposition subordonnée** (*dependent* or *subordinate clause*): a clause that acts as a noun, adjective, or adverb in relation to a principal clause and is introduced by a subordinating conjunction. It does not normally stand alone (Je vous invite **parce que je vous aime**).
- **proposition relative** (*relative clause*): a subordinate clause introduced by a relative pronoun (L'homme **que tu vois** est mon cousin).

radical (*verb stem, root*): the part of the verb to which endings are added to indicate person and number (je **parl**e, nous **parl**ons).

réfléchi (*reflexive*). *See* **pronom réfléchi; verbe pronominal**

relatif (*relative*). *See* **pronom relatif; proposition relative**

subjonctif (*subjunctive*). *See* **mode**

sujet (*subject*): the person or thing that performs the action or governs the state of being of the verb (**Marc** arrive; **La neige** tombe; **Nous** sommes tristes).

temps (*tense*): the particular form of a verb that indicates the time frame in which an action takes place: present, past, future, etc. (je **suis parti**, je **pars**, je **partirai**, je **serai parti**).

temps composé. *See* **verbe composé**

transitif (*transitive*). *See* **verbe transitif**

verbe (*verb*): a word indicating the action or condition of the subject (Je **pense**, donc je **suis**).

- **verbe simple** (*simple verb*): a verb consisting of only one word (il **est**, nous **allons**).
- **verbe composé** (*compound verb*): a verb consisting of an auxiliary verb, which is conjugated, and a past participle (il **a fini**, nous **serons arrivés**).
- **verbe auxiliaire** (*auxiliary verb*): a verb used in combination with a past participle to form a compound verb (elle **est** partie, vous **aurez** compris, i! **s'était** réveillé). There are two auxiliary verbs in French, **avoir**, and **être**.
- **verbe pronominal** (*reflexive verb*): a verb whose subject is also its direct or indirect object (Il **se regarde** dans le miroir; Elle **s'est acheté** un bifteck).
- **verbe intransitif** (*intransitive verb*): a verb that does not take a direct object (elle **part**). *See also* **objet direct**
- **verbe transitif** (*transitive verb*): a verb that takes a direct object (Je **cherche** mon manteau). *See also* **objet direct**

Les temps littéraires

Il existe en français des structures réservées à la langue écrite: deux temps de l'indicatif—le passé simple et le passé antérieur—et deux temps du subjonctif—l'imparfait du subjonctif et le plus-que-parfait du subjonctif. Leur emploi donne à un récit un caractère assez formel ou officiel. On les voit surtout dans la littérature, les journaux, les récits historiques ou les discours formels ou solennels.

Ces formes s'emploient de moins en moins aujourd'hui, et en général on ne les voit plus qu'à la troisième personne (surtout les deux temps du subjonctif), mais il est quand même important de savoir les reconnaître pour comprendre le français écrit.

1. Le passé simple   Dans la langue écrite, on emploie le passé simple au lieu du passé composé pour la narration des événements au passé. (L'imparfait sert pour les descriptions dans un contexte littéraire, comme dans la langue parlée.)

> Il **arriva** au fond, jusqu'au vieux journaliste, et **se planta** devant lui. (Grenier)
> Plus tard, il m'**expliqua** qu'il était sur le port de Marseilles, depuis bientôt vingt-cinq ans. (Sembène)

La formation du passé simple est expliquée à la page 32 de Leçon 1, *Interroger*.

2. Le passé antérieur   Il est souvent nécessaire d'exprimer une action du prépassé—une action qui s'est déroulée avant une autre action déjà au passé. Dans la langue écrite on emploie le passé antérieur pour indiquer ce qui se passe immédiatement avant une autre action, souvent précédé de *dès que* ou *aussitôt que.* Le plus-que-parfait s'emploie également en français littéraire pour indiquer une antériorité non-immédiate.

> Dès que le président **eut parlé** avec l'ambassadeur, les négociations commencèrent.
> À peine **fut**-il **arrivé** que le village changea de son opinion.

Le passé antérieur est formé avec le passé simple de l'auxiliaire + le participe passé du verbe.

PARLER (AUXILIAIRE = **AVOIR**)		PARTIR (AUXILIAIRE = **ÊTRE**)	
j'	eus parlé	je	fus venu(e)
tu	eus parlé	tu	fus venu(e)
il/elle/on	eut parlé	il/elle/on	fut venu(e)
nous	eûmes parlé	nous	fûmes venu(e)s
vous	eûtes parlé	vous	fûtes venu(e)(s)
ils/elles	eurent parlé	ils/elles	furent venu(e)s

3. L'imparfait du subjonctif L'emploi de l'imparfait du subjonctif est encore plus limité dans la langue moderne que celui du passé simple ou du passé antérieur.

L'imparfait du subjonctif est l'équivalent littéraire du présent du subjonctif dans une proposition subordonnée quand le verbe de la proposition principale est à un temps passé ou au conditionnel. Il indique alors une action qui se déroule *en même temps* ou *après* l'action de la proposition principale.

> Vinard traversa toute la salle,... et chacun était heureux qu'il ne **s'arrêtât** pas près du sien. (Grenier)
> Il voulait qu'on **établît** dans les quartiers pauvres des espèces de théâtres gratuits pour les petits enfants. (Maupassant)

La formation de l'imparfait du subjonctif est expliquée à la page 176 de Leçon 4, *Exprimer ses sentiments.*

4. Le plus-que-parfait du subjonctif Comme l'imparfait du subjonctif, le plus-que-parfait du subjonctif s'emploie dans une proposition subordonnée quand le verbe principal est à un temps passé ou au conditionnel. Il est l'équivalent du passé du subjonctif et indique une action qui se déroule *avant* l'action de la proposition principale.

> Il était content qu'elle **fût** déjà **passée** par l'église.
> Ses contemporains ne pensaient pas qu'il **eût** jamais **étudié** à l'université.

Dans la langue écrite le plus-que-parfait du subjonctif s'emploie aussi quelquefois dans une proposition principale pour remplacer le plus-que-parfait de l'indicatif ou le conditionnel passé. Cet emploi caractérise un style très soigné.

> S'il **eût su** la vérité, il en **fût mort.** (= S'il avait su la vérité, il en *serait mort.*)
> Il **eût été** sage d'en parler aux ministres. (= Il *aurait éte* sage d'en parler aux ministres.)

Le plus-que-parfait du subjonctif est formé avec l'imparfait du subjonctif de l'auxiliaire (**avoir** ou **étre,** selon le cas) + le participe passé du verbe.

PARLER (AUXILIAIRE = **AVOIR**)		**VENIR** (AUXILIAIRE = **ÊTRE**)	
que j'	eusse parlé	que je	fusse venu(e)
que tu	eusses parlé	que tu	fusses venu(e)
qu'il/elle/on	eût parlé	qu'il/elle/on	fût venu(e)
que nous	eussions parlé	que nous	fussions venu(e)s
que vous	eussiez parlé	que vous	fussiez venu(e)(s)
qu'il/elles	eussent parlé	qu'ils/elles	fussent venu(e)s

Verbes + prépositions

Verbe + infinitif (sans préposition)

adorer
aimer[1]
aimer mieux
aller
avoir beau
compter
croire
désirer
détester
devoir
écouter
entendre
espérer
faire
falloir
se figurer
s'imaginer

laisser
oser
ouïr
penser
pouvoir
préférez
prétendre
regarder
savior
sembler
sentir
souhalter[2]
valoir mieux
venir[3]
voir
vouloir

Verbe + de + infinitif

accepter de
accuser de
s'agir de
cesser de
choisir de
commander de
commencer de[4]
se contenter de
conseiller de
continuer de[5]
craindre de
décider de
défendre de
demander de
se dépêcher de
désespérer de (litt.)
dire de
s'efforcer de[6]
empêcher de
s'ennuyer de[7]

enrager de
entreprendre de
s'épouvanter de
essayer de
s'étonner de
éviter de
(s')excuser de
se fâcher de
feindre de
(se) féliciter de
se flatter de
finir de
se hâter de
s'indigner de
s'inquiéter de
inspirer de
interdire de
manquer de[8]
menacer de
mériter de

---

1. *aimer à + infinitif* est aussi correct au contexte littéraire.
2. *souhaiter de + infinitif* est également correct.
3. *venir + infinitif* = arriver pour; *venir de + infinitif* indique une très légère antériorité.
4. *commencer à + infinitif* est plus commun au style parlé.
5. *continuer à + infinitif* est plus commun au style parlé.
6. *s'efforcer à + infinitif* est également correct.
7. *s'ennuyer à + infinitif* est également correct.
8. *manquer de + infinitif* = courir le risque de; *manquer à + infinitif* = ne pas réussir à

négliger de
obtenir de
s'occuper de[9]
offrir de
ordonner de
oublier de
pardonner de
permettre de
persuader de
se plaindre de
se presser de
prier de
promettre de
proposer de
refuser de
regretter de
se réjouir de

remercier de
se reprocher de
rire de
risquer de
rougir de
se soucier de
souffrir de
souhaiter de[10]
soupçonner de
se souvenir de
suggérer de
tâcher de
tenter de
se vanter de
venir de[11]
s'en vouloir de

Verbe + à + infinitif

aider à
aimer à (*litt.*)[12]
s'amuser à
apprendre à
s'apprêter à
arriver à
s'attendre à
autoriser à
avoir à
se borner à
chercher à
commencer à[13]
condamner à
conduire à
consentir à
consister à
continuer à[14]
se décider à
s'efforcer à[15]
s'ennuyer à[16]

(s')exciter à
s'habituer à
hésiter à
inviter à
manquer à[17]
obliger à[18]
s'occuper à[19]
parvenir à
persister à
se plaire à
prendre plaisir à
se préparer à
renoncer à
se résigner à
réussir à
suffire à
tendre à
tenir à
viser à

---

9. *s'occuper de + infinitif* = avoir souci de; *s'occuper à + infinitif* = passer son temps à
10. *souhaiter + infinitif* est également correct.
11. voir note 3, p. 448.
12. *aimer + infinitif* s'emploie généralement dans le style parlé.
13. *commencer de + infinitif* est également correct dans un style élégant.
14. *continuer de + infinitif* est également correct dans un style élégant.
15. *s'efforcer de + infinitif* est également correct.
16. *s'ennuyer de + infinitif* est également correct.
17. voir note 8, p. 448.
18. *obliger de + infinitif* est également correct.
19. voir note 9, p. 448.

Verbes

Les tableaux verbaux suivants incluent tous les temps présentés et utilisés dans ce texte. Le présent de l'indicatif apparaît à toutes les personnes. La première personne du singulier et du pluriel apparaissent pour le présent du subjonctif. Les temps littéraires et les verbes impersonnels apparaissent à la troisième personne du singulier, conformes à leur emploi. Tous les autres temps apparaissent uniquement à la première personne du singulier.

Verbes réguliers

Infinitif / Participes	Présent		Passé composé	Imparfait	Plus-que-parfait
parler parlant parlé	je parle tu parles il/elle/on parle	nous parlons vous parlez ils/elles parlent	j'ai parlé	je parlais	j'avais parlé
finir finissant fini	je finis tu finis il /elle/on finit	nous finissons vous finissez ils/elles finissent	j'ai fini	je finissais	j'avais fini
attendre attendant attendu	j'attends tu attends il/elle/on attend	nous attendons vous attendez ils/elles attendent	j'ai attendu	j'attendais	j'avais attendu

Impératif	Futur	Conditionnel	Présent du subjonctif		Passé simple	Imparfait du subjonctif
	Futur antérieur	Conditionnel passé	Passé du subjonctif		Passé antérieur	Plus-que-parfait du subjonctif
parle parlons parlez	je parlerai	je parlerais	que je parle que nous parlions		il parla	qu'il parlât
	j'aurai parlé	j'aurais parlé	que j'aie parlé		il eut parlé	qu'il eût parlé
finis finissons finissez	je finirai	je finirais	que je finisse que nous finissions		il finit	qu'il finît
	j'aurai fini	j'aurais fini	que j'aie fini		il eut fini	qu'il eût fini
attends attendons attendez	j'attendrai	j'attendrais	que j'attende que nous attendions		il attendit	qu'il attendît
	j'aurai attendu	j'aurais attendu	que j'aie attendu		il eut attendu	qu'il eût attendu

Verbes réguliers avec changements orthographiques

Infinitif	Présent		Passé composé	Imparfait	Plus-que-parfait
Participes					
manger[1]	je mange	nous mangeons	j'ai mangé	je mangeais	j'avais mangé
mangeant	tu manges	vous mangez			
mangé	il/elle/on mange	ils/elles mangent			
avancer[2]	j'avance	nous avançons	j'ai avancé	j'avançais	j'avais avancé
avançant	tu avances	vous avancez			
avancé	il/elle/on avance	ils/elles avancent			
employer[3]	j'emploie	nous employons	j'ai employé	j'employais	j'avais employé
employant	tu emploies	vous employez			
employé	il/elle/on emploie	ils/elles emploient			
céder[4]	je cède	nous cédons	j'ai cédé	je cédais	j'avais cédé
cédant	tu cèdes	vous cédez			
cédé	il/elle/on cède	ils/elles cèdent			
peser[5]	je pèse	nous pesons	j'ai pesé	je pesais	j'ai pesé
pesant	tu pèses	vous pesez			
pesé	il/elle/on pèse	ils/elles pèsent			
appeler[6]	j'appelle	nous appelons	j'ai appelé	j'appelais	j'avais appelé
appelant	tu appelles	vous appelez			
appelé	il/elle/on appelle	ils/elles appellent			

1. Tous les verbes qui se terminent en **-ger** se conjuguent comme **manger**.
2. Tous les verbes qui se terminent en **-cer** se conjuguent comme **avancer**.
3. Tous les verbes qui se terminent **-yer (-ayer, -oyer, -uyer)** se conjuguent comme **employer**, sauf **envoyer** (voir le tableau des verbes irréguliers ci-dessous).
4. Tous les verbes qui se terminent **é + [consonne] + er (-écher, -éder, -éger, -éler, -érer, -éter)** se conjuguent comme **céder**.
5. Tous les verbes qui se terminent **e (sans accent) + [consonne] + er (-eler, -emer, -ener, -eser, -eter, -ever)** se conjuguent comme **peser** sauf les verbes dérivés d'**appeler** ou de **jeter** (voir ci-dessous).
6. Tous les verbes dérivés d'**appeler** ou de **jeter** se conjuguent comme **appeler.**

Impératif	Futur	Conditionnel	Présent du subjonctif	Passé simple	Imparfait du subjonctif
	Futur antérieur	Conditionnel passé	Passé du subjonctif	Passé antérieur	Plus-que-parfait du subjonctif
mange mangeons mangez	je mangerai	je mangerais	que je mange que nous mangions	il mangea	qu'il mangeât
	j'aurai mangé	j'aurais mangé	que j'aie mangé	il eut mangé	qu'il eût mangé
avance avançons avancez	j'avancerai	j'avancerais	que j'avance que nous avancions	il avança	qu'il avançât
	j'aurai avancé	j'aurais avancé	que j'aie avancé	il eut avancé	qu'il eût avancé
emploie employons employez	j'emploierai	j'emploierais	que j'emploie que nous employions	il employa	qu'il employât
	j'aurai employé	j'aurais employé	que j'aie employé	il eut employé	qu'il eût employé
cède cédons cédez	je céderai	je céderais	que je cède que nous cédions	il céda	qu'il cédât
	j'aurai cédé	j'aurais cédé	que j'aie cédé	il eut cédé	qu'il eût cédé
pèse pesons pesez	je pèserai	je pèserais	que je pèse que nous pesions	il pesa	qu'il pesât
	j'aurai pesé	j'aurais pesé	que j'aie pesé	il eut pesé	qu'il eût pesé
appelle appelons appelez	j'appellerai	j'appellerais	que j'appelle que nous appelions	il appela	qu'il appelât
	j'aurai appelé	j'aurais appelé	que j'aie appelé	il eut appelé	qu'il eût appelé

Verbes irréguliers

Ce tableau contient tous les verbes irréguliers qui se retrouvent dans le texte sauf ceux qui sont formés par les préfixes **com-, dé-, dés-, entre-, inter-, par-, pré-, pro- r-, re-, sou-** et **sur-** plus un verbe déjà dans le tableau. Les verbes n'apparaissent pas à la forme pronominale sauf quand c'est la seule forme utilisée dans le texte. Les aspects non-usités des verbes défectifs (ceux qui s'emploient uniquement à certains temps et à certaines personnes) sont omis ainsi que les verbes qui appartiennent au français hautement spécialisé (c'est-à-dire, dans les contextes légaux, techniques ou scientifiques).

Pour la conjugaison des verbes irréguliers en tête du tableau, consultez les verbes conjugués de la même manière aux numéros indiqués. Les verbes précédés d'un carré vert se conjuguent avec l'auxiliaire **être**. Naturellement, tout verbe dans le tableau, employé à forme pronominale, devra utiliser l'auxiliaire **être** aux temps composés.

Infinitif Participes présent passé	Présent		Passé Composé	Imparfait	Plus-que-parfait
1 acquérir acquérant acquis	j'acquiers tu acquiers il/elle/on acquiert	nous acquérons vous acquérez ils/elles acquièrent	j'ai acquis	j'acquérais	j'avais acquis
2 aller allant allé	je vais tu vas il/elle/on va	nous allons vous allez ils/elles vont	je suis allé(e)	j'allais	j'étais allé(e)
3a s'asseoir (1ʳᵉ conjugaison) s'asseyant assis	je m'assieds tu t'assieds il/elle/on s'assied	nous nous asseyons vous vous asseyez ils/elles s'asseyent	je me suis assis(e)	je m'asseyais	je m'étais assis(e)
3b s'asseoir (2ᵉ conjugaison) s'asseyant assis	je m'assois tu t'assois il/elle/on s'assoit	nous nous assoyons vous vous assoyez ils/elles s'assoient	je me suis assis(e)	je m'assoyais	je m'étais assis(e)
4 avoir ayant eu	j'ai tu as il/elle/on a	nous avons vous avez ils/elles ont	j'ai eu	j'avais	j'avais eu

abattre 5
■ s'abstenir 46
accourir 11[7]
accroître 14
■ accueillir 15
admettre 27
apercevoir 37
■ apparaître 9[7]
appartenir 46
apprendre 36
atteindre 12
ceindre 12
compromettre 27

concevoir 37
conquérir 1
construire 8
contredire 18
convaincre 44
couvrir 30
cuire 8
décrire 19
déduire 8
détruire 8
■ devenir 46
disparaître 9
dormir 31

élire 26
émettre 27
■ s'endormir 31
■ s'enfuir 25
équivaloir 45
éteindre 12
étreindre 12
feindre 12
instruire 8
joindre 12
maintenir 46
mentir 31
offrir 30

omettre 27
paraître 9
peindre 12
percevoir 37
permettre 27
plaindre 12
poursuivre 43
pressentir 31
produire 8
proscrire 19
réduire 8
reluire 8
ressentir 31

■ ressortir 31
satisfaire 23
séduire 8
sentir 31
servir 31
■ sortir 31
souffrir 30
sourire 39
■ se souvenir 46
■ se taire 32
tenir 46
traduire 8

Temps littéraires

Impératif	Futur	Conditionnel	Présent du subjonctif	Passé simple	Imparfait du subjonctif
	Futur antérieur	Conditionnel passé	Passé du subjonctif	Passé antérieur	Plus-que-parfait du subjonctif
acquiers acquérons acquérez	j'acquerrai	j'acquerrais	que j'acquière que nous acquérions	il acquit	qu'il acquît
	j'aurai acquis	j'aurais acquis	que j'aie acquis	il eut acquis	qu'il eût acquis
va allons allez	j'irai	j'irais	que j'aille que nous allions	il alla	qu'il allât
	je serai allé(e)	je serais allé(e)	que je sois allé(e)	il fut allé	qu'il fût allé
assieds-toi asseyons-nous asseyez-vous	je m'assiérai	je m'assiérais	que je m'asseye que nous nous asseyions	il s'assit	qu'il s'assît
	je me serai assis(e)	je me serais assis(e)	que je me sois assis(e)	il se fut assis	qu'il se fût assis
assois-toi assoyons-nous assoyez-vous	je m'assoirai	je m'assoirais	que je m'assoie que nous nous assoyions	il s'assit	qu'il s'assît
	je me serai assis(e)	je me serais assis(e)	que je me sois assis(e)	il se fut assis	qu'il se fût assis
aie ayons ayez	j'aurai	j'aurais	que j'aie que nous ayons	il eut	qu'il eût
	j'aurai eu	j'aurais eu	que j'aie eu	il eut eu	qu'il eût eu

7. **Accourir** et **apparaître** se conjuguent soit avec **avoir** soit avec **être**.

Infinitif Participes présent passé	Présent		Passé Composé	Imparfait	Plus-que-parfait
5 battre battant battu	je bats tu bats il/elle/on bat	nous battons vous battez ils/elles battent	j'ai battu	je battais	j'avais battu
6 boire buvant bu	je bois tu bois il/elle/on boit	nous buvons vous buvez ils/elles boivent	j'ai bu	je buvais	j'avais bu
7 conclure concluant conclu	je conclus tu conclus il/elle/on conclut	nous concluons vous concluez ils/elles concluent	j'ai conclu	je concluais	j'avais conclu
8 conduire conduisant conduit[8]	je conduis tu conduis il/elle/on conduit	nous conduisons vous conduisez ils/elles conduisent	j'ai conduit	je conduisais	j'avais conduit
9 connaître connaissant connu	je connais tu connais il/elle/on connaît	nous connaissons vous connaissez ils/elles connaissent	j'ai connu	je connaissais	j'avais connu
10 coudre cousant cousu	je couds tu couds il/elle/on coud	nous cousons vous cousez ils/elles cousent	j'ai cousu	je cousais	j'avais cousu
11 courir courant couru	je cours tu cours il/elle/on court	nous courons vous courez ils/elles courent	j'ai couru	je courais	j'avais couru
12 craindre craignant craint	je crains tu crains il/elle/on craint	nous craignons vous craignez ils/elles craignent	j'ai craint	je craignais	j'avais craint
13 croire croyant cru	je crois tu crois il/elle/on croit	nous croyons vous croyez ils/elles croient	j'ai cru	je croyais	j'avais cru

8.   *Mais:* reluire → relui (*sans -t*)

Impératif	Futur	Conditionnel	Présent du subjonctif	Passé simple	Imparfait du subjonctif
	Futur antérieur	Conditionnel passé	Passé du subjonctif	Passé antérieur	Plus-que-parfait du subjonctif
bats battons battez	je battrai	je battrais	que je batte que nous battions	il battit	qu'il battît
	j'aurai battu	j'aurais battu	que j'aie battu	il eut battu	qu'il eût battu
bois buvons buvez	je boirai	je boirais	que je boive que nous buvions	il but	qu'il bût
	j'aurai bu	j'aurais bu	que j'aie bu	il eut bu	qu'il eût bu
conclus concluons concluez	je conclurai	je conclurais	que je conclue que nous nous concluions	il conclut	qu'il conclût
	j'aurai conclu	j'aurais conclu	que j'aie conclu	il eut conclu	qu'il eût conclu
conduis conduisons conduisez	je conduirai	je conduirais	que je conduise que nous conduisions	il conduisit	qu'il conduisît
	j'aurai conduit	j'aurais conduit	que j'aie conduit	il eut conduit	qu'il eût conduit
connais connaissons connaissez	je connaîtrai	je connaîtrais	que je connaisse que nous connaissions	il connut	qu'il connût
	j'aurai connu	j'aurais connu	que j'aie connu	il eut connu	qu'il eût connu
couds cousons cousez	je coudrai	je coudrais	que je couse que nous cousions	il cousit	qu'il cousît
	j'aurai cousu	j'aurais cousu	que j'aie cousu	il eut cousu	qu'il eût cousu
cours courons courez	je courrai	je courrais	que je coure que nous courions	il courut	qu'il courût
	j'aurai couru	j'aurais couru	que j'aie couru	il eut couru	qu'il eût couru
crains craignons craignez	je craindrai	je craindrais	que je craigne que nous craignions	il craignit	qu'il craignît
	j'aurai craint	j'aurais craint	que j'aie craint	il eut craint	qu'il eût craint
crois croyons croyez	je croirai	je croirais	que je croie que nous croyions	il crut	qu'il crût
	j'aurai cru	j'aurais cru	que j'aie cru	il eut cru	qu'il eût cru

Infinitif Participes présent passé	Présent		Passé Composé	Imparfait	Plus-que- parfait
14 croître croissant crû[9] (crue, crus, crues)	je croîs tu croîs il/elle/on croît	nous croissons vous croissez ils/elles croissent	j'ai crû	je croissais	j'avais crû
15 cueillir cueillant cueilli	je cueille tu cueilles il/elle/on cueille	nous cueillons vous cueillez ils/elles cueillent	j'ai cueilli	je cueillais	j'avais cueilli

16 se dévêtir
se dévêtant
dévêtu
	je me dévêts
	tu te dévêts
	il/elle/on se devêt
		nous nous dévêtons
		vous vous dévêtez
		ils/elles se dévêtent
			je me suis
			    dévêtu(e)
				je me dévêtais	je m'étais
					    dévêtu(e)

17 devoir devant dû (due, dus, dues)	je dois tu dois il/elle/on doit	nous devons vous devez ils/elles doivent	j'ai dû	je devais	j'avais dû
18 dire disant dit	je dis tu dis il/elle/on dit	nous disons vous dites[11] ils/elles disent	j'ai dit	je disais	j'avais dit
19 écrire écrivant écrit	j'écris tu écris il/elle/on écrit	nous écrivons vous écrivez ils/elles écrivent	j'ai écrit	j'écrivais	j'avais écrit
20 émouvoir émouvant ému	j'émeus tu émeus il/elle/on émeut	nous émouvons vous émouvez ils/elles émeuvent	j'ai ému	j'émouvais	j'avais ému
21 envoyer envoyant envoyé	j'envoie tu envoies il/elle/on envoie	nous envoyons vous envoyez ils/elles envoient	j'ai envoyé	j'envoyais	j'avais envoyé

9. *Mais:* accroître → accru (*sans accent circonflexe*)
11. *Mais:* contredire, interdire, prédire → vous contredisez, vous interdisez, vous
     prédisez (redire → vous redites)

Impératif	Futur	Conditionnel	Présent du subjonctif	Passé simple	Imparfait du subjonctif
	Futur antérieur	**Conditionnel passé**	**Passé du subjonctif**	**Passé antérieur**	**Plus-que-parfait du subjonctif**
croîs croissons croissez	je croîtrai	je croîtrais	que je croisse que nous croissions	il crût[10]	qu'il crût
	j'aurai crû	j'aurais crû	que j'aie crû	il eut crû	qu'il eût crû
cueille cueillons cueillez	je cueillerai	je cueillerais	que je cueille que nous cueillions	il cueillit	qu'il cueillît
	j'aurai cueilli	j'aurais cueilli	que j'aie cueilli	il eut cueilli	qu'il eût cueilli
dévêts-toi dévêtons-nous dévêtez-vous	je me dévêtirai	je me dévêtrais	que je me dévête que nous nous dévêtions	il se dévêtit	qu'il se dévêtît
	je me serai dévêtu(e)	je me serais dévêtu(e)	que je me sois dévêtu(e)	il se fut dévêtu	qu'il se fût dévêtu
dois devons devez	je devrai	je devrais	que je doive que nous devions	il dut	qu'il dût
	j'aurai dû	j'aurais dû	que j'aie dû	il eut dû	qu'il eût dû
dis disons dites	je dirai	je dirais	que je dise que nous disions	il dit	qu'il dît
	j'aurai dit	j'aurais dit	que j'aie dit	il eut dit	qu'il eût dit
écris écrivons écrivez	j'écrirai	j'écrirais	que j'écrive que nous écrivions	il écrivit	qu'il écrivît
	j'aurai écrit	j'aurais écrit	que j'aie écrit	il eut écrit	qu'il eût écrit
émeus émouvons émouvez	j'émouvrai	j'émourvrais	que j'émeuve que nous émouvions	il émut	qu'il émût
	j'aurai ému	j'aurais ému	que j'aie ému	il eut ému	qu'il eût ému
envoie envoyons envoyez	j'enverrai	j'enverrais	que j'envoie que nous envoyions	il envoya	qu'il envoyât
	j'aurai envoyé	j'aurais envoyé	que j'aie envoyé	il eut envoyé	qu'il eût envoyé

10. *Mais:* accroître → il accrut (*sans accent circomflexe*)

Infinitif Participes présent passé	Présent		Passé Composé	Imparfait	Plus-que- parfait
22 **être** étant été	je suis tu es il/elle/on est	nous sommes vous êtes ils/elles sont	j'ai été	j'étais	j'avais été
23 **faire** faisant fait	je fais tu fais il/elle/on fait	nous faisons vous faites ils/elles font	j'ai fait	je faisais	j'avais fait
24 **falloir** fallu (*inv.*)	il faut		il a fallu	il fallait	il avait fallu
25 **fuir** fuyant fui	je fuis tu fuis il/elle/on fuit	nous fuyons vous fuyez ils/elles fuient	j'ai fui	je fuyais	j'avais fui
26 **lire** lisant lu	je lis tu lis il/elle/on lit	nous lisons vous lisez ils/elles lisent	j'ai lu	je lisais	j'avais lu
27 **mettre** mettant mis	je mets tu mets il/elle/on met	nous mettons vous mettez ils/elles mettent	j'ai mis	je mettais	j'avais mis
28 **mourir** mourant mort	je meurs tu meurs il/elle/on meurt	nous mourons vous mourez ils/elles meurent	je suis mort(e)	je mourais	j'étais mort(e)
29 **naître** naissant né	je nais tu nais il/elle/on naît	nous naissons vous naissez ils/elles naissent	je suis né(e)	je naissais	j'étais né(e)
30 **ouvrir** ouvrant ouvert	j' ouvre tu ouvres il/elle/on ouvre	nous ouvrons vous ouvrez ils/elles ouvrent	j'ai ouvert	j'ouvrais	j'avais ouvert

Impératif	Futur	Conditionnel	Présent du subjonctif	Passé simple	Imparfait du subjonctif
	Futur antérieur	Conditionnel passé	Passé du subjonctif	Passé antérieur	Plus-que-parfait du subjonctif
sois soyons soyez	je serai	je serais	que je sois que nous soyons	il fut	qu'il fût
	j'aurai été	j'aurais été	que j'aie été	il eut été	qu'il eût été
fais faisons faites	je ferai	je ferais	que je fasse que nous fassions	il fit	qu'il fît
	j'aurai fait	j'aurais fait	que j'aie fait	il eut fait	qu'il eût fait
―― ―― ――	il faudra	il faudrait	qu'il faille	il fallut	qu'il fallût
	il aura fallu	il aurait fallu	qu'il ait fallu	il eut fallu	qu'il eût fallu
fuis fuyons fuyez	je fuirai	je fuirais	que je fuie que nous fuyions	il fuit	qu'il fuît
	j'aurai fui	j'aurais fui	que j'aie fui	il eut fui	qu'il eût fui
lis lisons lisez	je lirai	je lirais	que je lise que nous lisions	il lut	qu'il lût
	j'aurai lu	j'aurais lu	que j'aie lu	il eut lu	qu'il eût lu
mets mettons mettez	je mettrai	je mettrais	que je mette que nous mettions	il mit	qu'il mît
	j'aurai mis	j'aurais mis	que j'aie mis	il eut mis	qu'il eût mis
meurs mourons mourez	je mourrai	je mourrais	que je meure que nous mourions	il mourut	qu'il mourût
	je serai mort(e)	je serais mort(e)	que je sois mort(e)	il fut mort	qu'il fût mort
nais naissons naissez	je naîtrai	je naîtrais	que je naisse que nous naissons	il naquit	qu'il naquît
	je serai né(e)	je serais né(e)	que je sois né(e)	il fut né	qu'il fût né
ouvre ouvrons ouvrez	j'ouvrirai	j'ouvrirais	que j'ouvre que nous ouvrions	il ouvrit	qu'il ouvrît
	j'aurai ouvert	j'aurais ouvert	que j'aie ouvert	il eut ouvert	qu'il eût ouvert

Infinitif Participes présent passé	Présent		Passé Composé	Imparfait	Plus-que- parfait
31 **partir**[12] partant parti	je pars tu pars il/elle/on part	nous partons vous partez ils/elles partent	je suis parti(e)	je partais	j'étais parti(e)
32 **plaire** plaisant plu	je plais tu plais il/elle/on plaît[13]	nous plaisons vous plaisez ils/elles plaisent	j'ai plu	je plaisais	j'avais plu
33 **pleuvoir** pleuvant plu (*inv.*)	il pleut		il a plu	il pleuvait	il avait plu
34 **pourvoir** pourvant pourvu	je pourvois tu pourvois il/elle/on pourvoit	nous pourvoyons vous pourvoyez ils/elles pourvoient	j'ai pourvu	je pourvoyais	j'avais pourvu
35 **pouvoir** pouvant pu (*inv.*)	je peux (puis)[14] tu peux il/elle/on peut	nous pouvons vous pouvez ils/elles peuvent	j'ai pu	je pouvais	j'avais pu
36 **prendre** prenant pris	je prends tu prends il/elle/on prend	nous prenons vous prenez ils/elles prennent	j'ai pris	je prenais	j'avais pris
37 **recevoir** recevant reçu	je reçois tu reçois il/elle/on reçoit	nous recevons vous recevez ils/elles reçoivent	j'ai reçu	je recevais	j'avais reçu
38 **résoudre** résolvant résolu	je résous tu résous il/elle/on résout	nous résolvons vous résolvez ils/elles résolvent	j'ai résolu	je résolvais	j'avais résolu

12. **Servir, dormir, mentir, sentir** et **pressentir** se conjuguent avec **avoir** aux temps composés. **Sortir, ressortir** et **s'endormir** se conjuguent avec **être**.
13. *Mais:* taire → il/elle/on se tait (*sans accent circomflexe*)
14. La forme interrogative est toujours **puis-je**.

Impératif	Futur	Conditionnel	Présent du subjonctif	Passé simple	Imparfait du subjonctif
	Futur antérieur	**Conditionnel passé**	**Passé du subjonctif**	**Passé antérieur**	**Plus-que-parfait du subjonctif**
pars partons partez	je partirai	je partirais	que je parte que nous partions	il partit	qu'il partît
	je serai parti(e)	je serais parti(e)	que je sois parti(e)	il fut parti	qu'il fût parti
plais plaisons plaisez	je plairai	je plairais	que je plaise que nous plaisions	il plut	qu'il plût
	j'aurai plu	j'aurais plu	que j'aie plu	il eut plu	qu'il eût plu
——	il pleuvra	il pleuvrait	qu'il pleuve	il plut	qu'il plût
——	il aura plu	il aurait plu	qu'il ait plu	il eut plu	qu'il eût plu
pourvois pourvoyons pourvoyez	je pourvoirai	je pourvoirais	que je pourvoie que nous pourvoyions	il pourvut	qu'il pourvût
	j'aurai pourvu	j'aurais pourvu	que j'aie pourvu	il eut pourvu	qu'il eût pourvu
—— —— ——	je pourrai	je pourrais	que je puisse que nous puissions	il put	qu'il pût
	j'aurai pu	j'aurais pu	que j'aie pu	il eut pu	qu'il eût pu
prends prenons prenez	je prendrai	je prendrais	que je prenne que nous prenions	il prit	qu'il prît
	j'aurai pris	j'aurais pris	que j'aie pris	il eut pris	qu'il eût pris
reçois recevons recevez	je recevrai	je recevrais	que je reçoive que nous recevions	il reçut	qu'il reçût
	j'aurai reçu	j'aurais reçu	que j'aie reçu	il eut reçu	qu'il eût reçu
résous résolvons résolvez	je résoudrai	je résoudrais	que je résolve que nous résolvions	il résolut	qu'il résolût
	j'aurai résolu	j'aurais résolu	que j'aie résolu	il eut résolu	qu'il eût résolu

Infinitif Participes présent passé	Présent		Passé Composé	Imparfait	Plus-que- parfait
39 **rire** riant ri (*inv.*)	je ris tu ris il/elle/on rit	nous rions vous riez ils/elles rient	j'ai ri	je riais	j'avais ri
40 **rompre** rompant rompu	je romps tu romps il/elle/on rompt	nous rompons vous rompez ils/elles rompent	j'ai rompu	je rompais	j'avais rompu
41 **savoir** sachant su	je sais tu sais il/elle/on sait	nous savons vous savez ils/elles savent	j'ai su	je savais	j'avais su
42 **suffire** suffisant suffi (*inv.*)	je suffis tu suffis il/elle/on suffit	nous suffisons vous suffisez ils/elles suffisent	j'ai suffi	je suffisais	j'avais suffi
43 **suivre** suivant suivi	je suis tu suis il/elle/on suit	nous suivons vous suivez ils/elles suivent	j'ai suivi	je suivais	j'avais suivi
44 **vaincre** vainquant vaincu	je vaincs tu vaincs il/elle/on vainc	nous vainquons vous vainquez ils/elles vainquent	j'ai vaincu	je vainquais	j'avais vaincu
45 **valoir** valant valu	je vaux tu vaux il/elle/on vaut	nous valons vous valez ils/elles valent	j'ai valu	je valais	j'avais valu
46 **venir**[15] venant venu	je viens tu viens il/elle/on vient	nous venons vous venez ils/elles viennent	je suis venu(e)	je venais	j'étais venu(e)

15. **Venir** et tous ses dérivés se conjuguent avec **être** aux temps composés. **Tenir** et tous ses dérivés se conjuguent avec **avoir** aux temps composés.

Impératif	Futur	Conditionnel	Présent du subjonctif	Passé simple	Imparfait du subjonctif
	Futur antérieur	Conditionnel passé	Passé du subjonctif	Passé antérieur	Plus-que-parfait du subjonctif
ris rions riez	je rirai	je rirais	que je rie que nous riions	il rit	qu'il rît
	j'aurai ri	j'aurais ri	que j'aie ri	il eut ri	qu'il eût ri
romps rompons rompez	je romprai	je romprais	que je rompe que nous rompions	il rompit	qu'il rompît
	j'aurai rompu	j'aurais rompu	que j'aie rompu	il eut rompu	qu'il eût rompu
sache sachong sachez	je saurai	je saurais	que je sache que nous sachions	il sut	qu'il sût
	j'aurai su	j'aurais su	que j'aie su	il eut su	qu'il eût su
suffis suffisons suffisez	je suffirai	je suffirais	que je suffise que nous suffisions	il suffit	qu'il suffît
	j'aurai suffi	j'aurais suffi	que j'aie suffi	il eut suffi	qu'il eût suffi
suis suivons suivez	je suivrai	je suivrais	que je suive que nous suivions	il suivit	qu'il suivît
	j'aurai suivi	j'aurais suivi	que j'aie suivi	il eut suivi	qu'il eût suivi
vaincs vainquons vainquez	je vaincrai	je vaincrais	que je vainque que nous vainquions	il vainquit	qu'il vainquît
	j'aurai vaincu	j'aurais vaincu	que j'aie vaincu	il eut vaincu	qu'il eût vaincu
vaux valons valez	je vaudrai	je vaudrais	que je vaille[16] que nous valions	il valut	qu'il valût
	j'aurai valu	j'aurais valu	que j'aie valu	il eut valu	qu'il eût valu
viens venons venez	je viendrai	je viendrais	que je vienne que nous venions	il vint	qu'il vînt
	je serai venu(e)	je serais venu(e)	que je sois venu(e)	il fut venu	qu'il fût venu

16. *Mais:* prévaloir → que je prévale

Infinitif Participes présent passé	Présent		Passé Composé	Imparfait	Plus-que-parfait
47 **vivre** vivant vécu	je vis tu vis il/elle/on vit	nous vivons vous vivez ils/elles vivent	j'ai vécu	je vivais	j'avais vécu
48 **voir** voyant vu	je vois tu vois il/elle/on voit	nous voyons vous voyez ils/elles voient	j'ai vu	je voyais	j'avais vu
49 **vouloir** voulant voulu	je veux tu veux il/elle/on veut	nous voulons vous voulez ils/elles veulent	j'ai voulu	je voulais	j'avais voulu

Impératif	Futur	Conditionnel	Présent du subjonctif		Passé simple	Imparfait du subjonctif
	Futur antérieur	Conditionnel passé	Passé du subjonctif		Passé antérieur	Plus-que-parfait du subjonctif
vis vivons vivez	je vivrai	je vivrais	que je vive que nous vivions		il vécut	qu'il vécût
	j'aurai vécu	j'aurais vécu	que j'aie vécu		il eut vécu	qu'il eût vécu
vois voyons voyez	je verrai[17]	je verrais[18]	que je voie que nous voyions		il vit	qu'il vît
	j'aurai vu	j'aurais vu	que j'aie vu		il eut vu	qu'il eût vu
veuille veuillons veuillez	je voudrai	je voudrais	que je veuille que nous voulions		il voulut	qu'il voulût
	j'aurai voulu	j'aurais voulu	que j'aie voulu		il eut voulu	qu'il eût voulu

---

17. *Mais:* prévoir → je prévoirai
18. *Mais:* prévoir → je prévoirais

V O C A B U L A I R E
F R A N Ç A I S – A N G L A I S

This *Vocabulaire* does not contain exact or close cognates, nor does it contain words or expressions generally mastered by students at the elementary level. The abbreviations used are the following:

adj. adjectif	*indéf.* indéfini	*pl.* pluriel
adv. adverbe	*inv.* invariable	*poét.* poétique
conj. conjonction	*litt.* littéraire	*prép.* préposition
f. nom féminin	*m.* nom masculin	*pron.* pronom
fam. familier	*myth.* mythologique	*vulg.* vulgaire
hist. historique	*p.p.* participe passé	*vx.* vieux

abaissé, -e lowered
abattoir *m.* slaughterhouse
abattre to strike down, to kill
abdominal *m.* sit-up
abolir to abolish, do away with
abondamment *adv.* abundantly, prolifically
abonder to abound
abonné, -e: être ~ to be a subscriber
abonnement *m.* subscription
abord: au premier ~ at first glance
   tout d'~ first of all
aborder to approach; to take up, tackle
aboutir to end up; to lead to
aboyer to bark
abréger to abbreviate, shorten
abriter to shelter
abroger to rescind, repeal
s'abstenir to refrain, abstain
abus *m.* abuse
accabler to overwhelm
accent *m.* poetic stress
accentuation *f.* emphasis, stress

accentuer to emphasize, stress, accentuate
accessoire *adj.* incidental; of secondary importance
accessoire *m.* prop; accessory
accomplir to accomplish, perform
accord *m.* agreement
accorder to grant
   s'~ to agree
s'accoter à to lean against
s'accouder to lean on one's elbows
accourir to come running
accrocher to hang up
   s'~ à to cling to
s'accroître to increase, grow
accueil *m.* welcome, reception
accueillir to receive, welcome
accuser de to blame for
achat *m.* purchase
achever to finish, complete
acquérir to acquire
acquis, -e acquired
acquis *m.* asset, experience
actualité *f.* current events; current conditions or facts

actuel, -elle present, current
addition *f.* bill, check
adepte *m.* follower, adherent
adjoint, -e assistant
admettre to admit, concede; to let in; to receive; to assure, suppose
admonition *f.* cautionary advice
adoucir to ease
adresser une demande to send a request, application
s'adresser à to address, speak to
adroit, -e clever, skillful
affaire *f.* matter; business; (legal) case; *pl.* business
   avoir ~ à to deal with, have business with
   femme d'~s businesswoman
   homme d'~s businessman
   se tirer d'~ to get out of a mess
affairé, -e busy
s'affairer to fuss around, bustle about
s'affaisser to collapse, to sink down

affamé, -e ravenous, starving
affecté, -e affected (in matter)
affectif, -ve emotional
affectivité *f.* emotions, feelings
afficher to display, post
  défense d'- post no bills
affirmer to affirm, assert, maintain
  s'- to assert oneself
affligeant, -e distressing
affliger to afflict, pain
affluence: heure d'- rush hour
affolement *m.* panic
affranchi *m.*, **affranchie** *f.* freed slave
affranchir to free, set free
affreux, -euse dreadful, awful, horrible
afin de *conj.* in order to
agacer to irritate, annoy
agence *f.* **de voyages** travel agency
agencement *m.* arrangement
agir to act
  il s'agit de it concerns; it's a matter of, it's about
agité, -e excited, agitated
agiter to wave, shake; to brandish
  s'- to move, to bustle about
agonie: à l'- at death's door
agrafeuse *f.* stapler
agréer: Je vous prie d'- **l'expression de mes sentiments distingués** Yours truly
agrément *m.* charm
agriculteur *m.* farmer
s'agripper to cling (to), grip; to get a hold of oneself
aguets: aux ~ on the lookout
ahuri, -e stunned, bewildered
ahurissement *m.* stupefaction
aide: à l'~ de with the help of
aïeul *m.* **(** *pl.* **-x)** ancestor
aigu, aiguë sharp, acute
aiguille *f.* needle
ail *m.* garlic
aile *f.* wing

ailé, -e winged
ailleurs *adv.* elsewhere
  d'- besides, moreover
  par ~ in other respects; furthermore
ainsi *adv.* thus, so
  ~ que as well as, and
air: en plein ~ outdoors
aise: à l'~ at ease, comfortable
  mal à l'~ ill at ease
aisé, -e well-to-do; easy
aisément *adv.* easily
ajouter to add
alcool *m.* alcohol
aligné, -e aligned
allègrement *adv.* merrily; nimbly
alléguer to cite, allege
aller: s'en ~ to go away, leave
alliage *m.* alloy
allié: les ~s the Allied Forces
allô! hello! (telephone)
s'allonger to stretch out
allure *f.* look, appearance
  à toute ~ at full speed
alors *adv.* then
  ~ que whereas
alouette *f.* lark
alpinisme: faire de l'~ to go mountain climbing
amabilité *f.* kindness
amant *m.*, **amante** *f.* lover
amateur *m.* enthusiast, admirer, fan
ambiant, -e surrounding
ambre *m.* amber
âme *f.* soul
améliorer to improve
  s'~ l'oreille to improve one's ability to pick up sounds (to hear)
aménagé, -e fixed up
amener to bring
amer, amère bitter
amertume *f.* bitterness
amical, -e friendly
amitié *f.* friendship
amorcer to start, begin
amour-propre *m.* self-respect

an *m.* year
  cent sept ~s *(fam.)* a very long time
  le jour de l'~ New Year's Day
analogue similar
ancêtre *m.* ancestor
ancien, -enne very old, ancient; former
anciennement *adv.* formerly
âne *m.* donkey
anéantir to destroy
anéantissement *m.* state of exhaustion
ange *m.* angel
angoisse *f.* anguish
angoissé, -e anxious, distressed
animal *m.* **de charge** beast of burden
s'animer to come to life, liven up
annonce *f.* advertisement
anonymat: sous l'~ anonymously
antérieur, -e earlier, previous
antériorite *f.* precedence in time (one action precedes another)
antichambre *f.* waiting room
  garçons de l'~ errand boys, attendants
antipathie *f.* aversion, repugnance
antipathique unpleasant, unlikeable
anxieux, -euse concerned, worried
apaisant, -e soothing
apaisé, -e calmed, relieved
apercevoir to see
  s'~ de to notice, realize, be aware of
aperçu *m.* summary, overview
apparaître to appear
appareil *m.* instrument; apparatus; machine; telephone
apparemment *adv.* apparently
apparent, -e apparent; seeming, superficial

s'apparenter à to be similar, related

appartenir à to belong to

appel *m.* call
 faire ~ à to call for, require; to appeal to

appliquer to apply

apport *m.* contribution

apprenti *m.,* **apprentie** *f.* apprentice

s'apprêter à to prepare for, get ready for

approfondi, -e thorough, in-depth

appui *m.* support

appuyer to press; to stress
 s'~ to lean (on)

après: d'~ according to
 peu ~ shortly after (that)

après-demain *adv.* the day after tomorrow

après-guerre *m.* the period after World War II

Arabie Saoudite *f.* Saudi Arabia

araignée *f.* spider

arbitre *m.* referee

arborer to display

arbre *m.* tree
 ~ généalogique family tree

arc-en-ciel *m.* rainbow

Ardennes: f. pl. region in northeastern France

argent *m.* silver; money

argot *m.* slang

argotique slang

argumenteur *m.,* **argumenteuse** *f.* argumentative person

armé, -e armed, equipped

arracher to snatch away; to pull

arranger to suit, be convenient for; to put in order; to arrange
 s'~ to manage to

arrestation *f.* arrest

arrêt *m.* stop
 sans ~ ceaselessly

arrêté, -e arrested; stopped

arrêter: ~ que to rule that
 s'~ to stop

arrière: aller en ~ to go backwards
 en ~ behind

arrière-petit-fils *m.* great-grandson

arriver to happen; to arrive

ascendance *f.* ancestry

ascenseur *m.* elevator

asile *m.* place of refuge; (old people's) home

aspirateur *m.* vacuum cleaner
 passer l'~ to vacuum

assaillir to assault

assemblée *f.* assembly; gathering

s'asseoir to sit down

assez *adv.* enough; fairly, quite

assiette *f.* plate

assis, -e seated

assister à to attend

s'assoupir to doze off

assurance *f.* insurance
 police d'~ insurance policy

assuré, -e insured

assureur *m.* insurance agent

astre *m.* star

astucieux, -euse astute, shrewd

atroce dreadful

attaché *m.* **du cabinet** (governmental) cabinet assistant

s'attaquer à to attack

atteindre to reach; to affect

atteint, -e stricken

s'attendre à to expect

attendrir to move, touch, affect

attendu, -e expected

attente *f.* wait
 dans l'~ de hoping for
 salle d'~ waiting room

atténuer to tone down; to diminish, attenuate

atterrir to land

attirail *m.* paraphernalia, gear

attirer to attract

attraper to get, pick up, catch

attrayant, -e attractive

aube *f.* dawn

auberge *f.* inn

aucun, -e: ne... ~ no, not any

audace *f.* boldness

augmentation *f.* increase

augmenter to increase

auparavant *adv.* beforehand

auprès de beside, near, close to, next to; in the opinion of

Aurès *m.* mountainous area in northeastern Algeria

aurore *f.* dawn

aussi *adv.* also, too; therefore

aussitôt *adv.* immediately, at once
 ~ que as soon as, the moment that

autant *adv.* as much, so much

auto-analyse *f.* self-analysis

autoriser to permit

autoroute *f.* highway

autour de around

autre: d'autres others; some other

autrefois *adv.* in the past
 d'~ of olden days

autrement *adv.* otherwise

autrichien, -enne Austrian

autruche *f.* ostrich

autrui *pron. indéf.* others

avaler to swallow

avance: à l'~ beforehand

avancé, -e protruding

s'avancer to advance

avant-garde *f.* vanguard

avant-hier *adv.* the day before yesterday

avant-veille *f.* two days before

avare miserly

avenir *m.* future

aventurier *m.,* **aventurière** *f.* adventurer

s'avérer to prove to be, turn out to be

averti, -e well-informed; warned

avertir to warn

avertissement *m.* warning

aveu *m.* confession

aveuglant, -e blinding, dazzling

aviateur *m.,* **aviatrice** *f.* pilot

avide eager

aviron *m.* oar

avis *m.* opinion

  à mon ~ in my opinion

avisé, -e informed; wise

avocat *m.*, **avocate** *f.* lawyer

avoir: ~ à to have to

  ~ beau (faire) (to do) in vain

  ~ l'air to appear (to); to look like

  ~ l'impression to have a feeling

avouer to admit, confess

azur *m. (poét.)* blue sky

---

babines *f. pl.* lips, chops

bachelier *m.*, **bachelière** *f.* person who has passed the baccalauréat (high school-leaving exams)

bafouer to ridicule

bagarre *f.* brawl

bagarreur, -euse rowdy

bagnole *f. (fam.)* car

baguette *f.* loaf (of French bread); stick

baigner to bathe; to permeate

  se ~ to bathe; to go swimming

baisser to lower

bal *m. (pl. -s)* dance

balade *f.* walk, stroll

balayer to sweep (away)

balbutier to stammer

baleine *f.* whale

banal, -e (*m. pl.* **-als**) trite, ordinary

bande *f.* **dessinée** comic strip

bandoulière: en ~ slung across the shoulder

banquier *m.*, **banquière** *f.* banker

barbare barbaric

barbe *f.* beard

  ~ à papa cotton candy

  quelle ~! what a drag, nuisance, bore!

barque *f.* boat

barrer to cross out

barrière *f.* fence, gate

bas *m.* stocking

bas, basse *adj.* low

  mettre ~ to give birth

bas: du ~ lower

  là-~ over there

basané, -e swarthy, dark

bassesse *f.* low, contemptible action

bassin *m.* pool

bataille *f.* battle

bateau *m.* boat

  ~ de sauvetage lifeboat

bâtiment *m.* building

bâtir to build

bâton *m.* hockey stick

battre to beat, defeat; to flap

  se ~ to fight

bazar *m.* bazaar, general store

bec: coup de ~ peck, light kiss

béer to gape; to be wide open

bégayer to stutter, stammer

belle-fille *f.* daughter-in-law, stepdaughter

belle-mère *f.* mother-in-law, stepmother

bénéfice *m.* benefit, advantage

bénéficier to enjoy; to benefit

bénéfique beneficial

bénévole *m./f.* volunteer

bénir to bless

berger *m.*, **bergère** *f.* shepherd, shepherdess

besogne *f.* task, work, job

  dur à la ~ hard worker

  mettre à la ~ to set to work

bête: chercher la petite ~ to split hairs

bêtise *f.* stupidity; folly

beugler to bellow

BHV (Bazar de l'Hôtel de Ville) French department store

biberon *m.* baby bottle

bibliothécaire *m./f.* librarian

bien *m.*: **faire du ~** to do good

  ~s possessions, wealth

bien *adv.* well; very; quite

  ~ des many

  ~ meilleur far better

  ~ que although

bien-aimé *m.*, **bien-aimée** *f.* beloved

bien-être *m.* well-being, welfare

bientôt *adv.* soon, before long

bilan *m.* balance-sheet

billet *m.* ticket

Bison Futé *m.* a cartoon character who offers advice on traffic during peak vacation periods

blasphémateur *m.*, **blasphématrice** *f.* blasphemer

blé *m.* wheat

blesser to hurt

blessure *f.* wound, injury

bleu: -ciel *adj. inv.* sky blue

  ~ marine *adj. inv.* navy blue

blond: tabac ~ light, Virginia tobacco

blouson *m.* jacket

bock *m.* glass of beer

Boers: la guerre des ~ Boer War

bœuf *m.* ox

bohème *f.* millieu of artists

bois *m.* wood

boisson *f.* drink

boîte *f.* box

  ~ de nuit night club

  ~ aux lettres mailbox

bombance: faire ~ to revel

bomber la poitrine to stick out one's chest

bond: se jeter d'un ~ to leap forward

bondé, -e crammed, packed

bondir to spring, leap

bonheur *m.* joy, happiness

bonhomme *m.* fellow

bonté *f.* kindness

bord *m.* side; bank; edge

bordée *f.* watch (period of duty)

borner to limit

  se ~ à to content oneself with; to confine oneself to

bosse *f.* hump

boucle *f.* curl
  ~ **d'oreille** earring
  Boucles d'or Goldilocks
boue *f.* mud
bouffarde *f.* pipe
bouffonnerie *f.* jesting, buffoonery
bouger to move
bougie *f.* candle
  à la lumière des ~s by candle light
bougonnant, -e grumbling
bouillir to boil
bouilloire *f.* kettle
bouillon *m.* **de culture** culture medium
boule *f.* ball
bouleversement *m.* upheaval, disruption
boulimie *f.* bulimia
boum *f.* party
bouquin *m.* *(fam.)* book
bourdonnement *m.* buzzing
Bourgogne *f.* Burgundy (province of eastern France)
bourguignon, -onne of Burgundy, Burgundian
bourse *f.* scholarship; stock exchange
bousculer to bump into
bout *m.* end; piece, bit
bouteille *f.* bottle
bouton *m.* button; knob
boutonnière *f.* buttonhole
braillard *m.* loudmouth
bras *m.* arm
brave: ~ dame good, simple woman
Bretagne *f.* Brittany (province in northwestern France)
breton, -nne of Brittany
bricolage *m.* home repairs, do-it-yourself
brièvement *adv.* briefly
brillant, -e bright
brillant: perdre le ~ to lose (its) shine
briller to glitter, shine

brioche *f.* rich bread made with eggs
briquet *m.* cigarette lighter
brise *f.* breeze
brise-lames *m. inv.* breakwater, jetty
briser to shatter, break
brochette *f.* medal, row of medals; skewer
brochure *f.* booklet
brossage *m.* brushing
brosse *m.* **à dents** toothbrush
brouillard *m.* fog
se brouiller to become confused, muddled
bru *f.* daughter-in-law
bruit *m.* noise
brûle-pourpoint: à ~ abruptly
brûler to burn
brun: tabac ~ dark tobacco
brutaliser to knock about, bully
bruyamment *adv.* loudly
bruyant, -e loud, noisy
bucolique bucolic, rural
buisson *m.* bush
bulbeux, -euse growing from a bulb
bulle *f.* balloon; bubble
faire des ~s to blow bubbles
bulletin *m.* **scolaire** report card, grades
but *m.* goal, aim

═══════════════════

cabane *f.* hut, shack
cabine *f.* **téléphonique** telephone booth
cabinet *m.* office
cacher to hide
  ~ **son jeu** to hide one's cards, conceal one's hand
cadeau *m.* gift
cadet, -ette younger, youngest
cadre *m.* setting; manager
  ~ **noir** military horseman
  ~ **supérieur** senior executive
cafard *m.* cockroach
Cafrine *f.* Kafir woman

cahin-caha: venir ~ to struggle along, to muddle through
caïd *m.* Moslem government employee
caillé, -e coagulated
caillou *m. (pl. -x)* pebble, stone
caisse *f.* box, case
caissier *m.*, **caissière** *f.* cashier
calcul *m.* calculation, calculus
cale *f.* hold (space on ship for storing cargo)
calendrier *m.* calendar
calepin *m.* notebook
calier *m.* cargo handler
calomnie *f.* slander
cambrioler to burglarize
cambrioleur *m.*, **cambrioleuse** *f.* burglar
caméra *f.* movie camera
camion *m.* truck
campagne *f.* country, countryside; campaign
camper un personnage to construct, portray a character
canaliser to channel
canapé *m.* sofa
canard *m.* duck
canif *m.* penknife
caoutchouc *m.* rubber
caparaçonné, -e decked out
capoeriste *m.* athletic performer of a highly rhythmical, violent Brazilian dance
caprice *m.* whim, caprice
car *conj.* because, for
car *m.* bus
carabine *f.* carbine, rifle
carnet *m.* notebook, booklet
carré, -e square
carrefour *m.* intersection, crossroads
carrière *f.* career
carrosserie *f.* body (of a car)
carte *f.* map, menu, card
cartésianisme *m.* Cartesianism (the philosophy of Descartes)
cartésien, -enne Cartesian (relating to the philosophy of Descartes)

case *f.* hut
 ~ **départ** starting square, "go" (in board game)
caser to fit in, find room for
casier *m.* **à vin** wine rack
casse-noisettes *m. inv.* nutcracker
casser to break
casserole *f.* saucepan
cauchemar *m.* nightmare
cause: en tout état de ~ in any case
causer to chat; to cause
causeur *m.*, **causeuse** *f.* talker, person who chats
cave *f.* cellar
caveau *m.* tomb
céder to give way, yield
ceindre to wrap around
ceinture *f.* belt
célèbre famous
céleste celestial, heavenly
cellule *f.* cell
Cendrillon Cinderella
censurer to censor
centaine: des ~**s de** hundreds of
centrale *f.* **nucléaire** nuclear power plant
cependant *conj.* however
céréale *f.* grain, cereal
cerise *f.* cherry
cerner to encircle, surround
certes *adv.* certainly, to be sure
cerveau *m.* brain
cesser to cease, stop
c'est-à-dire *conj.* that is
chacun, -e *pron.* each, every
chagrin *m.* sorrow
chaîne *f.* chain
 ~ **d'arpenteur** surveyor's chain, chain measure
 ~ **de télé** TV channel
chaleur *f.* heat
chaleureux, -euse warm, cordial
chameau *m.* camel
 ~**!** beast! brute! pain in the neck!

champ *m.* field
champêtre rural
champignon *m.* mushroom
chance *f.* luck
chancelant, -e unsteady, tottering
chanceler to totter, vacillate
chandail *m.* heavy sweater; hockey jersey
chandelle *f.* candle
chanoine *m.* canon, priest
chantage *m.* blackmail; threat
chapelet *m.* rosary beads
chapelle *f.* chapel
chaperon *m.* hood
chaque each
charge: animal de ~ beast of burden
chargé, -e laden; filled
charogne *f.* decaying carcass
charpente *f.* framework
chasser to hunt; to drive away
chasseur *m.*, **chasseresse** *f.* hunter, huntress
chauffage *m.* heat
chauffer to heat, warm
chausser une idée to adopt an idea
chausson *m.* slipper
chaussure *f.* shoe
chauve bald
chavirer to capsize, overturn; to overwhelm, shatter
chef *m.* head, boss, chief
 ~ **de division** department head
chef-d'œuvre *m.* masterpiece
chef-lieu *m.* principal town (of department)
chemin *m.* way
 ~ **de fer** railroad
cher, chère dear; expensive
chercher la petite bête to split hairs
chercheur *m.*, **chercheuse** *f.* researcher
cheval *m.* horse
chevalier *m.* knight
chevelure *f.* hair, head of hair

chevet: livre de ~ favorite book
cheveu *m. (pl.* **-x**) hair
chèvre *f.* goat
chic *adj. inv.* stylish; nice; sophisticated
chienne *f. (vulg.)* bitch
chiffre *m.* figure, number
chimère *f.* dream, foolish fancy
chimma *m.* (brand of) snuff
chirurgical, -e surgical
chirurgie *f.* surgery
chirurgien *m.*, **chirurgienne** *f.* surgeon
choc *m.* shock; blow
choix *m.* choice
choquer to shock
chou *m. (pl.* **-x**) cabbage
choucroute *f.* sauerkraut
chouette *(fam.)* great, nice, swell
choyé, -e pampered
chronique *f.* column (press)
chuchotement *m.* whisper
ci-dessous *adv.* below
ci-dessus *adv.* above
ciel *m. (pl* **cieux)** sky
 bleu ~ *adj. inv.* sky blue
cierge *m.* candle
cigale *f.* cricket
cil *m.* eyelash
cinquantaine: une ~ **de** about fifty
circulation *f.* traffic
cire *f.* wax
cirer to polish
cirque *m.* circus
ciseaux *m. pl.* scissors; chisels
ciselé, -e chiseled; chopped
cité *f.* city, (large) town
citoyen *m.*, **citoyenne** *f.* citizen
citron *m.* lemon
clair, -e clear, light
clair *m.* **de lune** moonlight
claque *m.* opera hat
claquer to bang; to slam
clarté *f.* brightness, clearness
classeur *m.* file folder, filing cabinet

clé, clef *f.* key
  fermer à ~ to lock
clin *m.* **d'œil** wink
cloche *f.* bell
clocher *m.* steeple
clos, -e enclosed
clôture *f.* closing, ending of letter
clouer to glue someone (to the spot)
cocher to mark, check off
cochon *m.* pig
cocktail *m.* cocktail party
cocorico *m.* cock-a-doodle-do
coéquipier *m.,* **coéquipière** *f.* team member
cœur *m.* heart
  ~ serré heart wrung with emotion
cogner to knock; to bank; to beat up
  se ~ à to bump into
cohue *f.* mob, crush
coiffe *f.* **bretonne** traditional headdress of Brittany
se coiffer to fix, do one's hair; to put on a hat
coiffeur *m.,* **coiffeuse** *f.* hairdresser
coin *m.* corner
col *m.* collar
colère *f.* anger
collaborateur *m.,* **collaboratrice** *f.* associate, assistant
collant, -e tight-fitting; sticky
colle *f.* glue
coller to stick
colline *f.* hill
colonne *f.* column
combattre to fight
comble *m.* peak
  la mesure était ~ that was the limit
combustible *m.* fuel
comité *m.* committee
commander to order, command
comme *conj./adv.* like, as; as well as; since
  ~ si as if

commerce: école de ~ business school
commettre to commit
commissariat *m.* **de police** police station
Communard *m.* partisan of the Commune de Paris (1871)
communément *adv.* commonly, generally
compatir to sympathize
compatissant, -e compassionate
compétences *f. pl.* abilities, skills
complet: au ~ as a whole
complice *m.* accessory
complicité *f.* complicity
complot *m.* plot
comportement *m.* behavior
comporter to contain, imply
  se ~ to behave, act
composer to compose, make up; to dial (a phone number)
compositeur *m.,* **compositrice** *f.* composer
comprendre to understand; to include
compris: y ~ including; included
compromettre to compromise; to jeopardize
comptable *m./f.* accountant
compte *m.* reckoning, account
  à ce ~-là in that case
  ~ tenu de taking into account
  en fin de ~ ultimately
  faire les ~s to do one's accounts
  je n'ai pas mon ~ I don't have the right number; someone (something) is missing
  se rendre ~ to realize
  tenir ~ de to take into account
  tenir les ~s to keep the books
compter (sur) to count (on); to expect to
compteur *m.* meter
comptoir *m.* counter
comte *m.,* **comtesse** *f.* count (nobleman), countess

se concentrer to concentrate, focus
concevoir to imagine; to conceive; to understand
concision *f.* conciseness
concitoyen *m.,* **concitoyenne** *f.* fellow citizen
conclure to conclude
concours *m.* **Lépine** since 1912, annual competition for inventions of small manufacturers
concurrence *f.* competition
condensé *m.* digest (press)
conduire (à) to take (somewhere), to drive; to lead (to)
  se ~ to behave
conférence *f.* lecture
conférencier *m.,* **conférencière** *f.* lecturer
confiance *f.* confidence, trust
confier to confide; to entrust to someone's care
confondre to confuse
conformément à *adv.* in accordance with
confrère *m.* colleague, fellow
congé *m.* time off, vacation
connaissance *f.* knowledge; acquaintance
connivence *f.* connivance
connoter to suggest, imply, connote
connu: bien ~ well-known
conquête *f.* conquest
consacrer to devote
conscience *f.* consciousness
conscient, -e conscious, aware
conseil *m.* advice
conseiller to advise, recommend
conséquent: par ~ therefore
conservateur, -trice conservative
conservateur *m.,* **conservatrice** *f.* curator of a museum
considérer to consider, study
consolateur, -trice *m./f.* comforter

consommateur *m.,* **consommatrice** *f.* customer; consumer
consommer to consume, eat
consonne *f.* consonant
constamment *adv.* constantly
constatation *f.* observation
constater to note, establish, notice
consterné, -e dismayed
conte *m.* story, tale
  ~ de fées fairy tale
contemporain, -e contemporary, present-day
se contenter de to be satisfied with
contenu *m.* contents
contestable questionable, disputable
conteur *m.,* **conteuse** *f.* storyteller
contingence *f.* contingency
se contorsionner to contort, twist oneself
contracter to reduce, contract
contraire: au ~ on the contrary
contrairement à contrary to
contrarier to annoy; to contradict
contrat *m.* contract
contre against
  par ~ on the other hand
contredire to contradict
contrepoids *m.* counterweight
contrôler to check, control
contrôleur *m.,* **contrôleuse** *f.* ticket collector (on a train)
convaincre to convince
convainquant, -e convincing
convenable appropriate, suitable; decent
convenance *f.* propriety; convenience, suitability
convenir to be appropriate
copain *m.,* **copine** *f.* *(fam.)* pal, friend
coq *m.* rooster
coquet, -ette stylish, coquettish
coquillage *m.* shell

coquin *m.,* **coquine** *f.* rascal, rogue
corde *f.* **à sauter** jump rope
cordon *m.* cord, string
corps *m.* body
corriger to correct
corrompu, -e corrupted
cortège *m.* procession; series
costume *m.* business suit; costume
côte *f.* rib; edge, coast
côté *m.* side
  du bon ~ on the bright side
côtelette *f.* chop
cou *m.* neck
  sauter au ~ to throw one's arms around someone's neck
couchage: sac de ~ sleeping bag
couchant *m.* west; sunset
couche *f.* coating
couché, -e lying down
coude *m.* elbow
coulée *f.* flow
couler to flow
coup *m.* blow, strike
  ~ d'œil glance
  ~ de bec peck, light kiss
  ~ de couteau stabbing
  ~ de main helping hand
  ~ de pied kick
  ~ de soleil sunburn
  faire ce ~-là to use that stratagem, approach
coupable guilty
coupable *m.* culprit, guilty party
coupe *f.* cup (sports award)
couper to cut
cour *f.* court
courant, -e current; common
courant *m.* current
  au ~ de aware of
couronne *f.* crown
couronné, -e crowned
courrier *m.* mail
course *f.* race; errand
  faire des ~s to go shopping
court, -e short
court-circuit *m.* short-circuit

courtoisie *f.* courtesy
coussinet *m.* pin cushion
coût *m.* cost
couteau *m.* knife
  coup de ~ stabbing
coûter cher to be expensive
coûteux, -euse expensive
coutume *f.* custom
couture: la haute ~ high fashion
couver to incubate; to brood (over)
couvert: mettre le ~ to set the table
couverture *f.* cover
couvre-lit *m.* bedspread
cracher to spit
crachoir *m.* spittoon
craindre to fear, be afraid of
crainte *f.* fear
craintif, -ve fearful
craquant, -e crackling
crasseux, -euse filthy
cravate *f.* tie
créer to create
crépusculaire (of) twilight
crépuscule *m.* dusk
Crésus *(myth.)* king of ancient Lydia, famous for his riches
crétin *m.,* **crétine** *f.* moron
creux, creuse hollow
crever to pierce, burst; to die (argot)
  un pneu crevé flat tire
  se ~ les yeux to put out one's eyes
cri: à grands ~s loudly
crier to shout
crise *f.* **cardiaque** heart attack
crisper to contract, clinch
critère *m.* criterion
critique *f.* (literary) criticism
croc *m.* fang, tooth
croissance *f.* growth
croissant, -e increasing
croître to grow
croix *f.* cross
croquer to munch; to crunch
crotte *f.* *(vulg.)* dung, excrement, dropping

croyable believable

croyance *f.* belief

cruauté *f.* cruelty

cucurbitacée *f.* melon

cueillir to gather

cuiller, cuillère *f.* spoon

~ **à café** teaspoon

~ **à soupe** soup spoon; table-spoon

cuire to cook

cuisse *f.* thigh

cuivre *m.* copper

culpabilité *f.* guilt

cultiver to cultivate

curé *m.* parish priest

curriculum vitæ *m.* cv, résumé

cyclothymique manic-depressive

---

d'abord: tout ~ first of all

dadaïsme *m.* Dadaism, a literary and artistic movement (1916–23)

dame *f.* **d'honneur** lady-in-waiting

danois, -e Danish

dauphin *m.* dolphin

davantage (de) *adv.* more

déballer to unpack

débardeur *m.* longshoreman

débarquement *m.* landing

débarquer to land; to unload

débarrasser to rid

se ~ **de** to get rid of

se débattre to struggle

debout *adv.* upright; standing up

se mettre ~ to stand up, get up

se débrouiller to manage, get along

début *m.* beginning

débuter to begin

décamper to clear out, leave

décapotable convertible

décédé, -e deceased

décennie *f.* decade

déception *f.* disappointment

décerné, -e awarded

décès *m.* death

déchaîné, -e unleashed

décharné, -e emaciated

déchiffrer to decipher

déchirement *m.* tearing, ripping; anguish, heartbreak

déchirer to tear (to pieces)

déclencher to launch; to start, activate; to trigger

décoder to decode, interpret

déconnecté, -e disconnected

décor *m.* décor, scenery, setting

décoration *f.* (military or civil) decoration

décoré, -e decorated, awarded a medal

découler to be derived, follow (from); to flow (from)

découper to cut out

découvert: à ~ exposed, in the open

découvrir to uncover; to discover

décret *m.* decree, order

décrié, -e belittled, "put down"

décrocher to get, land

décroissant, -e decreasing, diminishing

déçu, -e disappointed

se déculpabiliser to banish feelings of guilt

dédain *m.* disdain, scorn

dedans *adv.* in it, into it, inside

toute l'affaire est là-~ that is the key to the whole thing

déduire to deduct; to deduce

déesse *f.* goddess

défaillant, -e faltering, feeling faint

défaut *m.* fault

à ~ **de** for lack of

en ~ at fault

faire ~ to be unavailable

défavorable unfavorable

défectueux, -euse defective

défendre to forbid; to defend

défendu, -e prohibited

défense *f.* prohibition

défilé *m.* parade

défiler to parade

déformer to distort, deform

dégager to release, remove

se ~ **de** to emerge from, become apparent from

dégarni, -e bare

dégoût *m.* disgust

dégoûter to disgust; to sicken

degré *m.* degree; step

dégrisé, -e sobered

dégueulasse *(vulg.)* disgusting, repulsive

dégustation *f.* **de vin** wine tasting

déguster to taste

delà: au ~ **de** beyond

délai *m.* delay

délibérer to deliberate

deltaplane: faire du ~ to go hang gliding

demande *f.* request

~ **d'emploi** job application

demander to ask

se ~ to wonder

démarche *f.* step; gait

démarcheur *m.,* **démarcheuse** *f.* door-to-door salesman

démarrer to start off; to start up

d'emblée *adv.* right away, at once

déménager to move

dément *m.,* **démente** *f.* madman, madwoman

démesurément *adv.* outlandishly

demeurer to live; to remain

démodé, -e out-of-style

demoiselle *f.* young lady

démontrer to demonstrate, show

dénoncer to expose, denounce

dénoter to indicate, denote

dénouement *m.* outcome, conclusion

dénouer to untie, loosen

dentaire dental

dentelle *f.* lace

dentifrice *m.* toothpaste
déparer to spoil (a scene), mar
départ: au ~ at the beginning
dépasser to go beyond
dépecer to tear to pieces
dépêche *f.* dispatch, release, wire
dépense *f.* expense
dépenser to spend
dépensier, -ère spendthrift, extravagant
déplacement *m.* travel; transfer; movement
déplacer to move, shift
  se ~ to travel, get around
déplaire to displease
dépliant *m.* leaflet
déplorer to lament; to deplore
déployé, -e spread out
déposer to put down; to file
dépouille *f.* remains
déprimer to depress
depuis que since
députation *f.* position of deputy
député *m.* deputy, elected representative
déranger to disturb
  se ~ to put oneself out
dériver de to derive (be derived) from
dernièrement *adv.* recently
se dérouler to unfold, to develop
déroutant, -e disconcerting
derrick *m.* oil drilling rig, derrick
derrière *m.* bottom, behind
dès from, starting
  ~ que as soon as
désaccord *m.* disagreement
désagrément *m.* annoyance
désaltérer to quench a thirst
descendre to take (go) downstairs
désemparé, -e bewildered, distraught
désespéré, -e desperate
désespérer to despair
désespoir *m.* despair

déshérité *m.*, **déshéritée** *f.* underprivileged person, "have not"
désigner to mention; to indicate; to designate
désœuvrement *m.* idleness
désolant, -e bleak
désolé, -e distressed, extremely sorry
désordonné, -e disorderly
désormais *adv.* from then on
despote *m.* absolute ruler
despotique despotic
dessein *m.* plan, design
  à ~ intentionally
dessin *m.* drawing
  à ~ écossais plaid
  ~ animé cartoon
dessiner to draw
dessous: ci-~ below
dessus on top, above
  ci-~ above
  là-~ about that, on that
destinataire *m./f.* addressee
destiné, -e à intended to
destitué, -e deposed
détailler to examine; to explain in detail
se détendre to relax
détourné, -e roundabout
se détourner to turn away
détraquer to break down
détresse *f.* distress
détruire to destroy
deuil *m.* mourning
développement *m.* development, exposition
déverser to pour out
se dévêtir to undress
deviner to guess
devise *f.* slogan, motto
dévorer to devour
dévouement *m.* devotion, dedication
diable: au ~! the hell with (it), damn (it)!
diabolique diabolic
différencier differentiate

différend *m.* difference of opinion, disagreement
digérer to digest
digne worthy
digue *f.* dike; barrier
diminuer to diminish, lessen
dinde *f.* turkey
dingue crazy, nuts; fabulous *(fam.)*
direction *f.* management; direction
diriger to direct, guide, supervise
discerner to discern, perceive
discours *m.* speech; discourse
discret, -ète discreet, delicate, moderated
discuter to discuss; to debate
disparition *f.* disappearance
disparu, -e vanished, missing
disponible available
disposer de to have (at one's disposal)
disque *m.* disk
dissemblance *f.* difference, dissimilarity
disserter to speak, write an essay on
dissimuler to hide
dissiper to disperse
distinction *f.* honor, decoration
distinguer to distinguish
distrait, -e absent-minded, distracted
divers, -e miscellaneous, sundry; various
  fait ~ news item
se divertir to amuse oneself, have a good time
divin, -e divine, healthy
se diviser to be divided
docker *m.* longshoreman, dock worker
doigt *m.* finger
domaine *m.* field, domain
domestique *m./f.* servant
domicile: à ~ at home
dominer to predominate, dominate

dommage *m.* damage; pity

    il est (c'est) ~ que it's a pity that, it's a shame that

dompter to tame

don *m.* gift

donc *adv.* therefore

    dis ~! hey! you don't say!

donné: étant ~ (que) given that

donnée *f.* piece of information

donner: ~ envie de to make someone want (to)

    ~ sur to have a view of, to look out on

doré, -e golden brown; gilded

    la jeunesse ~ jet set, "beautiful people"

dos *m.* back

dossier *m.* file, dossier

dot *f.* dowry

douane *f.* customs

douar *m.* village (Arab word)

doubler to work a double shift (day and night); to double; to pass

doucement gently

douceur *f.* gentleness; sweetness

douche *f.* shower

doué, -e gifted

douer to endow

douleur *f.* pain

douleureux, -euse painful

doute: sans ~ probably

    sans aucun ~ undoubtedly

se douter de to suspect

douteux, -euse doubtful

doux, douce gentle; sweet

douzaine *f.* dozen

dramaturge *m.* playwright

drame *m.* drama

drap *m.* sheet

drapé, -e draped

dresser to draw up, make out; to pitch, put up (a tent)

    se ~ to sit up, jump up

drogue *f.* drug

droit *m.* right; law

droit, -e right

    tout ~ straight ahead

droite: la ~ (political) right

drôle *m.* **de type** odd character

drôlement *adv. (fam.)* intensely, awfully, terribly

dromadaire *m.* dromedary

dur, -e: ~ d'oreille hard of hearing

durée *f.* duration, length; time factor

duvet *m.* down (feathers)

ébauche *f.* outline, rough draft

ébloui, -e dazzled

éblouissant, -e dazzling

s'ébrouer to shake oneself (like a dog)

écarlate scarlet

écart *m.* divergence, discrepancy

    à l'~ apart

écarter to separate out, remove

échalote *f.* shallot

échancrure *f.* neckline

échange *m.* exchange

échapper to escape

échauffé, -e excited, fired up

échecs: jouer aux ~ to play chess

échelle *f.* ladder; scale

échouer to fail

éclabousser to spatter; to dazzle

éclair *m.* flash of lightning

    ~ de magnésium photographic flash

éclairage *m.* lighting

éclairer to enlighten

éclat *m.* glare; brilliance

éclatant, -e dazzling, glowing

école *f.* **primaire** grammar school

économies: faire des ~ to save

écossais: à dessin ~ plaid

écouler to flow

    s'~ to slip away, pass quickly (time)

écran *m.* screen

écraser to crush

écriture *f.* writing

écrivain *m.* writer

écu *m.* old unit of money

édicter to enact, decree

édition: maison d'~ publishing company

effacer to erase

effaré, -e alarmed, aghast

effectivement *adv.* in fact

effectuer to perform; to carry out, complete

efficace efficient

efficacité *f.* efficiency

s'efforcer de to try to

effrayant, -e frightening

effroi *m.* fright

effroyable excruciating

effusion *f.* emotional outburst

égal, -e equal

    ça m'est ~ I don't care

    être ~ à not to matter

    sans ~ unequalled

égaler to equal

égard: à l'~ de with regard to

égaré, -e bewildered

égorgement *m.* cutting of the throat

élaborer to elaborate, develop

    s'~ to develop

élevé, -e high

élever to raise

éleveur *m.*, **éleveuse** *f.* breeder

elliptique elliptical

éloignement *m.* distance

s'éloigner to retreat, move away, withdraw

élu, -e elected

émanciper to free

embarras *m.* embarrassment, confusion; obstacle

embarrassé, -e burdened; confused, uneasy

emblée: d'~ immediately

embouchure *f.* mouth of river

embouteillage *m.* traffic jam

embrasser to kiss; to embrace

émerveillé, -e amazed

émettre   to express, vent; to emit; to transmit

éminemment *adv.*   eminently

émission *f.*   television program

emménager   to move in

emmener   to take away; to take along

emmerder *(vulg.)*   to get on someone's nerves

émoi *m.*   emotion

émouvant, -e   touching, moving

émouvoir   to move, stir (emotionally)

s'emparer (de)   to take hold of, grab

empêcher   to prevent

empirer   to worsen

emplir   to fill

emploi *m.*   use; employment, job

s'employer   to be used

empoigner   to take hold of

empoisonner   to poison

emporter   to take away
   ~ le morceau   to win the day
   l'~ sur   to surpass
   s'~   to become angry

emprunt *m.*   loan

emprunter   to borrow

ému, -e   moved, touched

enceinte   pregnant

encercler   to surround; to encircle

encor *(poét.)*   still, yet

encore   still; again, once more; yet
   ne... pas ~   not yet

encre *f.*   ink

encrier *m.*   inkwell

s'endormir   to fall asleep

énerver   to irritate, annoy
   s'~   to get irritated

enfance *f.*   childhood

enfanter   to give birth; to conceive a child

enfermer   to confine, lock up

enfiler   to thread

enfin *adv.*   finally; at last

enfoncer   to plunge, sink (into)

enfourchable   mountable, ridable

s'enfuir   to run away

enfumé, -e   filled with smoke

engagé, -e   committed; hired

engager   to hire, engage
   s'~   to commit oneself, become involved

engendrer   to create

engueuler *(argot)*   to bawl out, to yell at

enivrer   to intoxicate, make drunk

enjoindre   to command absolutely

enlever   to remove

ennui *m.*   boredom; trouble, worry
   quel ~!   how annoying!

ennuyer   to irritate; to bore
   s'~   to be bored

énoncer   to state
   s'~   to be expressed

enquête *f.*   inquiry

enquêter   to investigate

enragé, -e   incensed

enrager (de)   to be furious (with)

enregistrer   to record

s'enrichir   to grow rich

enseigne *f.*   sign, signboard

ensuite *adv.*   then, next

s'ensuivre   to follow

entamer   to start, dip into

entasser   to amass

entendement *m.*   understanding

s'entendre   to get along

entendu: bien ~   of course, understood
   c'est ~!   it's agreed!

entente *f.*   understanding, agreement

entêté, -e   stubborn

enthousiasmé, -e   enthusiastic, excited

enthousiaste   enthusiastic

entier, -ère   entire

entourage *m.*   surroundings; associates

entourer   to surround; to wrap

s'entraider   to help each other

entraîner   to cause, lead to; to involve

entraver   to hinder, impede

entreprendre   to undertake

entrepreneur *m.*, **entrepreneuse** *f.*   contractor; entrepreneur

entreprise *f.*   business

s'entretenir   to converse, talk

entretenu, -e   held

entretien *m.*   discussion, conversation; upkeep

entrevue *f.*   (job) interview

envahir   to invade

envers *adv.*   toward

envi: à l'~   trying to outdo each other

envie *f.*   longing, desire
   donner ~ de   to make someone want to

environ *adv.*   about, approximately

envisager   to consider, contemplate; to view

envoi *m.*   sending

s'envoler   to fly away

épais, -se   thick; clumsy

épaissi, -e   thickened

épargner   to spare; to save

épatant, -e *(fam.)*   great, wonderful

épaule *f.*   shoulder

épave *f.*   wreckage

épée *f.*   sword

éperdu, -e   frantic

éphémère   ephemeral, transitory

épicier *m.*, **épicière** *f.*   grocer

épinards *m. pl.*   spinach

épingle *f.*   pin

épistolaire   epistolary, in the form of letters

épithète *f.*   epithet, brief characterization

éplucher   to peel; to dissect; to go over with a fine-tooth comb

époque *f.*   (period of) time, epoch

épouser to marry; to correspond to

épouvantable dreadful, terrible

épouvante *f.* terror

épouvanté, -e terrified

s'épouvanter de to be appalled, be terrified

époux *m.,* **épouse** *f.* spouse

épreuve: mettre à l'~ to test

éprouver to feel

épuiser to exhaust
  s'~ to become exhausted; to run out

équilibre *m.* balance

équilibré, -e well-balanced

équipe *f.* team, crew

équivaloir à to be equivalent to

érable *m.* maple tree

errer to wander

érudit, -e scholarly

érudit *m.* scholar

érudition *f.* scholarship

escargot *m.* snail

esclavage *m.* slavery

escompter to reckon with

escroc *m.* crook

espace *m.* space

espèce *f.* kind, type; species
  ~ humaine human race

espiègle mischievous

espion *m.* **espionne** *f.* spy

espoir *m.* hope

esprit *m.* mind; spirit
  large d'~ broad-minded

esquisse *f.* outline, sketch

essence *f.* essence; gasoline
  réservoir d'~ gas tank

essor *m.* rapid development, expansion

essoufflé, -e out of breath

essuyer to wipe

est *m.* east

s'estomper to grow dim; to blur

estrade *f.* platform

établir to establish
  s'~ to get settled

étagère *f.* shelf

étancher to quench

étape *f.* stage, step

état *m.* state
  en tout ~ de cause in any case

éteindre to turn off, put out
  s'~ to go out; to dim

étendre to spread; to expand
  s'~ to lie down, stretch out

étendue *f.* extent, scope

étincelant, -e gleaming, sparkling

étincelle *f.* spark

étoffe *f.* material, fabric

étoile *f.* star

étonnement *m.* surprise

s'étonner to be surprised, astonished

étourdiment *adv.* thoughtlessly, recklessly

étranger *m.,* **étrangère** *f.* foreigner

être *m.* being

étreindre to embrace, to grip

étroit, -e narrow

s'évader to escape

évalué, -e evaluated, judged

s'évanouir to faint

éveillé, -e awake; aroused

événement *m.* event

éventail *m.* fan

éventer to fan

éventrer to disembowel, rip open

éventreur: Jack l'~ Jack the Ripper

évêque *m.* bishop

éviter to avoid

évoquer to evoke

examen *m.* examination; test

exaspérant, -e exasperating

excepté (que) except (that)

excitant, -e (sensually) stimulating

excitation *f.* excitement, exhiliration

excité, -e excited, heated, aroused

exciter à to incite to, urge to

excuses *f. pl.* apologies

exemplaire *m.* copy

exempt, -e de free from

exercé, -e skilled, expert

exercer to practice

exhortation *f.* rousing speech

exiger to demand, require

exilé *m.,* **exilée** *f.* exiled person

expédier to send, ship

expérience *f.* experiment; experience

expier to atone for

explication *f.* explanation

expliciter to make clear

exprès *adv.* on purpose

exprimer to express

exquis, -e delightful (of a person)

externe exterior

extorquer to extort

extra *adj. inv. (fam.)* first rate, super

extraire to extract

extrémiser to administer the last rites

extroverti, -e extroverted

---

fabrication: de ~ française made in France
  ~ en série mass production

fabrique *f.* factory

façade *f.* façade, front

face: bien en ~ straight in the face

se fâcher to become angry

fâcheux, -euse annoying

fâché, -e angry

façon *f.* way, manner
  de ~ à so as to, so that
  de toute ~ in any case

facteur *m.,* **factrice** *f.*
  (rare) mail carrier

faiblement *adv.* faintly, dimly

faiblesse *f.* weakness

fainéant *m.,* **fainéante** *f.* idler, loafer

faire: cela fait (dix ans) que... for (ten years)

se ~ to make onself, to become

ne t'en fais pas don't worry

fait *m.* fact

au ~ by the way

~ divers news item

familier, -ère familiar; informed

fana *adv. inv. (fam.)* crazy about

fanfreluche *f.* trimming; trinket

fantaisiste fanciful

fantastique fantastic

fantôme *m.* ghost

farce *f.* (practical) joke, prank

fard *m.* make-up (cosmetic)

farine *f.* flour

farouche unsociable, sullen

faubourg *m.* suburb

fauché, -e *(fam.)* flat broke

faute: ~ de for lack of

par la ~ de because of

fauteuil *m.* armchair

fébrilement *adv.* feverishly

fée *f.* fairy

feindre to pretend

féliciter to congratulate

femelle *f.* female, she-animal

féodal, -e feudal

fer *m.* iron

~ de lance spearhead

ferme firm

fermement firmly

fermer à clé to lock

fermette *f.* small farmhouse

fermeture *f.* closing (time)

fesse *f.* buttock

festin *m.* feast, celebration

fêter to celebrate

feu *m.* fire

mettre le ~ à to set fire to

feuille *f.* form; sheet; leaf

fiançailles *f. pl.* engagement

ficelle *f.* string

fiche *f.* (printed) form

ficher to do *(fam.)*; to stick in

se ~ de *(fam.)* to be indifferent to; make fun of

fictif, -ve fictional

fidèle faithful

fiel *m.* venom

se fier à to trust, rely on

fier, fière proud

fierté *f.* pride

figurant *m.,* **figurante** *f.* (movie) extra

figure *f.* face

figurer to represent, appear

se ~ to imagine, fancy

fil *m.* thread

~ à couper le beurre wire used to cut butter or cheese

filet *m.* net

fille *f.* **de rien** good-for-nothing woman

fin: arriver à ses ~s to achieve one's ends

en ~ de compte ultimately; in the last analysis

fin, -e sharp, astute; fine, delicate, subtle

finasser to use trickery

finement *adv.* skillfuly, subtly

finesse *f.* delicacy, fineness

fixement *adv.* fixedly

fixer to settle on; to fix

flairer to smell, sniff

flash *m.* (*pl.* **flashes**) flash from a camera

se flatter de to claim to; to flatter oneself to

flatteur, -euse flattering

fléau *m.* calamity

fléchir to bend, sag

fleuron *m. métaphorique* jewel, high point

fleuve *m.* river

flonflons *m. pl.* blare

flopée *(fam.)*: **une (des) ~(s)** loads, masses

flot *m.* stream; flood

flotter to float

flou, -e vague

foi: ma ~ indeed

foie *m.* liver

foire *f.* fair

fois: à la ~ at the same time; both

maintes ~ many times

mille ~ a lot

foncé, -e dark

foncièrement *adv.* fundamentally, basically

fonctionnaire *m.* civil servant

fond *m.* back, bottom, end; background

fonds *m.* fund

fondement *m.* foundation, base

fonder to found

fondre to melt (away), disappear

fontaine *f.* fountain

foot: terrain de ~ soccer field

for *m.* **intérieur** conscience; deep down inside

force *adj. inv.* (*litt.*) many

force *f.:* **à ~ de** by dint of, by sheer

forcément *adv.* necessarily

forêt *f.* forest

formaliste *m./f.* stickler for formalities

formellement *adv.* strictly

formidable *(fam.)* terrific

formulaire *m.* (printed) form

formule *f.* formula, set expression

formuler to formulate, express

fort, -e loud, strong

fort *adv.* greatly, very

fossé *m.* gap

fou (fol), folle insane, crazy; incredible

foudre *f.* lightning

fouetter to whip, beat

fouiller to dig through, explore

foule *f.* crowd; vast quantity

four *m.* oven

fourchette *f.* fork

fournil *m.* bake house

fourmi *f.* ant

fournir to provide

fournisseur *m.* supplier

fourrière *f.* pound (for animals), garage (for towed cars)

fourrure *f.* fur

foutre (*vulg.*)   to do; to shove (at)

  se ~   not to give a damn

foutu *p.p. of* **foutre**

foyer *m.*   home

fraîcheur *f.*   freshness

frais, fraîche   fresh; cool

frais *m. pl.*   expenses

franc, franche   frank

franchement *adv.*   frankly

franchir   to step over, cross

franchise *f.*   frankness

frapper   to strike; to knock

se frayer un chemin   to plow one's way through

frein *m.*   brake

freinage *m.*   braking

freiner   to restrain

frêle   fragile

frémissant, -e   trembling

fréquentation *f.*   frequenting, living (in)

fréquenter   to associate with; to frequent, visit

fresque *f.*   fresco

frileux, -euse   sensitive to the cold

frite *f.*   French fry

frivole   frivolous

froissé, -e   offended, hurt

front *m.*   forehead

frontière *f.*   boundary, border

frotter   to rub

fuir   to flee, run away

fuite *f.*   flight, escape; leak

fumée *f.*   smoke

funambule *m./f.*   tight-rope walker

funérailles *f. pl.*   funeral

fureur *f.*   fury

fusil *m.*   gun

fusillé, -e   shot

---

gager   to wager

gages *m. pl.*   wages

gagner   to earn; to win

  ~ du temps   to save time

gai, -e   happy, cheerful

galanterie *f.*   love affair; gallantry, chivalry

galette *f.*   kind of cake

galon *m.*   (hat) band

gamin *m.,* **gamine** *f.*   kid

gangrener   to decay; to develop gangrene

gant *m.*   glove

garce *f.*   prostitute, tart, bitch

garder   to keep

  ~ en tête   to remember

gare *f.*   (train) station

garnir   to line; to fill; to garnish

gaspiller   to waste

gâteau *m.*   cake

  petit ~   cookie

gâter   to spoil; to pamper

gâteries *f. pl.*   treats, goodies

gâteux, -euse   doddering, senile

gauche   left

gaupe *f.*   slut, trollop

se gaver   to stuff oneself

gazon *m.*   lawn

gazouiller   to babble, chirp

géant *m.,* **géante** *f.*   giant

gémir   to groan, moan

gencives *f. pl.*   gums

gendarme *m.*   policeman

gêne *f.*   discomfort

gêné, -e   embarrassed

gêner   to hinder; to irritate

  se ~   to put oneself out

génial, -e   exceptional; brilliant

génie *m.*   genie; genius; engineering; spirit

genou *m.* (*pl.* **-x**)   knee; *pl.* lap

genre *m.*   kind, sort; (literary) genre

  tableau de ~   scenes of family and popular life; pictures of anecdotal stories

gentillesse *f.*   kindness

gérant *m.,* **gérante** *f.*   manager

gérer   to manage

germe *m.*   seed

gésir   to lie

gestation *f.*   pregnancy

geste *m.*   gesture, movement

gesticuler   to gesticulate

gestion *f.*   management

gifle *f.*   slap

gifler   to slap

gigot *m.*   leg of lamb

gisait, gisaient   *imperfect of* **gésir**

gisement *m.* **pétrolifère**   oilfield

glace *f.*   ice

glisser   to slide

  se ~ dans   to creep into, steal into

gloire *f.*   glory; fame

godasse *f.* (*argot*)   shoe, boot

gomme *f.*   eraser

gommé, -e   erased

gonfler   to swell

gorge *f.*   throat

gorgée *f.*   gulp, mouthful

gosse *m./f.*   youngster, kid

gourd, -e   numb, stiff

gourmandise *f.*   greediness, gluttony

goût *m.*   taste

goûter   to appreciate; to taste

grâce: faites-moi la ~ de   be so kind as to

  ~ à   thanks to

  jour d'action de ~   Thanksgiving Day

gracieux, -euse   graceful; gracious

graisse *f.*   fat

grand-chose: pas ~   not much, nothing much

grand-croix *f.*   Grand Cross (of the Legion of Honor)

grandir   to grow

grand'peur: avoir ~   to be very frightened

gras, grasse   fat, plump; greasy

gratte-ciel *m. inv.*   skyscraper

gratter   to scratch

gratuit, -e   free

gravé, -e   imprinted, engraved

gravité *f.*   seriousness

grêle   slender

grenier *m.*   attic

grenouille *f.*   frog

grève *f.* (labor) strike
griffe *f.* claw
grimace *f.* grimace, funny face
  faire des ~s to make faces
grimper to climb, creep
griot *m.* West African poet-musician, oral historian
gris, -e gray
grisé, -e intoxicated
grogner to grumble
gronder to growl, grumble
grossier, -ère coarse, rude
grossir to put on weight; to exaggerate, magnify
grotte *f.* grotto, cave
grouillot *m.* messenger (boy)
guenon *f.* (she-)monkey; hag
guère: ne... ~ hardly, scarcely
guérir to heal, cure
guérison *f.* recovery
guerre *f.* war
gueule *f.* mouth (of an animal); human mouth (*vulg.*)
  ~ de bois hangover
gueuse *f.* sow; wench
guichet *m.* window, counter

━━━━━━━━━━

habile skillful, clever
habileté *f.* cleverness, skillfulness
habiller to dress
habits *m. pl.* clothing
habitude *f.* habit, custom
  comme d'~ as usual
  d'~ usually
s'habituer à to get used to, accustomed to
habitué, -e accustomed to
hacher to break up, disrupt; to chop, mince
haie *f.* hedge
haine *f.* hatred
haineux, -euse hateful
haïr to hate
hallucinant, -e hallucinating, haunting
halte *f.* stop, break

hamac *m.* hammock
hameau *m.* hamlet
hanche *f.* hip
harangue *f.* bombastic and ranting speech or writing
haranguer to lecture, harangue
harceler to harass
hasard *m.* risk; chance, fate
  à tout ~ just in case, by chance
hâte: en ~ hastily
se hâter to hasten
hausser les épaules to shrug one's shoulders
haut, -e tall
haut: du ~ from the top of
  en ~ at the top
hauteur: à la ~ de la poste up (the hill) by the post office
haut-parleur *m.* loudspeaker
hebdomadaire weekly
hébreu *adj. m.* (f. **hébraïque**) Hebrew
hein? eh?
hélas! alas!
herbe *f.* grass
hériter to inherit
héros *m.,* **héroïne** *f.* hero
heure:
  à l'~ on time
  de bonne ~ early
  ~ d'affluence rush hour
  ~ de pointe rush hour
  tout à l'~ in a little while; a little while ago
hisser to hoist
hocher la tête to shake one's head
homme *m.* **de main** right-hand man
honnêteté *f.* honesty
honte *f.* shame
  avoir ~ to be ashamed of
  faire ~ à to make someone ashamed
honteux, -euse shameful, disgraceful; ashamed
horaire *m.* schedule
horloge *f.* clock

horreur: avoir ~ de to detest
  faire ~ à to horrify
hors *adv.* **de** outside of
hospitalier, -ère hospitable
hôte *m.,* **hôtesse** *f.* host, hostess
houle *f.* swell (of water)
houppelande *f.* (loose-fitting) greatcoat, heavy overcoat
huile *f.* oil
huissier *m.* usher, attendant
huître *f.* oyster
humain, -e *adj.* human
  être ~ *m.* human being
humain *m.* human being
humeur *f.* mood, temperament
humide damp
humilié, -e humiliated
hurler to roar, yell; to howl
hurluberlu *m.* crank
hydratant, -e moisturizing
hyperefficace overly efficient
hypergastrique with a severely upset stomach (*word invented by Queneau*)
hypo- (*préfixe*) hypo- (*opposite of* **hyper-**)
hypotendu, -e with low blood pressure

━━━━━━━━━━

ici: d'~ juin between now and June
idée *f.* **fixe** obsession
identique identical
ignoble vile
ignorer to be unaware of
île *f.* island
illuminé, -e lit up, illuminated
illustre famous, illustrious
imbu, -e de steeped in
imbuvable undrinkable
immeuble *m.* building
impatiemment *adv.* impatiently
implanté, -e established
impliquer to imply
importer to matter

n'importe comment any (old) way, no matter how
n'importe où anywhere
n'importe quand any time
n'importe quel just any
imposant, -e impressive, awesome
s'imposer to command attention
impôt *m.* tax
imprécation *f.* curse
imprégnant, -e permeating
imprégné, -e permeated, instilled with
impressionnant, -e impressive
impressionner to impress
imprévisible unpredictable
imprimer to print; imprint
improviste: à l'~ unexpectedly
impudique shameless
impuissant, -e powerless
impulsion *f.* impetus
inassorti, -e ill-matched
inattendu, -e unexpected
incantatoire magical
incendie *m.* fire
incendier to burn, set on fire
incertitude *f.* uncertainty
incessamment *adv.* incessantly
incitation *f.* exhortation
incompris, -e misunderstood
inconnu, -e unknown
inconscience *f.* thoughtlessness
inconscient *m.* subconscious
inconsolable disconsolate
incorporer to mix, blend
incroyable unbelievable
inculte uncultivated
indécis, -e undefined, vague
indéfinissable indefinable
indemnité *f.* damages
indémodable lasting
indication *f.* indication; information
indice *m.* sign, clue
indifféremment *adv.* indifferently
indigène native; local

indigné, -e indignant
s'indigner de to be annoyed at, get indignant about
indomptable indomitable, unmanageable
inédit, -e unpublished
inépuisable inexhaustible
infailliblement *adv.* inevitably
infatigable tireless
infecter to inflict; to poison (by)
inférieur, -e lower
infini, -e infinte
infiniment infinitely
infirme *m./f.* invalid, disabled
infirmier *m.,* **infirmière** *f.* nurse
infliger to inflict
information *f.* piece of news
informatique *f.* computer science
infuser to brew, steep
ingrat, -e ungrateful
inguérissable incurable
injonction *f.* command
injure *f.* insult
innombrable innumerable, countless
inondation *f.* flood
inoubliable unforgettable
inquiet, -ète worried
s'inquiéter de to worry about
inquiétude *f.* anxiety
insensé, -e insane; senseless, rash
insolemment *adv.* insolently, arrogantly
insolite unusual, strange
insoumis, -e unsubdued
installation *f.* moving in (to residence)
s'installer to move in
instantané; photo -e snapshot
instantanément *adv.* instantly
instruire to look into; to inform; to teach
instruit, -e knowledgeable, educated
insuffisant, -e insufficient, inadequate

insupportable unbearable, insufferable
insurgé *m.,* **insurgée** *f.* rebel
s'insurger to revolt, rebel
intarissable inexhaustible
interdiction *f.* ban
interdire to forbid, prohibit
interlocuteur *m.,* **interlocutrice** *f.* person speaking with someone
interminable never-ending
interpellation *f.* questioning (by police)
interpeller to challenge, accost
interposé, -e interspersed
interrogateur *m.,* **interrogatrice** *f.* questioner
interrogatoire *m.* interrogation, cross-examination
interrogé *m.,* **interrogée** *f.* person being questioned
interroger to question, ask
intervalle *m.* length of time
  dans l'~ in the meantime
intervenir to intervene; to be involved
intime intimate; private
intitulé, -e entitled
introuvable undiscoverable
intrus *m.,* **intruse** *f.* intruder
inventaire *m.* inventory
inventeur *m.,* **inventrice** *f.* inventor
invraisemblable improbable, incredible
irradier to radiate; to shine
irrémédiable irreversable
isolé, -e isolated
isolement *m.* isolation, solitude
issu, -e de issuing, stemming from
ivre drunk
  ~ de joie wild with joy
ivresse *f.* drunkenness

jadis *adv.* in times past, formerly

jaillir to gush forth, burst forth
jalonner to mark off; to stand out
jalousie *f.* jealousy
jaloux, -ouse jealous
jamais *adv.* ever
  à ~ forever
  ne... ~ never
jambe *f.* leg
jardinet *m.* small garden
jaunâtre yellowish
jaune clair *adj. inv.* light yellow
jet *m.* gush
jetée *f.* jetty
jeter to throw, cast
  ~ un coup d'œil to glance
jeu: en ~ in play
  ~ de mots play on words
jeunesse: la ~ dorée the jet set, "beautiful people"
job *m.* job, position
Joconde: la ~ Mona Lisa
joie *f.* joy
joindre to enclose, attach; to join
joliment *adv.* attractively, nicely
joncher to litter
joue *f.* cheek
jouet *m.* toy
jour: ce ~-là that day
  ~ d'action de grâce Thanksgiving Day
  ~ de l'an New Year's Day
journal *m.* **télévisé** evening news
joyeux, -euse joyous
juge *m.* judge
juif, juive Jewish
jumeau *m.*, **jumelle** *f.* (*m. pl.* **-x**) twin
jupe *f.* skirt
jurer to swear
jusque (jusqu'): ~ à up to
  ~ à ce que until
  ~ en until
  ~ ici up to now
juste *adj.* just, fair
juste *adv.* just, exactly

justement *adv.* as a matter of fact; precisely, just
justificatif, -ve supporting, justifying

---

képi *m.* (soldier's or policeman's) cap
kir *m.* alcoholic drink of white wine and cassis
krach *m.* (stock market) crash

---

là: ~-bas over there
  ~-dessus about it, on it
  toute l'affaire est ~-dedans that's the key to the whole thing
labourage *m.* plowing
lac *m.* lake
lâche *adj.* cowardly
lâche *m./f.* coward
lâcher to let go
  ~ prise to let go; to give up
laid, -e ugly
laine *f.* wool
laisser to allow, let; to leave behind
  ~ indifférent to leave unmoved
lambeau *m.* shred
lamentablement *adv.* miserably
lance: fer de ~ spearhead
se lancer to launch into
languir to become weak, languish
lanterne *f.* **magique** magic lantern (19th-century projector)
lapin *m.* rabbit
large wide
  de long en ~ back and forth
  ~ d'esprit broad-minded
larme *f.* tear
laryngite *f.* laryngitis
las, lasse tired, weary
lassitude *f.* fatigue

lauréat *m.*, **lauréate** *f.* (prize) winner
laver to wash
  ~ la vaisselle to wash the dishes
lécher to lick
lecteur *m.*, **lectrice** *f.* reader
lecture *f.* reading
léger, -ère light
légitime legitimate
légume *m.* vegetable
lendemain *m.* the next day
lent, -e *adj.* slow
lentement *adv.* slowly
levant, -e *adj.* rising
levant *m.* east
lever *m.* **du soleil** sunrise
lèvre *f.* lip
liaison *f.* connection; joining
libéré, -e released
se libérer to free oneself
libertin, -e libertine
lié, -e linked, connected
lien *m.* bond
se lier to make friends
lieu *m.* place
  au ~ de instead of
  il n'y a pas ~ de there is no cause to
lieue *f.* league (3 statute miles)
lièvre *m.* hare
lifting *m.* face-lift
ligne *f.* line, waistline, figure
limpidité *f.* clarity
linge *m.* linen, underwear, clothes
  laver le ~ to wash clothes
  pince à ~ clothespin
lit *m.* bed
litote *f.* understatement
livre *m.* **de chevet** favorite book
livrer to deliver; to give up to
  ~ aux soins de to leave to the care of
location *f.* renting, rental
  en ~ for rent; on loan
logement *m.* lodging, housing
loi *f.* law

loin *adv.*   far
  au ~   in the distance, far off
lointain, -e   remote, distant
long: de ~ en large   back and forth
  le ~ de   throughout
longtemps *adv.*   a long time
lors: dès ~   from that time on
  ~ de   at the time of
lorsque *conj.*   when
louange *f.*   praise
louer   to rent; to praise
loup *m.*   wolf
  ~ de mer   old sailor
lourd, -e   heavy
loyer *m.*   rent
lueur *f.*   gleam, glimmer
  à la ~ des bougies   by candlelight
luisant, -e   shining, glowing
lumière *f.*   light
lumineux, -euse   luminous, radiant
lune *f.*   moon
  clair de ~   moonlight
lustre *m.*   chandelier
lutte *f.*   struggle
lutter   to fight, wrestle
luxe *m.* luxury, wealth
lycéen *m.,* **lycéenne** *f.*   (high school) student

---

machinalement *adv.*   automatically, without thinking
madeleine *f.*   small, shell-shaped cake
Maghrébin *m.,* **Maghrébine** *f.*   inhabitant of the Maghreb in North Africa
magnésium *m.*   magnesium
  éclair de ~   photographic flash
magnétoscope *m.*   videocassette recorder (VCR)
maillot *m.* **de bain**   bathing suit
maintenir   to maintain
maintien *m.*   bearing; posture; grip, restricting hold

maire *m.*   mayor
mairie *f.*   town hall
maison *f.*   house; company
maisonnette *f.*   cottage
maître *m.*   master; chief
  ~ chanteur   blackmailer
maîtrise *f.*   mastery
maîtriser   to master, control
majeur, -e   of age; major, main
majuscule *f.*   capital (letter)
maladie *f.*   illness
maladroitement *adv.*   awkwardly
malaise *m.*   discomfort
malchance *f.*   bad luck
malédiction *f.*   curse
malentendu *m.*   misunderstanding
malgré   in spite of
malheur: par ~   as ill luck would have it
  quel ~!   what a shame!
malheureux, -euse   unhappy
malin, maligne *adj.*   mischievous; shrewd
malsain, -e   unhealthy
mammifère *m.*   mammal
manageur *m.*   manager
manche *f.*   sleeve
  la Manche   English Channel
manger dans la main   to eat out of someone's hand
manie *f.*   mania, obsession
manière: de ~ à   so that
manifestement *adv.*   patently, obviously
manque *m.*   lack
  par ~ de   for lack of, want of
manquer à   to be missed by (someone)
  ~ de   to lack (something)
mansarde *f.*   attic, garret
maquillage *m.*   makeup
se maquiller   to put on makeup
marbre *m.*   marble
marchand *m.,* **marchande** *f.*   shopkeeper, dealer
marchandage *m.*   bargaining
marchander   to haggle, bargain

marche: en ~   running (motor)
marché *m.*   bargain, deal; market
  par-dessus le ~   into the bargain, on top of all that
marcher   to walk; to work (machine)
marée *f.*   tide
marge *f.* **de manœuvre**   room to maneuver
mariage *m.*   marriage, wedding
Marianne *f.*   symbol of the French Republic
marin, -e *adj.*   marine, sea-related
marin *m.*   sailor
marine *f.*   navy
  bleu ~   navy blue
marmite *f.*   pot
  ~ de fer   cast iron pot
marquer   to highlight
marronnier *m.*   chestnut tree
marteau *m.*   hammer
martingale *f.*   system for gambling
match *m.*   game
matelas *m.*   mattress
matériel *m.* **ferroviaire**   railroad equipment
matière *f.*   (academic) subject; material, substance; contents
  ~ grasse   fat
matinée *f.*   morning
  faire la grasse ~   to sleep late
maudire   to curse
maudit, -e   damned
mec *m.* (*fam.*)   guy
méchanceté *f.*   unkindness; wickedness
méchant, -e   bad, naughty, wicked
mécontent, -e   unhappy, annoyed
mécontentement *m.*   dissatisfaction, annoyance
mécontenter   to displease, annoy
médaille *f.*   medal
médicament *m.*   medicine

méditer to meditate

méfiance *f.* mistrust, suspicion

se méfier de to distrust

mégarde: par ~ inadvertently

meilleur: du ~ de son âme with all his heart

mélange *m.* mixture

mélanger to mix

mêler to mix

  se ~ de to get involved with

melon *m.* bowler, derby (hat)

membre: se saigner aux quatre ~s to bleed onself dry, sacrifice oneself

même same; very

  de ~ que just as

  quand ~ nevertheless, still

  tout de ~ all the same, even so

mémoire *f.* memory

mémoire *m.* paper, report

menace *f.* threat

menacer to threaten

ménage *m.* housework; married couple

ménager, -e relating to housework

ménagère *f.* housewife

ménagerie *f.* zoo

mendiant *m.,* **mendiante** *f.* beggar

mener to lead

  ~ la conversation to carry on conversation

mensonge *m.* lie

mensuel, -elle monthly

menteur *m.,* **menteuse** *f.* liar

menthe *f.* mint

mentir to lie

mépris *m.* contempt

mépriser to disdain

mer *f.* sea

  fruits de ~ seafood

merdeuse! *f.* (*vulg.*) dirty bitch! filthy slut!

mère: belle-~ mother-in-law

mériter to merit, deserve

merveille *f.* marvel, wonder

  au pays des ~s in wonderland

merveilleusement *adv.* wonderfully

merveilleux, -euse wonderful, marvelous

messe *f.* mass (religious ceremony)

mesure: à ~ in proportion; successively

  à ~ que as

  la ~ était comble that was the limit

mesurer to measure

métier *m.* occupation, trade; loom, spinning wheel

metteur *m.,* **metteuse** *f.* **en scène** movie director

mettre: ~ bas to give birth

  ~ en scène to present (characters in literature); to direct (a movie)

  se ~ à to begin

  se ~ à l'œuvre to get down to work

  se ~ à table to sit down to eat

  se ~ d'accord to come to an agreement

  se ~ en colère to become angry

  se ~ par terre to get on the floor

meuble *m.* piece of furniture

meurtre *m.* murder

meute *f.* pack

micro-onde *f.* microwave

Midi *m.* the South of France

mieux: je ne demande pas ~ I'll be glad to

mignon, -onne cute, sweet; dainty

milieu *m.* middle; environment

  ~ entre compromise between

milliardaire *m./f.* billionaire

millier: des ~s thousands

mince slender

mine *f.* appearance

  faire des ~s to make faces

  prendre des ~s to put on airs

ministère *m.* Ministry

minitel *m.* minitel, computer display terminal tied to phone lines

minutie *f.* minute detail

mire: point de ~ focal point

miroiter to reflect

mise *f.* dress, attire

mise: ~ en scène production

  ~ au point adjustment

misère *f.* misery; poverty

mitan: à la ~ (*vx.*) in the middle

mitigé, -e inconclusive

mitraille *f.* volley (of gunshots)

moche (*fam.*) ugly

mode *m.* **d'emploi** directions for use

mœurs *f. pl.* customs

moindre least, slightest

moine *m.* monk

moins: au ~ at least

  de ~ en ~ less and less

  du ~ at least, anyway

moitié *f.* half

mollement *adv.* indolently, lazily

moment *m.* time, moment

momentanément *adv.* momentarily

mondain, -e worldly, of society

monde: du ~ a lot of people; some guests, company

mondial, -e world(-wide)

montant *m.* sum, total

montre *f.* watch

se moquer de to make fun of; not to care

moquerie *f.* mockery

moqueur, -euse mocking

moral, -e moral

moralisateur, -trice moralizing

moraliste moralistic

morceau *m.* selection; piece, bit

  emporter le ~ to win the day

mordant, -e sharp, scathing

mordre to bite

moribond *m.,* **moribonde** *f.* dying person

morose sullen, morose, gloomy

morosité *f.* sullenness

mort *f.* death

mort *m.,* **morte** *f.* dead person
mou (mol), molle soft; indolent
mouche *f.* fly
mouchoir *m.* handkerchief
mouillé, -e wet, damp
moule *f.* mussel
mouler to mold; to cling to (as fabric)
moulin *m.* windmill
  ~ **à poivre** pepper mill
moustique *m.* mosquito
moutarde *f.* mustard
mouton *m.* mutton
moyen *m.* means, way
  au ~ de by means of
Moyen-Orient *m.* Middle East
moyennant in return for
moyenne: en ~ on the average
muet, muette mute, silent
mulot *m.* field mouse
muni, -e de provided with
mur *m.* wall
mûr, -e ripe; mature
muraille *f.* (high) wall
muse *f.* (*myth.*) Muse
museau *m.* muzzle
musulman, -e Moslem
mutin, -e saucy, unruly
myope near-sighted

---

nadir *m.* lowest point
nain *m.,* **naine** *f.* dwarf
naissance *f.* birth
naître to be born
nana *f.* (*argot*) chick (girl)
natal, -e native
natation *f.* swimming
natte *f.* mat
nature *f.* **morte** still life
naufragé *m.,* **naufragée** *f.* castaway, shipwrecked person
navette *f.* shuttle
néanmoins *adv.* nevertheless
néant *m.* nothingness, void
néfaste harmful, disastrous
négliger to neglect
négritude *f.* state of being black

nerf *m.* nerve
net, nette clear
nettoyage *m.* cleaning
neuf, neuve (brand-)new
  quoi de ~? what's new?
névralgie *f.* headache; neuralgia
nicher to build a nest, nestle; to lodge
nid *m.* nest
nier to deny
n'importe no matter
niveau *m.* level
noces *f. pl.* marriage
  voyage de ~ honeymoon
nœud *m.* knot
  ~ **papillon** bow tie
noix *f.* walnut
nom *m.* **de plume** pen name
non plus *adv.* either, neither
normand, -e of Normandy
notamment *adv.* notably, in particular
notation *f.* note
noter to notice; to grade
nourrir to nurture, nourish
nourriture *f.* food
nouveau: de ~ again
nouvelle *f.* short story; news
noyau *m.* nucleus
se noyer to drown
nu, -e bare, nude
nuage *m.* cloud
nuire to harm
numérique numerical
numéro *m.* number; issue (press)
numéroté, -e numbered

---

objectif *m.* camera lens; objective
obligé *m.,* **obligée** *f.* person under obligation
obscurité *f.* darkness
obsédant, -e obsessive; haunting
obséder to obsess

observateur *m.,* **observatrice** *f.* observer
observé *m.,* **observée** *f.* person being observed
obstiné, -e obstinate
occasion: d'~ secondhand
occasionner to cause
occidental, -e Western
s'occuper de to look after
octogénaire *m./f.* eighty-year-old person
odieusement hatefully
œil: clin d'~ wink
  coup d'~ glance
  d'un sale ~ with a dirty look
œuvre *f.* work (of art, literature, etc.); undertaking, task
  se mettre à l'~ to get down to work
  se remettre à l'~ to get back to work
officier *m.* officer
offrande *f.* offering
oignon *m.* onion
oiseau *m.* bird
oisif, m. idler
olivier *m.* olive tree
  plant d'~ olive branch
ombre *f.* shadow
ombrelle *f.* parasol
omettre to omit
onctueux, -euse smooth
onde *f.* (sound) waves
ondulation *f.* wave; movement, undulation
ongle *m.* fingernail
opérer to operate; to carry out, implement
  se faire ~ to have an operation
  s'~ to take effect
opiniâtre obstinate, stubborn
opportunément *adv.* at the opportune time
opportunité *f.* favorable occasion
s'opposer à to be opposed to; to contrast with
opprimant, -e oppressive

optique *f.* perspective

or *m.* gold

or *conj.* now; however

orage *m.* storm

ordinateur *m.* computer

ordonnateur, -trice: paroles or-donnatrices orders

ordonner to order, command

ordures *f. pl.* rubbish, trash
  boîte à ~ trash can

orée *f.* edge

oreille *f.* ear

orgueil *m.* pride

orgueilleux, -euse proud

orienté, -e oriented

orné, -e adorned, decorated

orphelin *m.*, **orpheline** *f.* or-phan

orthographe *f.* spelling

os *m.* bone

oser to dare

osseux, -euse bony

ou... ou either. . . or

où: n'importe ~ anywhere

oubli *m.* forgetting, omission

ouest *m.* west

ours *m.* bear

outil *m.* tool

outre *f.* goatskin (to hold water)

outre *prép.* besides, in addition to
  en ~ moreover; besides; fur-thermore
  ~Atlantique across the At-lantic, overseas
  ~Manche across the English Channel (Great Britain)

ouverture *f.* opening

ouvrage *m.* work

ouvrier *m.*, **ouvrière** *f.* worker

---

paillasson *m.* doormat

paisible peaceful, quiet

paître to graze

paix *f.* peace

paletot *m.* jacket

pâleur *f.* paleness

pâlir to turn pale; to grow dim

palpiter to beat

panache *m.* flamboyance, flair

panier *m.* basket

panne *f.* breakdown

panneau *m.* panel

pans: à ~ with a (shirt) tail

paon *m.* peacock

paparazzi *m. pl.* reporter-photographers

paperasse *f.* useless paper(s)

papillon: nœud ~ bow-tie

paquet *m.* package

par trop (difficile) far too (difficult)

parade: de ~ ceremonial

paraître to seem
  faire ~ to publish

parallèlement *adv.* at the same time; in the same way

parapluie *m.* umbrella

parcelle *f.* particle, small frag-ment

par-ci par-là now and then; here and there

parcourir to go over, cover; to skim, glance over

parcours *m.* distance; (obsta-cle) course

par-dessus: ~ le marché into the bargain; on top of all that

pardessus *m.* overcoat

pareil, -eille similar
  sans ~ unequalled

parent *m.*, **parente** *f.* relative; parent

parenté *f.* relationship

parenthèse *f.* parenthesis

parer to attribute; to adorn

paresseux, -euse lazy

parfois *adv.* sometimes, every so often

pari *m.* bet, wager

se parjurer to commit perjury

parlophone *m.* building inter-com

parmi among

parodier to parody

paroi *f.* inner surface; wall

paroissien, -ne parishioner

parole *f.* word; remark; speech (faculty of)
  ~s ordonnatrices orders
  prendre la ~ to speak

parquet *m.* (wooden or parquet) floor

part: à ~ (que) except (that)
  d'autre ~ moreover
  d'une ~... d'autre ~ on the one hand . . . on the other hand
  ne... nulle ~ nowhere
  quelque ~ *adv.* somewhere

partager to share; to divide

partenaire *m./f.* partner

parti *m.* (political) party, side

particule *f.* particle

partie *f.* part; game
  la plus grande ~ de most of

partiel, -elle partial

partir: à ~ de based on

partisan *m.*, **partisane** *f.* partisan, supporter

partition *f.* musical score; divi-sion

partout *adv.* everywhere

paru, -e published; appeared

parure *f.* finery

parution *f.* appearance, publica-tion

parvenir (à) to achieve; to suc-ceed (in life)

pas *m.* step

pas *adv.* **du tout** not at all

passage *m.* passage, passing

passager *m.*, **passagère** *f.* pas-senger

passant *m.*, **passante** *f.* passerby

passe-temps *m. inv.* pastime

passer: ~ l'aspirateur to vac-uum
  se ~ to take place
  se ~ de to do without
  s'en ~ to do without

passionnant, -e fascinating, ex-citing

passionné, -e impassioned, ardent

passionnel *m.* emotion, passionate instinct, intense feeling

pasteur *m.* Protestant minister

pastille *f.* lozenge

pastis *m.* licorice-flavored alcoholic beverage

pathétique *m.* pathos, the pathetic

patin *m.* skate

patinoire *f.* skating rink

pâtisserie *f.* pastry

patricien, -enne patrician, aristocratic

patrie *f.* native land, nation

patron *m.*, **patronne** *f.* boss

patronner to patronize, sponsor

patte *f.* paw

paupière *f.* eyelid

pavé *m.* paving stone

pavillon *m.* villa, house

paysage *m.* landscape

PDG *m.* **(Président-Directeur-Général)** CEO (chief executive officer)

peau *f.* skin

pêche *f.* fishing

pêcher to catch fish; to go fishing

pêcheur *m.*, **pêcheuse** *f.* fisherman, fisher

pédant, -e pedantic

peigner to comb

peindre to paint

peine *f.* trouble; suffering, sorrow
  à ~ scarcely
  ~ de mort death penalty
  prendre la ~ to take the trouble

peiner to hurt

peint, -e painted

peintre *m.* painter

peinture *f.* picture; painting

péjoratif, -ve derogatory, pejorative

peloton *m.* **d'épingles** pincushion

pelouse *f.* lawn
  tondre la ~ to cut the grass

penchant *m.* propensity, inclination, tendency
  sur le ~ de sa ruine on the brink of ruin

pencher: ~ sur les reins to bend over
  se ~ au dehors to lean out
  se ~ en avant to lean forward

pendant *adv.* during; for

pendeloque *f.* dangling earring

pénible painful

penser: cela me fait ~ à that makes me think of, reminds me of

pensée *f.* thought

pénurie *f.* shortage, lack

percer to pierce

percevoir to perceive

perdre to lose
  se ~ to be lost; to disappear

perfide perfidious, treacherous

périr to perish

permis *m.* **de conduire** driver's license

perroquet *m.* parrot

perruque *f.* wig

persil *m.* parsley

personnage *m.* character; person

personne: ne ... ~ no one

perspicacité *f.* insight, shrewdness

perte *f.* loss

perturbateur, -trice bothersome

PES *f.* **(perception extra-sensorielle)** ESP (extrasensory perception)

peser to weigh

pétanque *f.* type of bowl played in the Midi

pétiller to sparkle

pétrole *m.* oil, petroleum

pétrolifère: gisement ~ oil field

peu *adv.* little, not very
  à ~ près approximately, almost
  ~ à ~ little by little
  ~ de few

peur: avoir grand'peur to be very frightened
  faire ~ à to frighten

peureusement *adv.* fearfully

peureux, -euse fearful

phénomène *m.* phenomenon

phoque *m.* seal

photographe *m./f.* photographer

piastre *f.* piaster (unit of money)

picon *m.* name of a beverage

pièce *f.* room; play; piece

pied: d'un bon ~ in the right way

pied-noir *m.* Algerian of European descent

piège *m.* trap

piéger to trap

pierre *f.* **d'achoppement** stumbling block

pin *m.* pine tree

pince *f.* clip
  ~ à linge clothespin

pinceau *m.* paintbrush

pince-fesse *m.* pinch (to someone's bottom)

pincer to pinch

piquant, -e titillating; spicy

pique-nique *m.* picnic

piqûre *f.* bite, sting (of insect), prick

pire worse, worst

pis *adv.* worse, worst

piscine *f.* swimming pool

piste *f.* lead, clue; track

piteux, -euse pitiful

pitié *f.* pity

pitoyable pitiful

place *f.* space; seat; square
  marcher sur ~ to mark time
  tenir de la ~ to take up space

se placer to be placed

placette *f.* small square

plafond *m.* ceiling

plage *f.* beach

plaindre to pity
  se ~ to complain
plaine *f.* plain
plainte *f.* complaint
plaire to please
plaisant, -e amusing
plaisanterie *f.* joke
plaisir *m.* pleasure
plan *m.* plane; plan; map
planche à voile *f.* windsurfing
plancher *m.* floor
plant *m.* **d'olivier** olive branch
se planter to plant oneself, position oneself
plat, -e flat
  à ~ flat
plat *m.* dish
  ~ de résistance main course
platane *m.* plane tree
plein, -e full
  en -e nuit in the middle of the night
  ~ de (*fam.*) a lot of
plein: faire le ~ to fill up (with gas)
pléonastique superfluous, meaningless
pleur *m.* (*litt.*) tear
pleurer to cry, weep
  ~ sur to lament; to feel sorry for
pleurnichard, -e snivelling
pli *m.* crease
plier to fold; to bend
  se ~ to abide by
plombé, -e murky
plombier *m.* plumber
plongé, -e engrossed
se plonger to immerse oneself
plume *f.* feather
plupart: la ~ de most of
plus: en ~ in addition
  ne... ~ no more, no longer
plutôt *adv.* rather
pluvieux, -euse rainy
pneu *m.* (*pl.* **-s**) tire
  ~ crevé flat tire
poche *f.* pocket
poêle *f.* frying pan

poésie *f.* poetry
poétique *f.* poetics
poids *m.* weight
poignée *f.* handle
poignet *m.* wrist
point *adv.*: **ne ... ~** not at all
point *m.* place, point
  faire le ~ to take stock of; to sum up
  mettre au ~ to perfect
  mise au ~ adjustment
  ~ de mire focal point
  ~ de vente store, sales outlet
pointu, -e pointed
poire *f.* pear
poisson *m.* fish
poitrine *f.* chest
poivre *m.* pepper
police *f.* **d'assurances** insurance policy
policier *m.* policer officer; detective
politesse *f.* politeness
politique *f.* politics, policy
pollué, -e polluted
pompier *m.* fireman
pompier, -ère pompous
port *m.* port; bearing, carriage
  à bon ~ to, at a satisfactory solution
portefeuille *m.* billfold, wallet
porter to bring, carry; to wear
  ~ sur to concern, deal with
porteur *m.,* **porteuse** *f.* (pall)bearer
posséder to possess, have
poste *f.* post office; mail
poste *m.* post, position, job; radio
pot *m.* dish, recipe; pot
  prendre un ~ to have a drink
  ~ à eau pitcher
potage *m.* soup
potion *f.* concoction
poubelle *f.* trash can
poudre *f.* powder
poudreux, -euse dusty
poule *f.* hen
poulie *f.* pulley

poumon *m.* lung
poupée *f.* doll
pour que *conj.* so that
poursuivre to pursue; to continue
  ~ en justice to sue, prosecute
pourtant *adv.* however, nevertheless
pourvoir: ~ à to provide for
  ~ un emploi to fill a vacancy
pousser to push
  ~ un cri to cry out
pouvoir *m.* power
pouvoir: il se peut que it could be that
pratique *adj.* practical
pratique *f.* practice, custom
pratiqué, -e practiced, made
préau *m.* covered playground
précédemment *adv.* previously
précéder to precede
préciosité *f.* (*litt.*) preciocity
se précipiter to rush
précis, -e specific, clear
préciser to specify, be specific
précision *f.* points of information; precision
précoce early; precocious
précosité *f.* precocity, precociousness
prédire to predict, foretell
prédominer to predominate
premier, -ère first; primary
prendre:
  ~ en remorque to take in tow
  ~ un pot to have a drink
  s'en ~ à to attack, blame
  s'y ~ to go about things, manage
prénom *m.* first name
se préoccuper to be concerned, preoccupied
préparatifs *m.pl.* preparations
près: à peu ~ approximately, almost
présomptif *m.* heir apparent
presque *adv.* almost
pressentir to sense, have a foreboding

pressé, -e rushed, hurried
prêt, -e ready
prêt *m.* loan
prétendre to claim, assert
prétention *f.* pretension; claim
prêter to lend; to accord
  se ~ à to lend oneself to
prêtre *m.* priest
preuve *f.* proof
prévaloir to prevail
prévenir to guard against; to warn
prévisible predictable
prévoir to foresee, envision
prévu, -e planned
prier to request, beg; to pray
  je vous prie de please, kindly
prière *f.* prayer
  ~ de please
primaire primary
primauté *f.* primacy, preeminence
principe *m.* principle
priori: a ~ deductive, based on assumption rather than known facts
pris, -e en photo photographed
priser du tabac to take snuff
privé, -e private
prix: à tout ~ at all costs
procédé *m.* procedure
prochain, -e next
proche near, close
se procurer to procure, obtain
prodigieux, -euse enormous
prodiguer to squander
producteur *m.,* **productrice** *f.* producer
se produire to happen, take place
produit, -e produced
proférer to utter
profondément *adv.* deeply
profondeur *f.* depth
progéniture *f.* offspring
proie *f.* prey
  en ~ à tormented by
projectile *m.* missile, projectile
se promener to take a walk

promoteur *m.,* **promotrice** *f.* property developer
promu, -e promoted
prophétie *f.* prophecy
propice favorable, propitious
propos: à ce ~ concerning that matter
  à ~ incidentally
  à ~ de concerning
propre clean; one's own
propriété *f.* property
propulser to propel
propulsion *f.* propelling force, propulsion
proscrire to banish, ban; to condemn
protecteur, -trice protective
protéger to protect
provenir to come from, be due to
provisions *f. pl.* food
provisoire temporary
provocateur, -trice provocative
provoquer to provoke, prompt, arouse
puant, -e foul-smelling
publication *f.* publishing
publicitaire (of) advertising
publicité *f.* advertisement
publier to publish
puce *f.* flea; microchip
puis *adv.* then
puisque *conj.* since, because
puissance *f.* power
puissant, -e strong, powerful
pull *m.* pullover, sweater
punir to punish
punition *f.* punishment
putain *f.* whore

quadrille *m.* square dance of French origin
quai *m.* wharf; train platform; river bank
qualité *f.* virtue, good point; quality

quand même *adv.* nevertheless; still
quant à *adv.* as for
quartier *m.* neighborhood
quasi *adv.* almost
quelconque ordinary; some. . . or other
quelque part *adv.* somewhere
quête *f.* search
queue *f.* tail; line
  faire la ~ to stand in line
quinquagénaire *m./f.* fifty-year-old person
quinzaine *f.* about fifteen
  dans la ~ within the next two weeks
quoique *conj.* even though, although
quotidien, -enne daily

rabaisser to belittle
rabattre to pull down
rabbin *m.* rabbi
raccompagner to accompany (back, home)
raccourcir to shorten
raccrocher to hang up
racheter to redeem, buy back
racine *f.* root
raconter to tell
raffinement *m.* refinement
rafle *f.* police roundup, raid
ragôut *m.* stew
raison *f.* reason
  avoir ~ to be right
  en ~ de because of
raisonnable reasonable
raisonner to reason
ralentir to slow down
râleur *m.,* **râleuse** *f.* complainer, grouser
rallumer to relight
ramasser to pick up
rame *f.* oar
ramener to bring back
ramer to row
rancune *f.* resentment

rang *m.* row; shelf; rank
ranger to put away, tidy up
ranimer to revive
rappel *m.* reminder
rappeler to remind; to recall
  se ~ to remember
rapport *m.* relationship; report
  par ~ à in relation to
rapporter to report, relate; to bring back
rapprocher to bring together; to compare
  se ~ to approach
rassasié, -e sated, satisfied fully
rassembler to gather together, collect
rassurant, -e reassuring
rassurer to reassure
rater to miss; to fail
rattacher to join
ravi, -e delighted
ravissant, -e beautiful, ravishing
rayé, -e striped
rayonner to shine (forth)
réagir to react
réalisateur *m.,* **réalisatrice** *f.* (film) director, film-maker
se réaliser to come true, be achieved, be carried out
réaliste realistic
rebelle rebellious
rebondissement *m.* repercussion; new development
recette *f.* recipe
recevoir to receive; to see (a person); to entertain, be at home (to visitors)
recherche *f.* search; research
recherché, -e sought after
rechute *f.* relapse
récipient *m.* container
récit *m.* story; narrative
réclamer to demand, require; to claim
récolte *f.* harvest
récompense *f.* reward
récompenser to reward
reconnaissable recognizable

reconnaissance *f.* recognition; gratitude
reconnaître to recognize
recours *m.* recourse
  avoir ~ à to use; to have recourse to
recouvrir to cover (again)
recrue *f.* recruit, replacement
recueil *m.* collection
reculer to step back, move back
récupérer to get back, recover
rédacteur *m.,* **rédactrice** *f.* (press) editor, writer
  ~ en chef editor-in-chief
rédaction *f.* writing, editing
  salle de ~ (newspaper) office
rédiger to write up; to write, compose
redingote *f.* frock coat
redire to restate
redondance *f.* redundancy
redoutable dangerous
réduire to shorten; to reduce
réel, réelle real
se référer à to refer to
reflet *m.* reflection
refouler to drive back
se réfugier to take refuge
refus *m.* refusal
regagner to go back to
se régaler to feast, eat well
regard *m.* (sense of) sight; look
régime *m.* diet; regime
règle *f.* rule
  ~ d'or Golden Rule
  en ~ in good order
règlement *m.* regulation
régler to adjust; to pay (check); to tune (carburator)
  se ~ to be settled
règne *m.* reign
régner to reign
regretter to be sorry, regret
rein: pencher sur les -s to bend over
reine *f.* queen
rejeter to throw back
rejeton *m.* offspring
rejoindre to join; to meet again

réjoui, -e joyous
se réjouir to be glad, be thrilled
se relâcher to become slack
relation *f.* relationship; connection; acquaintance
relever to raise again; to pick out
  ~ de to depend upon; to come under; to be answerable to
relier to unite, join (again)
reluire to gleam, shine
remarquable remarkable; noticeable
rembourré, -e stuffed (for furniture)
remerciement *m.* thanks, acknowledgement
remercier to thank
remettre to hand in; to postpone; to put again
remontée *f.* ascent
remonter to go up
remontrances: faire des ~ to reprimand
remorque: prendre en ~ to take in tow
remplacer to replace
remplir to fill in, out
remporter to win (a victory); to take away
remuer to move, shift position
renard *m.* fox
rencontrer to meet; to find
se rendormir to go back to sleep
rendre to make; to give back
  se ~ to go, head for
  se ~ compte to realize
renfermer to contain, hold; to shut (up)
renforcer to reinforce, strengthen
renforçateur, -trice reinforcing
renommée *f.* fame
renoncer à to abandon, give up (all thought of)
renouer to take up again; to rejoin
renouveler to renew; to repeat

renseignement *m.* information
renseigner to inform
  se ~ (sur) to find out (about)
rentrée *f.* start of the new school year
rentrer to re-enter; to return (home)
  ~ dedans to crash into, collide with
renverser to reverse, invert
renvoyer to send back
répandre to spread; to shed
répandu, -e widespread
réparation *f.* repair
réparer to repair
repartir to set out again
répartition *f.* division
repérer to find, pick out
replonger to plunge back
répondeur *m.* (telephone) answering machine
reportage *m.* report; reporting
reporter-photographe *m.* reporter-photographer
reposer to rest
  ~ sur to rest on, be supported by
repousser to push away
reprendre to resume, continue; to pick up
reproche *m.* reproach
se reprocher de to blame oneself for
réputé, -e famous
requérir to require
requiert *present of* requérir
rescousse: à la ~ to the rescue, aid
réseau *m.* network, system
réservoir *m.* **d'essence** gas tank
résidence *f.* residence; dormitory
résistance: plat de ~ main course
résonner to resound, reverberate
résorption *f.* dissolution
résoudre to resolve

respirer to breathe
se ressaisir to pull oneself together
ressembler à to resemble
ressentiment *m.* resentment
ressentir to feel, experience
ressortir to go out again
  faire ~ to bring out, make (something) stand out
ressusciter to come back to life
restes *m. pl.* leftovers, food-scraps
restreint, -e limited
résultat *m.* result
résumé *m.* synopsis; résumé
résumer to summarize, sum up
se rétablir to be restored
retard *m.* delay
  être en ~ to be late, delayed
retardement *m.* delay
retarder to delay
retenir to retain, remember
  se ~ to restrain oneself
rétention *f.* retention
retirer to take away
  se ~ to withdraw
retour *m.* return
  être de ~ to be back
retraite *f.* retirement
se retrousser (les manches) to roll up (one's sleeves)
réunion *f.* meeting; gathering
se réunir to meet
réussi, -e effective, well-done, successful
réussite *f.* success
revanche: en ~ on the other hand
rêvasser to daydream
rêve *m.* dream
révélateur, -trice revealing
révéler to reveal
  se ~ to prove to be
revendeur *m.*, **revendeuse** *f.* second-hand dealer
revendre: avoir de l'énergie à ~ to have energy to spare
rêver to dream
revernir to revarnish

réviser to tune up
révision *f.* (auto) servicing; review; revision
révolté *m.*, **révoltée** *f.* rebel
revue *f.* magazine, journal
rhume *m.* cold
ride *f.* wrinkle
ridiculiser to ridicule
rien: ne... ~ nothing
rieur, rieuse laughing, cheerful
rigueur *f.* strictness, severity
  de ~ required
rillettes *f. pl.* potted goose or pork meat
rime *f.* rhyme
rire to laugh
rire *m.* laughter, laugh
risible laughable; ridiculous, silly
rive *f.* (river) bank, shore
riz *m.* rice
rocher *m.* rock
roi *m.* king
roman *m.* novel
romancier *m.*, **romancière** *f.* novelilst
romanesque: œuvre ~ (work of) fiction
rompre to break
rond, -e round
ronger to gnaw
rosée *f.* dew
rosette *f.* insignia of the Légion d'honneur
  ~ de Lyon type of sausage
rôti *m.* roast
rôtir to roast
roue *f.* wheel
rouge foncé *adj. inv.* dark red
rougeole *f.* measles
rougir to blush
rouler to roll; to go, run (car)
roulure *f.* (*argot*) slut, trollop
rouspéteux, -euse grouchy
route *f.* road, route
  mettre en ~ to start
routinier, -ère routine
rouvrir to reopen

roux, rousse   auburn; red-headed

royaume *m.*   kingdom, realm

ruban *m.*   ribbon; band

rubrique *f.*   heading

rude   harsh

rumeur *f.*   rumor; rumbling

ruse *f.*   ruse, trick

rustre *m.*   boor, lout

---

sable *m.*   sand

sablé *m.*   type of shortbread

sac *m.* de couchage   sleeping bag

sacré, -e   sacred

sage   wise

sagesse *f.*   wisdom

saigner   to bleed

  se ~ aux quatre membres   to bleed oneself dry, sacrifice oneself

saillant, -e   protruding; outstanding

sain, -e   healthy; sound

saint, -e   saintly, holy

saisir   to understand; to seize

saisissant, -e   striking

salaud *m.* (*fam.*)   jerk, dirty rat; bastard

sale   dirty; nasty

  d'un ~ œil   with a dirty look

salé, -e   salted

saleté *f.*   squalor; dirt

salle *f.*   room

  ~ d'attente   waiting room

  ~ de rédaction   (newspaper) office

saluer   to greet; to salute

salut *m.*   salute, greeting; salvation

sanction *f.*   punishment; approval

sanctionner   to sanction, approve; to punish

sang *m.*   blood

sanglant, -e   blood-red; bloody

sangloter   to sob

---

sans: ~ doute   probably

  ~ égal   unequalled

  ~ pareil   unequalled

santé *f.*   health

sauf, sauve *adj.*   safe, unhurt

sauf *prép.*   except

saumon *m.*   salmon

sauter   to jump

sauteur, -euse   jumping

sauvage   wild

sauvetage *m.*   rescue

  bateau de ~   lifeboat

savant, -e   scholarly, learned

savant *m.*   scholar; scientist

savourer   to enjoy, savor

savoureux, -euse   tasty

scélérat, -e   evil, infamous

scénario *m.*   screenplay

scénariste *m./f.*   scriptwriter

scène: mise en ~   production

scintillant, -e   sparkling

scolaire   school(-related)

  bulletin ~   report card, grades

seau *m.*   bucket

sec, sèche   dry

Sécession: la guerre de ~   the American Civil War

sécher   to dry

sécheresse *f.*   dryness, drought

second, -e   second; secondary

seconder   to assist

secouer   to shake

  ~ les poux   to give a good dressing down

secours *m.*   help

secousse *f.*   jolt, shock

Secrète *f.*   secret police

section: chef de ~   departmental head

séduction *f.*   charm, appealing attribute

séduire   to charm; to seduce

seigneur! *m.*   lord!

sein *m.*   breast

séjour *m.*   stay, sojourn

sel *m.*   salt

selon   according to

  ~ que   depending on whether

semblable   similar

---

semblant: faire ~   to pretend

sembler   to seem

semer   to sow; to scatter

sens: ~ unique   one-way

sensas (sensationnel) *adj. inv.* (*argot*)   terrific, sensational

sensibilité *f.*   sensitivity, feeling

sensible   sensitive

senteur *f.*   scent

sentier *m.*   path

sentir   to feel; to smell

  se ~   to feel

serein, -e   serene

série: fabrication en ~   mass production

serpent *m.*   snake

serré, -e   crowded; tightly fitted

  cœur ~   heart wrung with emotion

serrer la main   to shake hands

serrure *f.*   lock

serveur *m.* serveuse *f.*   waiter, waitress

Services *m. pl.* Culturels   Cultural Services

serviette *f.*   napkin; towel

servilement *adv.*   slavishly, blindly

servir: ~ à   to be used for

  se ~ de   to use

serviteur *m.*   servant

seuil *m.*   doorway; threshold

sexagénaire *m./f.*   sixty-year-old person

si *conj.*   if

  comme ~~   as if

si *adv.*   yes (answer to a negative question); so

SIDA *m.* (Syndrome d'Immunisation Déficiente Acquis)   AIDS

sidéré, -e   thunderstruck, dumbfounded

siècle *m.*   century

siège *m.*   seat

siffler   to blow a whistle

sifflet *m.*   whistle

signalement *m.*   (official) description

significatif, -ve significant
signification f. meaning
signifier to mean
sillon m. furrow
similitude f. similarity
singe m. monkey
singer to ape, imitate
sinon conj. if not, otherwise
sitôt adv. so soon; immediately
se situer to be located
SNCF **(Société Nationale des Chemins de Fer Français)** French National Railroads
sobre sober
socialisant, -e with socialist leanings
société f. company, firm, society
soie f. silk
soigné, -e polished, elegant
soigner to look after, take (good) care of
soigneusement adv. carefully
soin m. care
    livré aux ~s de left in the care of
soit... soit either . . . or
sol m. soil
soldat m., **soldate** f. soldier
solde: en ~ on sale
soleil: coup de ~ sunburn
solennel, -elle solemn
sombre dark
sombrer to sink
somme toute after all
sommeil m. sleep
sommet m. summit, top
son m. sound
sondage m. opinion poll, survey
songe m. dream
songer to dream, think
sonner to ring
sort m. fate, lot
sortie f. outing; exit
sortir: s'en ~ de to cope with, solve
sot, sotte stupid, silly
sottise f. foolishness, stupidity
sou m. (vx.) small coin

souci m. worry
se soucier de to worry about
soucieux, -euse concerned; worried
soudain, -e abrupt
souffler to blow
souffrance f. suffering
souffrir to suffer
souhait m. wish
souhaitable desirable
souhaiter to wish
soulager to relieve, soothe
soulever to lift up, raise
soulier m. shoe
souligner to emphasize; to underline
soumettre to submit; to subject
soupçon m. suspicion
soupçonner to suspect
soupçonneux, -euse suspicious
soupente f. garret, loft
souple flexible; supple
source f. spring (water); source
sourcil m. eyebrow
sourd, -e deaf, muffled
sourire to smile
sourire m. smile
    blanc ~ innocent smile
souris f. mouse
souscrire to subscribe
sous-entendu, -e understood, implied
sous-sol m. basement
soustraire to shield, protect; to subtract
    se ~ à to escape, shirk
soutenir to support; to hold
soutien m. support
souvenir m. memory, recollection
spatial, -e space
spécialité f. specialty; major subject
spectacle m. show
spiritueux, -euse containing alcohol
stage m. program of study

station f. **thermale** hot springs spa
stationner to park
statut m. status
strophe f. stanza
stupéfaction f. amazement
stupéfait, -e stunned
suave smooth
subalterne subordinate
subir to suffer; to undergo, sustain
subitement adv. suddenly
subjuguer to subjugate
submerger to flood
subordonné, -e subordinate
succéder à to succeed to (a throne, etc.)
successivement adv. in succession
succulent, -e delicious
suffire to suffice
suffisant, -e sufficient
suite f. continuation; series; attendants
    ainsi de ~ and so forth
    par la ~ subsequently
suivant, -e following
suivi, -e coherent, continuous
suivre to follow
    faire ~ to forward (a letter)
    ~ un cours to take a course
super adj. inv. (argot) super, great
superficie f. (surface) area
superflu, -e superfluous, useless
supplication f. plea, entreaty
supplier to beg
supporter to endure, put up with
supposer to suppose, imagine
supprimer to do away with, suppress
sûr, -e: bien ~ que non! of course not!
    soyez ~ rest assured
surcharger to overload
surchauffé, -e overheated
surcroît: de ~ moreover

surdéterminé, -e overly well-defined

sûreté *f.* steadiness

  la Sûreté detective force (national)

surface: faire ~ to surface

surgelé, -e frozen

surgir to appear suddenly, spring up

surlendemain *m.* two days later

surpeuplé, -e overcrowded, overpopulated

surprendre to surprise

surréel, -le surreal

surtout *adv.* especially, mostly

survie *f.* survival

survivant *m.*, **survivante** *f.* survivor

susceptible de capable of, likely to

susciter to arouse; to create

sus-désigné, -e indicated above

suspect, -e suspicious

suspecter to suspect

suspens: en ~ in abeyance, shelved

sympa (sympathique) *adj. inv.* (*argot*) nice, friendly, congenial

sympathie *f.* liking, friendliness

  avec ~ favorably

syndicat *m.* union

Le Système D (Le Système- débrouille) resourcefulness

---

tableau *m.* painting

tache *f.* spot

taché, -e stained

tâche *f.* work, task

tâcher (de) to try (to)

taciturne silent, closemouthed

taie *f.* **d'oreiller** pillow case

taille *f.* figure; waist; size; height

se taire to keep quiet

talon *m.* heel

tamiser to filter

tandis que *conj.* while

tant *adv.* as much (many), so much (many)

  en ~ que as, in as much as

tantôt: ~... ~... sometimes . . . sometimes. . .

tapis *m.* carpet

taquiner to tease

tare *f.* defect, flaw

tarif *m.* rate, price

tarte *f.* pie, tart

tartine *f.* slice of bread (with butter, jam)

tas: un (des) ~ de (*fam.*) loads of, lots of

tasse *f.* cup

  ~ à café coffee cup

  ~ de café cup of coffee

se tâter le pouls to feel one's pulse

tâtonner to grope (in the dark)

tâtons: avancer à ~ to feel one's way along

teint *m.* complexion, color

teinte *f.* shade, color

tel, telle such; such a

  ~ que such as

télévisé: journal ~ evening news

tellement *adv.* so, really

  ~ de so much, so many

témoigner to demonstrate; to give evidence

témoin *m.* witness

tempétueux, -euse stormy, turbulent

temporalité *f.* quality or state of relating to time

temporel, -elle temporal

temps: au ~ de in the days of, at the time of

  de ~ en ~ from time to time

  en même ~ at the same time

  ~ forts important moments

ténacité *f.* persistence

tendance *f.* tendancy

tendre to offer; to stretch

  ~ à to tend to

tendre *adj.* tender

tendresse *f.* tenderness

tendu, -e tense; taut

  ~ de hung with

ténèbres *f. pl.* darkness; gloom

tenir to hold; to persevere

  ~ à to value, be fond of; to insist

  ~ à ce que to be anxious to, that; to insist

  ~ de to take after; to derive from

  ~ de la place to take up room, space

  se ~ to behave, conduct oneself; to remain

  s'en ~ à to limit oneself to

tentation *f.* temptation

tenter to try, attempt

tenu, -e pour regarded as, considered

terme: à moyen ~ medium range

  mettre un ~ à to put an end to

terminaison *f.* ending

se terminer to end

terne dull

terrain *m.* plot of land

  ~ de foot soccer field

terrassé, -e overcome

terre *f.* earth, ground

  par ~ on the floor, on the ground

  ~ à ~ down-to-earth, realistic

  tremblement de ~ earthquake

terrible dreadful; terrific

tête: ~ garnie à l'intérieur preoccupied

  en ~ de at the head of

  tenir ~ à to defy

têtu, -e stubborn

TGV (Train à Grande Vitesse) high-speed train

théière *f.* teapot

tiède tepid, lukewarm

tiens! well!

tiercé *m.* system of betting on three horses

tiers *m.* third, one-third

timbre-poste *m.* stamp

tirage *m.* circulation

tire-bouchon *m.* corkscrew

tirer to pull; to shoot

  se ~ d'affaire to get out of a mess

  ~ une leçon to learn a lesson

tiret *m.* dash; blank

tiroir *m.* drawer

tissu *m.* material, fabric

titre *m.* title; heading; qualification

tituber to stagger

toile *f.* painting; canvas

  ~ d'araignée spider web

toilette *f.* getting dressed, (washing, makeup, hair, etc.)

toit *m.* roof

tombe *f.* tomb, grave

tomette *f.* red, hexagonal floor tile

ton *m.* tone; tonality

  ~ interrogatif interrogative intonation

tonalité *f.* tone

tondre la pelouse to mow the lawn

tonique zesty, fortifying

tonne (*fam.*): **des ~s de** loads of

tonnerre *m.* thunder

tordu, -e twisted

torpeur *f.* torpor, sluggishness

torse *m.* torso

tortue *f.* turtle

touche à sa fin nearing its end

touché, -e touched

toujours *adv.* always; still

tour *f.* tower

tour *m.* turn

  à son ~ in his turn; by turns

  faire le ~ du cercle to go full circle

  ~ à ~ in turn

tourbillon *m.* whirling, swirling

tourmenté, -e turbulent

tournant: au ~ around the corner

tourner to turn

  ~ un film to film, shoot a film

tournoyant, -e spinning

tournure *f.* turn of phrase; turn (of events)

tousser to cough

tout, -e (*m. pl.* **tous**) all, every

  à ~ prix at all costs

  tous les (deux) ans (mois, etc.) every (two) years (months, etc.)

  tous les deux both

  ~ ce qui (que) all that

tout *adv.*: **pas du ~** not at all

  ~ à coup suddenly

  ~ à fait entirely

  ~ à l'heure a little while ago, in a little while

  ~ d'abord first of all, in the first place

  ~ de suite immediately

  ~ droit straight ahead

toutefois *adv.* however, nevertheless

tracé *m.* course

  suivre le ~ de to follow, watch the course of

traduction *f.* translation

traduire to translate

  se ~ to manifest itself

trahir to betray

trahison *f.* betrayal; treason

train: du ~ dont il menait sa vie from his style of living

traîner to drag (around); to be dragging

trait *m.* **d'union** hyphen; intermediary, link

traité *m.* treaty

traitement *m.* salary; treatment

traiter to deal with, treat

traiteur *m.* caterer

trajectoire *f.* path

trajet *m.* trip

trame *f.* (story) framework; web (of life)

trancher to cut (off); to stand out, contrast (with)

tranquille calm

transitoire transitory, not lasting

transpirer to perspire

transports *m. pl.* **en commun** public transporation

travail *m.* (*pl.* **-aux**) work

travailleur, -euse hardworking

travers: à ~ through

traverser to cross

tremblement *m.* **de terre** earthquake

tremper to dunk; to soak

trente-six fois umpteen times (expression)

trésor *m.* treasure; wealth

tresse *f.* braid

tressé, -e braided

tribu *f.* tribe, family

tribunal *m.* tribunal, court

tricoter to knit

trimer (*argot*) to slave away

tristesse *f.* sadness

tromper to deceive

  se ~ to be mistaken, be wrong

trompeur, -euse deceptive; deceitful

trop *adv.* too, too much

  ~ de too much, too many

trot: au ~ at a trot

trottoir *m.* sidewalk

trou *m.* hole

trouer to pierce

se trouver to find oneself

truffe *f.* truffle

truite *f.* trout

tuer to kill

tumba *m.* (type of) drum

tutoiement *m.* use of "tu"

type *m.* fellow

tyran *m.*, **tyranne** *f.* (*rare*) tyrant

---

ultérieurement *adv.* later

unique: un fils (une fille) ~ an only child

unité *f.* **de valeur** (university) course credit

urgence: d'~ immediately

  en cas d'~ in case of emergency

usage *m.* usage; use

usine *f.* factory
usité, -e common, in common use

---

vacarme *m.* racket, disturbance, loud noise
vacation *f.* period of work
vache *f.* cow
vachement *adv.* (*fam.*) tremendously
vagabonder to roam
vague *f.* wave
vain, -e futile, useless
vaincre to conquer, triumph over
vainement *adv.* in vain
vaisselle *f.* dish
  faire la ~ to wash the dishes
  laver la ~ to wash the dishes
valable valid
valeur *f.* value; import, full meaning
valoir to be worth (a lot); to bring about, cause
  il vaut mieux it is better
vanne *f.* floodgate
vanter to praise
  se ~ de to boast about; to pride oneself on
vapeur *f.* vapor, steam
  avoir des ~s to be hysterical, on the verge of fainting
vaut *present of* **valoir**
veau *m.* calf
veille *f.* day before
veiller (à) to be watchful, vigilant; to look after, sit up with
veilleuse; en ~ in abeyance, shelved
velours *m.* velvet
vénéré, -e revered
venger to avenge
venir: en ~ aux mains to come to blows, fight
vent *m.* wind
vente *f.* sale
ventre *m.* belly, abdomen

venu: nouveau ~, nouvelle ~e newcomer
verdâtre greenish
verdir to grow green
verdure *f.* greenery, foliage
vergogne *f.* shame
vérifier to check, verify
véritable real, true
vérité *f.* truth
  dire ses ~s à quelqu'un to tell someone brutally a few plain truths
vernir to varnish
vernissage *m.* **d'une exposition** preview of an art show
verre *m.* **à dents** glass used when brushing teeth
verrerie *f.* glassware
verrouiller to lock up
vers *prép.* toward, around
vers *m.* line of poetry
verser to pour
  ~ en pluie to sprinkle
vertige *m.* vertigo, dizziness
veste *f.* jacket
vestibule *m.* entrance hall
veuf *m.*, **veuve** *f.* widower, widow
veuillez (*from* **vouloir**) please
viatique *m.* provisions
vibratoire vibrating
vicaire *m.* vicar, clergyman
victuailles *f. pl.* provisions
vide empty
  ~ de devoid of
vide *m.* emptiness
vider to empty
vieillard *m.* old man
vieillesse *f.* old age
Vierge *f.* Virgin Mary
vif, vive alive
vigneron *m.*, **vigneronne** *f.* wine grower
vignoble *m.* vineyard
vigoureusement *adv.* vigorously
vigueur *f.* vigor, strength
vindicatif, -ve vindictive
virtuel, -elle virtual

vis-à-vis *m.* face-to-face (dancing position)
vis-à-vis de *prép.* with respect to
visage *m.* face
viscéral, -e in the innermost depths
viser to aim; to take a look at
vison *m.* mink
vitesse *f.* speed
  à toute ~ at full speed
vitre *f.* window pane; window
vitrine *f.* shop window
vivant *m.* living being
vœu *m.* (*pl.* **-x**) wish
voie *f.* way; road; track
  être en bonne ~ to be going well
  ~ ferrée railway (line)
  ~s détournées devious, roundabout means
voilà... que . . . for (a length of time)
voile *m.* veil
voir: ~ la vie en rose to see everything through rose-colored glasses
voire *adv.* indeed
voisin, -e neighboring; adjacent
voisin *m.*, **voisine** *f.* neighbor
voisinage *m.* vicinity
voix *f.* voice
vol *m.* theft; flight
volée: à toute ~ with full force
voler to steal, rob; to fly
voleur *m.*, **voleuse** *f.* thief
volontaire *adj.* volunteer
volonté *f.* will
volontiers *adv.* gladly, willingly
volupté *f.* voluptuousness, sensual pleasure
voué, -e à dedicated to
vouloir: en ~ à to have a grudge against
voué, -e à to have a grudge against; devoted to
voyage *m.* journey, trip
  ~ de noces honeymoon
  agence de ~s travel agency

voyelle *f.* vowel

voyons! come now! for heaven's sake!

vraisemblable credible, probable

vu in view of

vue: en ~ de in order to

vulgaire *m.* the common people

vulgarisateur *m.*, **vulgarisatrice** *f.* popularizer

vulgarisation *f.* popularization

wagon *m.* coach (of a train)

xénophobie *f.* fear and hatred of foreigners

zébré, -e striped, streaked

zèle *m.* zeal, enthusiasm

PERMISSIONS AND CREDITS

The authors and editors wish to thank the following persons and publishers for permission to include the works or excerpts mentioned.

Text Permissions

"Notations," "Interrogatoire," and "Inattendu" from *Exercices de style*, by Raymond Queneau; © Editions GALLIMARD.

"Dialogues" from *Un juif aujourd'hui*, by Elie Wiesel; © Editions de Seuil, 1977.

"Vive la France: 99 raisons de se réjouir d'être français," by P. Pompon Bailhache, from *Marie Claire*, no. 366, fév. 1983; © Marie Claire.

"Chaïba" and "La Mère" from *Voltaïques*, by Ousmane Sembène; © Présence Africaine, Paris, 1962.

"Le dromadaire mécontent" from *Histoires*, by Jacques Prévert; © Editions GALLIMARD.

"Fiesta," by Boris Vian from *Boris Vian*, by Jean Clouzet; used by permission of Ursula Vian Kubler.

"Une abominable feuille d'érable sur la glace" from *Les Enfants du Bonhomme dans la lune*, by Roch Carrier; © Les Editions Internationales Alain Stanké Limitée, 1979.

"Au sud de Pékin" from *La salle de rédaction*, by Roger Grenier; © Editions GALLIMARD.

"La grotte" from *Le chapelet d'ambre*, by Ahmed Séfrioui; © Editions du Seuil.

"Latins et Anglo-Saxons," by Irène Rodgers, from *L'Expansion*, no. 277, 24 jan.–6 fév. 1986; © L'Expansion.

"Imprécation" from *Attendez l'aube*, by Marcel Arland; © Editions GALLIMARD.

"Pour faire un poème dadaïste," by Tristan Tzara; © Flammarion.

"Faire ça" from *Ricercare*, by Geneviève Serreau, © 1973, Editions Denoël.

"Un Homme paisible" and "Plume au restaurant" from "Un certain Plume" in *L'espace du dedans*, by Henri Michaux; © Editions GALLIMARD.

"L'enfant" from *Jacques Ferron, Contes: édition intégrale*, 1968; Editions Hurtubise HMH, Montréal, (1985).

Photos and Realia

p. 1: Pierre Balmain; **p. 7:** Honda; **p. 11:** FNAC; **p. 36:** Queneau, Raymond; Carelman: *Tarot de Marseille* dans *Exercices de style*, © 1953 Editions GALLIMARD; **p. 51:** Perrier Group; **p. 63:** Bouchara; **p. 65:** Perceval Agence de Publicité; **p. 67:** Pioneer; **p. 68:** Monopoly game equipment used with permission from Hasbro/Parker Brothers; **pp. 59, 70, 81:** Colgate/Palmolive; **p. 84:** Michelin; **p. 86:** Club Med; **p. 89:** *Exercices de style*, Editions GALLIMARD; **p. 90:** *Déjeuner sur l'herbe*, 1863. Edouard Manet. French, 1832-1883. Oil on canvas. Courtesy, Musee d'Orsay, Paris; **p. 90:** Lacoste; **p. 91:** Gauloises Bleues; **p. 91:** SEITA, drawing by Jacno; **p. 95:** Carel; **p. 97:** *Le Moulin de la Galette*, 1876. Pierre-Auguste Renoir. French, 1841-1919. Oil on canvas. Courtesy, Musée d'Orsay; **p. 99:** Fanny Deschamps: *Louison ou l'heure exquise,* Editions Albin Michel, illustration: Heriberto Cuadrado, graphisme: Massin; **p. 104:** Lufthansa; **p. 108:** Nestle; **p. 111:** Galeries

Lafayette; **p. 115:** Azzaro; **p. 145:** Académie; **p. 150:** Cantel; **p. 153:** *Femme*; **p. 161:** Wasa; **p. 187:** Sanogyl; **p. 190:** Skyrock; **p. 201:** Air Canada; **p. 221:** Renault; **p. 227:** Le Meridien, artist: Ken Mariensky; **p. 231:** Monique Touvay, Les Quatres Zephires Editeur; **p. 263:** Reprinted by permission of Newspaper Enterprise Association. Translated by *La Presse* Feb. 20, 1987; **p. 271:** Passementerie Nouvelle; **p. 281:** OKI; **p. 286:** *Dance at Bougival*, 1883. Pierre-Auguste Renoir. French, 1841-1919. Oil on canvas. 181.8 x 98.1 cm (71 5/8 x 38 5/8 in.). Picture Fund. 37.375. Courtesy, Museum of Fine Arts, Boston; **p. 288:** Claire Brétecher, 1979, "Frustrés 4." Courtesy, Diffusion Fleuve Noir; **p. 303:** Minelli; **p. 305:** Miele; **p. 306:** Banque Sofinco; **p. 309:** Reebok; **p. 331, 332:** Artist: Yan Nascimbene/*L'Expansion*; **p. 345:** Gervais Danone; **p. 347:** Leclerc; **p. 357:** Dimanche; **p. 359:** Knorr is a registered trademark used with permission of CPC Specialty Products, Inc. **p. 366:** Sodima; **p. 371:** Carte Bleue/ Visa; **p. 395:** Toyota; **p. 397:** Courtesy of the National Federation of Coffee Growers of Colombia; **p. 400:** Herta; **p. 402:** GMF; **p. 405:** Vitara; **p. 409:** Champagne Lanson; **p. 415:** Henri Michaux.